L'ALQUÍMIA DE LA VIDA

COIA VALLS

L'ALQUÍMIA DE LA VIDA

Columna

COL·LECCIÓ CLÀSSICA
PRIMERA EDICIÓ: FEBRER DEL 2022

AV. DIAGONAL, 662-664 - 08034 BARCELONA
ISBN: 978-84-664-2865-1
DIPÒSIT LEGAL: B. 432-2022
FOTOCOMPOSICIÓ: MOELMO
IMPRÈS A CATALUNYA - *PRINTED IN CATALONIA*

www.columnaedicions.cat

PEFC
PEFC/14-38-00305

Certificat PEFC

Aquest llibre procedeix de boscos gestionats de forma sostenible i fonts controlades

www.pefc.es

Per a la Lîla, la Rosa, en Toni... guaridors del cos i de l'ànima.
Dedicat a totes aquelles persones pioneres, valentes i creatives,
motors reals de l'evolució del món.

«No abandonis mai les ànsies de fer de la teva vida quelcom extraordinari».

Walt Whitman

Pròleg

Llívia. Gener, 1473

Un silenci prim va presidir aquella cambra, que a poc a poc despertava al nou dia. Després d'una nit sense treva, va fer el gest de redreçar l'espinada. Havia passat moltes hores corbat sobre la taula de treball i els seus ulls, d'un blau líquid que l'edat anava fent tèrbol, es tancaven sota el pes abrusant de les parpelles.

L'home savi, de cabells llargs i barba blanca, va mirar al seu voltant. Havia col·locat per l'estança un bon reguitzell d'espelmes, però moltes s'havien consumit i s'havien convertit en una estructura de cera desfeta que formava petits turons als seus peus. La llàntia d'oli que guardava per a ocasions especials no ajudava gaire als seus propòsits. Les ombres, cada cop més dèbils sobre les parets de la casa, semblaven el senyal d'un mal presagi.

—Més espelmes! Necessito més espelmes! —va dir mentre la mare del nen, en un silenci vigilant durant tot aquell temps, s'aixecava de sobte i n'agafava un feix del prestatge per acomplir la comanda.

L'home savi va sentir fred i es va lligar el mantell de llana sobre el pit. Calia alimentar el foc, revifar les brases amb llenya seca i fer-les ballar de nou mentre finalitzava la seva escomesa. De moment, però, es conformava amb més llum. Els contorns de la figura que jeia a la màrfega començaven a esvair-se. No es podia permetre que aquell primer encàrrec se n'hi anés en orris; feia pocs mesos que era a Llívia i s'havia proposat inspirar confiança als seus veïns.

Va obrir i tancar les mans amb gest lent. Tenia la pell dels dits resseca i encetada, els canells entumits i una coneguda sensació de coïssor li va dibuixar una ganyota efímera. El temps jugava en contra seu. Una sola respiració profunda i reprendria el duel contra la dama negra. Gairebé podia sentir la seva presència rondant el cos fràgil de l'infant, menyspreant el dolor dels qui li disputaven aquella vida fins a quedar exhausts.

Després d'encendre les noves espelmes, la dona es va estirar al costat del seu fill i el va abraçar. L'ésser desvalgut bullia de febre i no necessitava més calor; per contra, es debatia com si l'escassa roba que portava fos una gran molèstia. L'home savi, però, no va dir res. Els perfils de mare i fill dibuixats sobre el jaç, a trenc d'alba, eren d'una tendresa colpidora.

La manipulació dels elements per obtenir la triaca esdevenia una operació molt delicada. Els havia portat en gran part de la seva darrera estada a Montpeller, però des d'aleshores no hi havia parat atenció. Sabia com resoldre la fermentació del conjunt, de gairebé un centenar d'ingredients simples, una elaboració final només a l'abast dels més experts. L'èter alliberat, el cinquè element per sobre de l'aigua, la terra, el foc i l'aire, era molt actiu i d'acció ràpida. No hi havia temps a perdre si pretenia salvar el nen. Abans d'atendre la cocció que tenia lloc als fogons, i considerant que hauria d'esperar una estona fins que es refredés, va elevar la mirada per mussitar una pregària. Aviat ho podria administrar al seu pacient, però qualsevol ajuda era desitjable.

Poc més tard, amb el mateix respecte amb què s'oficia la consagració, va prendre amb un cullerot de fusta part d'aquell xarop espès, que era del color de les garrofes, i va recórrer les quatre passes que el separaven de la màrfega. No disposava de prou mel per mixturar el preparat i, de retruc, el gust final esdevindria entre amarg i agre.

La dona, ara asseguda, tenia els dits encreuats a l'alçada dels llavis i gronxava la seva por sense fer-li preguntes. Va clavar els ulls enrogits, brillants, sobre els d'aquell home d'aspecte feréstec. De cop i volta li semblava l'àngel més bell, el guaridor del seu fill de només nou anys. Tot era com una il·lusió que encara havia de manifestar-se, un desig que oprimia el pit, una quimera que planava en l'aire viciat de la cambra. Malgrat el neguit, es va abandonar dins el blau de la mirada serena que la fitava.

—Ja ho tenim. Ajuda'm a incorporar-lo.

Els cabells xops emmarcaven el rostre del noiet, d'una pal·lidesa extrema. Els blens més llargs van caure enrere amb suavitat acompanyant el gest del coll, vinclat com un jonc a braços de la mare. El panteix brusc que sis hores abans li provocava vòmits i ofec havia donat pas a una mandrosa i equívoca calma. Les marques de la picada de l'escurçó al peu eren com la rúbrica d'un final que tots temien.

—Hem d'intentar que col·labori. D'una altra manera es pot ofegar.

Després de les fregues al cos per revifar-lo i els draps amb aigua freda sobre el rostre, la dona va articular unes paraules i l'home savi hi va reconèixer el començament d'una lletania que aviat es va convertir en un balbuceig confús.

El nen, el més jove dels tres fills d'una família de grangers, es va empassar la triaca al mateix temps que un sol tebi s'anunciava a través de les finestres petites, protegides amb pergamí oliós durant els mesos d'hivern.

—Haurem de bullir aigua. T'he de retirar aquest embenatge del peu i posar-te un nou emplastre —va anunciar l'home malgrat que el sofrent no estava en disposició d'escoltar-lo.

—Jo ho faré —el va interrompre la dona.

—Has estat molt valenta de venir sola fins aquí amb el teu fill al coll. Encara no entenc com has pogut arribar amb una nevada com aquesta!

—Tenia molta por! —va dir compungida.

Tot seguit es va deixar anar en un plor de criatura, sense aturador. Ell va posar-li la mà sobre l'espatlla, acompanyant-la, sentint el seu estremiment.

A l'exterior, les branques dels arbres colpejaven amb suavitat la fusta del porxo. Una capa blanca, immaculada, cobria el camí de Cereja. La neu queia ara amb mansuetud, com si els oferís una treva que cridés a la calma.

Algú va trucar a la porta. Van ser cops ferms que denotaven urgència. Tot seguit, sense esperar resposta, la figura d'un home es va perfilar contra el blanc impol·lut del fons. Era alt, potser massa si tenien en compte la mitjana dels homes de la vila, ben plantat. La seva roba, arrapada al cos per la força del vent, li donava un aspecte inquietant. A l'interior, una bafarada d'aire gèlid els va obligar a posar-se a recer mentre el visitant maldava per tancar la porta de nou.

—Com m'alegra veure't —va exclamar l'home savi—. Però, com has sabut...? M'han dit que eres fora!

—La vídua del ferrer l'ha vista passar amb el seu fill al coll. —El nouvingut va assenyalar la dona amb la barbeta mentre aquesta li aguantava la mirada, enfurida.

—L'ha vist passar amb el nen i no ha fet res per ajudar-la! Quina mena de gent...

—No t'hi emprenyis. És gran, viu sola i ha enterrat tots els fills. No pot fer gaire cosa més que vigilar. Quan he arribat m'ha fet un crit. Estava molt preocupada.

—Em sap greu, no l'hauria d'haver jutjat. Treu-te aquesta capa molla i les botes i arrecera't al foc. Et prepararé alguna cosa calenta. Quan t'hagis refet m'agradaria que donessis una ullada al petit.

—Què li ha passat?

—Una picada d'escurçó.

El metge va obrir molt els ulls i va retenir l'aire als pulmons. Tot seguit, després d'escalfar-se les mans amb la terrissa que contenia una infusió, es va acostar a la màrfega, al fons de l'estança. Va palpar la zona inflamada del peu i la cama abans de prendre el pols al nen. Un somriure va acompanyar la fi del seu neguit.

—Ho has fet? Digues, ho has fet, oi? —va demanar, agafant pel braç qui ja considerava el seu mestre.

L'home savi, per tota resposta, va assentir amb el cap. Tots dos es van abraçar. La mare del nen se'ls mirava amb gest adust, sense entendre ni una paraula.

Contra pronòstic, el sol va anar obrint el dia fins a fer-se l'amo del cel. Sota el seu poder, la neu que ho esborra tot de manera callada va sucumbir lentament a les branques més altes dels arbres. Algun bri de verd hi va treure el nas i el noi en va ser testimoni.

Aquell mateix dia se l'endurien a casa i no necessitaria gaire temps per recuperar-se del tot.

L'únic favor que l'home savi va demanar a la dona va

ser que guardés el secret, que no anés pregonant-lo als quatre vents com si haguessin estat testimonis d'un miracle i que, davant dels curiosos, parlés de l'oportuna intervenció de la providència. Encara havien d'experimentar amb altres malalties, amb malalts molt més greus que aquell nen. No volia renunciar per res del món a la pau i el silenci que li proporcionaven les muntanyes per continuar amb la seva recerca.

—Va ser Epicur qui va acceptar amb gust el sobrenom de «gos»? —va preguntar el metge de manera retòrica.

—Et veig a venir! Sí, vas ben encaminat. Aquest filòsof grec defensava que en qualsevol animalet hi trobem la senzillesa que hauria de ser pròpia dels humans. El plaer té un límit natural que només les nostres opinions i les ambicions vanes poden obscurir. Que no ens embafi l'èxit, amic meu. Siguem humils. Per cert, hauríem d'aconseguir mel per espessir aquesta triaca que ha sobrat, no trobes?

El metge va assentir complagut mentre, seguint el seu particular tarannà, feia volar coloms.

I

Monestir de Vallbona de les Monges. Gener, 1478

El resultat de la votació que es portava a terme a la Sala Capitular del monestir de Vallbona era fàcil de preveure. D'altra banda, s'havien de complir les normes, totes les normes. Es tractava d'un assumpte molt seriós per a la comunitat i una garantia per al seu bon funcionament.

Aquella nit l'aigua s'havia gelat en la superfície del riu i les monges, arraulides dins els seus llits precaris, s'havien posat per sobre tota la roba disponible. El rigor de l'hivern afavoria una certa malenconia. El claustre era desert; no pas el *calefactarium*, que funcionava a ple rendiment.

A l'hora tèrcia, encara amb el cos encarcarat pel fred de l'albada, la jove Beatriu Montells esperava un desenllaç que podria canviar-ho tot. Ho feia a peu dret, a una distància prudencial dels esdeveniments, com si aquesta mesura pogués amortir el pes de la sentència que estava a punt de consumar-se. Mantenia el cap cot, un senyal de submissió que no era creïble per a tothom. Amb vint-i-dos anys acabats de fer, feia vuit mesos que estava com a postulant; en condicions normals, un temps més que suficient per ingressar com a novícia.

Duia roba senzilla de color terra i una capa de llana li cobria el cos prim però fibrat. Els cabells, recollits amb un monyo, tot just s'endevinaven sota el mocador lligat al clatell.

La Violant de Sestorres, posant en valor el seu càrrec d'abadessa, presidia l'acte. Ho feia amb gest adust, sobri, assentint amb el cap cada vegada que una de les seves germanes en Crist depositava un vot dins la caixa. Les pedres, blanques o negres, serien les encarregades de donar el vistiplau a aquella proposta o de rebutjar-la. Com els grans d'un rosari, l'una rere l'altra i per ordre d'antiguitat, les monges desfilaven davant la immensa taula de roure que presidia la sala. El soroll dels petits còdols en xocar els uns contra els altres marcava un compàs d'espera viscut amb nerviosisme per part de la Beatriu, que, sota la roba, es burxava els repelons.

Sor Paula, la més jove de les monges, va tancar la votació. Era la seva primera vegada i lluïa un somriure ample i un caminar desimbolt que va fer menys feixuga tota aquella lletania.

Uns instants més tard, obeint la voluntat de l'abadessa, sor Ponça va agafar la capsa amb les dues mans i en va abocar el contingut sobre la taula.

Tres úniques pedres blanques van treure el nas entre un bon grapat de negres. Una majoria tan notable, però, no va fer que s'estalviessin el recompte en veu alta.

—Tres vots a favor i vint-i-vuit en contra.

Tot seguit, dirigint-se expressament a la postulant, la Violant de Sestorres li va recomanar d'aprofundir en els seus exercicis per accedir al noviciat. Més endavant, si s'esqueia, ja tornarien a parlar de prendre l'hàbit.

La Beatriu va començar una inspiració lenta i, abans de deixar anar l'aire, va transigir breument amb el cap. Alguna de les monges estossegava, potser amb el propòsit de fer més planer aquell tràngol. Es van sentir murmuris i fregadisses de roba que delataven incomoditat a l'espera del permís per abandonar la sala.

La jove ho va fer sense aixecar la vista en cap moment, al costat de sor Lluïsa de Meià, que es va oferir a acompanyar-la. No van badar boca, ni l'una ni l'altra, fins a arribar al claustre i sentir-se a l'empara de comentaris no sempre ben intencionats. L'abadessa observava cada moviment des de la distància.

—Em sap molt de greu que... —va vacil·lar la monja mentre feia el possible per amagar les mans dins l'hàbit.

—Hem d'acceptar la voluntat de Déu, els plans que Nostre Senyor té per a cadascun de nosaltres, els seus fills. No és això el que diu l'Evangeli? —va deixar anar la Beatriu de manera taxativa.

—Sí, és clar. Així ha de ser.

La veu de la germana Lluïsa era poc convincent. De fet, no va saber trobar la manera de reprendre aquell discurs, amb el qual pretenia consolar-la; un silenci mortificador va ocupar el seu lloc. Amb la intenció de foragitar-lo, es va decidir a encetar una conversa menys transcendent...

—He deixat les flors de borratja a assecar pensant que el sol acabaria sortint, però el cel segueix molt cobert. No pinta gens bé. Potser em podria acompanyar i les retiraríem abans que es fessin malbé.

—Sí. Avui el sol tindrà molt poques oportunitats —va interrompre la jove.

Les paraules que deixava anar la Beatriu no semblaven tenir destinatari, com si pensés en veu alta o les llancés enlaire a l'atzar. Sor Lluïsa es preguntava si, tal vegada, en la parquedat dels mots de la jove s'hi amagava un crit d'auxili. Davant l'hermetisme de la seva companya, va optar per treure més ferro encara a l'assumpte.

—Sempre he sentit a dir que, si les flors es cullen molt d'hora, l'oli que se n'obté és de més qualitat. Però he matinat per a no res! Em temo que, sense sol, agafaran humitat i perdran el seu preciós color blau —va afegir amb veu mústia.

—De veritat penseu que el color és tan important?

La monja va empassar-se la saliva. Abans que pogués trobar una resposta per al que ja estava molt a prop de ser una impertinència, la Beatriu va afegir:

—Sor Lluïsa, sé que ho feu per entretenir-me, per animar-me segurament, i agraeixo el vostre esforç, però no m'interessa gens ni mica tot això de la recol·lecció. No tinc ganes de parlar d'olis, ni de plantes, ni tampoc del procés d'assecat. No em ve de gust parlar ni tan sols de la preparació de tisanes. En vaig quedar ben tipa, creieu-me. Si fóssiu tan amable, m'agradaria estar sola.

La monja va mussitar alguna cosa inintel·ligible que, pel to, podria ser una disculpa. Després va girar cua i va desaparèixer escales amunt, cap al dormitori comunal. La Beatriu, amb la barbeta alta, la va seguir de reüll. A sor Lluïsa les sandàlies li anaven balderes i, amb cada passa, se sentia l'espetec que feien en xocar contra el taló. El repic es feia més ràpid a mesura que perdia intensitat. Quan per fi va deixar de sentir-se, la Beatriu es va posar en marxa en direcció al jardí.

Allí, rere una tanca, l'esperava la Joana. Era la seva germana i només tenia tretze anys; la seva cabellera vermella, sempre embullada, es resistia a mantenir-se dins els límits del mocador. La noieta romania de puntetes amb el coll tan estirat com li era possible. Quan la va veure aparèixer, va aixecar les espatlles i després els braços. La Beatriu, però, no va respondre als seus posats i va quedar uns instants plantada, sense apropar-s'hi ni dir-li res.

—Si us plau, si us plau, digues que t'han deixat entrar de novícia —va demanar la Joana amb les mans a un costat i altre de la boca per assegurar-se que el missatge arribava on ella volia, però sense fer-lo públic.

Aleshores la jove aspirant va riure amb aire triomfal, provocant el seu enuig.

—Ets, ets... ets una desagraïda i ho engegaràs tot a rodar!

Amb llàgrimes als ulls i les ungles clavant-se-li al call de la mà, de tan fort com premia els punys, la Joana va contraure el rostre i tota ella es va fer un manyoc. Després va veure com la Beatriu reprenia el pas per apropar-s'hi i va iniciar una cursa embogida en direcció contrària.

En arribar a la caseta de pedra va empènyer la porta i es va llençar sobre el llit. La fusta vella dels travessers va grinyolar, però els plors de la Joana s'imposaven per sobre de qualsevol altre xerric.

Cap de les dues dones que compartien l'estança amb ella es trobaven a l'interior, era l'hora de munyir les cabres i bullir la llet. La Càndida, una nena de la seva edat que, també com ella, somiava de ser monja algun dia, va aparèixer de sobte per cosir-se un estrip de les mitges de llana gruixuda.

—Què tens, Joana? Per l'amor de Déu, tranquil·litza't i explica'm què t'ha passat —va pregar amoïnada, deixant l'agulla i el fil sobre un tamboret i abraçant la seva companya per l'esquena fins a sentir com a propis els seus sanglots.

—L'hi vaig demanar pel que més volgués, però està feta a la seva i ja no escolta res ni ningú.

—No sé de què em parles. Qui és que no t'escolta? Què t'han fet?

—La meva germana. És la meva germana, que no té remei!

—Espera, espera. Beu una mica d'aigua i explica-m'ho a poc a poc. Si segueixes plorant d'aquesta manera se t'esborraran les pigues!

La Joana se la va mirar amb aquells ulls de color caramel que desvelaven sense engany la dolçor que li era pròpia, i se li va tirar al coll. Va intentar somriure. Quan ho va aconseguir, la melangia va guanyar la partida i només va ser capaç de dibuixar un gest amarat de tendresa.

Uns minuts després, ja més serena, li va fer confiança...

—Ho ha fet expressament. La Beatriu ho ha fet expressament, n'estic segura. No mostra el respecte necessari, ni és prou pietosa! Al final se sortirà amb la seva i aconseguirà que ens facin fora.

—I ara! Ningú no us ha de fer fora d'aquí! —va exclamar la Càndida, prement-li les mans entre les seves.

—Tu no ho entens. Vivíem a Barcelona i érem pobres com rates quan vam entrar al convent. La Beatriu no ho volia de cap de les maneres i ens vam resistir tant com vam poder. No t'imagines què vam arribar a fer per sobreviure... Però jo vaig caure malalta i vam haver de demanar ajuda a l'oncle. És clar que ell també les passava magres i ja tenia més boques de les que podia alimentar. L'única solució era demanar asil a les monges. L'oncle treballa unes terres del monestir i va pensar que potser s'apiadarien de nosaltres. A canvi de sostre i un plat a taula podríem ajudar a les feines de mal fer. Però jo soc esguerrada i, per molta voluntat que hi posi, hi ha vegades que faig més nosa que servei. Ens va salvar saber de lletra.

—Això que dius és una bestiesa i, a més a més, és mentida! Tens més traça que jo amb gairebé tot. I cuines com els àngels!

—La meva mare sí que cuinava bé. Feia pastissos de qualsevol cosa: de pastanaga, de mores i figues... Fins i tot de xarop d'atzavara!

—És la primera vegada que em parles de la teva mare.

—És una història massa trista. Va morir. Ens va deixar soles.

—Perdona. No voldria que et pensessis que...

—No passa res.

—De veritat que em sap greu. Si no fos tan bocamolla i aprengués a tenir la boca tancada!

La pell blanca de la Joana encara ho semblava més quan es trobava al costat de la Càndida, bruna com el blat torrat o el terra després de la pluja. La feina del dia a dia no deixava gaire temps ni espai per a grans confidències i, arribada la nit, la son les vencia just després d'encomanar-se a Déu.

—La meva germana està enfadada —va dir la Joana amb la mirada perduda, com si posés veu als seus pensaments, sense esperar cap resposta.

—Amb la teva mare, vols dir?

—Sí. Viu amb la ràbia al cos i se l'està menjant per dins.

—No... no ho entenc. No es devia pas voler morir, la teva mare!

—Ja. Suposo que tens raó, però les coses no són tan senzilles, Càndida.

—Aleshores, m'estàs dient que totes les vegades que li han hagut de cridar l'atenció...

—No vol ser monja. És així de senzill. No vol ser l'esposa de ningú i d'aquí no la treus.

La Càndida es va fer el senyal de la creu sobre el pit i, amb veu prima, va demanar...

—Ni tampoc de Crist Nostre Senyor, que va morir a la creu per salvar-nos? N'estàs segura?

La Joana va negar amb el cap mentre les llàgrimes tornaven a escórrer-se-li cara avall.

—La culpa és meva, ella ja m'ho va deixar clar, però... suposo que esperava un miracle! He resat cada dia perquè es produís. Jo no tenia edat per entrar de postulant, si ella feia el pas ens assegurava un lloc. Aquí he trobat la pau que he cercat en va tota la meva vida, Càndida. Per què ella no hi posa de la seva part?

—Has de permetre que segueixi el seu camí, no tots som cridats a...

—Tard o d'hora marxarà i jo no vull que ens separem.

Les campanes de la torre del monestir van cridar al res de l'àngelus i les dues noietes van interrompre la conversa per agenollar-se, l'una al costat de l'altra. La Càndida tenia cura de no tapar amb la seva veu, greu i massa ronca per ser tan petita, aquella altra més aflautada de la Joana, sempre a punt per al cant.

Mentrestant, arronsada en un racó, vora el pou del jardí i lluny de mirades alienes, la Beatriu Montells es tapava les orelles amb les mans i premia fort les dents.

2

Feia dos dies del resultat d'aquella votació que mantenia la Beatriu allunyada del noviciat. Dos dies en què l'aspirant no havia tornat a veure la seva germana petita. I, si bé era cert que portaven a terme tasques diferents i la Joana es movia sobretot per les dependències annexes al monestir, també ho era que sempre acabaven coincidint en espais comuns: el rentador, l'hort, els estables...

Va ser al tercer dia que la Beatriu, malgrat no voler-ho admetre, es va impacientar i va decidir anar-la a trobar. Era dissabte i, molt abans de sortir el sol, els pagesos de les terres veïnes ja es preparaven per portar els seus productes al mercat de la vila de Montblanc. La gran nevada de la nit anterior havia cobert els camins que, sota les peülles dels animals, es mostraven relliscosos i insegurs. Alguns homes, després d'intentar avançar endebades, desenganxaven els muls i renunciaven al carro omplint les alforges de les bèsties. D'altres empenyien o estiraven la càrrega compartint els esforços de les eugues i cavalls.

Atesa la dificultat de la travessia, només va arribar fins al monestir un camperol dalt d'una somera. La seva tasca era endur-se'n les saques amb carxofes, cols i carbassons cultivats a l'hort. Amb un moviment breu del cap, el traginer va confirmar l'absència de la Joana i la Càndida i es va disposar a carretejar les verdures que algú havia deixat sota el rafal. Com tenien per costum, ja passarien comptes després de la venda.

La Beatriu va saludar aquell desconegut escanyolit a una distància d'unes cinc o sis passes, però amb prou feines li va poder veure l'esguard, de tan tapat que anava. Un nas vermell i punxegut sobresortia entre la roba i els ulls petits se li enfonsaven a les conques amb un parpelleig inquiet, imprimint neguit a cada gest. En un tres i no res, l'home va desaparèixer en el primer revolt del camí. La jove encara es va quedar una estona per veure si es presentava algú que sabés on podia trobar la seva germana, però l'únic que es va manifestar va ser el vent, xiulant entre les branques.

El dia encara trigaria a aixecar-se i començava a sentir el cos entumit. Durant uns instants va estar temptada d'anar fins a la caseta on vivia la Joana amb l'altra noieta i el servei, però l'orgull i la gelor van guanyar la partida. Malhumorada, va assistir a matines. Només li faltaria haver de donar explicacions que justifiquessin la seva absència, va pensar. A resguard dels murs de l'església es va sentir de nou els panadons de les mans, una coïssor que des de feia molts anys la mortificava cada hivern. Se'ls va fregar amb desfici mentre renegava en silenci.

Una estona més tard observava com els llavis de les monges es movien mecànicament recitant els salms. Les va imitar sense parar atenció a cap de les lectures de l'Escriptura. Gairebé mai no ho feia.

De sobte, li va passar pel cap que, tal vegada, la seva germana estava malalta i l'enuig per la seva discussió li havia impedit fer-l'hi saber. En poc temps aquell pensament va anar guanyant força fins a convertir-se en una obsessió. A la recerca de respostes, va escrutar el rostre de l'abadessa per si endevinava algun gest que pogués interpretar, però de seguida ho va qualificar de ridícul. Quina importància podria tenir, per a la màxima autoritat del monestir, una noieta esguerrada, germana d'una altra a qui no sabia com lligar curt?

No podia esperar més, volia treure's aquell pes de sobre com més aviat millor. Per això va decidir que abans d'iniciar els laudes es faria fonedissa. Era important no cridar l'atenció. Es va esforçar per guardar la calma i no fer cap gest fora de lloc. Després, va recórrer el passadís. Tot just a l'alçada del refectori, la imatge d'una monja, asseguda al brollador del rentamans, va aturar les seves passes. La Violant de Sestorres l'esperava.

—M'agradaria parlar amb tu, Beatriu.

—Vós direu —va respondre la noia amb brusquedat.

—No és una cosa que es pugui tractar aquí. T'espero dins —va dir abans de girar cua.

—Perdoneu. Si no us fa res, pensava...

La religiosa no es va aturar a escoltar les seves paraules i, sense ni tan sols mirar-la, va desaparèixer darrere la porta gruixuda que conduïa a la Sala Capitular.

La Beatriu va dubtar durant uns instants. Després, obeint el seu esperit rebel i molesta per la insolència amb què l'abadessa se li havia adreçat, va fer un pas en direcció contrària. Un dubte la va tenallar. I si la sol·licitud de la monja tenia alguna cosa a veure amb la seva germana? Resolta, va agafar aire i va anar al seu encontre.

Es va endinsar en la penombra d'aquella sala majestuosa. Dues finestres s'obrien a la tènue llum del dia, enfilades una a cada banda dels murs sobre una arquivolta ogival, però era massa d'hora per complir l'objectiu pel qual havien estat dissenyades. Res no indicava que aquell espai sotmès encara a la foscúria fos ampli i diàfan.

La Beatriu el coneixia bé. Va entrar amb pas ferm sense esquivar, com intentava fer sempre, les dues tombes de les abadesses Lauda de Blanca i Beatriu Desfarque, que reposaven just a l'entrada. No va tenir temps, doncs, de sentir l'esgarrifança pel contacte de les sandàlies amb el marbre en relleu dels sepulcres. Tenia un objectiu clar i la seva recerca aviat va donar el fruit que esperava.

Sota la tercera finestra de la sala, tot just a la dreta de la porta que donava al claustre, sis petites espelmes degotaven cera sobre un canelobre. La Violant de Sestorres el tenia agafat amb una mà i l'esperava en silenci, asseguda al banc.

—Filla meva, et tinc molt present a les meves pregàries. Demano al Déu de Nostre Senyor Jesucrist que t'il·lumini perquè puguis conèixer la naturalesa dels seus desigs. Si vols que se't reveli, abans li hauràs d'obrir el teu cor.

La Beatriu no va respondre. Va fitar amb recel el rostre de la monja, que feia pampallugues per l'efecte de les flames. En sentir aquells ulls blaus i una mica sortits clavant-se-li a sobre, va defugir la mirada. De cap de les maneres cauria en el parany d'embolicar-se en un altre discurs de bons propòsits i, per molt que ho intentava, no aconseguia controlar la fel que li pujava a la boca cada vegada que aquella desconeguda li deia filla.

—Hem de parlar de la votació —va insistir l'abadessa.

—No veig que faci cap falta. He acceptat el resultat.

—Dius que l'has acceptat, però no seria més just dir que el vas provocar, Beatriu? Pensa-ho bé abans de respondre.

L'abadessa va observar com el cos de la jove que tenia al davant es tensava per tornar aviat a la posició inicial en un intent de no perdre les maneres. Com que no va obtenir resposta, va prosseguir...

—Fa vuit mesos que et vam acollir en aquesta comunitat. A tu i la teva germana, és clar. Ho vaig fer moguda per la compassió i també, seria injust no reconèixer-ho, confiant que ens podries ser de gran utilitat.

—Intento que sigui així i espero que no us en penediu —va mussitar la Beatriu.

—El teu oncle em va assegurar que eres una noia instruïda, molt capaç de treballar a la farmàcia del monestir. Saps que la meva germana, sor Serena, s'ha posat malalta i no se'n pot fer càrrec. Amb tu vaig veure la possibilitat...

—Mai no us he promès res en aquest sentit.

—Cert. Però fa mesos que vius sota la nostra empara i necessito entendre el teu comportament. Ja ho saps no, que he d'acomplir les meves funcions? I algunes actituds em confonen. Em podries dir per què prefereixes fer les tasques més feixugues del monestir abans d'allò que pels teus coneixements et seria propi?

La Beatriu va guardar silenci. Per uns instants va romandre amb la barbeta enlaire mentre amb la punta de la llengua es resseguia la cicatriu del llavi inferior amb un gest que no va poder reprimir.

—M'estimo més treballar a l'aire lliure —va dir finalment.

—Fregar el terra, carregar l'aigua i els fems dels animals? No és per fer aquestes comeses que et vaig admetre en el si de la comunitat. I sospito que hi ha altres motivacions. Com, per exemple, que no tens cap intenció de ser monja. M'equivoco?

—La meva germana...

—No és de la Joana de qui parlem —va interrompre l'abadessa.

—Em preocupa, fa dos dies que...

—A mi em preocupes tu —la va increpar de nou la monja—. Et veig perduda i no sé com ajudar-te.

—Estic bé —va respondre la Beatriu sense parpellejar.

—És clar que sí —va exclamar la Violant de Sestorres quan va entendre que, una vegada més, la Beatriu no cediria. Després, amb un to més lleuger, va afegir—: Em consta que saps de lletra, encara que t'esforces per no demostrar-ho.

La jove va inclinar una mica el cap i va arronsar les celles visiblement encuriosida. L'olor de la cera es feia més intensa a mesura que passava l'estona i els blens deixaven a la vista la fragilitat del seu esquelet negre entortolligant-se sota la flama.

—M'ajudaràs amb els papers del monestir —va afegir amb decisió l'abadessa, donant la conversa per acabada.

—Amb quins papers? —es va afanyar a replicar la noia.

—Et penses que viure aquí és fàcil? Et mires el melic i et sents molt desgraciada. Sé que vas perdre el teu pare de petita. També que la vostra mare va morir...

—Vós no sabeu res! —va respondre la Beatriu mentre feia el gest d'abandonar la sala.

—No t'he donat permís per marxar. Seu! Puc demanar-t'ho de bones maneres o puc obligar-t'hi si no em deixes cap altra sortida.

L'abadessa ja s'havia posat dreta per dir les darreres paraules i fitava la jove directament als ulls. Fins que la va tenir, de nou, asseguda al banc no va descansar; llavors la va posar en antecedents. Li va explicar que, malgrat que ja feia sis anys des que Barcelona s'havia lliurat a Joan II, amb prou feines en feia un del darrer episodi bèl·lic, la rendició del castell dels Omells, molt a prop del monestir.

Les campanes van tocar a laudes però les dues dones van romandre al banc de la Sala Capitular mentre aquesta anava mostrant-se a la llum del dia. A poc a poc les espelmes es van fer innecessàries; cap de les dues se'n va adonar, massa absortes amb el tema que les ocupava. La Violant de Sestorres havia deixat el canelobre sobre la bancada i tenia les mans unides, amb els dits entrellaçats. De tant en tant, se les fregava per entrar en calor o, tal vegada, en l'intent d'interessar prou la noia que tenia al davant. Per moments, amb un gest que a ella mateixa li devia passar desapercebut, també es gratava la closca sota la toca blanca.

—Tothom parla de la guerra com a font de patiment, de calamitats, i és ben cert. Qualsevol cosa que se'n digui quedarà curta, però la pacificació és una tasca dura i esgotadora. Ara veus menjar a taula, però fa vuit anys ni tan sols ens podíem mantenir. La nostra situació era desesperada, la guerra del Principat va deixar-nos sense res, ens van desposseir de tot! Vam demanar clemència al príncep Ferran, que era el governador general, i aquest va donar ordre que ens paguessin els endarreriments a més de tornar-nos les nombroses espoliacions. Malgrat aquestes deferències estem molt lluny de rebre el que ens correspon.

—Encara que ho manés el príncep? —va preguntar sorpresa la Beatriu, que, per un breu espai de temps, va deixar de banda la seva principal preocupació i es va abandonar a l'escolta d'uns fets que no esperava.

—Ai, criatura! Ja t'he dit que tenim molta feina a fer. Necessitem mans per treballar però també, encara amb més urgència, cors que estimin i caps que pensin.

La Beatriu es va sentir afalagada i l'abadessa, a qui no li passava res per alt, va continuar amb el seu relat...

—Cinc anys enrere es va dur a terme una comissió del papa Sixte IV, i el jurista Joan Sort, canonge de Barcelona i oficial a Tarragona, va parlar contra els que maliciosament tinguessin béns ocults usurpats al monestir per tal que els restituïssin sota pena d'excomunió. Saps quants dels implicats ho van fer?

La Beatriu va negar amb el cap. Mentrestant, se sentien les veus de les monges que cantaven les oracions de la sortida del sol. Era com la remor d'un silenci compartit.

—Una pobra dona! Va venir una doneta que ranquejava amb un canelobre dins d'un sac. És aquest que tenim a la vora i que fem servir una mica per a tot. Ens va dir que el seu home l'havia furtat de l'església per vendre'l a canvi de menjar, però que ella no l'hi va permetre. Parlava de consumir-se a l'infern. Deu fer molt de temps, d'aquest robatori, perquè jo no el recordo. El cas és que vaig haver de consolar-la i acceptar unes monedes. Ho vaig fer amb mal de cor. De ben segur, atès el seu aspecte, li feien més falta a ella que a nosaltres.

—I tot allò altre, les terres...

—La meva germana, sor Serena de Sestorres, i també sor Lluïsa de Meià, van comparèixer davant l'arquebisbe Pedro de Urrea per fer una tramitació de deutes. Però, com ja saps, sor Serena...

—Sí, està malalta. Però jo... jo no en sé un esborrall

de tot això. La veritat és que tampoc no sé per què m'ho explica. Jo només vull...

Els ulls de la Beatriu es van omplir de llàgrimes, que, per molt que ho intentés, no va poder retenir. Nerviosa, es va clavar les dents al llavi i va contraure el rostre mentre se li feia un nus a la gola.

—Filla, el que busques només ho trobaràs en l'amor. La felicitat, no ho dubtis mai, es relaciona directament amb l'experiència d'estimar. Fa molt que ho vaig entendre, únicament és feliç qui és capaç de fer feliç les persones que l'envolten.

La Beatriu es va tapar el rostre amb les mans. Li hauria volgut dir que estava disposada a intentar-ho, que ningú no en tenia més ganes que ella, d'estimar, però la seva boca va continuar muda. Quan va sentir que li faltava l'aire, va mirar-la de nou amb les defenses baixes i la tendresa d'una nena espantada.

—M'agradaria que meditessis la meva proposta —va dir la monja en un acte de caritat—. Entenc que necessites temps... Ara, si vols, pots abandonar la sala.

3

La Beatriu només va parar de córrer quan es trobava a unes passes de la porteria. Va fer un gran esforç per compassar la respiració. Tot seguit va parpellejar fins a fer desaparèixer les llàgrimes amuntegades als ulls. Quan es va presentar davant de sor Cília, la germana portera, res del seu aspecte no feia pensar que l'angúnia la tenallava. Després d'escurar-se el coll, va demanar permís per travessar aquella porta tan ben custodiada. La veu no la va trair. Encongida pel fred, la monja tampoc no estava en condicions d'exigir-li una explicació.

Un cop a l'exterior, la Beatriu Montells va deixar anar un llarg esbufec. La bafarada evanescent del seu alè es va estendre davant els ulls emboirats i es va dir que la gelor del dia acabat de néixer era com una maledicció, com un càstig per la seva supèrbia. De seguida va eliminar aquell pensament, convençuda que res del que passés podia fer trontollar els seus propòsits.

Més enllà, els cims arrodonits que abraçaven la vall rebien la primera claror rosada de l'aurora, acolorint-se amb la mateixa tonalitat que ribetejava els núvols. Va distingir el rastre d'una rabosa sobre la neu verge mentre assistia a la fixació de les petjades que estampava un ocell saltironant de pedra en pedra. Aquestes eren les úniques marques que trencaven la monotonia del blanc immaculat. El silenci s'escolava entre les diverses edificacions que envoltaven el monestir. I era eixordador.

Sense presses, va anar fent ziga-zagues entre les creus del cementiri, l'ampli espai d'enterraments que s'estenia davant seu. El crepitar de la neu acompanyava les seves passes erràtiques. No es podia treure del cap les paraules que pocs minuts abans li havia dirigit l'abadessa.

Com s'atrevia a parlar-li de l'experiència d'estimar i a dir que era l'únic camí per conquerir la felicitat? Aquella monja gairebé havia aconseguit de confondre-la. Amb quin dret la sermonejava? Per què havia de creure-la si el que havia viscut des de molt petita anava sempre en el sentit contrari?

La seva mare no pregonava altra cosa, destil·lava amor per tots els seus porus i va morir sola, rabiosa com un gos. Quins eren els guanys després de tanta entrega? On era la felicitat que havia d'esdevenir moneda de canvi després d'estimar d'aquella manera, de convertir-se en un exemple de sacrifici? Li hauria anat millor si se n'hagués guardat una mica per a ella i... per a les seves filles. Unes reflexions semblants l'assaltaven quan menys s'ho esperava, però aquest cop la van retornar al motiu que de bon matí l'havia amoïnat, la Joana.

Decidida, va aixecar la vista, no era conscient de la direcció que havien pres les seves passes. Davant seu s'alçava la imponent església del monestir, amb el cimbori encara amagat per la boira. Quan aquell mant blanquinós s'estenia sobre la vall costava Déu i ajuda que desaparegués.

Com era habitual, estava orientada de tal manera que la llum nova il·luminés l'absis a aquella hora del matí. L'objectiu era recordar la resurrecció de Jesús i, durant els vespres, quan entrava la claror del darrer sol per la rosassa de ponent, tot deixant l'absis en penombra, era com un homenatge a la seva passió. La Beatriu va dubtar que en un dia tan cobert s'arribés a gaudir d'un fenomen que lloava la comunitat en ple.

La jove va passejar la mirada per la paret frontal de l'edifici i també per les adjacents. Es va sentir forastera una altra vegada, com un ocell de pas que viatja a la recerca de terres càlides. Sense perdre més temps es va dirigir als afores; la caseta on s'estava la Joana formava part del recinte exterior, amb les quadres, l'alberg i el graner.

Una dona, de la qual no recordava el nom, li va obrir la porta. Anava desgrenyada, tenia la pell del color de la cera i les bosses sota els ulls delataven una salut trencadissa. Malgrat el seu aspecte, es va afanyar a complaure-la. Mentrestant, es recollia els blens de cabells grisos, tan minsos, en un monyo diminut.

—M'estranya que no us hàgiu creuat, fa un moment que ha sortit en direcció als estables. Agafareu fred, passeu i us escalfaré una mica de llet...

La Beatriu va sospirar alleugerida, no hauria pogut suportar que li passés res de dolent. Malgrat la bona notícia, necessitava comprovar-ho amb els seus propis ulls.

—Gràcies, però necessito veure-la —va respondre la jove, desfent-se del braç que l'estirava a l'interior de l'estança.

La va aturar una visió d'esquitllentes. Sobre la màrfega embotida amb borrallons de llana hi havia un llibre amb les cobertes de cuir curat. Era exactament igual que un llibre d'hores que li resultava molt familiar. La Beatriu va clavar la mirada sobre aquell objecte i el cor li va bategar amb força. S'hi va apropar per confirmar la seva sospita.

—Com ha arribat això aquí? —va demanar mentre mirava fixament la desconeguda.

—I a mi què m'expliqueu! Què en sé jo, pobra de mi! És el llibre de la vostra germana.

La Beatriu va anar a agafar-lo, però la dona la va apartar sense compliments.

—Jo no ho faria! La Joana es posarà feta una fera si ho sap. No li agrada que el toquin. Diu que és delicat, això diu. Ella, com que sap de lletra, el fa servir per ensenyar-nos. A més, com que cada dia resa les seves oracions, serà una bona monja. Ves que no arribi a ser abadessa —va dir de sobte, aixecant l'índex de la mà esquerra, tota cofoia—. A mi m'agrada mirar els dibuixos.

—No passeu pena. Si vós no li dieu que he vingut, no veig com se n'ha d'assabentar.

—Escolteu, a mi no m'agraden les raons. Ja us ho fareu! I jo he d'anar marxant, que faig tard. No he passat bona nit, sabeu? Aquesta humitat fa mal d'ossos i l'edat no perdona —va dir, posant-se les mans als ronyons. Després es va embolicar amb una capa de llana, de color imprecís, i va estirar la porta, que va deixar anar un gemec de frontisses.

—Ah! Quan marxeu, assegureu-vos de tancar bé, la fusta s'ha inflat i si no dona un bon cop no hi ha manera.

La jove va assentir amb el cap i va prendre entre les mans aquell llibre que pensava que s'havia perdut. El gest li va fer recordar altres temps. L'Ardoina, així es deia la seva mare, n'estava orgullosa, de posseir-lo. Era un exemplar únic, repetia sempre prement-lo sobre el pit, obsequi de Monsieur Arnaud, un client ric, molt ric. Es tractava d'un parisenc que visitava Barcelona per negocis amb la muller, que havia tingut la mala sort d'agafar les febres. Els metges ja la donaven per morta quan l'Ardoina la va tractar. Amb prou feines dormia, vetllant-la dia i nit, aplicant-li cataplasmes i pocions que un apotecari amic li preparava d'amagatotis.

La Beatriu va passar els dits pel llom del preuat exemplar i, amb un gest recuperat de la infantesa, va resseguir els rectangles que hi duia gravats. Amb aquell llibre —l'únic que tenien— la seva mare li havia ensenyat a llegir. Uns anys després, ella havia fet el mateix amb la Joana.

En un principi ni l'una ni l'altra entenien què significaven aquells salms i precs escrits en llatí i en francès, però aviat van aprendre a admirar la seva cal·ligrafia perfecta, les caplletres daurades i de colors vius que acompanyaven els textos. Sovint també somiaven amb les escenes representades per les belles miniatures i l'Ardoina sempre hi afegia alguna història nova de la seva collita.

Les darreres onze pàgines estaven escrites en català. Monsieur Arnaud havia donat ordre d'incloure-les, per personalitzar-lo. Se'n va fer càrrec un llibreter que tenia el seu negoci davant de Notre-Dame i treballava amb els millors copistes, il·luminadors i relligadors de París.

La Beatriu recordava molt bé aquelles històries, fins i tot el posat orgullós del francès, malgrat que era molt petita i potser la memòria dels fets l'hi havia transmès la seva mare posteriorment. Es va apropar el volum als narius i, amb els ulls tancats, hi va cercar el rastre tan enyorat de la dona que l'havia portat al món, de les estones robades al son per llegir en la seva companyia. També, de manera inevitable, s'anava fent present el fantasma de la por. Aquella por atàvica que duia aferrada al moll de l'os des que tenia ús de raó. La por al record d'altres veus menys amables, d'altres olors més ràncies... I aquest darrer pensament la va fer reaccionar. Va deixar de nou el llibre sobre la màrfega, va donar una darrera llambregada a l'estança i va abandonar el lloc.

Quan per fi va trobar la Joana les campanes anunciaven l'hora tèrcia. Va observar de lluny com donava de menjar a les gallines. Duia el cistell penjat del braç dret, que gairebé no podia flexionar. La roba basta camuflava el colze deformat, del qual, de tant en tant, es planyia en silenci. Portava embolicada aquella mà, amagant la seva forma de grapa, amb un drap de llana. La Beatriu l'admirava per com s'entestava a fer-la útil. A mesura que passaven els anys, la Joana s'assemblava més a la seva mare! No tan sols per les rodoneses que a ella li havien estat negades, ni per les cames llargues i els malucs... Era la forma de moure's, com si totes les coses d'aquest món fossin extremament fràgils; sense oblidar la seva cantarella quan parlava.

—Joana! —es va decidir a exclamar abans de ser descoberta.

—Per l'amor de Déu, m'has espantat! A què has vingut?

—Volia parlar amb tu. Em tens preocupada.

—Doncs ja veus que estic bé. I, a més a més, tinc feina.

—I la mà...

—També està bé.

—Però...

—No és res, de no moure-la se'm queda erta i em fa més nosa que servei.

—Vols que li doni un cop d'ull. Podria fer-te unes fregues amb esperit de vi.

La Joana se la va mirar de dalt a baix, com si dubtés d'aquell propòsit, però no va obrir la boca.

—No vull que t'enfadis amb mi —va afegir la Beatriu amb veu planyívola.

—Em vas dir que ho intentaries. M'ho vas prometre, fins i tot, i ara descobreixo que tan sols t'havies proposat enganyar-me!

—És cert que ho intento, de debò que faig tots els possibles, però... No vull ser novícia, Joana! La idea de tancar-me entre quatre parets em fa venir esgarrifances! No has de patir per mi, tinc bones noves! La mare abadessa m'ha proposat que l'ajudi amb els papers i els comptes del convent. T'asseguro que ho portaré el millor que pugui i, a més a més, li faré saber que m'ofereixo com a conversa. D'aquesta manera, no estaré obligada a prendre els hàbits i tindrem més temps per estar juntes...

—Sí, i gaudiràs de més llibertat per tocar el dos quan et plagui, oi?

—Em dol que t'ho prenguis així. Vols dir que no podem fer les paus, Joana? Ets la meva germana i t'estimo!

La noieta va dubtar durant uns segons. No va trigar gaire a descobrir que no podia allargar més aquella situació. Va escurçar la distància que les separava i se li va llençar al coll.

—Deus portar les botes plenes de fems! Quina pudor de gallinassa! —va exclamar la Beatriu per fer-la enfadar; mentrestant, esquerpa com era, es va esforçar per treure-se-la de sobre.

Les dues germanes Montells es van empaitar per uns instants, com quan eren petites i la mare no les veia. Poc després, les empentes i rialles havien fet desaparèixer el fred. La Beatriu la va ajudar a traginar la roba fins als safarejos. Una capa de glaç cobria la superfície de l'aigua.

—Demanaré al Marcel que et dugui una olla d'aigua ben calenta. No hauries de fer aquestes feines amb...

—No hi tornis, si us plau. Ja n'hem parlat prou, d'aquest tema.

—D'acord, no ho tornaré a repetir. Ja comences a ser prou grandeta per saber què fas. Per cert —va dir la Beatriu fent una pausa breu per cridar l'atenció de la Joana—. He vist que tens el llibre d'hores de la mare.

—Què dius?

—He anat a buscar-te i m'ha obert la porta aquella dona, la...

—La Musieta —va respondre amb el cap cot.

—Em pensava que l'havíem perdut pel camí. L'has tingut amagat tot aquest temps?

—Sí.

—I has permès que passéssim fam, que estiguessin a punt d'agafar-me per lladregota, que...

—És clar! L'hauries venut. Te n'hauries desfet, igual que vas fer amb tot el que ens va deixar la mare!

—No hi havia cap més remei, Joana! Mentre teníem herbes, arrels, amoníac... Saps que vaig fer mans i mànigues per vendre xarops i ungüents, però quan ens vam quedar sense res i tu estaves amb la pell i els ossos... Va arribar un moment que no tenia diners ni per xopar-te el cap amb alcohol i treure't els polls!

—Què n'hauries guanyat, amb la venda? Tres rals de plata? Quatre? Donava per matar la gana unes setmanes. Després, què? La mateixa misèria i...

—D'acord, d'acord... —va avançar-se a dir la Beatriu en notar que a la seva germana se li trencava la veu—. Saps una cosa?

—Què he de saber?

—Quan tu encara no havies nascut, jo també l'amagava. Dormia sempre amb el llibre sota la màrfega.

—I per què ho feies?

—Doncs perquè el pare l'hauria venut per dues gerres de vi. Però no en parlem, d'això. T'ajudaré a rentar la roba. D'aquesta manera, enllestirem abans.

Les dues germanes es van repartir el sabó que havia portat la Joana i van començar la feina. Per moments reien i s'esquitxaven; després s'abraçaven i es fregaven les mans l'una a l'altra per combatre el fred. La Beatriu observava la seva germana convençuda que no tenia la vida que havia desitjat per a ella. Sempre havia somiat que un dia li podria donar el millor, que la vestiria amb roba bonica per amagar la seva deformitat.

La Joana, però, estava a punt d'escollir un altre camí, una vida entregada al mateix Déu que havia consentit la seva desgràcia. La va mirar als ulls i, sense entendre-ho ni tan sols compartir-ho, hi va veure la llumeneta d'una felicitat íntima, nova, com si l'envoltés una aura impossible de desfer.

Un barreig d'enveja i d'enyor li va pujar gola amunt. Va serrar les dents mentre atribuïa al fred l'esgarrifança que la sacsejava de dalt a baix.

En la construcció d'un mur sempre hi ha algú que posa la primera pedra i de seguida el mur comença a cobrar forma i es projecta cap al cel. La Beatriu va sentir com l'obstacle que s'anava aixecant entre les dues esdevenia infranquejable.

4

Aquell diumenge del mes de març en Guillem va sortir corrents en acabar la missa de dotze. Alguns nens de la vila el van voler atraure als seus jocs, però ell tenia altres coses al cap. Quan va poder desempallegar-se'n va enfilar la baixada de l'església fins a casa seva i de dins estant va agafar un rosegó de pa i un tros de cansalada seca. N'hi hauria prou per fer un llarg passeig pel camp, que era el que més li agradava.

Les feines de la granja no es portaven a terme amb la mateixa intensitat els dies de festa. Només el pare, l'Antoni, que havia heretat el negoci que, des de temps immemorial, tenia la seva família a la vila de Llívia, s'hi passava de bon matí per recollir els ous del galliner, munyir les vaques i, en definitiva, comprovar que tot estava en ordre. La resta del dia la família anava a missa i després es reunien amb alguns amics per comentar els successos de la setmana. Si feia bo, acabaven organitzant un dinar conjunt que podia durar fins a ben entrada la tarda.

La neu encara era present a les muntanyes altes que els envoltaven, però havia fet uns dies de sol i la temperatura resultava agradable. El noi volia que arribés de ple la primavera, que augmentessin les hores de llum per poder sortir també els dies feiners. Molt al contrari que els seus germans grans, la Paula i en Miquel, els quals no s'allunyaven gaire del poble, en Guillem només volia córrer per les muntanyes i descobrir nous amagatalls. El seu pare deia que semblava fill d'algun pagès i no d'una de les famílies més acomodades de la contrada. Després afegia que el pastor ja era vell i que potser el podria rellevar algun dia no llunyà, si tant li venia de gust trescar com les cabres.

El noi no feia gaire cas d'aquests comentaris. Sempre s'havia aprofitat de ser el més petit dels tres germans i haver ressuscitat quan tothom ja el donava per mort. Havia après a passar desapercebut per poder fer la seva. Aquelles sortides en solitud li resultaven vitals. Admirava els arbres i les plantes, s'extasiava davant l'espectacle dels núvols que entraven a la vall per l'estret que conduïa a Puigcerdà i corrien veloços en direcció a les muntanyes, on sovint s'hi arrapaven cobrint el cim. La seva il·lusió més gran era trobar nous camins i gaudia especialment en descobrir algun sender obert pels animals enmig del bosc. Amb el pas del temps, quan ja feia gairebé quatre anys que s'havia llençat a viure aquella mena d'aventures, s'havia convertit en un expert caminant; fins i tot el ramader del poble li preguntava si havia vist bons pastos en algun indret a les contrades menys accessibles.

La seva mare, mai no ho va dir en veu alta perquè no la tractessin de ximple, estava segura que aquell delit per la natura tenia a veure amb la miraculosa curació pel Bruixot. La seva imposició de mans, la triaca que li va donar a beure, les oracions... Fos com fos, en Guillem esdevenia un nen diferent dels altres i ella sentia que estava cridat a fer grans coses.

Aquell diumenge, el petit dels Duran va decidir deixar de banda l'exploració del cim del castell i anar pel camí de les Fonts. Al recinte emmurallat hi havia massa moviment els darrers dies. Les disputes territorials amb el rei de França havien omplert la petita muntanya de soldats, i els preparatius, per si la població de Llívia s'havia de refugiar a l'interior, feien difícil trobar la solitud que ell ansiejava.

Decidit, va pujar en direcció a l'església i, abans d'enfilar-se per les escales, va girar a l'esquerra per seguir el camí de Cereja. Va passar per davant de la casa d'en Magí Surroca, a qui tots deien el Bruixot, però la porta era tancada i barrada. Amb un gest de decepció, va prosseguir el seu recorregut fins a la cruïlla que conduïa a les fonts escampades al llarg del riu Estauja. Molt a prop hi havia alguns camps conreats que aviat es feien fonedissos davant la presència d'un bosc ric en bolets i falgueres. Era un paratge encara indòmit que l'atreia precisament per això i on, de vegades, hi havia vist algun isard dels que baixaven de les muntanyes més altes buscant menjar.

Es va aturar a la font del Ferro per beure una mica d'aigua i tot seguit es va quedar mirant un petit mur que algú havia construït per delimitar un conreu. Era ple de teranyines i vida. Caçadors i caçats ordint plans perfectes en un espai bell i minúscul que el fascinava. Quan, per fi, l'insecte atrapat va abandonar-se a la seda que l'amortallava, l'aranya se'l va cruspir sense contemplacions. Amb aquella imatge a la retina, va emprendre de nou el camí enfilant-se per una sendera que no recordava. Pel mig hi corria un reguerol d'aigua i a les vores grans pedres cobertes de molsa entapissaven el terra. Els arbres tapaven el cel gairebé en la seva totalitat.

Ara estava segur que mai no havia caminat per aquell racó del bosc i es va congratular pel seu encert. Va continuar pujant alegre i confiat, fins que un soroll li va fer aturar les passes. Aleshores, sense moure un sol múscul, va parar l'orella; la idea que hi hagués un os proper el va deixar garratibat. El cor li bategava per aquella barreja d'emoció i temor. Es va voler convèncer que es tractava d'algun porc senglar que cercava alguna cosa entre els matolls, prop del camí. La pensada tampoc no li va resultar gaire tranquil·litzadora.

Ell no era un noi especialment valent i les altures li provocaven esgarrifances, però si una cosa li despertava la curiositat era capaç d'arribar fins al final. De cap de les maneres es podia permetre no esbrinar a qui pertanyien les passes que sentia dalt del camí, qui o què l'acompanyava en la seva exploració.

Va seguir el camí procurant no perdre la referència del soroll i aleshores va trobar les arrels d'un arbre que el van ajudar a enfilar-se. Sempre de quatre grapes, va avançar fins a distingir alguna cosa movent-se entre els esbarzers. En Guillem es va fregar els ulls per assegurar-se del que veia. Era ell! Els seus cabells llargs i blancs li queien esquena avall, per sobre de la túnica blava i desgastada que li arribava fins als peus. La portava cenyida al cos amb un cordó de cànem.

Què hi feia en un lloc tan apartat? En un primer moment va pensar de fer-se visible, però no el volia espantar amb una aparició sobtada. Seria més interessant observar-lo. Va baixar de la seva talaia i, abans d'arribar a terra, el cruixir d'una branca va comprometre el seu descens. Però l'home era gran i sordejava. En Guillem va seguir avançant amb molt de compte fins a situar-se darrere un arbre que el cobria gairebé per complet.

El va veure caminar amb indolència i aturar-se al davant d'uns arbustos alts que creixien en aquella zona. Els va tocar com si els amanyagués i tot seguit va agafar un dels seus fruits negres i rodons per ficar-se'l a la boca. Va continuar així una estona fins que es va fer fonedís. En Guillem no va moure un sol múscul per detenir-lo, ni per fer-li saber de la seva presència o del desig d'acompanyar-lo. Hi havia alguna cosa en la manera de fer d'aquell ancià que l'hipnotitzava i l'atreia amb força. D'altra banda la seva mare sempre li recordava, a cau d'orella com si es tractés d'un secret, que li devia respecte i gratitud. Mai no es va atrevir a confessar-li la veritat, ni a ell ni a ningú del poble. El seu marit ho va deixar ben clar des de bon principi, prohibint-l'hi explícitament. De cap de les maneres s'exposarien a ser assenyalats amb el dit, ni ser objecte de xafarderies que poguessin perjudicar el negoci, i això malgrat que tots els vilatans li devien algun favor semblant.

Era hora de tornar a casa. En arribar-hi, només hi havia en Miquel, tenia catorze anys i tots el veien com el més espavilat dels fills del granger. L'hereu, deia el pare deixant la mà sobre la seva espatlla amb posat cofoi.

—Vens de la muntanya, Guillem? —li va preguntar sense deixar d'afilar el ganivet que sempre portava a sobre, com si la possible resposta fos intranscendent per ja sabuda.

—Sí, he anat pels voltants de l'Arauja, per un paratge que no havia trepitjat mai, i m'he trobat amb en Magí Surroca. Menjava baies d'un arbust de fruits negres.

—Caram! El Bruixot! —va respondre en Miquel abans de riure—. I t'ha vist? Perquè potser t'ha fet un encanteri.

En Guillem va remugar, però es va quedar pensant. El seu germà va seguir afilant el ganivet, amb moviments lents i alhora molt precisos. La llum del sol començava a davallar i l'estança s'anava quedant a les fosques.

—De veritat penses que és perillós?

—No home, no! Això són xerrameques de velles. El Bruixot fa remeis amb plantes, ajuda la gent. Ja saps que és molt amic d'en Pau Vinyes, el metge, un home molt estimat al poble, i crec que més d'una vegada li ha fet de valedor. En Vinyes t'atén si l'hi demanes, però no para gaire a Llívia. També és un home de ciència i té molts compromisos. Diuen que va estudiar a Barcelona!

En Guillem va escoltar el seu germà amb molta atenció. No esperava una resposta tan llarga, tot i això, li van quedar molts dubtes.

—Si ajuda la gent, per què li diuen el Bruixot?

—Mira que n'ets de preguntaire! Doncs... per ignorància o enveja, ves a saber! En Magí ha fet algunes curacions que semblen obra del diable. Fa cosa d'un any, quan el pastor va ser atacat per un os i li va deixar les entranyes escampades pel terra, el Bruixot se'l va emportar a casa seva, l'hi va tornar a posar tot a dins i el va cosir. Al cap d'un temps ja era de nou a les muntanyes amb el seu ramat. Tu mateix has estat a les seves mans... Però jo no en sé res, que no vull alimentar encara més les teves fantasies. Pregunta-l'hi a la mare o, si tanta curiositat tens, el pots anar a veure. Ja saps on viu.

—Tu hi aniries? —va preguntar en Guillem, sobtadament interessat.

—A mi no se m'hi ha perdut res i tu faries bé d'acompanyar-me a casa del forner, els pares són allà.

El noi va declinar la invitació i es va quedar sol. Va pensar molta estona en aquella història de l'os i va sentir por per les vegades que havia arribat fins a zones massa allunyades del poble. Tampoc no entenia gaire bé allò de la curació amb plantes quan es tractava de ferides tan importants i només d'imaginar que podia cosir la carn li feia venir basques. No tenia res a veure amb les infusions de marialluïsa que la mare feia servir per guarir els constipats.

Es va quedar a les fosques pensant si potser algun dia ell també podria ajudar la gent recol·lectant plantes al bosc. Estava fart de moure's entre el guirigall de les gallines i les mamelles brutes de les vaques. El camp i les muntanyes li semblaven llocs nets on es podia respirar sense estar exposat a les pestilències dels animals captius.

—Somnis! —va dir en veu alta, parafrasejant la paraula favorita del seu pare quan alguna cosa li semblava impossible.

L'endemà treballaria de nou a la granja i tot tornaria a començar després d'aquell breu descans del diumenge. El seu cap, però, bullia amb la imatge d'en Magí Surroca acaronant les plantes, amb tot el que li havia dit el seu germà sobre les possibilitats de curació que atorgava la natura.

5

Després d'una setmana de camí, el cavall d'en Pau Vinyes estava arribant al límit. Era un bon animal i el coneixia bé de múltiples viatges. Sabia que necessitava alternar moments de calma, quan s'entretenia buscant herbes entre els matolls, amb d'altres d'un trot alegre i harmoniós. Però també anaven passant els anys i, de la mateixa manera que ell acabava amb la ronyonada i les cames adolorides, el Fugaç, que així li havia posat de molt jove en veure la seva capacitat per al galop, devia sentir la duresa d'un viatge tan llarg.

Tal vegada perquè l'animal coneixia bé el seu amo, es va girar a observar-lo quan el va fer aturar al més alt d'un cim i, tot seguit, se li va abraçar al coll mentre mirava la vall tranquil·la i sinuosa que se li mostrava als ulls. En Vinyes tenia per costum situar des de les altures els escenaris que anava visitant, encara que això signifiqués desviar-se de la ruta establerta.

—Si sabessis què hem vingut a buscar en aquesta vall —va dir el genet mentre li passava la mà pel llom—, de bon segur que m'abandonaries sense mirar enrere, amic meu.

Aliè al significat de les seves paraules, el cavall va renillar satisfet per l'esforç realitzat i pel bon humor que detectava en les carícies de l'amo. Tot seguit van buscar de nou el camí que menava fins a Vallbona, on vivia la persona que havia d'esdevenir una peça clau en la nova dèria d'en Pau Vinyes, continuar renovant la composició de la medecina més important de tots els temps, la triaca Magna.

La idea no era seva, tan sols es considerava un metge de poble ficat a mercader, però quan en Magí Surroca havia manifestat les seves inquietuds d'aconseguir un compost més efectiu per curar les malalties que aquella vella fórmula d'Andròmac, n'havia vist de seguida l'oportunitat. Ja feia tres anys que en Vinyes anava regularment a Barcelona per vendre els remeis que tots dos elaboraven a la llunyana Llívia. Els seus contactes a l'hospital de la Santa Creu estaven satisfets amb el tracte i els encàrrecs creixien a cada viatge.

El problema era d'una altra naturalesa. L'amistat i la col·laboració amb en Surroca li havien fet perdre el pas respecte de l'explotació de la casa pairal. La seva dona es queixava que no podia fer-ho sola i que els continus viatges, a més dels dies sencers perduts a la guarida del seu amic, posaven en perill la seva forma de vida. La resposta d'en Vinyes era sempre la mateixa, deixar-li sobre la taula els diners guanyats el darrer viatge i tornar a tancar-se amb el Bruixot a la casa del camí de Cereja.

Els dubtes persistien, però. L'única solució que havia trobat era acceptar l'oferiment d'un prohom de Barcelona amb qui s'havia confessat i vendre-li la fórmula de la nova triaca. Li havia promès que li donaria molts diners, segur que pensant en el benefici que podria treure tornant-la a vendre a algun comerciant de la ciutat. En un primer moment s'havia dit que en Surroca ni tan sols necessitava assabentar-se de la jugada. Ningú no li impediria continuar elaborant la triaca i millorar-la si aquest era el seu desig. En contrapartida, però, podria apaivagar per un temps el neguit de la seva dona.

A mesura que el viatger anava baixant en direcció a la vall s'adonava de la varietat dels conreus que envoltaven el monestir. Un petit riu la creuava de punta a punta; salzes i verns s'escampaven còmodes per les seves ribes. Molt a prop d'aquest curs d'aigua hi havia l'església, amb un elegant cimbori que feia de campanar. Al voltant, tot de petites edificacions i alguns horts que s'estenien fins a la falda de les muntanyes.

Santa Maria de Vallbona era conegut pels remeis que elaboraven les monges a la seva farmàcia. Més d'una vegada, a Barcelona, quan intentava vendre els preparats d'en Surroca, s'havia trobat que els emissaris del monestir ja se li havien avançat. Però el motiu de la seva visita no hi tenia res a veure.

Se li havia ficat al cap que podia compensar la venda de la fórmula amb alguna mena de regal que ajudés a les investigacions del Bruixot. L'any anterior, mentre feia una gestió a l'hospital de la Santa Creu, havia sentit a parlar d'un caçador de serps que vivia a Vallbona i s'havia divulgat entre els entesos que les vibres d'aquella banda del país eren les més efectives per a l'elaboració de la triaca. Els mateixos apotecaris de Barcelona així ho reconeixien. La carn de vibra era un component fonamental en el procés i en Surroca tindria les millors serps del país per dur a terme els seus experiments. Per això, necessitava trobar en Joan Desclot, el caçador de qui tothom parlava.

Era pels volts del migdia quan en Vinyes i la seva muntura van arribar al camí que recorria el fons de la vall.

No semblava viure gaire gent per aquella contrada, però va veure uns pagesos al lluny, al bell mig d'un camp de cols. Com que no volia trepitjar els conreus, es va fer entendre a crits. Al principi es van sorprendre de veure un home ben vestit, malgrat la pols del camí, i amb un cavall d'aquelles dimensions, però tot seguit li van indicar el vessant de la muntanya que donava a ponent.

—Dalt de tot. A la cova!

—A la cova? —va repetir en Vinyes mentre mirava en la direcció indicada.

Un dels pagesos es va acostar corrents, sense por a trepitjar el terreny. Quan el va tenir al davant va veure que la terra i la brutícia que portava a sobre amagaven un home jove.

—És a la cova blanca —va dir mentre el sotjava amb extrema curiositat.

En Pau Vinyes va veure una cavitat a les roques que el noi assenyalava. També li va dir que no s'hi podia anar a cavall i que l'hauria de deixar al monestir. Tenia el propòsit de no cridar gaire l'atenció, però va entendre que no hi havia una altra sortida.

El primer que va mirar la jove que el va rebre a les portes del recinte va ser les seves alforges plenes amb els preparats que pensava portar posteriorment a Barcelona. Per uns instants va estar temptat de fer mitja volta i esperar que el caçador baixés de la muntanya, però la bona disposició d'aquella noia riallera i esguerrada va fer que canviés d'opinió.

—No us preocupeu per les vostres coses, les trobareu tal qual de tornada.

Confiat, es va acomiadar del Fugaç, content amb aquella jove amable que li havia portat una pastanaga fresca, i va emprendre la pujada a la cova. El camí era empinat i insegur; més d'un cop va relliscar en la terra solta. Poc després va albirar un home petit i cepat que seia sobre una roca al peu d'un gran forat de la muntanya. El viatger es va situar al seu costat per explicar-li com havia sentit a parlar d'ell i la fama que tenien les vibres d'aquell paratge. En Joan Desclot semblava escoltar-lo amb indiferència.

—Ja saben les autoritats que elaboreu triaca? —li va preguntar de sobte.

—Vinc d'una vila als Pirineus. No sobreviuríem si haguéssim de complir totes les convencions.

—M'agrada que sigueu sincer, però aneu amb compte o podeu tenir problemes. Jo subministro vibres a la ciutat de Barcelona, però bé, ningú no vigila el que fem en aquestes muntanyes. Nosaltres també quedem lluny de les urpes del poder.

—Puc comptar amb una dotzena d'exemplars, doncs?

El caçador el va mirar fixament per primera vegada. En Vinyes va creure que es malfiava o que potser dubtava de la seva solvència, però els motius eren ben diferents. Els pagesos que li havien indicat el camí eren petites taques al fons de la vall i encara devien preguntar-se què volia aquell foraster de l'home de la cova blanca.

—És complicat... —va respondre en Desclot poc després.

—No ho entenc. Teniu vibres al vostre abast, sabeu com caçar-les i jo disposo de diners per recompensar-vos. Quin és el problema?

—Sou un home de ciència, pel que he pogut deduir, però no coneixeu bé aquests animals.

—En sé algunes coses, amic meu. Les vibres passen l'hivern en coves com aquesta i quan arriba la primavera ja han canviat la pell. Com que han viscut en contacte amb la profunditat de la terra atrauen els esperits sulfuris i vegetals. Aquests componen l'ànima de totes les coses —va replicar de seguida en Vinyes, recordant les converses que havia tingut amb en Surroca.

—Bé, les meves no es comporten ben bé igual. És important caçar-les cap a la fi de la primavera. Ara mateix és massa aviat.

—Podria venir a buscar-les d'aquí a un mes o mes i mig —va calcular el viatger, feliç per haver de perllongar la seva estada a Barcelona—. Les vull femelles i sense prenyar. Tampoc no poden ser ni gaire grans ni gaire petites, ni gaire velles...

—... ni gaire joves... Ja em sé aquesta cançoneta.

—No volia molestar-vos. D'altra banda, com podeu distingir-les? A mi em semblen totes iguals.

—És fàcil! —va dir el caçador mentre escopia a través de les seves dents obertes—. El caràcter de la femella és atroç i desvergonyit i sempre la trobes disposada a atacar. El seu ventre és ample i es va aprimant cap a la cua.

—Me les podré emportar vives? —va interrompre en Vinyes mentre aquell home el tornava a mirar amb desconfiança.

—Podreu fer-ho si sou molt atrevit. Les vibres, quan estan molt de temps en captivitat, s'empipen i coven un verí molt més fort i perillós. Podria morir algú si us passeu amb la dosi!

—Què em proposeu, doncs?

—Seria millor fer una salaó i així us duraran molt de temps. Però m'haureu d'avançar diners.

El viatger va pensar durant uns instants en aquella possibilitat. No tenia motius per desconfiar d'aquell home i estava decidit a emportar-se les vibres. La seva proposta posterior el va sorprendre.

—Deixareu els diners a la mare abadessa. Pregunteu per la Violant de Sestorres i quedem cap a les primeries de maig, us tindré la salaó preparada.

Es van donar la mà i en Vinyes va desfer el camí tot seguit. No havia pensat d'establir cap contacte amb el monestir, però el Fugaç necessitava descans si volia que aguantés els dies de viatge que li quedaven fins a Barcelona. Baixar de la muntanya va resultar encara més arriscat. Els seus peus trepitjaven en fals i les pedres queien vessant avall anticipant-se. En Joan Desclot devia tenir l'habilitat de les cabres si pujava sovint a aquella cova. Després d'un descens difícil va arribar sa i estalvi a les portes del monestir. La mateixa noia que els havia rebut feinejava en uns camps propers. Se li va acostar amb un somriure, sempre amb el seu braç dret entre la roba.

—Heu trobat en Joan?

—Sí, no sembla que es mogui gaire de la cova.

—Ell és així. Li agraden poc les persones i sempre tresca per les muntanyes —va dir la noia mentre mirava enrere, com si la feina que havia interromput fos molt rellevant—. Tinc un missatge per a vós...

—Un missatge?

—Sí, de la mare abadessa. Us vol veure abans que marxeu. Diu que és molt important.

—Bé, precisament volia demanar si em deixaríeu ferhi nit. El meu cavall està força cansat.

—És preciós! Ha menjat i begut per quatre, però sempre mirava cap a la porta dels estables per si tornava el seu amo —va dir ella mentre el somriure li tornava al rostre—. Al monestir no us deixaran pas quedar-vos-hi, però hi ha el graner i un magatzem amb un jaç, segur que hi trobareu aixopluc. Si em voleu seguir...

—Ha de ser ara mateix? Vaig molt brut per presentar-me davant de tota una abadessa?

—Oh! No hi fa res! Som gent senzilla i la mare Violant de Sestorres m'ha fet prometre que us portaria de seguida a la seva presència...

No semblava tenir escapatòria. Va anar al darrere d'aquella noia fins a una porta que donava al claustre. Després li va indicar que esperés. Hi havia un gran silenci i a la part del recinte que podia contemplar no es veia una ànima. Quan va aparèixer la mare abadessa, ben plantada i amb la mirada neta malgrat que ja tenia una edat, es va avergonyir de les seves vestimentes.

—Em sap greu no haver pogut rentar-me, la vostra novícia m'ha obligat a venir de seguida. Espero no ser una molèstia.

—Qui, la Joana? No és una novícia, però potser algun dia ho serà. Té molt bona disposició.

—Ja me n'he adonat. La meva pretensió era passar la nit a Vallbona, però no sé com puc servir-vos.

Darrere l'abadessa es podien veure ara dues monges encuriosides. Ella va començar a caminar fent passes molt curtes i li va fer un gest per convidar-lo a seguir-la. Quan van trepitjar el claustre, les monges es van fer fonedisses, com si mai no haguessin format part de l'escena.

—El vostre cavall va molt carregat —va dir per fi—. He deduït que sou metge o, potser, apotecari.

—Heu remenat entre les meves coses?

—No s'hi acosta gaire gent al monestir i ens hem de protegir. Entendreu que no es tracta de desconfiança, sinó d'inquietud.

—Ho entenc —va respondre en Vinyes, cada cop més desitjós de saber quin era el motiu d'aquella misteriosa rebuda.

—En Joan Desclot diu que elaboreu triaca!

—El caçador ha parlat amb vós! Com és possible? L'he deixat assegut al davant de la cova i he tirat pel dret!

—Ja podeu imaginar que hi ha un altre camí per baixar de la muntanya i potser us ha enviat pel més llarg. És llest, aquest home.

—No ho dubto. Us puc dir que soc un metge de poble i, en algunes ocasions, faig de mercader.

—Porteu triaca en aquests flascons que hem trobat? M'heu de perdonar, però la meva germana, sor Serena, està molt malalta i quan he vist... A més que si sou metge podríeu visitar-la.

—Us entenc i no us heu de disculpar, però, com he dit, tan sols soc un metge de poble. D'altra banda, la triaca que porto no és de la meva propietat i és una medicina cara...

—La vida de la meva germana està en joc. Ja podeu imaginar que la modèstia no és la millor actitud en aquests moments.

El to de la mare abadessa havia canviat amb aquelles paraules i en Pau Vinyes va pensar que no li costava gens complaure-la a canvi de la seva hospitalitat. Poc després travessaven el claustre en direcció a la cambra on jeia sor Serena. Tenia el color de la llet agra i unes ulleres profundes que li feien encara més petits els ulls clars. Va inspeccionar els seus orins i li va prendre el pols. En demanar que s'aixequés la roba que li cobria una pell cèria, enganxada als ossos, va veure les marques. Instintivament va buscar la presència d'altres al plec del braç. En confirmar-ne la presència, va donar una ullada ràpida a la cambra. Sobre una petita taula de fusta hi descansava un vas de fang i una gerra de terrissa tapada amb un drap de lli.

—És on guardeu les sangoneres?

—Sí, sí. Són ben vives. Les tenim amb argila i aigua.

—Cada quan li practiqueu les sagnies?

—Cada dia, sens falta.

—Feu-me confiança, no hi torneu.

—Com? I la sang bruta? De quina manera...

—M'heu demanat ajuda. Haureu de confiar en mi. Aquesta pràctica només la debilita. No sé quina és la dolència que la té en aquest estat però us deixaré la quantitat suficient de triaca per poder tractar-la fins que torni a buscar les vibres. L'hi heu de subministrar en petites dosis perquè el cos se li vagi acostumant. A canvi us demano que prengueu nota dels canvis que experimenti. Tot és important, entesos?

—Com vós digueu.

—Ah! I, si us plau, això ha de quedar entre nosaltres. Per motius de seguretat, ja m'enteneu.

—Oh, i tant! No passeu pena Us estem molt agraïdes! Déu us ho sabrà recompensar.

—En ell confio.

Tot just quan en Pau Vinyes i la mare abadessa es disposaven a abandonar la cambra, un soroll a la porta els va fer parar atenció. Sor Violant de Sestorres va guaitar l'exterior, però no va veure ningú.

—Potser ha estat el vent —va dir en veu baixa.

En Vinyes va abandonar aquell lloc i es va traslladar a l'espai que li havien assignat per descansar. El jaç era net i l'olor de palla nova el va reconfortar. Se sentia esgotat. Per a ell la ciutat de Barcelona era sempre un daltabaix que el portava a qüestionar-se tota la seva vida. De sobte, sense pretendre-ho, sor Serena s'havia convertit d'alguna manera en la seva responsabilitat. Tant de bo la triaca esdevingués un remei per al seu mal i, quan tornés a buscar les vibres, pogués observar-hi alguna millora.

El cansament del viatge i d'aquella ascensió difícil a la cova blanca va fer que es quedés profundament adormit. Ni tan sols recordaria l'endemà que va somiar amb vibres prenyades que bevien d'un recipient a casa d'en Surroca mentre aquest les mirava complagut.

6

No hi havia ningú treballant a les bastides de la catedral de Barcelona quan en Pau Vinyes va passar-hi per davant. Es va dir que els gairebé dos segles que feia que l'edifici estava en obres eren un símbol de la lentitud amb què es feien les coses en aquella època que li havia tocat viure. Ell, però, anava amb presses. Feia més d'una setmana que havia sortit de Llívia i li cremava el contingut de les alforges, que havia traspassat a un gran fardell. Portar-lo al coll per aquella part de la ciutat tampoc no era una gran idea. Va continuar caminant i, poc després, entre les teulades dels carrers estrets, ja podia distingir la torre del convent de Santa Caterina, on donava classes el seu amic Mateu Soler.

En Mateu era sensiblement més jove, però havien estudiat plegats en aquell mateix indret, tots dos acollits a l'hospitalitat dels frares dominics. Set anys després, les condicions precàries dels estudis de medicina a Barcelona no havien canviat. Aprovar la creació de l'Estudi General, malgrat les reticències dels consellers i del mateix rei Alfons, no havia fet desaparèixer les antigues estructures de l'Estudi General de Medicina i Arts.

Amb el temps, la vella seu, situada a les torres del portal de la Boqueria, s'havia dispersat per diversos indrets: la catedral, Sant Francesc o el convent de Santa Caterina, que ja es presentava majestuós al seu davant. El nombre d'alumnes ho havia fet necessari i, gràcies a l'augment d'espais aprofitables, tant ell com en Mateu hi havien tingut ocasió de desenvolupar el seu aprenentatge.

En Pau Vinyes era un home d'aspecte peculiar. Els seus cabells rossos, que incloïen una barba espessa i cuidada, i la seva estatura, el feien destacar entre la multitud. Ell deia que es tractava d'una herència de família, que els seus avantpassats també eren homes alts i forts, amb un gran sentit ètic, i que tot plegat atorgava caràcter. Ara, però, davant la naturalesa de l'assumpte que l'havia dut a consultar el seu amic, se sentia com un Judes que busqués desesperadament les seves monedes.

Va entrar per la porta lateral del convent i tot seguit va girar a la dreta. Un passadís estret conduïa a l'ala de l'edifici on tenien lloc les classes en diverses estances. Les portes estaven entreobertes i per uns instants es van confondre les veus dels docents, però aviat va reconèixer el discurs àgil i modulat d'en Mateu Soler. Sortia de la darrera sala i en Pau s'hi va apropar amb molt de compte.

Feia un parell d'anys que no havia vist el seu amic i es va dir que no havia canviat gens. Era gairebé tan alt com ell, però molt més prim; sabia que els seus àpats eren frugals i que dedicava la seva vida als estudis de medicina i als de física; en aquesta última especialitat havia sobresortit perquè intentava no donar per vàlida cap teoria que no tingués el suport de la seva experiència personal.

La postura d'en Mateu xocava amb les tesis oficials, que situaven la Terra com a centre de l'univers. El preu de mantenir-se ferm en les seves conviccions va ser la impossibilitat d'exercir la docència. Més tard, després de descobrir que la medicina també el feia feliç i que si volia canviar alguna cosa la millor manera era fer-ho des de dins, va acceptar integrar-se al cos de professors. A les classes maratonianes del matí, sense interrupcions i amb obligatorietat d'assistència, s'esforçava a introduir tots els conceptes normatius, però on veritablement se'l veia feliç era durant el debat públic que tenia lloc una tarda a la setmana.

—Com passa el temps! —va deixar anar en Vinyes amb un to de veu gairebé imperceptible.

El record del seu pas per les aules el va trasbalsar. Què se n'havia fet d'aquell jove avantatjat que s'enredava en polèmiques alliberadores? Un rictus de melangia li va aombrar la mirada i, amb un nus a la gola, va envejar la valentia o la inconsciència amb la qual aquells alumnes abordaven qualsevol posició eclesiàstica o política.

—Segons el filòsof grec Empèdocles, l'ànima es troba al cor. Què succeeix, doncs, si el cor emmalalteix? Hem de suposar un patiment, en paral·lel, de l'ànima?

En Mateu Soler el va escoltar satisfet i va respondre convidant altres alumnes a dir-hi la seva...

—Ens podríem apropar a la veritat d'aquesta i altres qüestions si ens deixessin treballar en disseccions de penjats, per exemple.

—Això que proposeu és un sacrilegi! —va dir en Mateu—. El cos és un temple sagrat!

—Només podrem avançar en l'estudi de la medicina si deixem enrere consideracions religioses que releguen la salut al caprici d'un Déu totpoderós! A Pàdua han imprès, per primer cop, el llibre *Anathomia* del professor Mondino de Liuzzi. Arriba a conclusions que són fruit de la seva pràctica en aquest terreny. Jo proposo un debat sobre això després d'un estudi seriós del tractat —va dir l'alumne que més excel·lia, un jove frare dominic a qui ja li havien cridat l'atenció diverses vegades els responsables del seu orde.

—No dubto que podria ser interessant, però, d'altra banda, no oblidi que també ell es basa fortament en les ensenyances de Galè i d'Aristòtil. —En Mateu Soler pensava que la polèmica era una excel·lent eina per a l'aprenentatge i s'esforçava per crear-ne.

—Jo no parlo de disseccions només per aprofundir en els nostres coneixements! Hem d'anar més enllà i convertir-les en la font més important dels sabers anatòmics! Professor, no li sembla que ja és hora d'atrevir-nos a qüestionar les escriptures antigues sobre anatomia?

En Mateu va respondre amb un gran somriure i va repartir la mirada per la sala.

—Sabeu molt bé el meu parer en relació amb la teoria dels quatre humors d'Hipòcrates. Us he explicat a bastament com, per a ell, el desequilibri en la sang, la bilis negra, la bilis groga o la flegma era la causa per la qual les persones emmalaltien. I, de la mateixa manera, ja m'he pronunciat a favor seu a desvincular la religió de la malaltia.

Es van sentir alguns murmuris entre els alumnes, després d'aquesta afirmació, sense que es pogués endevinar si hi anaven a favor o en contra. En Mateu Soler va prendre la paraula de nou...

—No puc estar d'acord que els mals físics tinguin el seu origen en un càstig provinent dels déus.

En aquell mateix instant un grup reduït d'oients va

abandonar la gran sala, visiblement contrariats. En Pau Vinyes entenia els motius d'aquella reacció, probablement ell hauria fet el mateix. Les paraules pronunciades pel seu amic eren, gairebé, sacrílegues. Si fos així, on quedava l'expiació pel dolor? Tot just aquell tema els havia allunyat feia temps. Ara tenia grans certeses, però encara se sostenien sobre peus de fang.

—Ens cal, amb urgència, l'assumpció d'una manera de fer més dirigida a l'estudi de les qualitats i les capacitats de l'ésser humà —va prosseguir en Soler amb rotunditat.

En Pau Vinyes, des de l'amagatall que li proporcionava aquella escletxa en la porta de l'aula, es va sentir en fals. Va veure la passió i la convicció que posava en Mateu en el seu discurs, com feia honor a les converses que havien mantingut, on prevalia la sinceritat i la recerca de la veritat. Ell, per contra, havia imaginat un pla que només podia envilir la seva ànima.

Hi havia moltes excuses que podien justificar-lo. Es deia que era fill de comerciants, que la seva família s'havia enriquit transportant mercaderies a través dels Pirineus i que aquesta pulsió havia guiat d'alguna manera la seva existència. Però la idea de vendre la nova fórmula de la triaca, que ja s'havia provat a l'hospital de la Santa Creu amb resultats satisfactoris, suposava una traïció al vell Magí Surroca.

La triaca era un remei que es feia servir contra múltiples malalties, s'havia transmès a través dels segles i l'havien perfeccionat metges que honoraven la història de la medicina, com Galè o Andròmac. Ara ell tenia l'oportunitat d'afavorir-ne la difusió, però havia de deixar enrere les reticències d'en Magí Surroca, potser també les seves pròpies.

Escoltant les paraules d'en Mateu Soler als seus alumnes, va sentir que trontollava la decisió que l'havia dut a consultar-lo. Què li havia de dir? Havia trobat un comprador que li pagaria generosament per obtenir la relació de components de la triaca i la forma com s'havien d'elaborar; aquell home li havia promès també que la posaria a disposició dels més necessitats. Els primers dies se sentia entusiasmat; en trauria uns diners que li eren imprescindibles per continuar vivint a Llívia amb la seva família, també per ajudar el vell Surroca en els seus experiments i no preocupar-se de cap altra cosa durant una bona temporada.

Si bé el tracte li va provocar d'entrada un gran entusiasme, ara dubtava de les paraules d'aquell comprador tan oportú. En Pau Vinyes encara no havia fet els quaranta anys, però es considerava un gat vell a qui era difícil enganyar. Havia vist moltes vegades com avenços significatius per a la salut de les persones acabaven a mans dels més poderosos; mentrestant, els pobres continuaven confiant en la voluntat del Creador.

El raonament va fer que es persignés. Era un home devot i les veritats de la ciència no havien aconseguit canviar-lo. No fins a aquest punt. Pensava que si l'ésser humà evolucionava cap a altres maneres d'estar a la Terra, cap a nous descobriments, era perquè Déu ho havia disposat així.

Gairebé sense adonar-se'n, va fer tres passes enrere. L'escletxa en la porta entreoberta, que de prop li permetia veure bona part de l'aula, va emmarcar només la figura d'en Mateu Soler parlant amb natural desimboltura.

—Reflexioneu al voltant de l'aplicació de les matemàtiques a les ciències com una forma de descriure i explicar els fenòmens naturals. L'estudi de les dades científiques mai no pot ser un procés atzarós! Recordeu el cicle: observació, hipòtesi i verificació experimental.

En Pau va pensar que aquell home i en Magí Surroca tenien moltes coses en comú. El record del savi acomiadant-lo als afores de Llívia, amb el seu posat amable i confiat, el va fer sentir menyspreable. Què hauria dit si hagués sabut que havia fet una còpia de la fórmula, en la qual treballaven des de feia anys, per obtenir-ne un benefici personal?

En l'intent de treure's de sobre aquelles cabòries, va sortir al carrer i va respirar amb golafreria. De cop ja no li semblava tan important, aquella conversa amb en Soler. Els habitants de Barcelona iniciaven el seu merescut descans i els carrers, l'un rere l'altre, es van anar buidant de sorolls. En Pau Vinyes els coneixia bé, n'havia gaudit molt durant els seus anys d'estudiant, però després, en acabar la seva formació, no va saber situar-se a la ciutat. El seu cor s'havia quedat a la Cerdanya i anhelava tornar-hi. Conèixer en Magí Surroca havia estat una benedicció; ell havia dotat de significació molts dels coneixements adquirits, l'havia conduït pel camí de la investigació i li havia ensenyat a entendre més a fons la natura. Però tenia una dona, l'Arsenda, i fills; no es podia permetre portar una vida lliure només dedicada a l'estudi.

Feia temps que servia d'enllaç entre el vell Surroca i un físic de l'hospital de la Santa Creu. Dos o tres cops a l'any viatjava a Barcelona amb l'equipatge carregat de noves fórmules, tisanes, ungüents per ajudar en el dia a dia de l'hospital, però amb els avenços en la nova triaca tot havia canviat. I en Vinyes es vanagloriava que la iniciativa havia estat seva. Després de passar una tarda llegint el metge àrab Avicena havia anat fins a la casa d'en

Magí Surroca als afores de la vila i el vell havia acollit la seva idea amb certa reserva.

El seu company de recerques s'hi havia abocat i s'ho havia pres com un repte més. Les conclusions de l'estudi havien portat a la nova panacea i, mesos més tard, ell mateix, amb l'aquiescència d'en Surroca, l'havia proporcionat en secret a un físic de l'hospital, l'Emigdi Rubiol, perquè la dispensés a alguns malalts greus. Aquests van millorar de manera significativa i l'èxit els havia conduït a la situació actual.

Necessitava un bon glop de vi que li enterbolís la ment. Volia dirigir-se a l'hostal on s'allotjava durant les estades a Barcelona, però les seves passes el duien en sentit contrari.

7

En Pau Vinyes havia fet aquell camí centenars de vegades. Sobri i completament borratxo. Endut pel desig més pregon o per la solitud més punyent. Sempre, però, amb el mateix nom a flor de llavis.

Va saber que no podria fer res per resistir-s'hi al moment mateix de pronunciar-lo. Aleshores, va enfilar carrer amunt fins al portal de la Boqueria. Molt a prop se sentien crits i algun riure.

El bordell La Lleona rebia aquest nom per la fama d'una prostituta que havia mort feia anys i de la qual s'explicaven prodigis. Dins aquell local, a més d'altres dones, la majoria experimentades, oferia els seus serveis la Morlana, cada cop més exclusius des que s'havia convertit en un factor clau dels tripijocs que es portaven a terme al Raval. Ella era la seva debilitat, el seu refugi i port sempre que viatjava a Barcelona.

L'havia coneguda durant l'època d'estudiant i de seguida va saber que en quedaria perdudament enamorat. Aquella reusenca riallera, una mica més gran que ell, era capaç de fer-lo tornar boig. Durant algun temps li havia demanat que deixés el bordell i que l'acompanyés a Llívia; li havia ofert seguretat, una casa, diners, però res no va funcionar. Deia que ja li anava bé a la vida i que el seu ofici li permetia no ser de ningú. Era la dona més independent que havia conegut mai i, amb l'edat, les seves creences s'havien anat refermant. Ara també era la propietària del local i només se n'anava al llit amb qui ella volia.

Després de la seva època d'estudiant, en Pau havia tornat a Llívia i s'havia casat amb l'Arsenda. Durant uns anys la Morlana i ell es van distanciar, però els viatges a Barcelona per negociar amb els productes que elaborava en Surroca van fer que es retrobessin. De vegades, fins i tot es quedava alguna nit a la cambra que la Morlana s'havia reservat a la darrera planta de la casa.

Ara, els homes contractats per a la seguretat dels clients del local ja el coneixien i el van deixar passar sense problemes.

—La tens desocupada, potser és que t'espera... —va dir un d'ells, però pel seu to va esbrinar que no era ben rebut.

En Pau sabia que molts dels seus esbirros no aprovaven la llibertat de què gaudia la Morlana, que els hauria agradat fer-se necessaris o portar ells mateixos un negoci tan pròsper. El prostíbul donava suculents beneficis, sobretot des que era un dels indrets favorits dels consellers de la ciutat. Això també havia proporcionat a la propietària relacions influents que feien molt difícil anar en contra seva.

Va pujar les escales deixant enrere els pisos inferiors i algun client amb roba elegant en estat d'embriaguesa. Quan va arribar al final va trucar a la porta. Una veu que coneixia bé va respondre a crits.

—He dit que no se'm molestés! Què voleu ara?

En Pau no va respondre. La Morlana sempre s'alegrava de veure'l i no creia que aquesta vegada fos una excepció. Va sentir els grinyols del llit on havia estat tantes vegades i després unes passes que s'hi acostaven. La dona va obrir la porta amb violència i tot seguit es va quedar parada. Els ulls se li van il·luminar en veure el seu amic dels Pirineus mentre ell es delectava en comprovar que continuava sent la mateixa. Les seves maneres eren poc refinades però, davant d'en Pau Vinyes, això no suposava cap problema. Amb ell podia mostrar-se sense reserves, sense por a ser jutjada ni ferida.

—No m'has avisat que vindries —va respondre mentre li girava l'esquena i es ficava de nou al llit.

—No ho faig mai, Morlana. No sabria com fer-ho.

—Ho sé, però això no és motiu... —La dona va somriure per primera vegada, es va asseure i li va indicar amb la mà que anés al seu costat—. Veig que portes el fardell ple. Són medecines per a l'hospital?

—És clar que sí.

—I no podies haver passat abans per deixar-les? Tantes ganes tenies de veure'm?

—Ets una dona sàvia!

—I tu, un adulador —va dir mentre l'atreia contra ella i l'abraçava.

En Pau es va deixar abraçar com si de sobte hagués trobat una mica de consol als seus problemes. La Morlana sempre desprenia una aroma peculiar, una olor d'ametlles dolces amb què ell somiava moltes nits. Van passar uns segons, amb la complicitat que dona una relació antiga i profunda, però poc després la prostituta el va fer enrere i el va mirar fixament.

—Alguna cosa no rutlla.

—Com ho saps? —va preguntar en Pau, sorprès perquè hagués descobert el seu secret.

—Encara no m'has magrejat els pits, mai no t'hi has resistit tanta estona —va respondre mentre se'ls acaronava amb fruïció.

—Ets...

—Soc massa vella i et conec massa bé perquè em puguis enganyar, ja ho saps.

—Tu mai no seràs vella. —Era un joc conegut per tots dos, però aquesta vegada en Pau no tenia forces ni estava d'humor per allargar-lo gaire més.

—Vols una mica de vi?

La Morlana va agafar el gerro que descansava al terra i n'hi va servir una bona ració en un got de terrissa. En Pau, però, va abaixar els ulls i va mantenir el got a les mans, sense beure.

—Mira'm! És possible que ja no hi trobis aquella dona capaç de fer-te embogir, però no renunciïs a l'amiga. És un bé escàs, creu-me.

En Pau li va llençar una mirada esporuguida, inquieta, com la d'un cadell que ha perdut el ramat. La visita al convent on donava classes en Mateu Soler no li havia servit per tranquil·litzar-se i tenia al davant una dona disposada a escoltar-lo. Però com explicar-li aquelles subtileses que el devoraven per dins?

—Em trobo en un atzucac! En un dilema...

—És la meva especialitat. Sens dubte, ets davant de la persona adequada. En la meva vida diària m'hi enfronto contínuament i... ho saps! —va dir, fent-li l'ullet.

—No és el que creus...

—Mira, Pau, comences a avorrir-me.

La dona va saltar del llit i es va situar davant una safata amb aigua que reposava sobre una cadira. Es va treure la túnica pel cap amb un moviment destre i es va acotxar per rentar-se les parts íntimes. La Morlana havia complert ja els quaranta, però es conservava molt bé; els seus malucs encara eren poderosos i ferms. La forma punxeguda dels seus pits, com peres acabades de collir, es rematava en uns mugrons foscos i tibants. En Pau va tenir un rampell d'excitació; sabia el que venia després, però era l'últim que esperava en aquell moment.

—Si tornes al llit puc intentar explicar-t'ho.

—T'escolto, Pau, però no voldria esmerçar-hi tota la nit.

Es va situar davant d'ell sense tornar-se a posar la túnica. En Pau suava malgrat que el braser petit de l'habitació estava apagat.

—Coneixes en Francesc Borrell, el notari?

—Oh, i tant que el conec! Ha estat client meu, però fa temps que no el veiem per aquí. És molt tibat.

—Segons sembla es deixa caure per l'hospital, dia sí i dia també. Circula entre els malalts oferint-los els seus serveis, busca la més mínima oportunitat i es fica en la vida de la gent, sobretot s'ocupa de defuncions i testaments.

—Com un voltor que olora la carronya!

En Pau va pensar que no havia començat bé. La seva intenció no era denigrar-lo i estava posant la Morlana en contra dels seus propòsits molt abans d'explicar-li els motius.

—Bé, deixa'm que torni a començar —va dir mentre amb els ulls li recorria els pits—. En Borrell té bons amics a l'hospital, sobretot entre els metges, i sap que jo distribueixo medicaments...

—Em consta —va dir amb veu picardiosa—. L'ungüent que em vas donar va ser oli en un llum. Jutja tu mateix.

Lentament i amb gest estudiat, es va obrir de cames i li va mostrar l'engonal. Després va deixar lliscar dos dits sobre els llavis del seu sexe, que, oberts, lluïen un color rosa intens.

—Seguim... —va respondre en Pau, empassant-se la saliva amb desencaixada inquietud—. No m'ho facis, això. He de fer-te una confessió important. El cas és que des de fa un temps no sols he portat ungüents i tisanes.

La Morlana no va insistir, aquella revelació va encuriosir-la de debò. Es va acomodar bé sobre les seves natges i li va fer un gest amb el cap per fer-li entendre que li parava atenció.

—Saps que tinc un amic, a Llívia, amb qui experimentem plegats per trobar noves formes de curació...

—És clar que ho sé. M'ho has explicat mil vegades.

—Però ara hem aconseguit una medecina molt especial —va dir en Pau, que començava a entusiasmar-se—. Hem desenvolupat una nova fórmula per a la triaca i, per les provatures que ha fet un metge i físic de l'hospital, l'Emigdi Rubiol, sembla que obté resultats espectaculars en casos concrets.

—No corris tant! Et refereixes a aquell beuratge que els metges fan servir per curar-ho tot, que té gust de mil dimonis i et costa un ull de la cara?

—Sí, em sembla que parlem del mateix. L'has tastat algun cop, potser?

—Me'l va donar com a preventiu un dels consellers que ens honoren amb la seva presència. —En la veu de la Morlana hi havia un deix irònic o més aviat trapella—. Va ser quan la darrera epidèmia de pesta, i encara tinc el flascó en algun lloc, però em vaig negar a repetir l'experiència. Quan em va dir que duia pols de mòmia, em va fer venir ganes de vomitar. Crec que m'estimo més morir de pesta que de fàstic!

—Creu-me, la pestilència també en fa molta, d'angúnia! Però entenc el teu raonament. No és senzill l'estudi dels components, però amb en Magí hem fet grans progressos. És una llarga història que m'agradarà explicar-te algun dia.

—I que té a veure en Borrell, amb tot això?

—Ara hi vaig. Ja t'he dit que l'Emigdi Rubiol la fa servir a l'hospital amb els seus pacients i tot indica que ha obtingut curacions miraculoses. En Borrell se n'ha assabentat no sé com, encara ho he d'esbrinar, però m'ha fet una oferta per la fórmula que no puc rebutjar.

La Morlana, ara sí del tot capficada en aquella història, li va posar la mà al braç i el va sacsejar perquè continués.

—Són molts diners i m'anirien d'allò més bé. La situació a Llívia cada cop es torna més complicada, el rei francès veu la vila com una plaça imprescindible per als seus projectes i no seria estrany que acabés conquerint-la. Aleshores, potser hauria de marxar.

—Ho entenc —va dir la dona amb els ulls brillants de cobdícia—. Sembla un negoci rodó. Quin és el problema? Hauries d'estar saltant d'alegria!

—Tinc un rau-rau...

—Estàs carregat de romanços. El que tens és una fórmula i el millor comprador. D'això se'n diu una gran oportunitat!

—El cas és que no és meva, o no del tot.

—Ara sí que em perdo.

—Jo vaig tenir la idea inicial però en Surroca la va desenvolupar, de fet encara està en estudi. D'alguna manera, sento que l'estic traint.

—A veure, perquè t'entenguі. D'una banda tens un problema de consciència si et prestes a l'operació, però, al mateix temps, si no ho fas penses que perds una gran oportunitat.

—Alguna cosa així.

—Anem a pams. Abans m'has parlat de l'Emigdi Rubiol, oi?

—Sí. El metge de...

—Però aquest home va morir la setmana passada —va interrompre'l la Morlana—. No es parlava d'altra cosa a la ciutat, tothom se l'estimava.

En Pau va obrir els ulls tant com n'era capaç i se la va mirar amb gest d'estranyesa.

—N'estàs segura?

—Tan cert tingués el cel, com deia la meva àvia. El van trobar mort a casa seva. Sembla que van ser lladres, perquè van remenar fins i tot entre els seus papers, suposo que buscant diners o alguna peça de valor.

—Això que dius és terrible! L'Emigdi és l'únic que sabia el que estàvem fent!

—Sospites que hi té alguna cosa a veure?

—No sé què pensar.

—Fa pudor de socarrim! En Borrell és un mal bitxo. Fa anys es va posar d'acord amb els Granollachs perquè aquests volien un càrrec municipal i els va ajudar a comprar vots. Va estar a la presó un temps.

—Alguna cosa he sentit.

—Ves amb peus de plom, si de veritat vols vendre la fórmula.

—Tu què faries? —va preguntar en Pau mentre la Morlana entenia que ell tan sols esperava que corroborés les seves expectatives.

—Agafaria els diners, sens dubte, però després em faltarien cames per posar-hi distància.

—Creus que en Borrell pot ser perillós?

—Jo no li confiaria la meva mare, que Déu la tingui en la glòria.

En Pau Vinyes va baixar del llit i, nerviós, es va posar a donar tombs per la cambra. Mentrestant, la Morlana rumiava si podia treure alguna cosa de tot aquell embolic.

—Ets la meva debilitat —va xiuxiuejar la dona.

—Què dius?

—Res! Vine, acosta't.

Va començar a treure-li la roba, vencent la inicial resistència del seu amic. La dona va resseguir-li els contorns de les espatlles i li va baixar la mà fins al ventre. A en Pau li va semblar que l'aire es feia tebi amb l'alè de la dona. Ella, estirant el fil del desig, es va acaronar els pits i es va pessigar els mugrons, que, de seguida, van adquirir fermesa. Després es va ensalivar els dits i es va posar la mà a l'entrecuix. En Pau va tenir una erecció, d'aquelles seves, sobtada i fugissera.

—Deixa'm fer —va dir ella, escurçant distàncies—. Els teus problemes bé que poden esperar una mica més. Qui sap si, després, ho veurem tot més clar.

8

Aquella nit en Vinyes es va quedar a la cambra de la Morlana. Va descansar prou i es va anar recuperant dels seus neguits. De vegades sentia com ella abandonava el llit i tornava una estona més tard a arraulir-se contra el seu cos. L'escalfor dels pits a l'esquena, la forma com acomodava les rodoneses, encaixava els malucs i entortolligava les cames, el feien sentir feliçment atrapat, víctima afortunada d'un plaent captiveri. Sense moure ni un sol dels seus músculs, va entrellucar per sobre la flassada. Una llum dèbil i somorta, retallant-se a la finestra, anunciava un nou dia. L'home va aspirar aquella olor humida, agredolça, de la seva amiga, una olor tan enyorada que ara intentava empassar-se-la amb golafreria.

Després va recordar diversos somnis. Una conversa amb el seu amic Mateu, sense conclusions, o la imatge d'en Magí Surroca acomiadant-lo a la sortida de Llívia, amb un rostre complaent que s'anava convertint en una ganyota estranya, estrafeta.

En Vinyes es va llevar d'un salt per esborrar, definitivament, aquella visió inquietant. La seva amiga va estirar les cames, però va tornar a arrupir-se, feta un cabdell. En un tres i no res va desaparèixer mandrosa dins el llit.

La Morlana guanyava prou diners amb el seu negoci, però la cambra tenia el mateix aspecte descurat dels primers temps. El rentamans, una palangana amb gerro de broc ample, els plats de terrissa sobre la taula, mitja dotzena de gots, un parell de prestatgeries amb una capseta de fusta, un pitxer escantonat i un llibre gruixut que s'havia deixat algun prohom i emmagatzemava pols. Al fons, un bagul amb nanses, ple de corcadura, contenia roba i amagava de la vista dels curiosos alguna petjada d'intimitat. En Vinyes va pensar que potser ella l'havia encertat negant-se a acompanyar-lo al poble; la seva vida era una altra. Era com una euga lliure, feia les coses a la seva manera i no tolerava incursions de cap mena.

Amb un somriure als llavis, va caminar de puntetes, però el cruixir de la fusta sota els peus el va aturar, no volia despertar-la. Més enllà de l'estança, un grinyol de frontisses i el batre de la porta parlaven de la tornada a la feina. Amb dues gambades va arribar al rentamans. El contacte de l'aigua amb la cara el va revifar. Ara eren els budells els que rondinaven. Va donar una ullada a la taula per buscar alguna cosa que pogués posar-se a l'estómac. Una sola poma molt madura es podria convertir en un àpat deliciós.

—Hi ha un plat de carn d'olla al rebost, està cobert amb un drap —va sentir que li deia la Morlana del llit estant.

—Això sí que és una bona notícia! Tu no en vols?

—Jo estic més que satisfeta —va respondre amb picardia.

Mentre ell deixava el plat net, la Morlana es va asseure vora seu. Havia arrossegat la flassada i la cobria parcialment, però la visió del cos nu i la pell amatent va fer que en Vinyes la desitgés de nou. Se li va acostar per besar-la i ja era molt a prop de dur a terme el seu propòsit quan ella va fer l'única pregunta que podia trasbalsar-lo.

—Has decidit què faràs amb la fórmula?

—Estava bastant convençut, però això de la mort de l'Emigdi Rubiol em fa mala espina. Abans de prendre una decisió, necessito saber què va passar realment.

—Fes el que hagis de fer, però no t'hi confiïs.

—Aniré amb compte. Mentrestant, li faré arribar un missatge a en Borrell. He pensat donar-li allargues; buscaré una excusa.

—Vigila, no és dels que es fan enrere. Si se li ha posat una cosa entre cella i cella, no retrocedirà fàcilment. És poderós i té pocs escrúpols. Pau, mentre investigues i decideixes quina és la millor opció, accepta que algun dels meus homes t'acompanyi. Estaré més tranquil·la.

La Morlana li buscava els ulls, però en Pau mirava cap a la paret com si estigués absent.

—M'escoltes?

—Sí, és clar. Perdona.

L'home es va posar a la boca el bocí de carn que tenia a les mans i es va llepar els dits, després es va aixecar per burxar entre la roba. Un parell de pergamins petits i enrotllats van veure la llum. La Morlana va arronsar les celles.

—Això és la fórmula per la qual tant sospira en Borrell? I la portes a sobre? Valga'm Déu! Creia que l'havies memoritzat. Seria molt més segur, no trobes?

En Vinyes va somriure i li va apartar un ble de cabells que li queia sobre el rostre. El fascinava aquell deix d'ingenuïtat que la feia única, com haver ofert el seu cos a tants homes distints no havia aconseguit embrutar-la per dins. Li va resseguir l'oval de la cara, que ja no era ferm com abans i va estimar cada solc depositari de suor, saliva i petons dolços o devastadors de gent que no coneixia.

—Impossible —va respondre, a la fi—. Té més de setanta ingredients i, de fet, tant les proporcions com els procediments han anat canviant amb l'estudi durant els darrers anys. Ben mirat, és més viva que mai!

La Morlana els va prendre entre les seves mans i es va disposar a desenrotllar-los amb cura. Va llegir les primeres línies, però de seguida va perdre interès. La cal·ligrafia era irregular i totes aquelles paraules li resultaven del tot alienes. Si el depositari hagués estat un altre, hauria covat la idea d'apoderar-se'n; ho havia fet en altres ocasions amb secrets dels seus clients, pels quals havia cobrat un rescat suculent.

En Vinyes va anar fins a la taula i va agafar un ganivet afilat. Amb un moviment hàbil va tallar els pergamins i va donar dues de les quatre parts resultants a la Morlana.

—Que t'has tornat boig? Ara sí que no t'entenc...

—Hem de pensar en tot i vull ser jo qui decideixi. Si porto a terme la venda, en Borrell només haurà d'afegir els fragments, però si opto per la solució contrària he de protegir la fórmula i els que hi tenen a veure alguna cosa.

—I es pot saber què vols que en faci jo, d'això? —va demanar, mirant-se els bocins com si estiguessin embruixats.

—Agafa'n dos, que no mosseguen. Vull que en donis un al meu amic Mateu Soler, el pots trobar als vespres al convent de Santa Caterina, on fa classes. L'altra part la guardes tu.

—No sé si t'entenc. Vols dir que no t'estàs embolicant? Puc guardar-los jo, aquí estaran protegits, amb els tres pinxos que tinc sempre al bordell no s'atreviran a entrar. Només es tracta d'uns dies, oi?

—Ni parlar-ne. No vull que carreguis sola amb la responsabilitat —va dir en Pau mentre li posava la mà a la barbeta—. Fes el que et demano i no pateixis. Només són precaucions, entesos?

La Morlana va assentir amb el cap malgrat la desconfiança que li provocava tot plegat.

En Pau Vinyes va besar la dona sense donar-li temps que afegís cap més paraula, la coneixia bé. Després es va vestir amb celeritat. Volia enllestir aquell tema com més aviat millor. Faria enviar el missatge al notari i preguntaria als seus coneguts per la mort de l'Emigdi Rubiol. Potser en Ramon Gras, company d'estudis dels darrers anys a Santa Caterina, podria posar llum a l'assumpte. La darrera vegada que havia estat a Barcelona li va dir que es feia càrrec d'alguns malalts dins l'hospital.

Carregat amb els ungüents i les tisanes d'en Surroca i amb un flascó amb la nova triaca va decidir que provaria sort, però, havent creuat un parell de carrers, la sospita que un home el seguia va anar prenent forma. Tal vegada tot era fruit de la seva imaginació, però no podia córrer riscos. Per un moment li va passar pel cap escurçar el trajecte, anar per carrerons i dreceres, però ho va desestimar de seguida. Aventurar-se per llocs poc transitats podria ser una trampa mortal. Nerviós, i en un darrer intent per desempallegar-se del seu perseguidor, va fer un parell de giragonses sense èxit. Només li quedava una darrera maniobra, anar a l'adrogueria d'en Genís Solsona situada en aquell mateix xamfrà. L'apotecari que la regentava era brillant i, a més de vendre-li llavors per endur-se-les a Llívia, era un bon conversador. Més d'una vegada se'ls havia fet de nit discutint la manipulació dels productes medicinals per donar forma a les receptes mèdiques. La casa, amb hortet a la porta, era molt espaiosa i en Pau la coneixia bé. Sense dubtar-ho, va accelerar el pas i es va fer lloc dins aquell espai força concorregut. La veu d'un home de mitjana edat s'alçava per sobre de les altres. Anava acompanyat d'una jove que, un pas enrere, avergonyida, no aixecava la vista del terra.

—Insisteixo que la suma és abusiva. Us sembla que la pena de perdre el pare no és prou gran perquè a sobre vós en vulgueu treure profit?

—Entenc el vostre dolor, però això no us dona dret a parlar-me d'aquesta manera. Tot i que el vostre pare era un bon home i el coneixia de fa molts anys, una cosa no treu l'altra. Tinc un negoci i he de mantenir una família, i aquesta és la llista dels medicaments que va necessitar durant la seva malaltia. Vós mateix em vau encarregar el sudari per amortallar-lo i la cera per a la vetlla i l'enterrament.

—La vostra obligació era posar-me'n al cas.

—Mai no m'hauria pensat que hi hagués cap motiu. Us creia un home respectable.

En escoltar aquestes paraules el client va donar un cop de puny sobre el taulell de fusta i un plat de les balances de coure va caure sorollosament a terra. L'ensurt va disparar tota mena de comentaris i en un no res cadascú va dir-hi la seva. Va ser aleshores que en Vinyes, aprofitant el rebombori, es va escolar fins al pati del darrere on el fill gran de l'apotecari i un aprenent apilaven llenya. Després d'explicar-li la situació, i amb el vistiplau del jove, va travessar el magatzem. S'hi guardava el gra, quatre tines de vi, tres d'oli i tot un rastell de cames d'alls. El visitant inesperat va desaparèixer per la porta del darrere, la que feien servir per entrar amb el carro.

Li va ser impossible reconèixer el carreró envoltat de cases baixes i parets humides on havia fet cap. El terra pudia a orins. El va recórrer fins a arribar a una plaça molt petita. No apartava la vista del cel, per si trobava alguna referència que destaqués més enllà de les teulades, alhora que mirava enrere per si aquell home havia aconseguit seguir-li la pista.

Van ser els cops d'un cisell sobre la pedra els que van reclamar la seva atenció. Cops repetits, insistents. Coneixia bé aquell soroll. A Llívia es construïen cases noves i eren molts els matins que es despertava a causa del repicar dels obrers polint alguna cantonada o allisant la base abans d'aplicar el morter.

Amb pas ferm, va continuar per un carrer més ample, seguint la llum, i es va plantar davant una paret que es projectava cap al cel. La va reconèixer de seguida com la torre en construcció de Santa Maria del Pi. Hi havia assistit alguna vegada a missa quan estudiava a Barcelona i per aquella època havien començat a aixecar la torre. Ara costava veure el final de l'obra que ja s'enlairava amb gràcia per sobre les teulades de l'església. Per tres vegades consecutives va comprovar que no hi havia ni rastre del seu perseguidor. Se n'havia sortit! Aquella visió d'un lloc conegut i la gent agombolant-se al voltant d'un grapat de parades de fruita i peix sec li va retornar la seguretat. La campana situada provisionalment en un costat de l'edifici tocava a missa de dotze i els feligresos es concentraven a les portes. Un gran nombre de captaires i pobres vergonyants interceptaven el seu pas amb posat planyívol, mostrant nafres i implorant misericòrdia.

Ell, però, no estava per a misses. Encara duia a l'esquena el fardell amb els ungüents i el flascó amb la triaca; cada cop que hi pensava li venien a la memòria les amenaces del notari Borrell. Tal com havien anat les coses, portar-ho a l'hospital de la Santa Creu li semblava una temeritat. Aniria a casa d'en Ramon Gras, potser tindria sort i el trobaria allí o podria esperar-lo a resguard.

A en Mateu Soler mai no li havia agradat. Xocaven sovint a causa de l'extrema religiositat d'en Gras i la seva visió tradicional de la medicina, però en Vinyes havia tingut algunes converses molt profundes amb aquell alumne avantatjat i li semblava digne de respecte.

Si no havia buscat una altra residència després de casar-se, l'única informació que tenia de la seva trajectòria recent, el petit palauet on vivia era molt a prop. Va deixar enrere la plaça del Pi i els seus mendicants per endinsar-se de nou a la ciutat. Només va trigar uns minuts a situar-se davant de casa seva. No era com la recordava, li va semblar que el portal estava més brut i va haver de saltar per sobre d'un home que hi dormia. Al fons del pati hi desaven un carruatge sense cavalls; pel seu aspecte no l'havien fet servir en molt de temps.

Res no el podia aturar, però. No se li acudia cap altra solució als seus problemes. Va pujar l'escala i va picar amb suavitat a l'única porta del primer pis. La dona que va sortir a rebre'l era jove, tenia la pell bruna i brillant; no anava vestida com una minyona i en Vinyes va concloure amb encert que era la dona d'en Ramon.

—Sí? —va preguntar ella amb un somriure discret mentre repassava la roba del nouvingut.

—Soc en Pau Vinyes, un antic company d'estudis del vostre marit. Voldria veure'l si no és gaire molèstia.

—L'hi diré...

Abans que la dona girés cua per anar a buscar-lo, un home d'aspecte afable es va presentar al rebedor.

—Pau? Ets tu?

—Jo mateix!

—No m'ho puc creure! Quina sorpresa més agradable! Però, passa, passa, no et quedis a la porta! —L'home el va mirar de dalt a baix i va comentar amb posat divertit—. Fa molt de temps... Ja no recordava que eres més alt que un sant Pau!

Els dos amics van riure plegats mentre es reconeixien i feien broma de com els cabells s'havien distribuït de diferent manera amb el pas dels anys.

—Ja has conegut la Guisla, la meva dona?

—Encantadora, si se'm permet.

—Sí que ho és, sí. He tingut sort! Li demanaré que ens serveixi un gerro amb vi de l'Urgell.

—De l'Urgell?

—Els seus pares hi viuen i ens n'envien cada any.

—Excel·lent, el tastaré amb molt de gust.

Van entrar en una sala gran, endreçada. A dues de les parets hi penjaven tapissos en no gaire bon estat. En Ramon Gras no vivia en l'abundància, però tenia una casa neta que feia olor de sabó i espígol. Es van asseure al voltant d'una taula llarga on la Guisla també va ocupar un lloc amb naturalitat després de servir el vi.

—Què et porta a Barcelona? Et feia als Pirineus...

—Les meves estades a la ciutat sempre són curtes. l'Emigdi Rubiol i jo havíem tingut, per dir-ho d'alguna manera, alguns tractes comercials.

—L'Emigdi... —va respondre en Gras mentre una ombra li entristia els ulls—. Ho saps, oi, que és mort?

—Ahir em van donar la notícia, encara em costa de creure! De fet, que ara em trobi a casa teva té a veure amb aquesta desgràcia.

—No sé si t'entenc. Explica-m'ho, si us plau... —va dir en Gras encuriosit.

En Vinyes va posar les cartes sobre la taula. Li va parlar d'en Magí Surroca i dels estudis que havien fet plegats. El va informar sobre el tràfic d'herbes i ungüents i, també, de com li havia portat una mostra de la nova triaca perquè experimentés amb malalts greus.

—I, pel que em va dir a l'anterior viatge, els resultats van ser més que satisfactoris...

—Espera, espera, vas molt ràpid, no sé si et segueixo. Parles d'assajar amb una triaca no autoritzada?

—Et parlo d'una recerca seriosa. De quina altra manera, sinó, ha avançat la humanitat? Mitrídates, per no anar més lluny. Quina cara creus que va fer la primera vegada que li van proposar ingerir verí per aconseguir fer-se'n resistent?

—Mitrídates va ser cruel, sanguinari, va sacrificar fills, va fer matar les seves esposes i vuitanta mil romans.

—Cert. Però es va fer escàpol, en part gràcies al gran coneixement dels verins i els contraverins. Aquest fet el va fer enormement poderós.

—Pau, deien que experimentava amb els seus presoners. La veritat, no sé què dir-te. Què pretens tu amb tot això?

En Ramon Gras no va fer cap més glop de vi. Es movia entre l'estranyesa i la incredulitat. Feia anys que havia perdut la pista a aquell home de les muntanyes. I si hagués extraviat el senderi? Tot allò que deia era força estrany. Es va mirar la seva dona i ella, amb els ulls ben oberts, va negar amb el cap de manera gairebé imperceptible. Els va envoltar un silenci tens, un silenci que aviat va esdevenir feixuc. En Vinyes va ser el primer a trencar-lo...

—Ramon, necessito saber si la mort de l'Emigdi va tenir alguna cosa a veure amb aquest assumpte.

—Amb els vostres... experiments? Això vols dir?

—Sí. Potser algú hi va veure una manera de guanyar-se la vida, jo què sé! Entenc que és una bogeria, però he de prendre decisions i necessito respostes.

En Vinyes sabia que no jugava del tot net amagant-li una dada essencial, la relació d'en Borrell amb aquell assumpte. Abans de donar-li tota la informació, volia temptejar-lo. Tenir la certesa que en Ramon no estava corromput.

—Imagino que no t'esperaves aquest embolic, però no hauria vingut a demanar-te un favor si no ho cregués important de debò.

—Un favor, dius? De quin favor es tracta?

—De fet en són dos, per ser més exacte.

Ara, sí, en Gras va fer un glop de vi, però ni tan sols el va retenir a la boca per assaborir-lo i, amb celeritat, va emplenar de nou el got.

—Ens portaries una mica de formatge? —va demanar a la seva dona per deixar-la al marge d'aquell assumpte que començava a endevinar fosc. La dona no va anar gaire lluny d'on es trobaven els dos homes i va parar l'orella.

—D'una banda m'agradaria que acceptessis el material que et porto —va demanar en Vinyes—. Et serà de gran utilitat a l'hospital. Si en treus alguns diners, dels pacients rics, ja compartirem els guanys.

—Gràcies, però no tinc per costum fer aquest tipus de negocis.

—Perdona, potser no m'he explicat bé. No busco diners, malgrat que si arriben seran benvinguts; elaborar la triaca és costós. El més important és saber a quin tipus de malalt pot beneficiar, fer un seguiment dels símptomes. En Rubiol portava un registre molt complet, el comentàvem plegats durant les meves visites i, en funció dels resultats, ajustàvem les dosis o desestimàvem el tractament.

—I ara, vols que jo me'n faci càrrec? Però...

—Això no et compromet, Ramon.

—A la vista dels fets, no n'estic tan segur. Per què no ho fas de cara?

—Ara soc jo qui no t'entenc.

—Tot això que m'has vingut a dir a mi, per què no els ho expliques als responsables de l'hospital?

—Tant de bo fos tan senzill! La seva posició és molt còmoda, en tenen prou amb les teories dels vells mestres i qualsevol desviació de les normes és vista com una intromissió.

—Però tu defensaves aquesta manera de fer.

—Veig que te'n recordes. Espero que amb el temps les nostres posicions s'hagin apropat... Fes-me confiança, Ramon. La humanitat sempre ha anat a la recerca d'un miracle perseguint la il·lusió de la immortalitat. L'elixir de la vida o les fonts de l'eterna joventut, la pedra filosofal... Des de sacerdots fins a filòsofs passant per alquimistes i científics hi han dedicat les seves vides. I, malgrat tants esforços, no se n'han sortit. Han estat incapaços de revertir el procés d'envelliment o vèncer la batalla a moltes malalties. Cometen un greu error, busquen enfora.

—Com que enfora? On si no?

—Tal com en Magí Surroca i jo mateix ho veiem, no hi ha una única fórmula, un remei universal. Cada persona és diferent i, per tant, pot reaccionar de distinta manera. Les dosis són importants i hi ha altres aspectes...

—Aquest tema està més que estudiat! La triaca no es fa a la babalà! —va interrompre en Gras—. Hi han treballat els millors metges, savis il·lustres, grans estudiosos!

—Entenc que tinguis les teves reserves. No pretenc fer-te canviar de parer, però dona'm una oportunitat. Sé el que faig i no puc permetre que l'esforç de tants anys caigui en mans de persones sense escrúpols. Persones que, de ben segur, el faran servir únicament en benefici propi.

—Com Mitrídates? —va demanar el metge mirant-lo als ulls.

—O com el notari Borrell.

Després d'haver pronunciat aquell nom en Vinyes va estar molt atent a la reacció de l'home que tenia al davant. En Gras es va limitar a arronsar les celles.

—No te'n puc donar més detalls. Només puc dir-te que tinc una pacient al convent de Vallbona de les monges que, contra tot pronòstic, sembla que respon bé al tractament i, com t'he dit, no ha estat l'única provatura. Potser és aviat per llençar les campanes al vol, però hem obert un camí molt interessant. Mira, Ramon, he escrit la nostra formulació i considero important distribuir-la entre quatre persones de confiança. N'hi haurà una de sola, del tot aliena al nostre món, que sabrà qui són els altres tres destinataris. Voldria que et quedessis un d'aquests fragments.

La veu d'en Vinyes va sonar com una súplica; els seus ulls clars, mentre cercaven la conformitat del seu amic, van rubricar-ne la intenció.

—Doncs, si com tu dius, no em compromet, et prens moltes molèsties, no?

En Pau Vinyes no va respondre. La seva mirada seguia fixa en els ulls del seu interlocutor, que per rebaixar la tensió de les darreres paraules va afegir...

—No desconfio de tu, però necessito estar segur que no ens posaràs en perill. A la vida hi ha moments de tota mena, i ara la nostra seguretat és més important que mai —va dir en veure com la seva esposa tornava a taula.

Aleshores, amb un gest tendre, va allargar el braç fins a agafar-li les mans. Ella va somriure amb dolcesa.

—Esperem un fill, el nostre primer fill.

—Oh! Me n'alegro molt per vosaltres. Potser n'estic fent un gra massa de tot plegat. Sigui com sigui, només l'heu de guardar uns dies. I en relació amb els ungüents i els bàlsams, amb la triaca de la qual t'he parlat, dona'ls l'ús que consideris.

En Vinyes va treure bona part dels recipients que portava al fardell i els va anar deixant damunt la taula. La Guisla, sense perdre cap detall, admirava la cura amb què havien estat envasats els productes.

Tot seguit, en Gras va rebre el tros de pergamí de les mans del seu antic company d'estudis i el va desar enrotllat dins d'una estufa feta amb maons i plena de cendres.

—No la usem mai, sempre fem servir la xemeneia. Ja saps on és si el necessites...

En Pau Vinyes li va donar les gràcies repetides vegades i encara van parlar sobre quines malalties s'havien tractat amb la panacea. A més d'un enverinament i de diversos casos de pesta i febres altes, no tenia cap més notícia. En Rubiol, sempre tan ocupat, li havia dit que ho comentarien la propera vegada, però s'havia endut la informació a la tomba.

Quan en Vinyes va sortir de la casa del seu antic company va respirar fondo. S'havia tret un pes de sobre. Per què, doncs, sentia un rau-rau a l'estómac? Abans de plantar-se al mig del carrer, va mirar a banda i banda. El desconegut que l'havia perseguit fins a l'adrogueria semblava haver-se esfumat. En qualsevol cas, era important calibrar els propers moviments. Amb el pols accelerat per motius als quals no aconseguia posar nom, va barrejar-se entre la gent del carrer de l'Argenteria, que carretejava els seus propis maldecaps.

El sol queia en vertical sobre les llambordes. Les ombres allargassades de les cases, que llepaven el terra a primera hora, havien desaparegut. En Vinyes va avançar amb pas incert, com si temés que alguna cosa sinistra li pogués embrutar el cor.

9

En Magí Surroca va despertar amb les primeres llums de l'alba. A mesura que es feia gran dormia menys, però això li permetia dedicar més temps als seus estudis. N'estava agraït i pensava que, si als cinquanta-nou anys només necessitava al voltant de cinc hores de son, anar fent-se vell era esperançador.

Va repetir els moviments de cada dia. Primer va anar a la finestra i va treure el pergamí que el resguardava de la gelor nocturna. Avesat al fred, gaudia en aquelles primeres hores i li agradava veure com la vila de Llívia, al lluny, ressuscitava de la foscor. Al sol li costava ascendir fins a arribar al cim de les muntanyes i il·luminar els primers camps, però després es projectava sobre el camí de Puigcerdà i estenia ràpidament la seva influència.

La casa del Bruixot estava situada prop de la pedrera i havien aprofitat bé els materials de què disposaven. Era ferma i gran i li permetia protegir-se de la neu i els vents del nord. Els veïns de la vall l'hi havien cedit només per un temps, però aviat es van adonar que no podien prescindir de la seva figura. D'altra banda, el fet de mantenir-lo apartat tranquil·litzava els més supersticiosos.

A ell li importaven poc els motius. Hi tenia espai per als llibres i una extensió gran al voltant on plantava moltes espècies que feia servir per als seus experiments i receptes. De fet només s'aventurava fins a la vila si algú requeria els seus serveis; la resta del temps, quan es tractava de demanar alguna poció, la gent venia fins a casa seva i, per pagar-lo, li regalaven gallines, ous o productes de l'hort.

Esperançat per les notícies sobre l'efectivitat de la triaca, havia estat fins ben entrada la nit analitzant els ingredients que havien fet servir per millorar-la i encara li ballaven al cap algunes correccions que volia fer. Feia temps que estudiava les propietats del *Ribes nigrum*, una grosella que només creixia al nord d'Europa i que ell havia aconseguit plantar a les proximitats del riu Arauja, gràcies als esqueixos que li havia proporcionat un antic company de la universitat.

En Magí Surroca s'havia fet a ell mateix, però abans havia estudiat a la Facultat de Medicina de Montpeller. «Només pots trencar les normes si les coneixes», s'havia dit un dia que quedava llunyà. Després de doctorar-se havia dedicat gran part de la seva vida a viatjar i endinsar-se en altres realitats. Un periple que li havia mostrat diferents maneres d'entendre l'existència, de tractar les malalties, fins i tot de prevenir-les. També havia aconseguit nombrosos llibres que resumien el saber mèdic de totes les èpoques, així com d'altres de religió o de filosofia. Potser un dels que estava més orgullós de posseir era aquella còpia de Dioscòrides, el *De materia medica*, on el savi grec havia vessat els seus estudis sobre botànica. L'edició estava escrita en àrab, però contenia moltes il·lustracions i en Surroca havia après aquella llengua en la seva joventut.

Va mirar en direcció a la taula de treball i tot seguit es va preparar una llesca de pa amb mel i una infusió de camamilla. Dedicaria el dia a recórrer algunes de les plantacions que tenia repartides per la contrada, sobretot aquella prop de l'ermita de Sant Miquel, al costat del riu Segre, on creixia amb molta naturalitat el plantatge, la valeriana o l'àrnica.

De cop, però, es va sentir cansat. Venia d'un treball molt intens per ultimar la triaca que en Pau Vinyes s'havia emportat a Barcelona i, malgrat que el seu entusiasme no tenia límits, era conscient que el cos començava a demanar-li una altra manera de fer. Va decidir, doncs, que es quedaria a casa i avançaria en els seus experiments. Intentava aprofundir en els estudis alquímics, però lluny de tenir com a objectiu la fabricació d'or i argent, com alguns dels savis amb qui havia coincidit als seus viatges, alimentava el propòsit de trobar l'harmonia existent entre l'ésser humà i la natura.

Així estudiava, a més de l'ús de les plantes com a remei per a algunes malalties, minerals que segons la tradició servien per estimular el cos i, per tant, la curació. Tanmateix, era conscient que quan el cos perdia la salut l'ànima emmalaltia i treballava per demostrar-ho. Ben al contrari, quan ho feia l'ànima, el cos tremolava i perdia el seu color natural.

Aquella era una feina de gegants i hi havia dies que se sentia incapaç d'abastar les tasques ingents que es proposava. Per moments somiava amb una vellesa més plàcida, com ara abandonar-se al sol a l'esplanada de la porta de l'església o seure a les riberes del riu i escoltar l'enrenou de les aigües que baixaven amb força des de les muntanyes.

Aquests desigs, però, mai no eren atesos. Les receptes que havia fet per a l'hospital de la Santa Creu de Barcelona, on treballaven els contactes d'en Pau Vinyes, havien tingut bona acollida, sobretot la cocció contra els constipats i l'ungüent per a les granellades de la pell. Ell volia més, volia lluitar contra la pestilència, la gota, la verola. En Pau estava empeltat del seu mateix mal i, plegats, treballaven dur per aconseguir un nou emplastre, buscaven la manera de netejar amb més precisió una ferida oberta o seguien investigant aquell remei antic que era la triaca.

Havia encès el foc per bullir una barreja de parafina i diverses herbes que tenien bones propietats contra els cops quan va sentir que algú feia servir el picaporta que havia instal·lat per a la gent que el visitava. Es va dir que era massa aviat per a una mera consulta i que potser seria alguna urgència. D'altra banda, el sol ja encenia la vall i els ocells havien aturat el guirigall de les primeres hores.

Es va acostar a l'entrada i en va treure la balda. En obrir-la, el rostre pigat i els cabells despentinats d'en Guillem li van donar el bon dia. Aquell noiet d'ulls grossos del color de la mel lluïa un somriure net, no absent de picardia.

—La meva mare m'ha donat aquest formatge per a vós —va dir estirant els braços en ofrena mentre pensava com justificaria la desaparició d'aquella peça del rebost.

—La teva mare és molt amable. Dona-li les gràcies de part meva.

En Guillem va assentir amb el cap i va romandre dret al mateix lloc. El vell se'l va mirar, no estava disposat a posar-l'hi fàcil.

—Se t'ofereix alguna cosa més? —va afegir amb el formatge sota el braç.

—No, no. Que tingueu un bon dia.

—El mateix et desitjo, Guillem.

En Magí Surroca va tancar la porta, però s'hi va plantar davant, a l'espera. Només uns instants després un nou truc convertia la seva sospita en certesa. En Guillem encara tenia el puny enlaire quan el vell la va obrir per segona vegada.

—Tu diràs.

—He fet tretze anys, volia que ho sabéssiu.

—Interessant.

—Què dieu?

—Dic que és un bon nombre. El 13 és una xifra sagrada perquè representa les tretze llunacions. Al calendari jueu, per exemple, tot i que es basa en les dotze llunes de l'any, s'hi afegeix un mes quan correspon, és el que diuen l'any de traspàs o l'any prenyat. També ho fan els xinesos, segons tinc entès.

—Vós sabeu moltes coses. M'agradaria, ara que ja soc gran, que fóssiu el meu mestre. Us vaig veure diumenge, prop de l'Arauja, i menjàveu baies.

—Mira'm als ulls, Guillem.

El noiet va alçar la mirada a poc a poc, de forma poruga. S'havia imaginat aquella escena un grapat de vegades i tenia la sensació que no anava segons el previst.

—Senyor, us dec la vida. Potser, si m'instruïu, jo també podria ajudar les persones que pateixen.

—Creu-me, no em deus res. Però si de veritat vols aprendre a curar se t'ha girat feina! Aquest ofici et xuclarà les hores, et deixarà sense dormir i et generarà més dubtes que certeses. N'estàs segur, que hi vols dedicar la vida?

—Sí, senyor.

Aquesta vegada en Guillem no va parpellejar, ni tampoc no va deixar de mirar-lo fixament.

—No tinc clar que sigui mestre de res, Guillem. M'agrada més considerar-me alumne de la vida. Tot rau en l'actitud. Pots entendre una cosa amb el cap, però no la comprens fins que tot tu no hi participes, mentre no la fas pròpia.

El noi va arronsar les celles en l'intent de no perdre's cap detall del que li era confiat. Aleshores en Magí Surroca el va convidar a passar.

—Recordo aquest lloc —va dir, escampant la mirada per l'estança fins a detenir-la al mateix jaç on havia passat aquelles hores terribles de patiment—. En algunes ocasions dubtava si havia estat real, se m'apareixia com al darrere d'una boirina i arribava a pensar que potser es tractava d'un malson. La mare no me'n va voler parlar mai més i he sentit coses estranyes... Potser per això no m'havia atrevit a tornar. Bé, he estat moltes vegades a punt de fer-ho, però mai no he gosat. No us ho prengueu malament, si us plau.

—De cap de les maneres! Té molts avantatges ser poc popular, a mi ja m'està bé.

—Però avui, en entrar al vostre laboratori, aquesta olor...

—El meu laboratori, dius? —va demanar en Surroca amb una ampla rialla ben poc habitual en ell—. El meu laboratori és l'univers sencer! Tots els éssers de la terra i, també, els del cel. Estigues atent a tot el que t'envolta, no et conformis a veure-hi, educa la mirada. Tot està relacionat i en moviment constant. Aquesta, si m'ho permets, serà la nostra primera lliçó. Per cert, tinc una cosa al foc.

La parafina estava al seu punt, però calia picar les herbes per a la cocció.

—Coneixes les plantes?

—Algunes. M'agrada passejar per la muntanya i descobrir-ne de noves, però els noms...

En Surroca no el va deixar acabar i, l'una rere l'altra, li va anar mostrant l'herba de Sant Joan, el marduix, la cua de cavall, el llentiscle, el cascall. Li va explicar que l'última floria a la primavera i que molta gent la feia servir per al mal de queixal, però que algunes dones la posaven sota el coixí dels nadons per ajudar-los a agafar el son.

—Això no és cosa de bruixes?

—Sovint atribuïm a les bruixes o al dimoni tot allò que escapa al nostre enteniment. Estic convençut que moltes de les malalties que ara considerem un càstig del Senyor només són un producte de la ignorància de l'home.

—La lepra, també? Es va endur els meus avis.

—Sí, també la lepra i altres mals que ara no podem ni imaginar.

—Però el mossèn...

—No m'estiris la llengua. Per avui ja n'hi ha prou de xerrameca.

Les ninetes d'en Guillem ballaven dins uns ulls encuriosits, afamats de saber. Encara van passar una bona estona plegats, contemplant les il·lustracions del volum gruixut que contenia les ensenyances d'en Dioscòrides. Alguna cosa semblant a la tendresa s'havia despertat en aquell vell obstinat i solitari.

10

La percepció d'en Pau Vinyes, després de fer dipositari d'un fragment de la fórmula al seu amic, va ser de penediment. Una cosa era bregar amb les pròpies contradiccions i assumir-ne les conseqüències i una altra, molt distinta, embolicar terceres persones. Tenia la sensació que havia anat a pertorbar la pau d'aquella família. Al capdavall, qui era ell per donar lliçons a ningú? Ell, que era contradictori de mena, ambivalent fins al moll de l'os. Potser, en el fons, poruc; per molt que s'entestés a argumentar a la contra. Durant uns instants, la idea de dirigir-se als estables on li guardaven el cavall i partir sense dilació li va caure a sobre com un llamp.

No complicar-se la vida, tornar a Llívia amb la seva dona, l'Arsenda, i els seus dos fills. Allí, els dies passaven plàcids i l'amistat amb el vell fetiller d'en Surroca satisfeia la seva curiositat per l'experimentació i la recerca. Per què no era capaç de gaudir-ne gaire temps, doncs? Per què, de manera cíclica, el seu cor es revoltava demanant altres aspiracions? Com podia aturar les fantasies de grans fites i apartar Barcelona del seu desig?

En Surroca li havia dit en una ocasió, al principi de la seva coneixença, que sota la cuirassa d'home senzill i familiar hi havia un esperit aventurer i que no se sentiria a gust fins que no aconseguís apaivagar aquelles ànsies. La vida, però, prenia altres camins i de vegades li feia l'efecte que decidia per ell. Per això, quan l'ofec el tenallava, el seu refugi era la Morlana. Ella mai no li demanava res; cap contrapartida, cap exigència, cap aclariment. Ara, però, després de la sospitosa mort de l'Emigdi Rubiol i l'actitud amenaçadora d'en Borrell, també l'havia compromès.

Aquest era el pensament que acompanyava les seves passes cap a La Lleona. Necessitava saber si la Morlana havia lliurat el bocí de pergamí a en Mateu Soler, constatar que no havia patit cap mal i recuperar l'assossec. La dona sargia el vestit nou de la Noè, una de les treballadores més sol·licitades i sol·lícites, vingudes del nord d'Àfrica, i que un client havia estripat sense contemplacions. En Pau va respirar alleugerit en veure-la.

—Vols dir que ho podràs arreglar? —va dir en veure un estrip tan notable.

—Quin remei! No se'n pot comprar cap més. Les monedes que n'ha rebut a canvi no arriben ni per a un d'usat. És un poca-solta.

A en Pau li agradava aquella barreja de ferocitat i tendresa que habitava en la dona que tenia davant. Va estar temptat de besar-la però tenia urgència de saber.

—Has fet el que t'he demanat?

—Sí, és clar. Sempre ho faig, no? —va respondre amb una aclucada d'ull.

—Em referia a...

—Sí home, sí, ja sé a què et referies. Ha estat un vist i no vist. No m'ha parat gaire atenció, si vols que et digui la veritat.

—Què t'ha dit?

—S'ha malfiat. En un primer moment, no en volia saber res. M'ha demanat si et trobaves bé.

—Però, no li has explicat...

—Sí! Que anava de part teva, que, malgrat els teus desigs, t'havia estat impossible portar-lo tu mateix. Però entenc que es posés a la defensiva. Fa un grapat d'anys que no et veu i ara...

—Se l'ha quedat, però?

—L'he deixat amb la paraula a la boca i el pergamí sobre la taula.

—Ha entès que era important i que l'havia de posar fora de perill?

—És clar! Per això s'ha neguitejat! Pau, mai no t'he dit el que havies o no havies de fer, però potser fora bo prendre una decisió en ferm i tirar endavant amb el que sigui.

—Tens raó, Morlana.

—Dona-li al notari allò que vol, agafa els calés i fot el camp o haurem de pensar com en sortim d'aquesta. Si m'ho permets, no et compliquis la vida.

—Jo no vaig néixer per quedar-me al marge. Sempre he volgut viure alguna cosa extraordinària, potser si hagués decidit quedar-me a Barcelona...

—Ja hi tornem a ser! Quants cops no n'hem parlat? Estem bé junts quan vens a veure'm, però el nostre moment ja va passar i tots dos el vam resoldre amb encert. Tu tens la teva família, jo el meu negoci.

—Tens raó. Deus pensar que soc un mitja figa.

—No vendràs la fórmula, oi?

—No puc. He tingut un moment de debilitat, és cert, però no podria gaudir de la recompensa i mirar en Magí Surroca als ulls. Em faria sentir un Judes.

—No sé per què, m'ho temia —va dir la Morlana, deixant el vestit que tenia entre les mans i sacsejant el cap amb determinació—. Repassem, doncs, el pla a seguir. Tu i jo tenim un fragment de la fórmula, en Mateu també i l'altre el té el teu amic...

—Com menys coses sàpigues millor, Morlana. Demà aniré a buscar el meu cavall i aquesta vegada potser trigaré molt a tornar.

—Ja saps que no m'agraden gens ni mica els comiats. Siguem pràctics, si has de fer arribar alguna resposta al notari deixa-ho a mans dels meus homes. Millor fer-ho quan siguis prou lluny. Entesos?

En Pau Vinyes es va aixecar de la cadira i va anar cap a ella. Es va posar de genolls sobre el llit i la va abraçar amb força; no va poder veure com se li humitejaven els ulls per uns instants. Quan la dona es va aixecar per obrir la porta a en Pere, el seu home de confiança, que com cada dia li passava el comunicat de com anaven les coses al local, ja li havia canviat l'expressió del rostre.

—Tot en ordre, senyora.

L'esbirro va girar cua prement amb força la mandíbula en descobrir la presència i la proximitat d'en Vinyes.

La claror s'anava esberlant a l'estança i la Morlana va encendre una espelma; el llum va atorgar encara més relleu a les formes plenes del seu cos. El seu amant la va contemplar llargament. La fada dels seus somnis no l'havia trobada als boscos, al costat d'un rierol fresc i sorollós, sinó entre els carrerons pudents d'una ciutat massa gran per poder conquerir-la.

Malgrat que la son no els va guanyar fins ben entrada la nit, la Morlana va abandonar el jaç a trenc d'alba. No volia fer més llarg un instant que presagiava dolorós. Després de cobrir-se el cos amb la túnica i una capa de llana prima, va baixar al pis de sota. Un parell de clients que, ebris, s'havien quedat a dormir ara tenien pressa per abandonar el local.

D'altres no en tenien mai prou i remugaven. Un d'ells es va plantar mig nu davant el cau de la Noè, on encara hi havia gresca. Tenia la virtut de fer que els homes s'adherissin al seu cos com si estigués cobert de melassa. Des que havia arribat era l'única capaç de produir aquella mena d'atracció paralitzant. La Morlana va dubtar si ferla fora o donar-li més diners dels que guanyava retenint els prohoms de la ciutat. Potser en el fons estava gelosa, es va dir mentre buscava en Pere pels racons on tenia per costum adormir-se.

Molt probablement no li caldria fer ni una cosa ni l'altra, ella mateixa acabaria abandonant el prostíbul. Tenia massa pretendents. Algun magistrat se la quedaria per a ell sol; a canvi d'una forta suma, és clar. D'aquesta manera desapareixeria el problema i, també, la principal font d'ingressos.

Va ordenar a en Pere que agafés un bon ganivet, que necessitava protecció. I aquelles paraules van fer feliç l'esbirro. No era cap secret que perdia el cap per la Morlana i gaudia d'allò més cada cop que el necessitava. Ni en Pau Vinyes, ni tot el poder dels consellers que visitaven el local, haurien estat capaços de proporcionar-li una sensació tan intensa de seguretat.

La ciutat despertava quan van sortir al carrer. La dona va pujar en un dels cavalls que esperaven ben custodiats a l'exterior i del llom estant es va sentir encara més poderosa. La gent els deixava pas a mesura que avançaven. No era cap novetat, atès que sempre s'havia mostrat propera i havia compartit part dels seus guanys ajudant els veïns. La Morlana era la seva reina i l'espai que anava entre el carrer de l'Hospital i els molls, les seves possessions. Els negocis més pròspers, però, els feia el notari Borrell, molt ben connectat amb les altes esferes.

Els estables on en Pau Vinyes havia deixat el cavall es trobaven a l'altra banda de Barcelona, a la porta de Junqueres, i els dos genets marxaven a pas lent un cop traspassats els dominis de la prostituta. La gent no els prodigava el mateix respecte i per moments en Pere havia d'obrir-se camí amb el fuet. Van passar per davant del palau de Valldaura i la Morlana va somriure al seu senyor, però aquest, acompanyat d'alguns personatges principals, li va negar la salutació. No li importava, aviat l'hi faria pagar; per molt senyor que fos li suplicaria perquè li trobés una d'aquelles noies verges que tant li agradaven.

Arribats als estables, el seu esbirro va ser el primer a descavalcar, i tot seguit va estendre el braç a la Morlana. Aquell lloc també era una posada on podies trobar tot tipus de viatgers en trànsit, des de nobles carregats d'armes fins a desaprensius que arriscaven la vida per una cadena d'or o una espasa descuidada a sobre d'alguna taula. L'ambient era el de sempre, però dos personatges amb cara de pocs amics els van cridar l'atenció. Eren canalles habituals que havien vist sovint pels volts de l'hospital i mostraven les seves dagues sense pudor.

—Acompanya'm als estables —va dir la Morlana mentre prenia consciència que en Pau Vinyes corria un gran perill.

Un cop a dins va buscar entre els nombrosos animals el Fugaç, el cavall del seu amic, un poltre fort i amb taques blanques a les potes. El va trobar en un extrem de l'estança i, sempre amb en Pere al costat, es va adreçar a un dels que tenien cura de les bèsties. Era un noi molt jove per a aquella feina i havia vingut alguna vegada pel prostíbul. La dona va intentar ser amable...

—Joan? Aquest és el teu nom, oi?

—Sí, senyora. —El noi també l'havia reconeguda i intentava amagar-se darrere els cavalls, com si tingués molta feina.

—No t'has d'avergonyir per haver vingut al meu local. El teu pare ho fa sovint i també vaig iniciar el teu germà gran, un bon exemplar, però tu no tens res a envejar-los...

—De debò? —va respondre en Joan, envermellint.

—És clar! En Pere en pot ser testimoni. Oi que sí, Pere?

—En què us puc ajudar? —va preguntar el noi sense donar cap oportunitat a l'esbirro.

—Quin animal més bonic! —La Morlana s'havia apropat al cavall d'en Pau Vinyes sense ànim de desvelar les seves intencions—. No deu estar pas a la venda?

—Jo de vós no m'hi acostaria —li va etzibar el noi mentre mirava a banda i banda; els llavis li tremolaven i una gota de suor li lliscava per la galta.

—Vaja, vaja! Ara em tractes de vós? No recordo que tinguessis tants miraments quan em cavalcaves.

—Jo... —En Joan començava a sentir-se incòmode i la Morlana va entendre que acabaria confessant els motius del seu neguit.

—Parla! Tinc curiositat. Què et sembla si, a canvi, et convido a passar una nit a La Lleona?

El noi no s'ho va pensar dues vegades, aquella proposició era difícil de rebutjar.

—Aquest cavall fa un parell de dies que és aquí i no sé a qui carai pertany, però m'han dit que no li tregui l'ull de sobre si no vull perdre la feina i guanyar-me una bona pallissa. Hi ha uns homes, ara no els veig per aquí, que s'han quedat la muntura i n'esperen el propietari. Sigui qui sigui, per res del món voldria posar-me en la seva pell.

En Pere va lligar caps. Els pinxos que acabaven de veure a la taverna eren, amb molta probabilitat, als que en Joan es referia.

—Heu dit que tindria una nit de franc, oi? Puc escollir la dona que vulgui?

La Morlana i el seu esbirro van abandonar els estables sense girar-se en cap moment per respondre la seva comanda. Potser ja era home mort si els que esperaven l'arribada d'en Pau havien vist com aquell mosso de quadres parlava amb els dos visitants.

—Ves despertant, mandrós, que mentre dorms jo he estat fent indagacions!

En Pau Vinyes es va deixondir per uns instants, però de seguida va estirar la manta per tapar-se el cap. Uns peus enormes, que sobresortien un pam de la màrfega, van quedar al descobert. La cambra olorava a sexe i a suor.

—Com dius? —va preguntar l'home encara des de les profunditats.

—He anat fins als estables de la porta de Junqueres. Hi ha un parell de pinxos que t'esperen i no sembla que tinguin bones intencions.

—Com se t'acut...

—Pau, que no parles amb una criatura i ja fa temps que vaig pel món!

—Hauré d'afanyar-me, doncs. Potser sí que necessitaré els teus homes.

—He estat pensant i no crec que sigui una bona idea. La meva reputació m'ha costat molt de guanyar. Si hi ha morts, tots sortirem perjudicats.

—I doncs?

—Ara t'ho explico. Primer renta't una mica, que fas pudor com si t'haguessis rebolcat en un femer, i vesteix-te —va dir la Morlana, rient—. T'espero a baix i mengem alguna cosa, llevar-me tan d'hora m'ha fet venir gana.

Quan en Pau es va presentar a la planta baixa del prostíbul hi havia diverses dones al voltant d'una taula. Ja coneixia els gustos de la propietària i no li va estranyar que algunes d'elles fossin exòtiques. N'hi havia una d'oriental amb una bona pitrera, una noia molt jove que el mirava amb timidesa, qui sap si fingida, una altra que potser venia de pagès però tenia els ulls grossos i desperts, com preparats per veure-hi a les fosques. A la mateixa taula hi seia la Noè i el seu posat era dur, com si calibrés la perillositat del nouvingut.

La Morlana se'n mantenia al marge, en un racó de l'estança, i donava compte d'una safata amb ous ferrats i cansalada. Quan va veure arribar en Pau va demanar un plat i n'hi va servir una bona ració. Van menjar plegats mentre li anava explicant amb tot detall el que havia pogut veure als estables.

—Quin és el teu pla, doncs?

—Hi ha un traginer que fa el recorregut fins a Puigcerdà. Però només hi va un cop al mes. Et podríem fer passar per un comerciant i confondre't entre els viatgers que de bon segur l'acompanyen.

—També em pots deixar un cavall i em faig escàpol per un altre indret; potser el portal de l'Orbs no està tan vigilat...

—Oblida-te'n! Més tard o més d'hora hauries d'agafar el camí de Puigcerdà, i si et trobessin... Vull que vagis ben acompanyat, et deixaré un dels meus homes fins que quedis fora de perill.

—Em sap greu abandonar el Fugaç.

—Miraré la forma de recuperar-lo. Ara el més important ets tu, i veig que has desfermat les ambicions del notari. La panacea del teu amic Surroca deu ser molt efectiva.

—Això crec, però ni tan sols n'estic segur. Els missatges d'en Rubiol eren positius. Volia parlar amb mi, explicar-m'ho, i a Llívia l'hem feta servir diverses vegades amb èxit —va dir en Vinyes mentre s'encongia d'espatlles.

—Potser quan en Ramon Gras la provi amb els seus pacients... Em mantindré a l'aguait!

—No sé què dir-te. Em faries un gran favor, però, si us plau, no t'exposis més del necessari.

—No ho faré. Ara per ara, queda't aquí. El traginer sortirà cap a Llívia d'aquí a vuit dies; ja estudiaré la manera que facis el viatge en les millors condicions possibles. I t'haurem de canviar l'aspecte. La teva alçada no ajuda a passar desapercebut.

En Pau Vinyes va tornar el somriure a la Morlana. Les altres dones paraven l'orella, però tots dos parlaven en veu molt baixa i només eren capaces de sentir paraules soltes. La seguretat de La Lleona estava en mans de quatre homes i d'un reguitzell d'espies que es repartien per tot el barri. Comerciants, orfes, captaires i altres persones que devien favors a la Morlana i que donaven la veu d'alerta quan veien alguna cosa fora del comú. Aquella xarxa era molt efectiva, però no era ni molt menys infal·lible.

—Em sembla que tenim un problema —va dir en Pere a la Morlana a cau d'orella—. Aquells dos, els dels estables, ens han seguit fins aquí. Són molt a prop de la porta i van ben armats.

—Ja m'imaginava que podia passar. No els perdeu de vista, segurament no faran res fins que rebin ordres, però no ens hem de confiar. Entesos?

—No ho farem, senyora —va respondre en Pere mentre aferrava amb força la seva daga; la perspectiva d'una mica d'acció en una feina que la major part dels dies era pura rutina el mantenia exultant.

—I tu vine amb mi —va demanar la Morlana, agafant en Pau de la mà—. Potser tot això serà més complicat del que ens pensàvem.

II

En Francesc Borrell va arribar a la conclusió que aquella meuca estava massa ben relacionada amb el poder per intentar treure per la força en Pau Vinyes dels seus dominis. Es feia imprescindible actuar amb cautela i seny, plantejar la batuda sense marge d'error. Tenia els seus gossos ben ensinistrats; homes fidels i sense escrúpols, coneixedors del terreny. Totes les entrades i sortides del cau eren vigilades de prop, la presa no podia sortir sense ser descoberta i, si resultés convenient, abatuda. Però els dies passaven i la captura no es duia a terme. El notari, coneixedor de com era l'art de la cacera, tenia clar que li calia una fura capaç d'endinsar-se en la lloriguera i anar a l'encalç del seu objectiu. Va escollir la millor, una que es feia dir com el personatge bíblic que havia sobreviscut al diluvi. Era una mustela esmunyedissa, de pell fosca, tan esvelta com ambiciosa.

—Saps com va això, Noè?

—No em calen tots els detalls...

—Però sí que et cal tenir present que a les musteles se'ls posa un picarol al coll. Un picarol que sona amb insistència pels seus moviments espasmòdics. Em segueixes?

La noia se'l va mirar amb desvergonyiment. Estava acostumada a satisfer els capricis i les extravagàncies dels clients però, en aquest cas, el que li demanaven tenia un altre caire.

El joc era perillós però la recompensa, molt suculenta. En Borrell, va afegir...

—El picarol és fonamental per saber la posició de la presa dins els túnels del cau. D'aquesta manera pots estar informat des de l'exterior del recorregut que porta a terme. Estàs al cas?

—No en tindrà cap queixa, duré en Pau Vinyes de dret a la sendera.

En aquesta ocasió va ser en Borrell qui va obrir els ulls amb un cert desconcert.

—La sendera és com s'anomena la xarxa que posen a la boca dels caus perquè hi caiguin els conills, si no em confonc —va aclarir amb certa ironia la Noè.

—M'agrades. Tu i jo farem grans coses!

En Vinyes es consumia a l'últim pis d'aquella casa rònega amb aires de grandesa. Fins a mig matí el silenci era gairebé absolut i ell gaudia de l'olor d'aquell cos tan desitjat. El respirava sense obrir els ulls fins que es notava embriac. Però quan la Morlana abandonava la cambra, se sentia perdut, com si visqués en una gàbia de la qual, malgrat tenir la porta oberta, no podia escapar. Aleshores els malsons el visitaven en forma de remordiments que de vegades silenciava a base d'alcohol i d'altres amb sexe en solitari.

El tercer dia es va dedicar a comptar les passes entre una paret i la seva oposada i a resseguir cada escletxa de les bigues del sostre. Vint-i-quatre hores més tard era capaç de localitzar els caus de les formigues i de pensar recorreguts imaginaris dels corcs a la fusta.

Només havia anat al pis de baix un dia que la Morlana havia hagut d'absentar-se per resoldre uns assumptes. La Noè s'havia mostrat molt sol·lícita a portar-li el menjar, però ell havia rebutjat una oferta tan gentil. Ateses les formes i el desvergonyiment amb què s'havia portat a terme, era fàcil endevinar les segones intencions. En Vinyes no va necessitar cap esforç per defugir la provocació; tenia els seus propis gustos i massa coses a debatre amb ell mateix.

Al cap de quatre dies de captiveri n'estava fart, de dibuixar figures a les restes de cendra de la llar de foc i d'intentar esculpir alguna forma amb la seva navalla. El vi s'havia convertit en un company de planys, l'ajudava a fugir de les ombres que projectaven les espelmes en fer-se fosc. Confinat, capcinejava entre la malenconia i el neguit.

Una setmana després la vigilància a l'exterior seguia sense fractura, però la paciència d'en Vinyes començava a trencar-se en mil bocins. El seu cos ja no mostrava la mateixa disposició cap al sexe; la follia de posseir la Morlana va anar diluint-se com la bellesa d'un floc de neu en fondre's sobre els cabells. Els sorolls que li arribaven del pis de baix també van deixar de tenir cap interès, com si fossin tan sols el teló de fons de l'espiral que l'engolia. Els esbufecs dels homes cardant, els xiscles sobreactuats de les meuques i el repicar de les carcasses dels llits sota les envestides dels uns i dels altres s'anaven barrejant amb les campanes de l'església de Santa Maria de Jerusalem. Tot plegat formava una salmòdia que, per moments, li resultava insuportable.

—M'havia imaginat que et trobaria dormint —va dir la Morlana en una visita que esperava que fos breu, tot just abans de lliurar-se a la tasca de passar revista abans d'obrir portes.

—Tinc la sensació que fins i tot la son acabarà abandonant-me.

En Pau va deixar anar aquelles paraules mirant el buit amb una profunda expressió de desànim.

—No siguis ploramiques! Que potser et penses que no n'estic ben farta, de tenir els homes d'en Borrell a sobre com si fossin paparres? Hi ha un parell de bons clients que no gosen acostar-se al local. Jo hi perdo diners cada nit!

—No volia causar-te cap problema. Jo...

—Ja hi tornem! Et fas vell, Pau Vinyes. Tots ens en fem —va afegir amb un somriure sorneguer—. Per cert, he enviat una persona aliena a la casa, ja que qualsevol precaució és poca, per parlar amb el traginer que fa el camí a Puigcerdà. Sembla que serà un grup nombrós i ja he demanat que t'hi incloguin. Et faràs passar per en Josep Carpó, un comerciant de roba; també he adquirit unes quantes peces de tela a un amic que en ven.

—Carpó, dius?

—Què vols? És el primer nom que m'ha vingut al cap.

—No, si ja va bé. Agraeixo molt tot el que fas per mi.

—Soc una dona de negocis, jo. Sabré treure'n profit, d'una manera o d'una altra. —Quan parlava en aquells termes, en Vinyes no sabia si prendre-se-la seriosament.

—Per cert —va prosseguir, canviant el to de veu—. El mateix traginer m'ha dit que la situació a Llívia és molt complicada. El rei francès vol posar-la sota setge i s'està condicionant el castell per traslladar-hi la població.

—Fa temps que ens ho esperàvem. Per a quan preveu la partida, el teu traginer?

—Em farà arribar notícies en breu.

—I com coi sortiré d'aquí?

—El que menys ens convé ara és perdre els nervis. Entesos?

—Em sento com un covard! La meva dona i els meus fills potser em necessiten.

—A la teva família no li serviràs de res si et maten!

—Aquí, sota les teves faldilles, tampoc no faig cap servei i em vaig convertint en un pocapena.

—No et sentis ferit en el teu orgull! Tinc poc temps per discutir-ho. Ara per ara, el meu pla és la millor solució. Com a mínim fes-me cas i surt de Barcelona amb el grup i sota la protecció del meu home. Després ja no és cosa meva el que facis o deixis de fer. I ara marxo. A la nit tindrem gent important i he de vigilar que tot estigui com a mi m'agrada.

La Morlana va deixar sol en Pau Vinyes i aquest es va aixecar de la cadira per anar a seure al llit; la notícia del setge de Llívia, malgrat que l'esperava, havia estat la gota d'aigua que sobreeixia del got. La seva dona era prou prudent per fer cas de les autoritats i refugiar-se al castell si venien mal dades; no obstant això, el seu orgull no sempre li permetia prendre la decisió més raonable. De nou els decebria per no estar al seu lloc quan més el necessitaven.

Aquella nit, en Pau no va encendre cap espelma. Estirat a la màrfega, es va entretenir estudiant la gradació de la llum a mesura que es feia fosc, com ressaltava els contorns dels objectes. Més tard, va fixar la vista en la línia de claror que entrava per sota de la porta, fins que, de sobte, es va fer menys intensa. Hi havia algú a l'altra banda.

Les frontisses van grinyolar al marc mentre en Vinyes s'incorporava a poc a poc. L'espai entreobert encara no era suficient per descobrir el visitant.

—Morlana?

Ho va preguntar amb certa inquietud, però ningú no va respondre.

—Qui sou? —de nou amb autoritat mentre agafava el garrot que hi havia sobre un tamboret.

—Sento decebre-us. Soc jo.

—Noè?

El riure franc i contagiós, una mica estrident, de la noia va deixar clara la resposta.

—A mi no me'n fa cap, de gràcia! M'has espantat i hauries pogut acabar malparada. A la propera truques a la porta abans d'entrar. Entesos?

—Ja veig que estàs de mala lluna, però jo no en tinc pas la culpa! Res no et dona dret a parlar-me d'aquesta manera.

—Deixem-ho córrer.

—Això mateix! De fet tinc feina i només pujava a donar-te un encàrrec.

La noia va agafar el llum d'oli que havia deixat sobre el darrer graó de l'escala. La seva silueta es va perfilar sinuosament i ella sabia de l'embruix que aquest efecte provocava. La Noè tenia la paella pel mànec i una lluïssor als ulls certificava la seva confiança.

—Digues, si us plau —va pregar en Vinyes, rebaixant el to amb el qual se li havia adreçat.

—Un tal Ramon Gras, o Gros... no ho sé del cert. Anava amb presses.

—Però... què vols dir exactament?

—Doncs, això, que ha sortit per cames!

—Noè, això que dius és molt important. Passa un moment i explica'm fil per randa com ha anat tot.

La jove encara es va fer pregar uns instants. Es mostrava altiva, com una noble ofesa. No va ser fins que en

Vinyes va anar a buscar-la i li va oferir la millor cadira que va accedir a la proposta.

—Doncs, l'he vist rondar per fora i he anat per feina.

—I ara!

—De vegades penso que ets un carallot, i d'altres que te'l fas. Diria que és ben clar, semblava no atrevir-se i jo li he proporcionat una empenteta. És ben plantat, mai no l'havia vist per aquí.

—Ell no és dels que...

—Vaja, vaja! —va interrompre'l la Noè—. T'estàs posant de peus a la galleda. Si jo parlés, te'n faries creus! Tant hi fa... M'ha donat carabassa. Aleshores ha preguntat per tu i, quan anava a demanar permís a la Morlana per deixar-lo entrar, ha fugit com si hagués vist el diable.

—No saps què l'ha fet reaccionar d'aquesta manera?

—Hi havia un paio rondant. Ha estat en veure'l que m'ha donat l'encàrrec i s'ha fet fonedís carrer avall.

—Un paio, dius? Quin aspecte tenia?

—Li conec millor els baixos —va dir amb sorneguería.

—No estic per a bromes, això pot ser seriós de debò. Què t'ha dit en Ramon?

—Que passessis per casa seva tan aviat com et fos possible. Semblava esverat.

—Necessito parlar amb la Morlana!

En Vinyes va posar-se dret i amb dues gambades es va plantar a la porta amb la intenció d'anar a buscar la seva amant.

—Tu no hi toques! Es pot saber on vas? —va preguntar la Noè, barrant-li el pas.

—Aquest home és amic meu, soc jo qui l'ha posat en perill i la meva consciència no em permet més culpa de la que ja suporto. Aparta't!

—Espera! Si baixes ara ens compromets a tots!

—No diguis ximpleries. Em busquen a mi!

—La Morlana t'ha amagat a casa seva, tot té conseqüències i saps molt bé que qualsevol excusa és bona per posar-la en un compromís. No pots baixar ara!

—Ves a buscar-la tu, doncs. Digues-li que és important.

—Hauries de saber que no és una bona idea molestar-la quan treballa.

—O ho fas tu o ho faré jo mateix. No es tracta d'un caprici, ja t'he dit que...

—Que el teu amic pot estar en perill? Sí, ja ho he entès! Encara no sé per què ho faig, però, per aquesta vegada, t'ajudaré.

En Pau va avançar el cap cap a la Noè per demanar-li explicacions i el llum d'oli va deixar al descobert les bosses fosques sota els ulls; també tenia les parpelles unflades i uns cabells embullats que, en retirada, ja començaven a grisejar.

—Així de prop no fas tant de goig —va bromejar la mulata.

Un segons després, davant l'esbufec d'en Pau i el seu evident nerviosisme, va abandonar aquell posat perdonavides i va afegir...

—L'home de qui fugia el teu amic és un dels esbirros d'en Borrell. Només he estat amb ell una sola vegada, no pot pagar la meva quota, però em menja amb la mirada cada cop que li passo per davant. Faré una excepció i el mantindré entretingut mentre tu fots el camp d'aquesta ratonera.

—Faries això per mi?

—Potser me'n penediré... Dona'm una estona per enllestir un client que he deixa't a punt i treballar-me aquest pinxo. L'amorraré de cara a la paret, darrere l'escala. Aprofita per endreçar-te una mica i afaitar-te la barba i no portis aquest capell, si us plau. Tampoc cal posar-los-hi tan fàcil. Hauràs d'estar a l'aguait. Entesos?

—I si no va sol?

—Deixa-ho del meu compte. En Bracons vigila l'entrada i estarà encantat de donar un cop de mà només per perdre't de vista. Ah! I, quan acabi la feina, si encara no hi has fet cap, ja li passaré jo la informació a la Morlana.

En Pau Vinyes va fer exactament el que la Noè li havia indicat. El cor li bategava amb força i, malgrat que a la cambra començava a refrescar, li suaven les mans. Va ser un afaitat ràpid, poc acurat, però la foscor de la nit jugava a favor seu. Quan va baixar les escales va notar com la saliva se li espessia a la boca. Se sentia nu sense la barba, el capell i la capa que va deixar sobre el llit, potser amb la intenció de fer saber a la Morlana que tornaria. Ara semblava més un prohom de la ciutat que no pas el foraster vingut de les muntanyes. Malgrat que l'operació no estava exempta de perill, la perspectiva de sortir d'aquell cau per una estona va fer que el seu cos despertés de la letargia dels darrers dies.

Es va acostar al replà i va comprovar amb satisfacció que la casa era plena de gent; se sentien els gemecs d'una dona al primer pis i hi havia una parella asseguda a l'escala. En Vinyes sabia que en ocasions la Morlana contractava algunes dones de reforç; el negoci era rodó i no li estranyava el poder creixent que la seva amiga tenia a la ciutat.

En arribar a la planta baixa va veure el mocador groc sobre el bagul de l'entrada. Era el senyal acordat per ferli saber que el pla rutllava segons havien previst i podia dirigir-se lliurement a l'entrada.

Tot just a la sortida, després de rebre la mirada freda d'en Bracons, la por el va paralitzar. Durant uns instants es va penedir de la seva excessiva confiança. I si era un parany orquestrat per la Noè? Li van passar per davant les escenes en què la prostituta s'hauria pogut sentir ofesa pel seu despit i una esgarrifança el va recórrer de dalt a baix. Com un gladiador dret a l'arena, esperant el veredicte que li perdonés la vida, va restar immòbil durant uns segons. L'empenta d'en Bracons el va fer tornar a la realitat.

—Que potser també t'hi haurem de portar en braços? Espavila! No sé què ha vist en tu la Morlana, et queda molt gran aquesta dona —va afegir amb les dents serrades.

Sense respondre a la prepotència de l'esbirro, en Vinyes es va posar en marxa. Avançava sense mirar enrere ni als costats, guiat únicament per l'afany de fer-se escàpol, de desaparèixer. En un tres i no res ja era al final del carrer i, d'allí estant, va enfilar un parell de carrerons fins al palauet anat a menys on vivia en Ramon Gras.

—Pau? —va demanar en Gras en veure'l sense barba.

—Sí, soc jo. Et trobes bé?

—Sí, però passa, passa. Quina sorpresa!

—Sorpresa, dius? No m'has fet cridar?

—No. De fet ja et feia a Llívia!

—Això no m'agrada gens ni mica. Si tu no has enviat a buscar-me..., qui ho ha fet?

—No sé de què em parles però entra d'una vegada, em sembla que ens anirà bé beure alguna cosa.

La casa estava molt fosca i no se sentia cap soroll fora de la seva pròpia conversa. Si en Ramon no havia anat al bordell, la idea d'una venjança de la Noè començava a guanyar sentit. Qui sap si es tractava d'una conxorxa amb el mateix Pere Bracons per treure-se'l de sobre. En qualsevol cas, tot allò no li feia cap gràcia. Després de beure's el vi d'un glop no va voler acceptar una segona ronda.

—Ramon, no voldria esverar-te, però...

Un soroll provinent de la planta baixa va deixar en Vinyes amb la paraula a la boca. Tot seguit va interrogar amb els ulls el seu amic.

—No t'espantis. Aquesta casa és molt vella i té vida pròpia, de vegades grinyola com les rodes d'un carruatge que no s'han greixat fa molt de temps. Però, què em deies?

—La teva dona dorm? Hauríeu de...

—M'estàs espantant. Els teus temors no deuen tenir res a veure amb allò de la fórmula que portaves entre mans...?

Abans que en Vinyes tingués l'oportunitat de respondre, un altre cop, aquesta vegada més fort, els va sobresaltar. En Ramon Gras va dirigir la mirada cap a la porta que donava al pati interior mentre el seu company es posava la mà a la cintura per empunyar la daga.

—Què fas? —va preguntar, esverat, davant un gest que li confirmava que el perill prenia forma—. Espera aquí! Deu tractar-se d'algun animal que remena les escombraries buscant menjar.

—Vinc amb tu! I la Guisla?

—Estem sols.

L'amo de la casa va agafar un espasí que penjava dalt de la xemeneia i va sortir de l'estança en companyia del seu convidat. Era una nit sense lluna i a la galeria del primer pis que envoltava el pati només hi cremava una espelma. Van fer unes quantes passes gairebé a les palpentes fins que quatre o cinc homes, era difícil de dir per la celeritat amb què va transcórrer l'acció, se'ls van llençar a sobre.

Mai no havia estat un bon lluitador, en Pau Vinyes, i l'atac per sorpresa encara va limitar més els seus moviments. Potser va ferir algú amb la seva daga, però no va evitar que poc després es trobessin tots dos davant la xemeneia amb les mans lligades a l'esquena. En Gras havia rebut un cop que l'havia deixat mig estabornit. Els intrusos devien ser antics soldats perquè havia notat la seva força quan l'arrossegaven, com trampes de ferro que el portaven al vol.

—Hem vingut a buscar la fórmula que vas prometre al notari Borrell —va dir un dels homes mentre posava la seva espasa al coll d'en Pau.

—Això és impossible! No la tinc.

—Mireu, hem tingut molta paciència. No ha estat fàcil fer sortir aquest covard del seu cau i atrapar-vos junts. Serà un plaer que contempleu com us anem fent miques. Per qui començo? Si el meu amo no tingués tanta pressa deixaria que us ho juguéssiu als daus. Però, si no em doneu una resposta ràpida, ho deixaré al caprici dels meus homes.

En Pau Vinyes es va maleir per totes i cadascuna de les seves decisions. Com podia ser tan brètol? Què li havia fet pensar que se'n sortiria i, el que era més important, com ho faria per lliurar-los una fórmula que no tenia? Primer hauria de convèncer la Morlana i, suposant que ella s'hi avingués, recuperar la part que tenia en Mateu. Hauria de pactar amb aquells homes una mica de discreció, i no semblava ser el seu fort.

Mentre els esbirros d'en Borrell païen que faria falta alguna cosa més perquè els donessin la fórmula i en Vinyes s'esforçava per trobar arguments i negociar una sortida, en Ramon Gras va fer un moviment inesperat que ho espatllaria tot.

Tres d'ells parlaven lluny del foc mentre un altre vigilava els presoners enlairant l'espasa. La reacció d'en Ramon va ser fulgurant i tan arriscada que en un primer moment es va sortir amb la seva. Es va llençar contra l'home que tenia al davant i el va fer caure a terra, i ràpidament es va precipitar cap a la porta.

En Vinyes no estava disposat a quedar-s'hi i li va anar al darrere. Ni tan sols va ser un acte de valentia. No va pensar en res, va prendre el seu amic com a punt de referència i va sortir corrents com un animal al qual mou el seu instint. Va semblar que tindrien, si més no, l'oportunitat de sortir de l'estança. Els esbirros gairebé havien respost amb desgana, com si l'intent de fugida fos improcedent, i van reaccionar amb lentitud.

La resposta a la seva passivitat era a l'altre costat de la porta. En Ramon Gras va creuar el llindar i l'aire fresc de la nit li va omplir els pulmons. Alleujat, es va girar en direcció a l'escala per emprendre una cursa embogida i aleshores va sentir el cop de destral al seu ventre. Només hi va parar atenció per un instant, el temps suficient per adonar-se que la ferida era definitiva. De seguida els ulls se li van ennuvolar i es va desplomar a terra desmanegat, gairebé dividit en dos trossos.

Des del darrere, en Pau ho va presenciar tot. Horroritzat, es va dir que potser tindria una oportunitat si es llençava contra l'atacant i el feia rodolar escales avall. Ell també cauria, però amb molta sort, si encara era conscient, arribaria fins a la porta del carrer. Quan ja es disposava a executar el seu pla, va sentir que una espasa el penetrava pel costat dret i, amb l'impuls, el tirava contra la paret.

Malgrat la ferida, en Pau Vinyes no va perdre la consciència. Va veure com l'assaltant que donava les ordres agafava l'esbirro pel coll i el subjectava contra la barana. Mentrestant, li deia que no era el pla previst, matar les fonts d'informació. Primer va semblar que llençaria el seu company al pati interior, però el va deixar anar. Després es va girar cap a en Pau i li va extreure l'espasa amb una cura extrema.

No va servir per als seus propòsits. En Pau Vinyes, que notava encara com el ferro el cremava per dins, es va llençar contra l'home que havia rebut la reprimenda i van caure plegats per les escales. El seu pla no va donar resultats. Va ser el primer a picar contra la paret del replà i instants més tard va quedar aixafat per l'esbirro. La imatge de la Morlana acariciant-se els pits li va venir de sobte com un preludi plaent de la mort. Ella sempre intentava complaure'l.

—En Borrell ens matarà a tots —va dir el cap d'aquells bergants en veure que també en Vinyes havia mort sense revelar on es trobava el manuscrit.

12

Malgrat que el mes d'abril era a tocar, el fred es resistia a abandonar la vall i, sense donar-hi treva, el vent xisclava enfurit entre els conreus. La mare abadessa passava totes les hores que podia a la sala de l'hospital reservada per a les monges malaltes, acompanyant la seva germana. La vida de sor Serena de Sestorres semblava tan fràgil com la tremolor de les fulles dels arbres minuts abans de la tempesta.

Dues religioses més, d'edat avançada, tossien molt a prop, als seus respectius llits. El murmuri de qui passava el rosari omplia el recinte amb una melodia monòtona que, entre planys i estossecs, es deixava sentir de fons. Per moments s'hi afegia una veu trencadissa demanant una mica d'aigua o una bacina i, tot seguit, les passes de sor Ponça amb els seus esclops repicant sobre el terra de fusta. La monja anava d'un llit a l'altre i, mentre es feia càrrec de totes les necessitats de les pacients, repartia consol a mans plenes.

La feina de la Beatriu Montells havia quedat circumscrita a fer d'enllaç entre l'abadessa i la priora i ajudar a resoldre els nombrosos tràmits oberts entre les monges i altres estaments. Era de vital importància, per a la pervivència del monestir, que no caiguessin en l'oblit els greuges portats davant el Parlament General reunit a Cervera. Calia insistir per recuperar el castell de Preixens, que els havia estat arrabassat pel bastard de Cardona, i també per aconseguir que els oficials reials de Tortosa no retinguessin les rendes que només els pertanyien a elles. Tornar Omells a la comunitat, que l'abat de Poblet havia fet seu de manera injusta, era un altre desafiament, difícil però inexcusable.

La germana priora no acabava d'entendre els motius que movien l'abadessa per atorgar tantes responsabilitats a una jove esquerpa i poc pietosa. Li semblava escandalós que ni tan sols hagués aconseguit el beneplàcit de la comunitat per convertir-se en novícia. Des del primer moment va posar el crit al cel per aquell tracte de favor que se li dispensava; més tard, però, ho va acceptar com una benedicció de Déu. Si bé ho mirava, podia gaudir de més temps per dedicar-li a l'escola monacal, on s'instruïen donzelles nobles i monges selectes. Una escola que, per altra banda, calia revifar després de tants anys en què la misèria i les malalties s'havien apoderat del monestir.

Sí, eren anys de poca bonança, però no es podia retardar més la plantació de pastanagues mentre arribava el temps de trasplantar les cebes. Aprofitant que la lluna vella els seria propícia per a tal menester, sor Paula havia demanat a la Beatriu Montells si voldria ajudar-la. Ella no va saber negar-se a aquells ulls blaus i brillants que semblaven acollir la innocència d'una criatura.

Com envejava la seva alegria! Sovint l'observava caminar i li feia l'efecte que en fer-ho no tocava de peus a terra. Escoltar-la cantar era ben bé com una carícia, sempre estava disposada a auxiliar les seves companyes i tenia una paraula amable per a tothom. Com s'ho feia?

Si la Beatriu hagués practicat el sagrament de la confessió, hauria d'haver-se penedit per la seva mesquinesa. Més d'un cop havia desitjat que les coses se li torcessin, veure-la perdre els nervis o, si més no, arrufar el nas per qualsevol fotesa, però sor Paula semblava determinada a ser feliç i a fer la vida més fàcil a tots els que tenia al seu voltant.

La Beatriu l'esperava a la sortida de l'*escriptorium*, morruda, mentre rumiava quin seria el seu secret per estar en pau amb el món. Era l'hora tèrcia i les monges no trigarien a sortir de missa. Des del lloc que ocupava va veure que s'obria la porta de l'església i com, tot seguit, una corrua d'hàbits negres es desplaçava a correcuita buscant l'empara de l'escalfor del refectori. La imatge d'un grapat de grills fugint de la llum se li va instal·lar a les ninetes i un somriure ample es va imposar a la son i el mal humor.

Sor Paula es va separar del grup i va anar al seu encontre. La figura esvelta de la jove monja, que tan sols tenia un any més que ella, es va retallar sobre la boira que encara cobria el claustre. Una fina capa de neu s'havia empassat tots els brots tendres, doblegant-los amb la seva majestuosa presència.

—No hi ha cap dubte que el sol acabarà imposant-se, oi? Després tindrem un dia magnífic. No ho creieu pas, Beatriu? —va dir enriolada sor Paula, plantant-se-li al davant.

—A quina pregunta voleu que us respongui primer?

—Perdoneu. No us entenc —va dir movent el cap com la Beatriu havia vist fer als pardals.

—Tant hi fa, sor Paula, tant hi fa. Anem per feina!

—Sí, sí, és clar. He deixat els davantals a la porteria. Les aixades ja les tenim a punt i he tallat les patates de bon matí, per anar fent.

Mentre les dues joves caminaven a pas lleuger en direcció a l'hort, sor Cília, la germana portera, va irrompre al claustre visiblement atabalada.

—Per l'amor de Déu, veniu a ajudar-me i que algú doni avís a l'abadessa, ràpid!

La Beatriu i sor Paula es van mirar i, sense dir-se res, van decidir que alguna altra monja ja avisaria la Violant de Sestorres. En comptes d'això, van anar corrents fins a l'entrada principal per esbrinar què passava. A l'exterior, a pocs peus d'on elles es trobaven, hi havia un pagès que guiava una carreta. L'home estava fora de si i, per la seva expressió, semblava haver vist el mateix dimoni.

—L'he coberta amb unes mantes. Però no sé qui és! Ha vingut a casa meva de matinada i no sabia què fer, ni on portar-la. La meva dona no se l'ha volgut quedar. No per falta de caritat, que tots som ànimes de Déu, però vivim en un lloc apartat i si se'ns morís a casa tindríem problemes. Per altra banda, no sé què diu d'uns homes...

—Tranquilitzeu-vos. Ara tot està bé. A recer del monestir no correu perill —va dir sor Paula.

—És que jo...

Els xiscles, com d'animal ferit, van obligar els convocats a mirar en direcció a la carreta. Quan l'home va intentar prosseguir amb el seu repertori d'excuses, la Beatriu va intervenir sense fer concessions...

—Deixeu-vos de xerrameca i ajudeu-nos a portar-la a dins!

—No hauríem de tenir el permís de la mare abadessa? —va preguntar sor Cília amb les faccions rígides i els ulls esbatanats, entre el neguit i la por a l'impredictible, sota unes celles generoses.

La Beatriu se la va mirar de cap a peus com si no donés crèdit al que havia sentit. La dona que implorava ajuda jeia sobre el fustam del carruatge, cargolada sobre ella mateixa, subjectant-se el ventre amb les mans. El pagès mirava constantment enrere, temorenc que algú els hagués seguit fins al monestir, i sor Paula ja sostenia la mà de la desconeguda.

—Aquesta dona està embarassada! Bé, més aviat està a punt de... —va exclamar horroritzada—. Jo diria que acaba de trencar aigües!

Mentre la jove monja s'observava les mans xopes per un líquid vermellós, la Violant de Sestorres s'havia presentat a l'escena i donava les ordres pertinents...

—Porteu-la a dins, al *calefactorium*! I vós, bon home, no us quedeu de braços plegats i ajudeu-nos, que ens faltaran mans per transportar-la!

A la partera li costava mantenir-se dreta. Tenia els peus nus plens de ferides i un fluid sanguinolent li regalimava cuixes avall. L'enrenou va impedir que les dones advertissin com l'home de la carreta s'escapolia fora del recinte.

—Què farem, mare abadessa? L'única comadrona de qui tinc notícia viu a Maldà, jo diria que no hi serem a temps... I, pel que veig, el pagès que l'ha duta fins aquí ha marxat rabent. Mare de Déu santíssima! —va dir sor Cília mentre mirava la partera i es feia, un cop rere l'altre, el senyal de la creu sobre el pit.

Cap de les monges no tenia experiència de portar criatures al món, l'única que ho havia fet abans era sor Serena, però en aquells moments prou feina tenia d'arrapar-se a la vida amb les poques forces que li quedaven.

Sor Ponça, que feia provisionalment d'hospitalera, en adonar-se que totes les mirades li queien a sobre, va negar amb el cap i va fer dues passes enrere amb un gest d'esglai al rostre.

—Jo ho faré! —va dir la Beatriu, trencant un silenci feixuc i tens.

—Tu? Què dius, ara? —va preguntar la germana portera arronsant les celles com si la vista li fes una mala jugada.

La jove Montells va aixecar la barbeta com a única resposta.

—Mare abadessa —va insistir sor Cília—, la vida d'aquesta dona i la del seu fill està en joc. No podem...

—Feu exactament tot allò que la Beatriu us demani, entesos? —va interrompre la Violant de Sestorres, deixant-la amb la paraula a la boca.

Davant aquell acte de confiança, portat a terme públicament, la jove postulant va agafar les regnes. Per primera vegada des que havia arribat al monestir es va adonar que no la miraven amb condescendència. I si bé era cert que gaudir del favor de la màxima autoritat despertava alguna gelosia, preferia mil vegades aquell sentiment que la compassió o el menyspreu que tan sovint aconseguien remoure-la per dins.

Les religioses l'observaven incrèdules i es miraven les unes a les altres. Es preguntaven qui era de debò aquella noia a qui havien bandejat sense reserves feia tan sols uns mesos, negant-se a atorgar-li la condició de novícia. Només sor Paula semblava gaudir d'una situació tan inesperada.

L'espai anomenat *calefactorium* comunicava amb el refetor i la cuina i s'hi accedia a través del claustre. A la paret del fons hi havia una gran xemeneia, encesa dia i nit, que irradiava calor a les habitacions comunals, ubicades tot just al pis de sobre. Ara que anaven de cara a l'estiu, aquella estança, la més confortable del monestir, tenia diversos usos i calia fer-hi lloc.

—Traieu l'escriptori, aneu a buscar una màrfega, llençols nets i draps, molts draps! Bulliu aigua, poseu-hi a dins les estisores. Preparem agulla de sac i fil, escaldeu-ho tot, afanyeu-vos! Busqueu un cordill, vetes i coixins!

La Beatriu donava ordres a tort i a dret. Mentrestant, la partera clavava les ungles a les monges que la subjectaven amb la mateixa força que un animal clava les urpes a la seva víctima. Respirava feixugament i sorollosament i l'olor ferruginosa de la sang omplia els narius dels presents. La dona, entre contracció i contracció, demanava que auxiliessin els seus pares.

—La pobra desvarieja —va xiuxiuejar sor Cília.

Quan va sentir aquelles paraules, la desconeguda va agafar pel braç la Beatriu i, amb el rostre desencaixat i les dents serrades, va dir...

—No desvariejo, m'heu de creure. Soc de Rocallaura, filla dels Valensó. Vaig marxar a Barcelona, a servir a casa d'uns senyors. Han assassinat el meu marit!

—Té febre —va insistir la monja sense acabar-se de creure aquell reguitzell de despropòsits.

—Si els passa res als meus pares, ho pagareu car. Us recordo que estan sota la protecció del monestir —va insistir la dona amb el rostre amarat de suor i les venes de les temples marcant-se-li a través de la pell encesa. Després, una contracció va fer que xisclés de nou.

—M'heu de dur un corró de pastar pa i emboliqueulo amb alguna cosa tova. Necessito llum i espai. Vosaltres dues, ajudeu-me. S'ha de fer pressió sobre el ventre, aquesta dona està esvaïda i la criatura podria patir —va demanar la Beatriu amb vehemència a les seves companyes.

—I jo? —era la veu prima de sor Cília, pàl·lida i arrambada a la paret.

—Porteu-me hisop, arrel de lliri, orenga i herba gatera. Faci una monyica amb llana i vagi a l'església a resar. Encomaneu-la a Déu o a la Verge... que en aquests casos potser és la més indicada —va afegir en veu baixa.

Sor Paula i sor Ponça van seguir al seu costat. Desprenent-se de les capes gruixudes, van imitar el gest de la Beatriu i es van arremangar. La dona esbufegava i elles li eixugaven la suor i li apartaven els blens de cabells enganxats al coll. Després d'un xiscle agut, la partera va agafar aire de nou i va ordenar...

—Deixeu-vos d'herbes i doneu-me làudan, per l'amor de Déu! Teniu una farmàcia, no? Doncs aneu a buscar làudan i cascall!

Les monges es van mirar la Beatriu estranyades. Ella va entendre de seguida que aquella desconeguda sabia perfectament de què parlava.

—No puc administrar-vos el que em demaneu. Us necessito desperta i col·laborant. Haureu de ser forta!

A partir d'aquell moment la complicitat entre les dues va ser absoluta. Es van mirar i es van reconèixer. Formaven part d'un exèrcit invisible de dones sàvies que, sempre un pas enrere respecte els seus companys mascles, i sovint d'amagatotis per por als malentesos, sabien què era exercir la curació.

Mentre les campanes convocaven als resos de l'hora nona, una criatura venia al món. Ho feia en silenci absolut i sense haver de forçar cap de les passes d'aquell procés. L'infant va lliscar com ho faria una larva i la Beatriu el va acollir entre les seves mans. Estranyada per la seva aparença, es va afanyar a retirar-li el tel que el cobria i li va buscar la boca. Tenia dificultats per arrencar-li el plor. No trobava res que interferís aquella manifestació natural i necessària. Sense perdre més temps, el va posar de cap per avall, encara amb el cordó que l'unia a la seva mare. Les dues monges que havien ajudat esperaven amb els ulls oberts i el cor encongit, sempre mantenint una certa distància. Sor Cília ho feia tapant-se la boca amb les mans i el rostre de la monja més jove s'anava posant cada cop més pàl·lid.

La partera, enfonsada en aquell llit improvisat, encara amb la tebiesa de la sang regalimant-li cames avall, es va esglaiar en veure els esguards de les dues dones. Una glopada de fel li va pujar per la gola. El tremolí que la feia petar de barres no la deixava articular paraula.

—Respira? —va demanar finalment.

—Sor Cília, poseu-li dues flassades. Sor Paula, passeu-me les tisores, les vetes... Ràpid!

—Traieu-me això! —va exclamar la dona, desfent-se de la roba que la monja s'esforçava a col·locar-li a sobre—. Vull veure el meu fill! Ensenyeu-me el meu fill. Us ho prego!

La jove Montells va negar amb el cap mentre seguia colpejant les natges del nadó. La desconeguda va fer un intent inútil per incorporar-se.

Uns instants després, com si Déu s'hagués compadit de tanta impotència i dolor, un plor petit, com el miol d'un gat, va tornar el color a les galtes de la Beatriu. Aquell manyoc sangonós embolicat amb draps de lli es retorçava lentament i matusserament. Les monges es van mirar entre incrèdules i joioses. Després, sense perdre ni un segon per por que s'esvaís l'encanteri, la Beatriu Montells va lliurar la criatura a la seva mare.

Una mitja rialla acabada d'estrenar va desaparèixer del rostre de la partera i, amb la mateixa urgència que el gel es fon en contacte amb la flama, la pal·lidesa se li va arrapar a la pell. Quan, per fi, va ser capaç d'apartar la mirada del nadó, va intentar dir alguna cosa. Però la seva boca resseca es va empassar el desig.

Sota les parpelles inflades, dos ulls envermellits i presos per la por, que semblava tornar per quedar-s'hi, suplicaven una resposta que ningú no tenia.

—Què li passa al meu fill? —va aconseguir balbotejar, com qui demana clemència, sense deixar de mirar els dits cor i anular del nadó, units per una membrana.

Només la crepitació de la fusta a la xemeneia va trencar el silenci estèril de l'estança.

13

Pocs dies després d'aquell inesperat naixement va morir la monja més anciana de la comunitat. Era Dimecres de Cendra. Quan sor Ponça va entrar al refectori per donar la notícia, la Violant de Sestorres va empal·lidir. Aquella mateixa nit la salut de la seva germana havia empitjorat considerablement. Sor Serena, però, contra tot pronòstic, superaria un dels hiverns més durs que es recordaven a Vallbona.

El sol ja havia assolit el seu zenit quan es va procedir al lavatori del cadàver. Sobre el raig, la llosa de pedra que feien servir per al ritual, el cos menut i arrugat com una pansa semblava encara més insignificant. El temps l'havia anat encongint fins a adoptar la postura primigènia, tal com es mostrava dins el ventre de la mare. Un cop van tenir neta i purificada la seva germana en Crist, li van posar l'hàbit i, en grups de dues o tres monges, la van vetllar nit i dia.

Era temps de quaresma, de sacrifici i dejuni. Tot es distingia més encalmat. Les ombres dels ciris encesos a la sala s'arrossegaven per les parets amb una cadència que acabava esdevenint monòtona.

Al tercer dia es va portar el seu cos a l'església per tal de dur a terme la celebració de la missa. Les campanes, somortes, van tocar a difunts. Sor Clara ja havia enterrat gairebé tota la seva família. Un sol nebot, que ranquejava de manera preocupant, va acudir al sepeli. Tampoc no hi van faltar les germanes converses ni el servei, que ajudava a les feines més feixugues del monestir i a la seva conservació. La Joana i la Càndida s'havien situat a primera fila. Totes dues, sota la influència de l'aroma rància de l'encens, van elevar les seves oracions per la salvació de l'ànima de la germana que havia traspassat. Després, amb l'actitud solemne que requeria l'ocasió, la comunitat en ple li havia servit d'escorta des d'aquell lloc sagrat fins al cementiri.

Les monges, com un estol de coloms atrets per un grapat d'arròs, anaven rere la civera que transportava el cos de la difunta. Van creuar plegades la porta dels morts, que només s'obria quan se celebrava un enterrament. Ho van fer per ordre d'edat, en la mateixa posició que observaven al refectori. La boira s'empassava el soroll de les frontisses rovellades.

Poc més tard, sor Clara va ser dipositada, sense caixa, dins un clot que en Ferran, el jardiner, havia cavat el dia anterior. Era la manera més ràpida de tornar a la pols, a l'origen. La terra estava molla i, després de remoguda, desprenia aquella olor intensa i reconfortant. Unes liles esperaven el seu moment per coronar la sepultura.

La Beatriu s'ho mirava d'esquitllentes. Tal com passava amb l'església, havien orientat el cos de la monja cap a l'est. De sobte, obeint un gest de l'abadessa, el mateix home que havia cavat la fosa es va cuidar de cobrir el cadàver. Primer van ser els peus, després van anar distribuint la terra i, abans que li cobrissin la cara, la jove Montells va tancar els ulls.

Un altre rostre estimat va prendre força en la seva memòria. Tampoc aleshores, tres anys enrere, havia suportat veure com els llavis de la seva mare, els que tantes vegades l'havien besat, sucumbien a la foscor més pregona.

Encara va contemplar aquelles dones en actitud de pregària durant uns segons. Les seves cares emmarcades pel teixit negre emmidonat de les togues, caient sobre els hàbits sense màcula, li van semblar estranyament felices. Estaven convençudes que, lliure dels mals d'aquest món, sor Clara s'havia reunit amb el seu Senyor i Espòs.

En certa manera, la Beatriu envejava la fe tan ferma que les protegia del desconsol tot i haver perdut algú molt estimat. La xerradissa d'un ocell, la primera que sentia en aquell mes d'abril, la va fer tornar de les seves cabòries. Els cops de pala, que allisaven la terra i donaven per enllestida la feina, es van esvair en abandonar el lloc.

De camí, la Beatriu va observar que també davant la mort, igual que al món dels vius, hi havia distincions. Aquella monja que havien enterrat al cementiri comunal no gaudiria del privilegi de les tombes esculpides de les abadesses, ubicades a l'església o a la Sala Capitular. Cap figura ni relleu no recordaria el seu aspecte, cap escut no parlaria de la seva casa de procedència, ni tan sols hi hauria un text per identificar-la i lloar la seva vida al cenobi.

En sentir el plor llastimós del nadó, la Beatriu va accelerar les passes. Dos trucs a la porta van precedir l'accés a la caseta que mare i fill compartien des de feia un mes amb algunes persones del servei. La mare alletava el seu nadó asseguda sobre el llit. Una perola amb aigua bullent penjava al foc i l'estança feia olor d'espígol.

L'infant tenia una aparença molt fràgil i, malgrat que volia succionar del pit de la seva mare, abandonava al cap de pocs intents amb un plor sense forces, com un gemec ofegat. La seva pell semblava trencadissa, tan delicada com les ales d'una papallona. La Beatriu es va mirar la dona. Exhausta i amb els llavis ressecs, se li havien format bosses sota els ulls, de tan poc que dormia.

—Jo me'n faig càrrec. Descansa una estona —li va dir mentre s'oferia a acollir el nen amb els braços oberts. Ella, però, no va fer cap gest per lliurar-l'hi.

—Li he posat Arnau.

—És un nom molt bonic.

—No sobreviurà. Si no aconseguim un remei, no sobreviurà.

Aquelles paraules van ser pronunciades sense que cap llàgrima les acompanyés. La dona semblava distreta. Com si amb el pensament s'hagués traslladat a un altre lloc. Qualsevol frec encetava la pell del seu fill i el mantenia embolicat només amb un drap de lli. Passats uns instants es va mirar la nouvinguda amb un posat seriós...

—He triturat fulles de plantatge, del que creix aquí a la vora. Ajuda a baixar la inflamació i desinfecta, però no és suficient. No sé qui ets, però sé que ens vas salvar la vida i que, durant el part, res no va ser improvisat. M'has d'ajudar! Si algú en aquest món ens pot assistir ets tu, n'estic segura!

—Jo? Jo no soc ningú. Creu-me. Ni tan sols serveixo per ser monja! Si t'haguessis trobat en la meva situació, hauries fet el mateix. Qualsevol ho hauria fet!

—Escolta'm, Beatriu. Em dic Guisla, soc vídua i tinc un fill malalt que, si no hi faig res, es reunirà amb el seu pare ben aviat.

—Ja veuràs com...

—T'he dit que m'escoltis. Estic desesperada. No puc dormir, no puc empassar-me res de menjar i em fa por que se'm retiri la llet. Si tanco els ulls, em ve la imatge horrible del cap del meu espòs rodolant sobre la taula.

La Beatriu va notar que les cames li feien figa i es va deixar anar sobre la màrfega. La dona va seguir...

—Dos desconeguts el portaven dins un sac i el van abocar sobre la taula de casa dels pares. El van assassinar. Ho entens? Jo havia sortit a buscar aigua. Em vaig amagar dins una sèquia. Vaig passar molta estona tremolant de fred, escoltant com aquelles bèsties els amenaçaven de córrer la mateixa sort. Abans que es fes de dia em vaig arrossegar pel fang i, de seguida que em vaig poder ocultar entre els arbres, aguantant-me el ventre, vaig córrer fins al mas del pagès que em va portar. Ara penso que els vaig abandonar a la seva sort.

—Poca cosa hauries pogut fer, en el teu estat. Malgrat tot es troben bé, oi?

—M'han dit que es van recuperant de l'ensurt i dels cops. Em sap molt de greu que a la seva vellesa hagin hagut de passar per aquest mal tràngol. Voldria anar-los a veure, però...

La dona va emmudir en contemplar l'aspecte de la criatura que encara sostenia als seus braços. Sense trobar-hi cap obstacle, les llàgrimes li van lliscar cara avall, uns instants després va començar un sanglot que anava creixent de manera descontrolada.

La Beatriu no sabia què fer. Atordida, es va asseure més a la vora, li va passar els braços pel voltant i la Guisla es va anar calmant a poc a poc.

—He pensat una cosa.

—Això vol dir que m'ajudaràs, doncs? —va demanar la dona amb veu de súplica.

—No et puc assegurar res. De fet, només tinc conjectures...

—Digues —va demanar la Guisla amb els ulls oberts com unes taronges.

—Vaig escoltar una conversa. Ja fa dies. Va ser per casualitat, no voldria que pensessis que...

—Ves al gra, si us plau!

—Va venir un desconegut al convent. La Joana, la meva germana, es va oferir per cuidar-li el cavall. Ell estava interessat a parlar amb en Joan Desclot, un home que feineja a les coves, caça vibres i agafa argila, em sembla.

La Guisla va arremangar el nas. No acabava de veure clar com es podia relacionar aquella ocupació tan estrafolària amb la salut del seu fill.

—No facis aquesta cara, que no és d'en Joan de qui et vull parlar. Pel que vaig entendre, el viatger portava uns productes a les alforges que la mare abadessa va descobrir. Ja saps que a ella no li passa res per alt. Entre altres pocions hi duia triaca.

—Triaca, dius? I qui era, aquest home?

—No ho sé pas. No vaig tenir ocasió... Però sé del cert que, a petició de l'abadessa, n'hi va deixar un flascó per a sor Serena i, segons sembla, ha reviscolat una mica. Va dir que anava a Barcelona però que, abans de tornar a Llívia, vindria a buscar les vibres i a interessar-se per la malalta.

—A Llívia, dius? Tot plegat... Com era? Quin aspecte tenia?

—No sabria què dir-te. El vaig veure un instant i de lluny. Quina importància té?

—Abans que marxés a casa dels meus pares va venir un antic company d'estudis d'en Ramon per demanar-li que tingués cura d'una fórmula. Es va presentar com a Pau Vinyes i també portava medicaments i un flascó amb triaca. Va dir que vivia a Llívia des de fa molt de temps. No et sembla molta casualitat?

—És sospitós, sí. A veure si la Joana té més informació. En qualsevol cas, sigui qui sigui, puc demanar a sor Violant de Sestorres que ens en doni una mica per a l'Arnau, podríem provar.

—Creus que s'hi avindria?

La Beatriu es va arronsar d'espatlles però li va prometre que no estalviaria cap esforç per aconseguir-ho. Quan va arribar la Joana no va veure oportú treure el tema. L'excepcionalitat de la mort d'una monja trastocava el normal funcionament del monestir i tot anava de mal borràs. Aquell dia encara no s'havien munyit les ovelles i calia estovar la terra de l'hort per tal de plantar-hi la llavor dels espinacs.

Es va proposar ser disciplinada. Buscaria el moment oportú per parlar amb la seva germana i abordar la Violant de Sestorres. Quan per fi va dur a terme el propòsit de parlar amb l'abadessa, se'n va penedir només obrir la boca.

—Què t'empatolles, criatura? No sé qui t'ha omplert el cap de pardals! Pel teu bé, t'aniria millor no tornar a parlar amb ningú d'aquest tema.

—Però, mare abadessa, només és un nen i necessita ajuda. No caldria que ningú se n'assabentés. Jo m'encarregaria de...

—I ara fas elucubracions? Potser creus que si la meva autoritat em permetés gaudir d'aquesta mena de favors no l'hauria fet servir abans? No m'agrada que et fiquis on ningú no t'ha cridat, entesos?

Sense esperar resposta, la mare abadessa va donar per acabat el seu passeig pel claustre i es va dirigir a l'*escriptorium*.

A l'exterior, la boira viatjava arran de terra i tot semblava cobert per una flassada grisa que s'esfilagarsava per tornar-se a reconstruir de manera misteriosa.

En arribar la nit, la Beatriu no va poder dormir. Havia fracassat en el seu propòsit i se li havien obert molts interrogants que la neguitejaven. Però, per sobre de tot, no es podia treure del cap l'escena esfereïdora que li havia explicat la nouvinguda.

Sabia que la vida era dura i imprevisible, però la temporada que havia estat al monestir l'havia revestida amb una aurèola plàcida. A través d'aquella dona havien entrat de nou el neguit i la incertesa. Es preguntava si acabaria afectant els seus plans, sobretot perquè estava acostumada a atraure el perill com un torrent a un cérvol assedegat.

14

El soroll continu i rítmic de la pluja va acompanyar la nit en vetlla de la Beatriu. No va ser fins a trenc d'alba que, bressolada per aquella mateixa melodia, va agafar el son. Un parell d'hores més tard sortia a l'exterior i flairava la intensa aroma de net que desprenia la terra molla. També va percebre la fortor dels fems que servien per adobar els conreus als camps propers.

Amb el cap encara tèrbol, va decidir que li aniria bé caminar una mica i prendre l'aire abans d'enfrontar-se a la decepció que la seva notícia provocaria a la Guisla.

La germana portera ja estava avesada a les entrades i sortides de la jove que, des de feia temps, no necessitaven cap excusa ni permís.

Més enllà del recinte sagrat, la vida treia el cap amb força. El bestiar tornava a les pastures, tot abandonant els corrals on havien estat reclosos durant l'hivern. Els pagesos, al seu torn, estiraven els bous que es disposaven a arrossegar les arades i llaurar per a la sembra. Les branques primes i nues dels fruiters rebentaven de flors.

No ho admetria davant ningú, però aquell escenari, al qual s'havia resistit amb totes les seves forces, li semblava un regal inesperat.

De petita odiava la pluja. En dies de llamps i trons la seva mare no la deixava sortir al carrer per por que agafés un refredat; com el que l'havia tingut al llit durant més de sis setmanes. Tampoc no permetia que l'acompanyés en les seves visites a malalts o parteres.

Quedar-se a casa volia dir anar posant olles i cassoles sota les goteres, mentre intentava que no vessés l'aigua ni la paciència del seu pare. Patir-ne els crits, els renecs i intentar complaure'l perquè no fes córrer la vara. Aquell xipolleig rítmic se li clavava al cervell com un batec inoportú, una percussió líquida que la treia de polleguera. Després, el fang; el fang pertot arreu. I tota la porqueria que s'esllavissava carrer avall fins a anar a raure a unes passes del seu portal, perquè allí on vivien feia baixada.

El ramat del monestir va creuar el camí i el so de les esquelles la va portar de nou al present. Aquell tuf antic de brutícia es va convertir en un record efímer.

La Beatriu es va moure d'un cantó a l'altre i va anar a trobar la seva germana. Aquella noieta era la seva protegida, la seva responsabilitat i, encara que per a ella era difícil confessar-ho, la seva salvació. Quantes vegades la Joana havia esdevingut l'únic motiu per mantenir-se ferma i seguir lluitant!

La va esperar asseguda en un mur baix de pedra seca, sota el brancatge espès i sempre verd d'un garrofer solitari. En aquella època de l'any no hi havia ni una mala garrofa per mastegar. Temps enrere, se n'havia fet un tip de moldre-les per obtenir-ne farina. Recordava amb vivesa el cops compassats sobre el morter; els d'ella n'imitaven sempre uns altres de més experts, els de la seva mare. El somriure còmplice d'aquella dona bella, dolça i forta que tothom estimava. El joc d'apressar el ritme fins a perdre'l, com a conseqüència de les rialles de totes dues.

També se li van fer presents les llavors amb què feien un potent laxant. Ella les confiscava d'amagatotis i, més tard, quan tots dormien, filava collarets per a la Joana.

Sentia una estranya pau a recer d'aquell tronc gruixut d'escorça grisa. Per uns moments va tenir la temptació d'abraçar-s'hi. Reviure, un cop més, la seva humitat sobre la galta mentre, amb els ulls tancats, imaginava el trajecte de la saba que el recorria des de les arrels fins a les branques més altes.

Unes lones velles van atraure tota la seva atenció. Cobrien alguna cosa que, d'entrada, no aconseguia endevinar. La curiositat la va portar a voler saber-ne més i, mentre buscava la manera d'accedir a l'interior, una veu la va sobresaltar. Apressadament, va deixar el que tenia entre mans i va recular, amb tanta mala sort que es va clavar un bon cop de cap contra una branca. Atordida, va avançar un pas.

—Mira que ets curiosa! Només són canyes.

—Per l'amor de Déu, Joana! Quin esglai que m'has donat! Es pot saber d'on surts?

—D'on surto, dius? No seria més normal que fos jo qui et fes aquesta pregunta?

La Beatriu, encara amb el pols accelerat, va posar una excusa rere l'altra amb l'únic objectiu de treure-li alguna informació al voltant de l'home vingut de Llívia. Però la petita dels Montells no tenia res a dir, ni tampoc temps per a les xafarderies.

—I què en penses fer, d'aquestes canyes? —va demanar en veure que seria inútil insistir.

—Ara res. Primer s'han d'assecar perquè no pesin tant. Així és difícil traginar-les.

—Però on les vols portar? Per a què les necessites?

—Vull fer una sàrria. Me'n calen un grapat més, encara.

—Una què?

—Com un cabàs gran, perquè m'entenguis. Tindrà dos corns per penjar-la sobre la somera i em servirà per traginar el que més convingui. Amb un braç i mig que tinc ja m'anirà bé —va dir mentre llençava una mirada fugissera i poc planyívola al que tenia esguerrat—. Vaig molt lenta i... Hi ha tantes coses per fer que no dono l'abast!

—Què t'empatolles? Què ens saps tu de fer...

—Sàrries! Ja t'he dit que se'n diuen sàrries. I tens raó, no en sé res, però tot es pot aprendre —va respondre, somrient i visiblement engrescada—. La Musieta me n'ensenyarà. I també farem cistells i paneres! Hem pensat de vendre-les al mercat dels pagesos. A tothom li fa servei una senalla! Els diners ens aniran d'allò més bé per comprar planter. Si tinguéssim un hortet...

La Joana era un llibre obert. Era alegre per naturalesa, desperta, treballadora i absolutament sincera. Feia anar amb la mateixa habilitat tant la llengua com els peus i la mà esquerra, que era la seva mà bona. I sempre, sempre, tenia com sor Paula un somriure per a tothom. La Beatriu se'n sentia cofoia. La contemplava i alimentava la certesa que havia aconseguit mantenir-la fora de l'infern que ella no es veia amb cor de sufocar.

—La Càndida i jo estem netejant una mena de golfes que hi ha dalt de la caseta. Suposo que devien servir per guardar-hi el gra o la llenya. Ara és un magatzem de rampoines i un cau de ratolins.

—Quin ús penseu donar-li?

—Hi pujarem a dormir. De dia passem poca estona a la casa, però a la nit hi falta espai. La Guisla i el seu fill no hi poden pas anar.

—A les golfes no us permetran encendre foc, i tu...

—Jo, què? —va demanar amb gest contrariat.

La Beatriu Montells no va respondre. Sabia que si detestava alguna cosa amb totes les seves forces aquella joveneta que tenia plantada al seu davant era que se la compadís.

Va mirar de treure ferro a l'assumpte i la conversa va quedar en punt mort. Tot seguit, la Beatriu la va acompanyar fins a la riera de Malganell. El clapoteig de les granotes que es llençaven a l'aigua va ser el preludi de la seva arribada. Les dues germanes no van intercanviar cap més paraula mentre tallaven les canyes més joves.

Absortes en els seus pensaments, els va passar desapercebuda la xiscladissa de les orenetes que, molt a prop, anaven i venien amb l'afany de construir sota els voladissos de les parets del monestir els nius amb fang i branquillons.

La Joana, concentrada en la feina, resava les oracions del matí. Les xiuxiuejava com si les cantés, amb un imperceptible moviment dels llavis.

Mentrestant, la Beatriu rumiava la millor manera d'exposar a la Guisla la negativa ferma de la mare abadessa.

Un parell d'hores més tard, quan la va tenir al davant, amb el seu fill llanguit i gemegant-li als braços, va oblidar cadascun dels mots escollits i l'hi va dir sense embuts. Després es va limitar a escoltar les seves queixes amb el cap cot.

—Prou que ho sabia! Aquestes monges es passen el dia resant, però consentirien a deixar morir el meu fill sense cap càrrec de consciència! Encara em vindrien amb allò que les criatures mortes són els àngels del cel!

Els llavis de la Guisla tremolaven amb cada paraula que pronunciava. Quan la Beatriu es va atansar per tranquil·litzar-la, ella s'hi va girar amb els ulls encesos per la ràbia.

—Saps què et dic? —li va etzibar sense esperar resposta—. No el necessito per a res, aquest suposat remei! Que se'l confitin!

—Escolta'm. No està tot perdut. Sé perfectament on el guarden i l'home que els el proporciona, tant si és metge com si no, va assegurar que tornaria a buscar les vibres i fer-se càrrec de l'evolució de sor Serena. Li puc sortir a l'encontre i...

—No. Ets tu la que m'has d'escoltar! Soc perfectament capaç de preparar un remei per al meu fill! És per això que no he tornat a casa dels meus pares. Aquí tinc una oportunitat que sobrevisqui. Beatriu, si de veritat ens vols ajudar porta'm a la farmàcia del monestir. Tota la resta corre del meu compte.

—No és fàcil això que em demanes. Jo mai no he volgut tenir-hi accés. És més, he refusat de treballar-hi una i mil vegades! De veritat que no puc.

—És clar que pots!

—Doncs, no vull.

Un silenci dens es va interposar entre les dues. La Guisla, amb el rostre contret per l'enuig, va clavar la mirada en el trau que recorria el llavi inferior de la Beatriu. El missatge va arribar amb la força suficient perquè la filla gran dels Montells en sentís la coïssor i el batec. I, sense adonar-se'n, com si es tractés d'un acte reflex, es va repassar la cicatriu amb el tou dels dits.

—Encara et fa mal, oi? —va demanar la Guisla, mastegant cadascuna de les paraules.

—No sé de què em parles —va respondre la Beatriu amb la cara encesa com una criatura descoberta en una malifeta.

—Sí que ho saps. I tant que ho saps! Hi ha ferides que mai no s'acaben de tancar —va afegir, com si pensés en veu alta. Després, deixant el nadó dormint dins un cabàs, va escurçar la poca distància que les separava i, buscant-li els ulls, va afegir—: No em penses dir com t'ho vas fer, això?

—No n'has de fer res, tu.

—Té a veure amb l'aversió que et provoca qualsevol cosa relacionada amb la farmàcia. M'equivoco?

—Doncs sí. T'equivoques, de mig a mig! —va sentenciar.

La Beatriu estava empipada. Com s'atrevia a parlar-li així? Qui es pensava que era? Quin dret tenia a furgar el seu passat? La Guisla no es va donar per vençuda...

—Si és tal com dius, ajuda'ns! Aconsegueix la clau i portar-m'hi. Conec les herbes, els elements simples i, també, els compostos. El meu home exercia de metge i apotecari, sospito que això li va costar la vida.

La Beatriu va fer un gest sobtat amb els ulls, però, en adonar-se'n, va rectificar l'expressió fingint indiferència. Tanmateix a la Guisla res no se li passava per alt.

—Si no ho vols fer per mi, fes-ho per ell. És tot el que em queda —va implorar, assenyalant-li la criatura.

—No m'ho pots fer, això! Si ens enxampen estem perdudes. La meva germana no em perdonaria que...

—Ningú no ho ha de saber!! Et juro que tot anirà bé!

Amb la febre als ulls i la sang als polsos, cadascuna de les dues dones vivia aquell compàs d'espera amb angúnia. Va ser la Beatriu qui va agafar embranzida per replicar amb la mirada perduda...

—A la meva mare també li va costar la vida. Li vaig pregar que es protegís, que nosaltres la necessitàvem més que ningú en aquest món, però ella em va dir el mateix: «No hi ha res a témer! L'amor tot ho pot!». Al capdavall era una gran mentida! La pestilència no sap què és l'estima, només coneix la mort i el dolor. Poc després se la va endur la dama negra. Era una venjança anunciada.

—Per què ho dius? Com pots estar-ne tan segura? —va preguntar la Guisla davant la vehemència d'aquelles paraules.

—La meva mare li havia arrencat moltes vides dels seus braços i s'ho va cobrar. Un dia no va tornar a casa. La vam buscar arreu, vam recórrer tots els carrers de la ciutat. Primer, embogides, després com ànimes en pena. Vam preguntar a la gent coneguda i, ja de matinada, algú ens va portar un missatge. Era de la mare. Ens demanava que respectéssim la seva voluntat de morir sola. T'ho imagines? Deia també que no ens volia posar en perill.

—Em sap molt de greu...

—Quan la vaig tenir a prop de nou ja jeia sota terra. La Joana no va parar de plorar; al principi d'enyorança, després de gana. La vida, malgrat tot, seguia el seu curs.

La Beatriu li va explicar com, ja des de ben petita, havia ajudat la seva mare a confegir remeis de tota mena. Tenia els narius ensenyats a flairar tot tipus de plantes i flors, les mans destres en l'elaboració d'ungüents i pomades. L'ajudava a recollir, assecar, premsar, liquar... De la mateixa manera que feia barreges impossibles, aïllava uns elements dels altres.

Quan es van quedar òrfenes va seguir preparant pocions i venent-les a clients coneguts. Un dia, però, li van faltar la mel i la resina, un altre l'èter i l'alcohol, molt poc després no va disposar de cera. Aleshores, van malvendre el que tenien de valor; ben poca cosa, quatre draps de fil, les balances i l'agulla de pit d'una àvia que mai no havien conegut.

—La Joana estava en la pell i els ossos i jo no vaig dubtar a l'hora de llençar-me al carrer i robar. No em fa vergonya dir-ho, ni tampoc me'n penedeixo. Ho faria una i mil vegades. I no obstant això, no va ser la por d'acabar a la garjola el que em va aturar. El que de debò m'aterria era la idea que la meva germana es quedés sola. La darrera vegada, quan va anar de no res que m'enxampessin, la Joana es va espantar molt i li vaig haver de prometre que no hi tornaria. Llavors vam demanar ajuda a l'oncle. La resta ja te la pots imaginar...

—I va ser fugint que et vas fer la ferida? —va demanar la Guisla, que insistia a saber l'origen d'aquella cicatriu.

—No. És més antiga... —va respondre en veu baixa—. Però ara això no ve al cas.

L'Arnau es va remoure dins el cabàs i un plor petit va capturar l'atenció de les dones. La Guisla el va alletar amb una cura i paciència infinites. Tenia els mugrons encetats, el nen no s'hi aferrava bé. La Beatriu va estar a punt de dir-li que s'hi posés el tel d'un ou. La membrana viscosa i transparent que queda enganxada a l'interior de la closca l'ajudaria a cicatritzar. Però es va mossegar la llengua. S'havia jurat no tornar a tenir res a veure amb herbes remeieres, ni amb preparats de cap tipus. Tot aquell univers va engolir la voluntat de la seva mare i ella en renegava com del diable.

Durant una estona va contemplar aquella dona, encara jove però consumida, amb la criatura frec a frec, i se li van humitejar els ulls. La impotència d'ella, el desconsol del petit...

—Serà la primera i la darrera vegada que trepitjo la maleïda farmàcia del monestir! T'ho ben asseguro! Aconseguiré que puguis entrar i esperaré la teva sortida per tornar les claus a lloc. Però, si les coses van mal dades, fotré el camp i ja t'ho faràs. Ho negaré tot. Entesos?

La Guisla va assentir amb el cap i va deixar anar un llarg sospir abans d'abraçar-se al seu fill. Uns segons més tard la porta de l'estança es tancava rere la Beatriu Montells.

15

Quan la Beatriu va abandonar la màrfega era negra nit. A la caseta que seguia compartint amb tres aspirants a monges no hi havia cap espelma encesa i es va moure amb lentitud entre les cames de les seves companyes. No li preocupava sortir a l'exterior amb la lluna oculta rere els núvols, però una cosa diferent seria accedir al monestir i arribar fins a l'estança que es feia servir com a farmàcia.

Es va treure les sandàlies per travessar els dominis de la germana portera, de qui sabia que passava les nits en un entreson molt fràgil, i després va continuar fins al claustre. El petit raig d'aigua que sortia de la font queia sobre la pica embossada de fulles i branquetes amb un xipolleig constant i encomanadís, com si volgués ajudar a amortir les passes de la intrusa. Va seguir avançant fins a la cruïlla de les dues galeries. Amagades sobre un capitell, hi havia deixat la nit anterior les claus de la farmàcia. Els seus dits van recórrer la pedra sense trobar-les. Confiava que estiguessin en poder de la Guisla. Va fitar la porta, que era a tocar, semblava oberta. De ben segur, la seva amiga ja era a dins. Abans d'entrar va mirar a banda i banda amb desconfiança. La foscor al claustre era absoluta.

—Beatriu! Començava a dubtar que vinguessis i he fet via —va dir la Guisla mentre mostrava tres farcellets petits que hi havia sobre la taula.

—Has aconseguit tot el que volies?

—Hi ha avena, camamilla i dent de lleó, però no he trobat menta enlloc. És una llàstima perquè en Ramon sempre deia que és molt bona per aplicar sobre la sarna... —La vídua d'en Ramon Gras es va quedar en silenci quan es va adonar que parlava del seu marit en passat.

—No pateixis, en tenen de plantada en un hortet on cultiven diverses espècies.

—Dona'm un cop de mà! Aquest lloc necessitaria una mica més de cura...

—A mi no em miris! Ja t'he dit que no en vull saber res.

—És una llàstima...

—Guisla, si us plau, agafa el que necessitis i toquem el dos!

Amb una sola espelma, i el neguit de ser descobertes, hi havia tot un univers impossible d'explorar. Sota la influència d'aquell llum tènue qualsevol ombra semblava una amenaça, però el que cap de les dues esperava és que una altra claror es fes present a través de la porta entreoberta. La Guisla va ser la primera a descobrir-la i l'ensurt va provocar que se li escapés d'entre les mans una ampolleta amb oli d'espígol que pensava emportar-se. La trencadissa del vidre en estavellar-se contra el terra va alertar la Beatriu.

—Hi ha algú a l'altra banda —va dir la vídua mentre apuntava en direcció a l'exterior.

—Què dius? És...

La porta es va anar obrint amb una lentitud inquietant i els ulls de les dues dones amb prou feines parpellejaven. La imatge fantasmal de sor Lluïsa es va revelar com el pitjor auguri possible. Duia una estranya expressió de plaer enganxada al rostre. La Beatriu li va sortir a l'encontre.

—Sor Lluïsa! Estàvem acabant una barreja. Ens sap molt de greu si l'hem despertat...

—Una barreja! Vosaltres? És la primera notícia i, la veritat, em costa de creure. Que, potser, has descobert de sobte la teva vocació? —va preguntar amb sorna, adreçant-se a la Beatriu.

—Es tracta del meu fill —va sortir al pas la Guisla—. Ha empitjorat aquests darrers dies. No volíem causar cap molèstia.

—Les normes estan per acomplir-les. És bàsic per viure en comunitat. Heu abusat de la generositat i la confiança de qui us ha acollit. L'heu traït i qui sap amb quines intencions.

—Però, nosaltres...

—Sou unes lladres —va dir sense pietat, fixant la mirada en els fardells que tenien preparats per endur-se—. Però no seré jo qui jutgi les vostres faltes.

La sentència de sor Lluïsa era ferma. Cap de les dues va pensar, ni per un moment, que fossin capaces de guanyar-se el seu favor amb paraules. Malgrat tot, la Guisla, en un intent per distreure-la, va apel·lar a la seva caritat. La Beatriu només va tenir temps d'amagar-se els flascons entre la roba, abandonant la resta. Òxid de zinc, caolí, glicerina, bicarbonat de sodi i oli d'espígol. Era tot el que necessitaven per confegir l'ungüent que la seva amiga volia estendre per la pell fràgil de l'Arnau.

Mentre totes dues sortien de l'estança la improvisada guardiana es va mantenir impertèrrita, insensible i freda com una estàtua de marbre. No va badar boca ni va fer cap gest per aturar-les, però una mitja rialla se li escorria pels llavis.

Les dues joves, colze a colze, aclaparades per una sensació de derrota, van recórrer les galeries del claustre fins a la sortida. La monja portera semblava dormir plàcidament. A l'exterior, la lluna vella jugava a fet i amagar rere una teranyina de núvols que estripava el cel. El vent de l'oest s'encarregava de teixir-la i canviar-ne les formes. També de sacsejar les branques i filtrar-se entre les pedres dels murs provocant sorolls inquietants.

El caminar de les dues dones era nerviós; passes curtes i ràpides i els cors accelerats. La Beatriu abraçava el petit embalum de flascons amb la mateixa passió amb què es protegeix el tresor més preuat. En arribar sota el rafal de la caseta on dormia la Joana, n'hi va fer entrega i es van acomiadar. Rere la porta se sentia la veu de la Musieta cantant una cançó de bressol a l'Arnau.

—Gràcies —va dir la Guisla, prement el braç de la seva companya—. A sor Lluïsa li faltarà temps per ferho públic. Està engelosida i li faig nosa. Suposo que ha trobat l'excusa perfecta per bandejar-me. Vull que sàpigues que, passi el que passi, intentaré que en quedis al marge.

La Beatriu es va limitar a moure el cap en senyal d'afirmació i va girar cua per adreçar-se a la caseta que tenia assignada. Li sabia greu no compartir les nits amb la Joana i la Guisla, però la mateixa abadessa havia pres aquella decisió i no hi havia res a fer.

Ni l'una ni l'altra van poder aclucar els ulls i van voler creure en un miracle que estava destinat a no produir-se.

Van seguir durant moltes hores cada toc de campanes, interioritzant l'ordre, com si passessin el rosari. Fins que després de laudes va succeir l'inevitable. La mare abadessa requeria la seva presència.

Fugint de l'espaiosa i solemne Sala Capitular, el *calefactorium* va ser l'indret escollit per portar a terme aquella reunió privada. La Beatriu i la Guisla hi van entrar amb el posat altiu, mentre que sor Lluïsa s'estava dreta al mig de l'estança. En veure-les va recular un parell de passes fins a posar-se sota la protecció de la seva superiora. Va ser una trobada breu. Cap de les dues s'obstinaria a negar uns fets fàcilment demostrables.

La monja que actuava com a acusadora sí que hi va posar tot tipus d'excuses, al capdavall innecessàries, per justificar la seva presència a la farmàcia tan entrada la nit. Argumentar la urgència de posar a sol i serena els pots amb olis vegetals va resultar poc convincent, però a ella no se la jutjava.

Cap veredicte va ser emès ni en aquell moment ni en els dies següents. El que ningú no va poder evitar va ser que s'estenguessin els xafardejos. Primer es va parlar de furt i van tractar de lladres la Guisla i la Beatriu. Més tard, la informació es va anar tergiversant i el boca a boca va fer-hi la resta.

Un pagès dels voltants va sentir tocar campanes i, per aconseguir l'admiració de la filla del traginer, va posar una mica de misteri a la història. La noia ho va contar al seu pare i aquest va treure el tema en una animada conversa a la taverna d'en Llorenç de Rocafort. Així va ser com, els uns de bona fe i els altres amb malícia, van anar embolicant la troca.

La qualificació de bruixes i la paraula «encanteri» es van fer servir amb escreix pel que havia passat, i van escampar-se arreu, com la pólvora. Els fets atribuïts a aquella dona, i a qui l'havia ajudat a parir, una aspirant a monja, van acaparar l'atenció de molts vilatans dels pobles de Maldà i Els Omells.

En poc temps, qualsevol succés, ja fos un bon auguri o un fruit de la malastrugança, se'l relacionava directament amb la Guisla Valensó, la dona que havia parit una criatura lletja com el diable. L'infant, que tenia els dits cor i anular units per una membrana i la pell tan fràgil com una papallona, va convertir-se en un petit monstre per espantar les criatures i obligar-les a fer bondat.

Van córrer històries de molt diversa naturalesa. Com ara que s'havia vist la Guisla enterrant alguna cosa en un costat del camí i que l'endemà havia aparegut, al mateix lloc, una ovella morta. L'animal lluïa, sempre segons les mateixes veus anònimes, una estranya expressió de terror als ulls i desprenia una forta olor de sofre.

L'abadessa va fer la viu-viu tant de temps com li va ser possible, però finalment la comunitat no es va poder mantenir aliena a tot aquell rebombori. Les enraonies havien arribat al bisbat i Vallbona era en el punt de mira. Eren temps difícils. Sor Violant de Sestorres no estava disposada a perdre res del que tant d'esforç li havia costat aconseguir. Encara quedaven delmes i patrimoni per recuperar i la llista era llarga. Els seus adversaris aprofitarien qualsevol oportunitat per treure'n profit.

Calia fer alguna cosa i no hi havia temps a perdre. Cada dia augmentava el nombre de desconeguts que feien cap al monestir atrets per l'existència d'una dona amb poders. La gent tenia fam de miracles.

El petit Arnau guanyava pes amb molta dificultat i sor Serena es mantenia ferma, però amb un equilibri trencadís. Mentrestant, la Beatriu intentava convèncer la Joana, sense gaire èxit, assegurant-li que les aigües tornarien al seu curs.

D'altra banda, sor Lluïsa feia mèrits per ocupar el càrrec de sotspriora i la Guisla, malgrat que no li era permès trepitjar la farmàcia ni deixar-se veure, disposava de tot el necessari per seguir fabricant, en privat, l'ungüent que ajudaria a regenerar la pell del seu fill.

Tot es va precipitar el segon diumenge de Pasqua. Aquell any havia caigut ben entrada la primavera i la comunitat es preparava per a la Pentecosta, la gran festa de la resurrecció del Senyor. El ciri pasqual ja cremava a l'església, les lectures de l'Antic Testament havien estat substituïdes per les dels Fets dels Apòstols i, en comptes de l'àngelus, s'hi resava el *Regina Coeli*.

Tant dins com fora de les parets del monestir el món s'acomodava per rebre finalment la llum i despertar del llarg sopor hivernal. Potser va ser sota l'influx d'aquell corrent vivificador que, com la saba dels arbres és capaç de rebentar l'escorça i fer possible un nou creixement, la Guisla va prendre la seva decisió.

—Beatriu, vull que siguis la primera a saber-ho. Me'n vaig!

La jove Montells va notar que la boca se li ressecava i li suaven les mans. Malgrat que no havia tingut un moment de repòs durant la jornada, que sentia els peus inflats i els ronyons adolorits, tota ella es va estremir.

Es trobaven al ras. La constel·lació hivernal d'Orió moria ràpidament en les primeres hores del capvespre, mentre que les de l'Àliga i l'Escorpí s'hi començaven a dibuixar. Dos paons xisclaven al tancat on les gallines dormien estarrufades i un pollet de pardal cridava la seva mare dins un niu proper, però la Beatriu només era capaç de sentir el batec del seu cor picant-li a les temples.

—Tu no estàs bé —va dir finalment, posant-se les mans al cap—. Com se t'acut un disbarat com aquest? On penses anar? La casa dels teus pares no és un lloc segur, i l'Arnau...

—Aquest és el problema —va interrompre la Guisla. La seva veu era forta i timbrada.

—Penses explicar-m'ho o t'hauré de treure les paraules una a una?

—Necessito que te'n facis càrrec.

—M'estàs dient que em faci càrrec de l'Arnau? És això el que em vols dir? Que l'abandones?

El rostre de la jove Montells basculava entre la sorpresa, la incredulitat i l'espant.

—T'has begut l'enteniment! —va afegir amb els ulls clavats als llavis de la Guisla, en espera d'una explicació que creia impossible.

—M'has de deixar parlar.

La Beatriu va escoltar les paraules de la seva amiga amb un pessigolleig recorrent-li la pell. Tot seguit, va assentir amb el cap i va encreuar els braços.

—Aquí soc un destorb. Ja veus l'enrenou que...

—No em vinguis amb bestieses, Guisla! Ets un enrenou des del mateix dia de la teva arribada i, d'això, ja fa quatre mesos! Però em vas convèncer perquè t'ajudés, em pensava que estimaves el teu fill.

—I me l'estimo! Més que la meva vida!

—Aleshores, no t'entenc! Com pots ni tan sols pensar a...

—A posar-lo fora de perill? Hi penso contínuament, però necessito anar a Barcelona. És important, creu-me.

—No em vinguis amb aquesta cançoneta, que ja em conec la melodia. Quan dius que alguna cosa és important i demanes la meva confiança em poses en un embolic. Saps allò que gat escaldat de l'aigua tèbia fuig?

—De veritat que t'agraeixo tot el que has fet per mi. No et pots imaginar com t'ho agraeixo, Beatriu!

—Tant me fan, els teus agraïments! Ni els busco ni els necessito! I que et quedi clar que ni per tot l'or del món penso criar cap més marrec, t'ho ben asseguro! Tu sabràs què en fas d'aquest fill teu, però a mi no em miris perquè no en vull saber res. Només em faltaria... No tens ni un brot de seny!

La Guisla seguia sense obrir la boca com si esperés intervenir un cop s'esvaís part de la còlera de la dona que tenia al davant. No semblava sorpresa, ni tampoc disposada a perdre els papers.

—No t'ho he dit mai, oi? No hi ha cap so que em tregui més de polleguera que el plor de la canalla petita. És superior a mi. Creu-me, si durés massa podria estavellar-lo contra el terra.

En pronunciar aquestes paraules la Beatriu va sentir que el cap li rodava i les cames li feien figa. D'esma, va estirar els braços buscant una paret on recolzar-se. La Guisla la va agafar pel braç per por que perdés l'equilibri i la va acompanyar fins a un pedrís on van seure plegades.

La lluna minvant protegia la jove Montells d'exhibir la seva inesperada pal·lidesa. Una estona més tard, encara amb l'ànim tèrbol per la força amb què la colpejaven els records, va sentir cantar els grills i també el pollet de pardal, encara sol al niu.

—Estàs bé? —va demanar finalment la Guisla. I, amb veu xiuxiuejada, com si d'un secret es tractés, va afegir—: Vols que en parlem?

La Beatriu va negar amb el cap. Després d'una llarga i silent passejada, van reprendre la conversa. Ho van fer a recer del graner on la Joana guardava un llum d'oli. Es van arraulir al costat de l'abeurador, aprofitant la palla del terra per aïllar els peus de la humitat, i es van cobrir les espatlles amb una manta rònega de llana. La Guisla li va explicar fil per randa tot el que havia anat rumiant en relació amb l'assassinat del seu marit.

—Cada dia estic més convençuda que l'home que vas veure era el mateix que va venir a casa. Sigui com sigui, ja et vaig dir que el tal Vinyes va deixar un flascó de triaca a casa nostra. Si funciona per sor Serena potser, també, pot ajudar l'Arnau. He d'anar a buscar-lo!

—T'has begut l'enteniment! Tu mateixa dius que l'assassinat del teu home hi pot tenir relació. De veritat et penses que trobaràs el recipient al mateix lloc? No sé si ets ingènua de mena o si estàs com un llum!

—Que, potser, et sembla més bona idea entrar a robar-l'hi a la monja? No tenim cap possibilitat! Tothom ens assenyala! És que no has sentit les bestieses que diuen de nosaltres? Sembla que estem empestades! No ho suporto més!

—Tranquil·litza't, si us plau. L'únic que vull és que no fem cap pas en fals. Et vaig dir que l'home tornaria a buscar les vibres, només hem d'estar a l'aguait. Si és l'amic del teu espòs el reconeixeràs i t'ajudarà.

—No has entès res. De veritat et penses que em plegaré de braços esperant que la mateixa persona que ens va posar en aquest embolic ens en tregui? Has vist l'Arnau! No té tot el temps de món... De fet, no sé ni si tan sols té temps. El veig tan fràgil...

—Prou!

—No! Prou tu, amb els teus dubtes! Ja ho he decidit. És possible que hagin agafat la triaca, però estic segura que el pergamí segueix al mateix lloc. Allí s'hi especifiquen els elements, quantitats i mètodes d'elaboració. Ho entens ara? No puc tornar la vida a en Ramon, però qui sap si el meu fill encara té una oportunitat. He d'intentar-ho! He de fer-ho sense cridar l'atenció i amb una criatura tan petita és impossible.

—I si et passa alguna cosa? Aquesta gentussa no tenen escrúpols ni manies!

—Prou que ho sé, que serà perillós —va dir la Guisla, recordant l'aterridor episodi del cap del seu marit rodolant sobre la taula, i després va sentenciar—: Però no tinc alternativa, fa dies que li poso l'ungüent que vam fer entre les dues i no es veu que millori.

Aquesta vegada la Beatriu no es va precipitar a respondre. Uns segons més tard, en un to de veu més pausat, va intervenir de nou...

—I creus que aquesta fórmula serà efectiva? D'altra banda, si és tan preuada, hi haurà molta gent al darrere. Vull dir...

—Sí que ho és —va respondre com si li llegís les intencions.

—Vull venir amb tu. La mare abadessa farà tocar la campana grossa si es desfà de les dues a la vegada. Al nen no li ha de faltar res. Segur que les monges se'n faran càrrec.

—D'elles no me'n refio. Si tu m'acompanyes, el podem portar amb nosaltres. Entre les dues serà més fàcil.

—Ja t'he dit que preferiria anar a la guerra que fer de mainadera!

—No te'n penediràs! Hi ha molta feina a fer i... diners a guanyar! —va afegir, picant-li l'ullet.

La jove Montells va veure una sortida possible a la seva situació. Era qüestió de temps que l'estada al monestir esdevingués insuportable i cada dia tenia més clar que la Joana ja no la necessitava. Havia trobat el seu lloc i se la veia feliç. Ella també mereixia una oportunitat.

L'abadessa, tal com havia predit la Beatriu, no va fer escarafalls quan li van comunicar la seva partença. Va escoltar-ne els motius i va confiar que, si tenien èxit en aquella operació, sor Serena també se'n podria beneficiar. Això sí, va donar per descomptat que s'endurien el petit. La Beatriu no va badar boca.

La mare Violant de Sestorres, feliç amb aquella notícia, va escriure una carta de recomanació adreçada a un dels encarregats de l'hospital de la Santa Creu. L'hospital era receptor d'alguns dels medicaments elaborats a la farmàcia del monestir.

—Tindreu un sostre i un plat a taula. A canvi haureu de treballar en allò que se us demani. Tu, Guisla, et podràs quedar a la sala dels nens, amb el teu fill. Allí faràs de dida, n'hi ha molta necessitat. Cada dia abandonen nadons a la porta. En el teu cas, Beatriu, posa't sota les ordres de la direcció i cultiva la humilitat i l'obediència. Que Déu us beneeixi!

Nou dies després, aprofitant un dels viatges que el traginer feia a Barcelona, les dues joves, amb el petit Arnau i les poques pertinences que tenien, van abandonar el monestir. Feia una setmana que la Guisla havia visitat els seus pares per posar-los al corrent de la seva decisió. Ni ells ni la Joana van poder fer res per dissuadir-les.

Un matí de finals de maig es van aplegar per acomiadar-les i desitjar que la sort no les abandonés. El cel lluïa el seu blau més intens quan la carreta on viatjaven es va perdre de vista al darrer revolt del camí. Cap de les dues va mirar enrere per a un últim adeu. Les movien motius diferents i tan sols esperaven que la benedicció de la mare abadessa resultés efectiva per plantar cara al seu destí.

16

Tres dies de viatge. Aquest era el temps necessari per recórrer la distància entre Vallbona i Barcelona, el destí de la Guisla i la Beatriu. Tres jornades completes que deixaven molt de temps per pensar.

Des de bon matí, el carro avançava amb ritme canviant. Tan aviat rodolava camí avall provocant l'esbufec de les bèsties, com deixava grans solcs a la terra en posar resistència als forts pendents. Per contra, els ànims de les dues dones dansaven amb un compàs similar.

Mentre es protegien de la boira humida que havia envaït els camps, cadascuna a la seva manera, miraven de posar en ordre els pensaments i feien conjectures al voltant d'un futur incert. Malgrat que se sentien felices amb la seva aliança, la incertesa les assaltava a cada revolt del camí. La Guisla es preguntava si havia pres la millor decisió a l'hora d'emprendre aquell viatge. Potser les circumstàncies havien decantat la balança i l'emoció havia guanyat la partida al seny. Mentrestant, la Beatriu es notava estranya, per moments alleugerida. A mesura que s'allunyaven del monestir, s'esvaïa el pes de la responsabilitat cap a la Joana, de qui no s'havia separat mai fins aleshores. Es repetia que hi tornaria aviat i que ho faria convertida en algú important, algú de qui es pogués sentir orgullosa.

Les ganes d'arribar a destí i el desig que el viatge es perllongués en el temps s'alternaven fins al punt de provocar-los sensacions contradictòries. Cap de les dues, però, compartia els seus dubtes amb l'altra. La vida les havia ensenyat a ser cautes, a no confiar en ningú. Es miraven d'esquitllentes i, si en algun moment coincidien, disfressaven la por de son o de cansament. També, de falsa seguretat; aquella que totes dues anhelaven.

Només quan la foscúria les protegia de mirades alienes, sota els abrigalls d'alguns dels llits dels hostals o les tavernes on feien estada, es permetien plorar en silenci. Difícilment, però, el seu desconsol arribava fins a l'alba. Els seus cossos sacsejats pels sotracs del camí acabaven cedint i es deixaven anar esgotats i adolorits.

Fos com fos, l'endemà, a l'hora d'emprendre de nou el viatge, els ulls vermells o les parpelles inflades es podrien justificar per la pols de les flassades velles, del terra descurat. Dissortadament, mai ningú no va demanar explicacions.

El petit Arnau, més estones al braç de la seva mare que dins el cabàs, semblava reviscolar lluny de les quatre parets a què, fins ara, havia estat confinat.

Un bagul petit i dos fardells eren tot l'equipatge de les viatgeres. La resta de les caixes contenien flascons i ampolles d'ungüents, pomades i remeis curosament protegits amb roba i encenalls; tots ells confegits a la farmàcia del monestir, sota la supervisió d'un apotecari. Es tractava del lliurament mensual a l'hospital de la Santa Creu, al qual s'afegia algun específic adreçat a familiars i coneguts de les monges i comandes particulars, que sempre es pagaven bé.

El destí de medecines i passatgers era Barcelona. Per a la Beatriu i la Guisla, la ciutat que les havia vist néixer i créixer. Paradoxalment, però, cap de les dues tenia la sensació de tornar a casa. Una barreja agredolça, instal·lada a la boca de l'estómac, tan aviat els retornava fels de tragèdia com mels d'esperança. Calia, doncs, conservar el cap fred. No deixar-se doblegar sota el pes de la solitud.

Ni en el pitjor dels seus somnis, quan la Guisla va partir posant-se a recer dels brots de pestilència, hauria pogut preveure un seguit de desgràcies tan colpidores. Quina juguesca del destí, el fet que en Ramon Gras, el seu marit i reconegut metge de la ciutat de Barcelona, no visqués prou temps per mirar de guarir aquell que seria el seu únic fill!

Pel que feia a la Beatriu, de quina manera més estranya els esdeveniments havien estat capaços d'arrossegar-la en la recerca d'una fórmula guaridora! Ella havia renegat d'un món que, n'estava segura, s'havia cobrat la vida de la seva mare. Per estones, la gran dels Montells se sentia mesquina. En el fons del seu cor, sabia que l'acceptació d'un repte semblant no responia a cap acte de generositat cap a la dona que veia sofrir tant i tan a prop; tampoc no era fruit de la compassió per aquell manyoc de pell encetada. Acceptar la proposta de la Guisla tenia a veure amb la possibilitat d'obtenir un salconduit que li permetés alliberar-se de qualsevol dependència. No volia restar a mercè de cap home ni dona que pensés i decidís per ella. No desitjava pas cap espòs, ni al cel ni a la terra. No sentia cap mena d'enveja de les dones del monestir, presoneres d'una promesa que les feia renunciar, també, a tots els plaers mundans.

Per reeixir en aquell pla, era imprescindible tenir els nervis sota control i la Beatriu, a mesura que s'acostava a les portes de la ciutat, mentre deixaven enrere horts i vinyes, prats i rius, s'intentava convèncer que quedava ben poca cosa de la noia que, un any enrere, havia marxat amb la cua entre les cames. Ara tenia un objectiu i la tranquil·litat de no haver de patir per la Joana. Saber-la feliç i fora de perill li donava una força i una llibertat de moviments que encara estava descobrint.

Quan l'enyor trucava a la seva porta de la mà d'una fragància o d'un gest, qualsevol cosa que pogués recordar, li barrava el pas sense concessions. Fos quin fos el pensament que la fes vulnerable era bandejat abans de cobrar vida.

Ser dèbil era, per a la Beatriu Montells, el seu pitjor malson.

17

El traginer va vorejar la muralla de Barcelona fins a trobar el portal de Sant Antoni i de seguida les primeres imatges de l'interior van colpejar amb força la mirada de les viatgeres. Era un dia de maig, amb els matins encara freds i un sol escadusser que dibuixava ombres tènues. El cavall, vell i avesat a la duresa del camí, potser perquè intuïa un abeurador amb aigua fresca, va fer un intent per afanyar-se, però li va resultar impossible entre aquella gentada. Hi havia altres carruatges que volien entrar a la ciutat i els guàrdies maldaven per fer fora curiosos i captaires. Aquests reptaven per les escletxes d'un mar de cames i s'amagaven entre les mercaderies per burlar la vigilància.

Van superar el tap amb dificultats, però aviat es van trobar amb un grup de persones que es concentraven davant les Jerònimes. Demanaven ajuda o es quedaven a l'aguait dels que passaven portant la pols del camí a sobre. La societat els escopia i ells, rendits per la fatiga de plantar-li cara i abandonats a la seva sort, se sabien irremeiablement vençuts. Alguns lluïen els membres amputats o les pústules obertes. D'altres enlairaven les mans en passar els carros pel seu costat i temptejaven els embalums que quedaven més a la vora per comprovar si pagava la pena arriscar-se pel seu contingut. Dues monges s'havien proposat d'apaivagar el guirigall des de l'entrada del convent, però el carrer bullia de crits i baralles.

A mesura que els viatgers s'endinsaven a la ciutat es feia més palesa la misèria que en patien els habitants. Homes i dones, joves, vells, blancs i de pell fosca, comprats com a esclaus a mercats de Constantinoble, Gènova, Malta o Etiòpia, carregaven fardatges que els triplicaven en volum. La canalla lluïa la mateixa sarna que la dels gossos amb qui es confonien. I, al seu costat, ciutadans que exhibien la seva posició, l'espasa a la cintura, la barba retallada, el gest d'enuig per les contínues interrupcions del seu caminar decidit. Mentrestant, els petits comerciants, àvids de trobar algun client, abandonaven les parades amb fruites i verdures a les mans que oferien a tort i a dret.

Els crits, les corregudes, els petits incidents, no els van preparar per a l'ambient que es respirava als voltants de l'hospital de la Santa Creu. Diversos carruatges obstruïen la porta i la gent, si volia accedir a l'interior, s'havia d'enfrontar a les eugues, que dubtaven davant les ordres contradictòries. Algunes persones s'havien deixat caure contra els murs, incapaces de continuar avançant, malgrat l'esperança de curació que se'ls oferia a tan sols unes passes. Hi havia homes que s'esforçaven a posar ordre, però la resposta obtinguda oscil·lava entre els cops i les amenaces.

Una esgarrifança va recórrer el cos de la filla gran dels Montells. Dos anys enrere era ella qui maldava frenèticament per entrar a l'hospital; eren les seves carns magres les que rebien les bastonades i les empentes. La pestilència encara no havia dit la darrera paraula i, amb rebrots inesperats, es cobrava víctimes innocents. Però res no hauria estat capaç d'aturar la Beatriu en la recerca de la seva mare desapareguda misteriosament.

La memòria és capaç de jugar-nos males passades, trair-nos i confondre'ns. Potser ens salva de la bogeria, tal vegada actua com a bàlsam o antídot per permetre'ns continuar endavant. I és que el desfici de la jove per sobreviure havia estat capaç d'esborrar el seu pas per aquell lloc. Tal vegada, sense ser-ne conscient, formava part del garbuix d'imatges que, diluint-se entre ombres, l'assaltaven durant les nits d'insomni.

L'edifici s'aixecava al mig del Raval i la seva importància era encara més flagrant quan observaves les construccions precàries dels carrers que l'envoltaven. El barri creixia des de començaments de segle arran de la fusió de sis petits hospitals que hi havia a la ciutat, dependents de l'Església o del Consell de Cent. En la creació de l'hospital de la Santa Creu molts havien vist una oportunitat d'emprendre negocis, sovint efímers, i van imaginar maneres per aprofitar-se de la solidaritat i les prebendes que el recinte generava. En molts casos aquesta febre pel comerç es traduïa en un tràfic de misèries, com la d'aquell home que entretenia el traginer negociant el preu de la seva pròpia cama de fusta.

La Beatriu va empassar-se la saliva i va desviar la mirada de seguida per no sentir que formava part d'aquella misèria que coneixia de tan a prop.

Malgrat els desacords amb la seva germana, les disputes amb l'abadessa i els sotracs d'una vida que no havia escollit, el monestir de Vallbona era un cau allunyat del món. Els dies hi transcorrien de manera senzilla; les preocupacions, amb l'excepció de les persones que el governaven, es reduïen sovint a fer bé les feines encomanades i a les necessitats més bàsiques. Es preguntava per què no era capaç de romandre-hi a recer; per què, desoint les súpliques de la Joana, tornava a posar-se en risc. De vegades pensava que era la sang del seu pare, de la qual renegava però corria per les seves venes, la que li corrompia l'enteniment.

Fos com fos, havia decidit acompanyar la Guisla i, de nou, la seva existència estava a punt de fer un tomb. Quan per fi el traginer va poder enfilar cap a l'interior del recinte, van comprovar, alliberades, que el panorama era diferent del que es respirava als carrers. Hi havia un cert ordre en la manera com els malalts esperaven atenció i la brutícia no resultava ni de bon tros tan evident.

—La meva tasca acaba aquí —va dir el traginer—. Ja sou a l'hospital de la Santa Creu. El que feu d'ara endavant és cosa vostra.

Les dues dones van passar per alt el comentari i van baixar del carro. El petit Arnau encara estava immers en una mena de somieig que l'havia mantingut absent dels sotracs del camí. La Guisla va mirar la seva companya preocupada per aquell ensopiment perllongat, però la Beatriu només parava atenció al pergamí que li havia donat la mare abadessa i que era el seu salconduit. El mantenia dins la roba per por que algú volgués aprofitar-se d'aquella carta de recomanació, l'única oportunitat per aconseguir els seus propòsits.

La Beatriu havia sentit comentar a la Violant de Sestorres que la construcció de l'hospital, engegada feia més de setanta anys, havia estat una empresa conjunta entre els poders civil i eclesiàstic, desitjosos de reunir en un sol lloc l'assistència obligada als més desfavorits. Des d'aleshores s'havia recorregut un gran camí. L'edifici principal es revelava majestuós, ple de sales àmplies i espaioses, sens dubte necessàries a la gran ciutat que confiava en les curacions que s'hi practicaven.

Van creuar per dins en direcció a una porta que donava pas al claustre i la Beatriu va percebre la fuetada de les olors que impregnaven l'aire. En un acte reflex, es va posar la mà a la boca per contenir les nàusees. Diuen que el sentit de l'olfacte és el que té més poder d'evocació, que una olor té la capacitat de fer-nos viatjar en el temps i rescatar moments que crèiem esborrats en la memòria. També diuen que aquest sentit està íntimament relacionat amb el del gust. Potser per això la Beatriu va notar l'amargor de fel a la boca. Per barrar-li el pas, es va mossegar amb força la cicatriu del llavi per obligar-se a no defallir.

Les monges caminaven atrafegades. Els crits s'afeblien; el dolor continuat els apaivagava fins a convertir-los en una queixa efímera. La Guisla portava l'Arnau a coll i es mantenia de costat amb la mà dreta estesa per protegir-lo. La Beatriu, unes passes més endavant, intentava fer parar alguna d'aquelles monges per preguntar-li on podien trobar en Serafí Riera, un dels canonges que s'encarregaven de l'administració de l'hospital.

18

El canonge Riera es va llegir la carta de l'abadessa i, tot seguit, se les va mirar de dalt a baix. Li va semblar que l'actitud de les forasteres era una mica altiva i que no serien de gaire utilitat. Però venien molt ben recomanades i no se les podia treure de sobre. Es va adreçar a una de les religioses per encomanar-li que els assignés alguna funció dins l'hospital.

—Es quedaran una temporada entre nosaltres...

Ho va afirmar mentre assenyalava la porta amb una mà, que mostrava les ungles llargues i descurades. Després se'n va desentendre i va continuar menjant el plat de carn i cebes confitades que havia deixat a mitges.

A la Beatriu li va semblar que la Guisla empal·lidia i li va agafar el nen dels braços.

—Ens podrien donar una mica d'aigua? —va demanar amb recança.

Uns instants després, el temps just de fer un parell de glops, les nouvingudes van seguir les passes de la monja. La llum era escassa a l'interior de l'edifici i sovint sentien els laments abans de veure qui els proferia. Es buscaven amb la mirada mentre anaven travessant les sales de l'hospital, com si la consigna fos no dir una sola paraula fins a assegurar-se que ningú no estava a l'aguait.

—Qui és la mare?

Sorpresa per la pregunta, la Beatriu va tornar el nen a la seva companya de viatge. Aquesta va trigar uns segons a acollir-lo. S'havia quedat clavada a la porta de la sala on les havien portat. Hi havia desenes de nens en un espai molt gran de sostres alts i el fred semblava mantenir-los arraulits, com si haguessin perdut l'hàbit de jugar. L'olor era penetrant i agra, però el més commovedor eren els plors, que sense elevar-se en excés avisaven que era difícil escapar d'aquell lloc.

—Si tu ets la mare —va dir la monja adreçant-se a la Guisla—, et quedaràs aquí a la sala dels nens. Nosaltres som poques per ocupar-nos de tots. Ajudaràs la germana Consolació i la germana Josepa. Benvinguda siguis! Ens falten dides. Els orfes es compten a desenes i, dia sí dia també, apareix un nadó nou a les portes o en algun amagatall, com sortit del no-res.

—Abandonats, sense saber-ne res?

—De vegades els acompanya un paper minúscul amb el nom, d'altres unes paraules implorant el perdó o una cinta lligada al turmell, fins i tot un escapulari. Potser amb l'esperança de poder recuperar-lo quan assoleixin una situació més favorable.

La Guisla va estrènyer el seu fill contra el seu cos i es va estremir de dalt a baix, després va acceptar en silenci les tasques que se li van encomanar. En un tres i no res, estava envoltada de menuts escrutant-la i buscant àvids entre els plecs de la seva roba. D'altres, els més grans, s'interessaven pel nouvingut; l'Arnau continuava embolcallat i ocult als braços de la mare.

La Beatriu se sentia incòmoda, detestava la canalla. Aquell, però, no era el seu destí. La monja semblava tenir pressa i va ordenar que la seguís. La sala de les dones era al final d'un corredor que, temps enrere, li havia semblat llarguíssim.

En un altre moment s'havia passejat per tots i cadascun dels llits, sovint ocupats per més d'una dona, cercant la seva mare. En el seu frenètic recorregut només s'havia aturat davant les pacients a qui els embenatges tapaven parcialment el rostre per examinar-les amb més deteniment. Ni una sola vegada els havia eixugat el front, o els havia alleujat amb una mica d'aigua els llavis ressecs, ni tan sols havia incorporat les que la tos ofegava. Per contra, havia avançat impertèrrita, com si el cor se li hagués fet de suro. Tenia una dèria, una de sola, i cap patiment alliè no era capaç de commoure-la.

Dos anys més tard tornava a estar present al mateix lloc, però amb el convenciment que no hi trobaria la dona que la va portar al món. Per uns instants va pensar que la vida li passava comptes o, tal vegada, li donava l'oportunitat de redimir-se de tanta ràbia, egoisme i odi que havia sentit.

—Posa't aquest davantal i fes el que ella et mani —va dir la monja, assenyalant una donassa que devia rondar els quaranta anys; li triplicava el pes i no semblava estar de bon humor.

A partir d'aquell moment i fins a l'hora de plegar, ja negra nit, només se li va permetre parar per menjar un bocí de cansalada i un plat de cigrons. Quan va arribar al tuguri que els havia estat designat per dormir tenia els ronyons destrossats i els peus com botes. En obrir la porta, amb prou feines s'hi veia.

L'única espelma de la cambra dibuixava els contorns d'un cos retallant-se contra la paret.

—Guisla! Ets tu? —va demanar, temorenca.

—Beatriu! Passa, ves amb compte de no ensopegar —va dir la seva companya de viatge, agafant l'espelma i aixecant-la.

—Et trobes bé?

La Guisla tenia els ulls enrogits d'haver plorat i amb les mans es cobria els pits.

—Què tens? —va insistir la Beatriu Montells, neguitosa, a la recerca de respostes—. És l'Arnau? Com ha passat el dia?

—Diguem que no està pitjor, però començo a dubtar que hagi estat una bona idea venir fins aquí.

—Ara estàs cansada. Però això només serà per un temps molt breu. Quan tinguem la fórmula, fotrem el camp. Llavors tot serà diferent...

La Guisla la va escoltar sense badar boca. Després de mirar-se-la durant uns instants, va abaixar el cap fins a recolzar-lo sobre els genolls flexionats.

—No podem rendir-nos tot just començar! —va insistir la Beatriu—. Va ser idea teva, això, te'n recordes?

—Calla! —va exclamar la Guisla, incorporant-se—. Tinc els mugrons encetats i d'aquí a dues hores he de tornar a la sala. Demanaré de tenir l'Arnau amb mi a les nits. Hi ha molta canalla amb febre i em fa por que li encomanin qualsevol cosa.

—Sí, és clar —va respondre la Beatriu amb un to més calmat—. Quantes dides sou?

—Tres. Una, la més jove, no parla el nostre idioma. L'altra es diu Domenja i, a més a més de donar el pit al seu fill i a una criatura que sembla no tenir-ne mai prou, es fa càrrec d'una nena d'uns deu o onze anys que no ha deixat de plorar en tot el dia.

—Quin mal té?

—No ho sé, Beatriu. Li diuen Caterina i sembla molt espantada. He vist que la Domenja li ha posat una mena de bolquers de tela perquè sagnava, però no deixa que ningú se li acosti. Quan la veu massa neguitosa li subministra un preparat de mandràgora. La concentració deu ser molt alta perquè la pobra desvaria fins a perdre el coneixement.

—Escolta'm. Tu no t'hi posis, entesos? Cuida't del teu fill i no et fiquis en embolics. No és segur anar a casa teva, et poden haver parat una trampa, potser la tenen vigilada. Necessitem que algú de confiança ens doni un cop de mà. A mi no se m'acut ningú, però he pensat que podríem demanar a en Mateu Soler que ens ajudi. És així com es diu aquell metge amic del teu home, no? O era físic?

—Les dues coses. És de tota confiança. Li diré que m'acompanyi a casa. Tant de bo el meu marit..., bé, en Ramon, que difícil que se'm fa pensar que ja no hi és!, hagi amagat el recipient amb la triaca que li va donar en Pau Vinyes. La veritat és que no ho recordo; no hi vaig donar importància aleshores. Si els seus assassins el van trobar de ben segur que ja hem begut oli.

—Sí, tant de bo. Però el més urgent és aconseguir la fórmula.

—Saps una cosa? Començo a tenir-ne el pap ple, d'aquesta cançoneta!

—Què t'empatolles, ara?

—No saps de què parles! Potser et penses que això és bufar i fer ampolles! La triaca és un compost amb més de setanta ingredients, alguns molt difícils de trobar. No tenim diners, ni mitjans per portar-ne a terme l'elaboració...

—Però en podem treure una suma molt important si venem la fórmula!

—Només t'interessa això, oi? No penso deixar-la en mans de qualsevol. És el fruit de molts anys d'estudi, i et recordo que al meu home li va costar la vida. Hem vingut perquè he d'aconseguir la triaca per a l'Arnau, després ja en parlarem. Ell no té temps.

—Oh, i tant! Jo no volia... Segur que trobem el flascó. Ja veuràs com el teu marit el va amagar ben amagat.

—Això em temo! Era molt curós. Deixem-ho córrer, ara. Ja t'he dit que em vindran a buscar d'aquí a un parell d'hores. Necessito descansar.

—Sí, sí... És clar. Voldria demanar-te, però, que no hi aneu sense mi.

—No te'n deixaré al marge, si és això el que et preocupa, però encara no sé si és prudent que deixem l'hospital totes dues.

—Però...

—Tu mateixa dius que no hem de cridar l'atenció. És millor que et quedis per cobrir-me si demanen per mi. A més a més, la Domenja no em fa gens de bona espina. Vull que vigilis l'Arnau mentre soc fora.

19

Feia molta estona que en Pere Bracons ocupava una cantonada propera a la porta de l'hospital de la Santa Creu. S'hi havia plantat d'esma, com si les tasques que tenia assignades haguessin perdut importància. El negoci de la Morlana no es limitava al prostíbul i calia coordinar molt bé tota una xarxa d'informadors que controlaven el barri. El tràfic d'influències, la protecció als comerciants, la gestió i distribució de les morts que tenien lloc dins el recinte hospitalari... Tot allò susceptible de generar diners era analitzat per la seva patrona fins que trobava la manera d'incorporar-ho al que ella anomenava les seves transaccions.

I ell, en Pere, només havia trigat un parell d'anys a convertir-se en el seu home de confiança. Era el nexe entre el món exterior i la Morlana.

Per a qui tots anomenaven la patrona havia estat una taula de salvació. A poc a poc havia posat a les seves mans les tasques més feixugues i, mesos després, aquell jove, que havia arribat a Barcelona amb tan sols uns parracs per tota vestimenta, ja rebia l'encàrrec de no molestar-la si no es tractava d'una qüestió de vida o mort. La resta, els contactes, els intercanvis, els favors, quedaven sota la seva responsabilitat. Era una tasca enorme que el jove Bracons havia enfrontat amb valentia i, per moments, imposant-hi un estil distint, lluny de la condescendència impostada que ostentava la Morlana, però no per això menys efectiu.

La desaparició d'en Pau Vinyes, mentre estava al seu càrrec, havia compromès la posició adquirida per en Pere amb tant d'afany. La patrona havia abandonat l'actitud distesa i tolerant dels darrers temps i ja no passava els dies a la cambra, dormint o a l'espera d'alguna visita que fos del seu gust. Havia agafat el comandament de nou mentre un odi visceral al notari Borrell l'anava devorant per dins. Li dolia perquè havia estimat en Pau, amb tots els seus defectes i contradiccions, però, també, perquè sentia que havien pres per assalt el seu territori. L'assassinat d'algú que es trobava sota la seva protecció era una ofensa que no podia consentir.

El robatori del cadàver havia fet vessar el got. Els responsables del dipòsit ho justificaven dient que no es tractava de cap acte aïllat. S'havien esforçat a convèncer la Morlana que a en Pau Vinyes, si realment s'havia format en medicina a l'Estudi General, li hauria agradat ser útil després de mort. Però a ella l'enfuria pensar que el seu cos seria profanat per desconeguts. Quan es va convèncer que no podria canviar els fets es va empassar part de la seva ràbia i, amb la resta, va maleir i amenaçar tots i cadascun d'aquells homes, prevenint-los que mai no es creuessin al seu camí.

Amb una barreja d'impotència i derrota, es va tornar a fer càrrec del prostíbul i va dictaminar que en Pere s'ocupés exclusivament dels carrers i dels contactes amb els informadors. A ell no li havia semblat justa, aquesta rebaixa en les seves funcions. Encara que no es considerava una persona ambiciosa, havia tastat durant un temps el que significava sentir-se necessari. Allunyar-se de la Morlana, que havia traslladat a un altre la tasca de protegir-la a ella i les seves pupil·les, feia que també es trenqués aquell fil tènue que s'havia trenat entre tots dos. L'esperança de fer-la seva s'esvaïa. Si havia perdut el seu favor, poc li quedava per fer entre aquella humanitat que maldava dia a dia per sobreviure.

Amb aquests pensaments bategant-li a dins, va deixar-se aconsellar pel seu orgull i va recórrer el carrer de l'Hospital en direcció a les Jerònimes. Feia dies que no havien cobrat l'abastiment de llegums i les monges no tenien el costum d'endarrerir-se.

—Cal ser molt subtil, però! —li havia dit la patrona—. Ja saps que qualsevol ofensa a l'Església s'estén com una taca d'oli, i ens faria mal.

Ho tenia molt en compte, sempre ho havia fet des que estava al seu servei. Es va dirigir al carreró que envoltava el convent; volia entrar per la porta del darrere i parlar amb la abadessa sense testimonis. Abans que hi pogués arribar, tres homes se li van llençar a sobre i el van immobilitzar contra el terra. Quan es va refer, va veure el notari Borrell mirant-lo amb condescendència. Un dels seus esbirros li havia posat una daga al coll i la resta esperava instruccions.

—Ens tornem a trobar, però em sembla que ara has baixat de categoria, noi. Pel que es veu, no has fet bé la teva feina —va dir en Borrell, sorneguer.

En Pere va intentar aixecar-se, però la daga se li va clavar amb suavitat a la pell i un filet de sang li va córrer coll avall. Ja havia tingut algun conflicte amb en Borrell, sobretot quan la Morlana havia aconseguit el control dels subministraments de l'hospital. Potser ara que s'havia convertit en un dels responsables del recinte, gràcies a la sospitosa mort de l'Emigdi Rubiol, el notari volia tornar a presentar batalla. Però aviat va entendre que aquell atac tenia altres intencions...

—És molt injust que la Morlana t'hagi retirat els teus privilegis —va dir en Borrell mentre indicava al seu esbirro que afluixés una mica la pressió de la daga—. I he pensat que podríem fer un pacte, tu i jo.

—No faig pactes amb assassins! —va respondre en Pere Bracons, però es va penedir de seguida; no sobreviuria gaire a en Pau Vinyes si anava pregonant en veu alta les seves sospites.

—Jo em penso que arribarem a un acord. No crec que tinguis gaire respecte a la teva mestressa després del que t'ha fet, i a més a més no et deixaré alternativa. O treballes per a mi o moriràs qualsevol dia, com un gos, al moment que giris la primera cantonada deserta.

En Pere no va respondre. Era ben cert que aquella amenaça no li deixava opció de negar-se, que en Borrell tenia la capacitat d'ordenar el seu assassinat i sortir-se amb la seva, però ell no era un covard.

—Si no m'enganyo, i em passa molt poques vegades, la Morlana té uns papers que em pertanyen i només podem fer dues coses. O bé me'ls dona a canvi d'una suma que ella mateixa estableixi o, si es nega, tu els robes per a mi. Com ho veus? Li portaràs el missatge?

—Per què no l'hi porteu vós en persona?

Passats uns segons, durant els quals cap dels dos homes va deixar de desafiar-se amb la mirada, en Pere va afegir...

—La meva mare, en glòria estigui, n'hi deia cagacalces, a les persones com vós.

—Et ben asseguro que no et convé empipar-me, pensava que ho havies entès.

A un senyal d'en Borrell, l'esbirro va fer que la daga penetrés més profundament en la carn d'en Pere. Aquest, però, no va abandonar el seu posat provocador.

—Ja sé què et passa. Ets una mica lent i et costa d'entendre les coses, no m'estranya que la Morlana t'hagi deixat al càrrec de les escorrialles. Et donaré fins demà perquè acceptis la meva proposta. Soc un home generós amb la meva gent. Ara et deixarem anar, però a primera hora vindràs a l'hospital amb la resposta de la teva mestressa. Si no ho fas, voldrà dir que he de prendre altres mesures. Entesos?

—No soc cap esclau, i molt menys el vostre!

—La teva arrogància no et durà res de bo. Pensa una mica aquesta nit i, si estimes la vida, reflexiona.

En Pere Bracons es va sentir alleujat quan el notari va donar ordre de deixar-lo anar. Va escopir la sang que li havien provocat els cops i va observar com marxaven els seus atacants. En un altre moment de la seva vida s'hauria llençat sobre ells com un cavall desbocat, però una de les coses que havia après durant aquell temps a Barcelona era que actuar a cop calent no porta res de bo. Encara més, pot malmetre un negoci i perjudicar-te personalment. Esperar el moment oportú també era un art que calia conrear.

20

No va ser fins a una setmana més tard que les dues dones van disposar d'un matí lliure per sortir de l'hospital. La Beatriu havia convençut la Guisla que la millor opció era anar-hi plegades i aquesta, finalment, hi va accedir. En cap cas, però, va voler separar-se de l'Arnau.

La visita a la casa d'en Mateu Soler va ser una gran sorpresa per a aquell metge i físic de cervell privilegiat. En assabentar-se de qui eren les dones que tenia al davant es va desfer en atencions per fer-les sentir còmodes. L'amfitrió, malgrat que ja no era cap criatura, lluïa una mirada entre ingènua i trapella rere els vidres d'unes ulleres menudes que semblava no necessitar. Era alt i prim, d'aspecte distingit, sense impostura i amb un punt malgirbat que el feia proper. L'opinió dels que el coneixien era que aquella elegància natural només podia ser herència de la seva mare, al cel sia. Fos com fos, per a la Beatriu, la primera impressió va ser com un sotrac inesperat que la va fer trontollar una bona estona.

La dona capaç d'argumentar-ho tot semblava haver perdut l'eloqüència que li era pròpia. Per moments es quedava embadocada resseguint el gest dels dits llargs i hàbils del metge quan s'apartava els rínxols negres que li queien sobre el front.

La Guisla anava desgranant el seu relat, de vegades només amb un fil de veu; d'altres de manera irregular, amb la tremolor dels singlots que intentava reprimir. Li parlava dels homes que s'havien presentat a casa dels seus pares, de l'impacte que li va causar assabentar-se de la brutalitat que havien fet servir per donar mort al seu marit i, també, del seu propi periple personal. Li va confiar la imperiosa necessitat d'aconseguir la triaca que en Pau Vinyes havia lliurat al seu espòs. Esperava que aquell preparat miraculós seria capaç de guarir el petit Arnau. Necessitava que li fes costat en aquella recerca, que la instruís i li atorgués protecció per portar a bon port el que s'havia proposat.

Va ser aleshores quan en Mateu va confessar que ell també era dipositari de part d'un secret molt valuós. En escoltar-ho, la Guisla va empal·lidir. Era molt probable que, sense voler, acabés de localitzar un altre fragment de la fórmula. El cor li va donar un salt i, durant una fracció de segon, els ulls se li van il·luminar. Just el temps que va trigar la Beatriu a prendre la paraula...

—Part d'un secret, dieu?

La jove Montells, que fins llavors no havia intervingut gaire en la conversa, no donava crèdit al que parlaven. En un primer instant havia pensat que es tractava d'un equívoc, però el seu desconcert havia anat en augment. Confosa, va cercar respostes en el rostre de la Guisla. Quan la seva amiga li va refusar la mirada va entendre que l'havia utilitzat per portar a terme els seus propòsits.

En Mateu les observava. Girava el cap en les dues direccions sense ser capaç d'endevinar el motiu que les mantenia en tensió, immutables al plor de l'Arnau. L'infant tot just s'havia despertat i cercava amb desfici el pit tebi de la seva mare.

—Com has estat capaç de... —va insistir la Beatriu.

—Volia dir-t'ho... —va interrompre la Guisla per apaivagar els ànims de la seva companya—. De veritat que pensava fer-ho, però tot s'ha complicat i no he trobat la manera.

—Un moment —va intervenir en Mateu, posant-se a l'alçada de les dues joves, que es fitaven desafiants—. Intentem tranquil·litzar-nos. Sigui com sigui, segur que parlant hi podrem trobar una solució.

—És clar que sí —es va afanyar a reblar la Guisla.

Però la Beatriu treia foc pels queixals. No estava disposada a deixar-ho córrer com si no hagués passat res.

—He d'entendre que em vas mentir des del començament? Que només tens la meitat de la fórmula i que m'has portat aquí per recuperar el bocí que falta? És això?

—No exactament, Beatriu.

La resposta va ser pronunciada a mitja veu i amb el cap cot. Només així, i sense donar-hi gaires tombs, va ser capaç de confessar-li que encara quedaven dos fragments més per recuperar. Tot això amb el supòsit que aquell que el seu espòs va amagar a l'estufa continués al mateix lloc.

La Beatriu Montells va sortir de la cambra d'una revolada, bufant com un animal rabiós. Va baixar d'esma els quatre esgraons que la separaven del carrer i es va fer fonedissa. Tenia ganes de plorar, estava enfurida i dolguda.

De sobte els sorolls de l'exterior li van semblar insuportables i la pressió a les temples va anar en augment. Sense deixar d'avançar, sense rumb i amb l'únic desig d'allunyar-se d'allí, va tapar-se les orelles amb les mans. Però era impossible no sentir la veu d'en Mateu, que s'esforçava a seguir-la.

En la seva fugida, no va veure la gàbia de gallines rere el carro. La Beatriu va xocar amb els desprevinguts animals i va quedar estesa al terra. Un rajolí de sang tèbia li va fer tancar l'ull, però abans de poder demanar auxili en Mateu ja se n'havia fet càrrec.

—Per l'amor de Déu, feu el favor de mirar per on aneu! —va escridassar-la una pagesa grassa i vermella de cara; es posava les mans a la ronyonada contemplant com un parell d'aus aprofitaven per abandonar el seu captiveri.

—Ha estat un accident —va apressar-se a intervenir el metge—. La senyora no us volia causar cap enrenou.

En Mateu va aconseguir posar les coses al seu lloc, després de posar unes monedes a les mans d'aquella dona com a compensació pels desperfectes. Tot seguit va tornar al costat de la Beatriu. Ella se'l mirava com si es tractés d'una aparició.

Durant uns instants va oblidar, fins i tot, el motiu de la seva còlera. Mai fins aleshores ningú no s'havia referit a ella com a senyora. Mai, fins que no ho va sentir dels seus llavis, no havia pensat en la possibilitat de merèixer-ho. Gairebé sense adonar-se'n, amb un gest de coqueteria tot just estrenada, es va acomodar els cabells recollits al clatell i es va espolsar les faldilles.

—Deixeu-me que us miri la ferida.

—No és res —va respondre ella, amb la boca petita, mentre es deixava fer.

En Mateu es va treure un mocador blau que duia nuat al coll i va pressionar el petit trau que li xopava de sang un ble de cabells. La Beatriu va notar aquell alè tebi tan a prop que pràcticament el respirava. Un calfred li va recórrer el cos de dalt a baix i una punxada es va allotjar al seu sexe. El cor li bategava amb força i va témer que en Mateu el sentís. Volia apartar-se'n, però cap dels seus músculs va obeir l'ordre.

Una estona després tornaven a casa del físic. La Guisla s'havia arraulit en un racó per alletar el menut. En veure la Beatriu ferida es va esverar i poc després es desfeia en disculpes per tot el que havia succeït.

Les campanades de l'Honorata, enfilada a la catedral, van tocar les onze del matí i les dues dones es van posar en alerta. No disposaven de gaire temps si volien acomplir el pla que s'havien traçat.

—Anem per parts —va dir en Mateu, amb ànim conciliador—. Sé que friseu per anar a buscar la triaca i part de la fórmula que en Ramon va amagar a l'estufa, però hem d'actuar amb el cap fred. Pel que sembla, no som els únics interessats. M'equivoco?

—No, aneu ben encertat —va respondre la Guisla sense aixecar la vista del terra.

—També heu de saber que en Pau Vinyes no va ser qui em va lliurar el document. Va ser una dona. Em va dir que ho feia en nom seu. O alguna cosa així...

—Una dona, dieu? —va demanar la Guisla, visiblement estranyada—. Recordeu quin aspecte tenia?

En Mateu va dubtar. Una cosa era detallar un element, un compost, fins i tot fer-ne una dissertació, i una altra molt distinta, trobar els atributs que, sense ofendre ni caure en la vulgaritat, particularitzessin aquella dona.

—No sabria com descriure-la... Ja no era jove, potser s'acostava als quaranta anys. Però no crec que es tractés de cap esclava, ni tampoc d'una serventa. Això sí, no semblava tenir pèls a la llengua.

—Què voleu dir? —va insistir la Guisla, arrufant el nas.

—Bé... que anava per feina, potser.

—I doncs?

—Vull dir que no la vaig notar nerviosa o incòmoda. Em va mirar fixament, sense vacil·lar. Com si estigués acostumada a fer aquest tipus d'encàrrecs... o d'altres per l'estil.

—Si volem trobar-la, necessitarem més detalls —va comentar la Beatriu amb poc convenciment—. Si la tornéssiu a veure, la reconeixeríeu?

—Sí. Crec que sí. Tenia una piga, o una taca, no ho sé del cert.

—On? On la tenia? —va demanar la Beatriu.

—Aquí, a la galta —va dir assenyalant un punt incert que canviava de costat a mesura que el jove feia memòria.

—I, no n'heu sabut res més? —reblava la Beatriu.

—No. De fet, tot plegat em va semblar força estrany, i no tenir notícies d'en Pau me'n va fer malfiar. Per cert, recordo que anava perfumada.

Després de dir aquelles paraules en Mateu va anar a la recerca del tros de pergamí que desava per prevenció entre altres papers. La Guisla va confirmar que la semblança era evident. Mentre l'examinaven, algú va trucar a la porta. Tots tres es van mirar amb inquietud. El propietari de la casa va anar a veure de qui es tractava; la Beatriu i la Guisla, amb l'Arnau als braços, van restar amatents.

—Només és un criat. El seu amo s'ha posat malalt i he d'acompanyar-lo. Dispenseu-me, però hi he d'acudir, sembla que és greu. El conec de fa temps.

Abans de separar-se, van acordar que cadascú buscaria pel seu compte alguna informació que els pogués ser útil. Localitzar aquella missatgera misteriosa podria ser un bon començament.

A l'altura de l'abeurador de Santa Anna, la Beatriu va parar les seves passes de manera sobtada. En tot el camí no havien intercanviat una sola paraula.

—Segueix tu. Jo vindré més tard.

—Però, estàs bé?

—Necessito estar sola. Ja hi faré cap. Entesos?

La Guisla no va gosar insistir i va seguir caminant en direcció a la porta Ferrissa, l'hospital de la Santa Creu es trobava molt a prop, a l'altra banda, carrer del Carme avall.

La jove Montells es va deixar caure sobre un dels costats d'un abeurador de pedra. Es va refrescar el clatell i va mirar al seu voltant. Hi havia força moviment a aquelles hores. L'Hostal del Vallès era a tocar i els cavalls dels viatgers hi bevien plàcidament mentre els seus amos intercanviaven notícies i xafarderies. Tothom estava força encuriosit per l'execució que es portaria a terme un parell de dies després. També era tema de conversa entre les dones que filaven assegudes vora els portals. La Beatriu es va adonar que, de tant en tant, li llençaven una mirada poc amable, a la qual seguien comentaris en veu baixa.

Li van venir ganes d'escarnir-les però ho va deixar córrer. Volia arribar fins a la platja. Necessitava respirar i posar en ordre tot aquell garbuix d'emocions i pensaments que l'ennuegaven. Decidida, va baixar per Banys Nous i el Call Menor fins al carrer Ollers, que era on havia transcorregut bona part de la seva vida. La porta d'aquella casa, que el seu pare s'havia jugat i havia perdut als daus tants anys enrere, estava tancada i barrada. El nou propietari s'havia compadit d'elles i els havia permès viure-hi a canvi d'un petit lloguer. Les havien passat molt magres, però, en vida de la mare, mai no se li havia deixat res a deure.

La Beatriu va fixar la mirada als pedrissos del costat i va pensar en la Joana. Quantes tardes que hi havien compartit mentre intentava distreure-la de les batusses que tenien lloc a l'interior! De vegades cantaven o feien figuretes amb fang que deixaven eixugar al sol. D'altres, picaven faves o grans de blat fins a obtenir farina. Cada cop de pedra donava testimoni dels seus esforços per alliberar-se d'una ràbia fruit de la impotència, sovint tan forta com la por.

Mirant d'espolsar-se aquests records, va continuar en direcció a la mar. A la sorra el bullici encara era més eixordador. Les barques transportaven el contingut d'una nau que havia arribat a la platja. De l'interior d'aquell ventre de fusta ancorat a poca distància en va emergir un nodrit grup d'esclaus i esclaves. Era com un vòmit vergonyant exposat a la intempèrie. Molts anaven descalços i tenien les mans lligades. D'altres portaven grans embalums sobre l'esquena o arrossegaven la càrrega que se'ls obligava a transportar.

A la Beatriu li va cridar l'atenció una noia negra, tenia el cap rapat i estava prenyada. No era gaire més gran que la seva germana i avançava amb lentitud subjectant-se el ventre amb les dues mans. Durant uns segons van creuar les mirades, però la jove Montells no l'hi va poder aguantar. Sabia que unes hores després seria intercanviada per un bon grapat de monedes a la Llotja. Ho havia vist sovint. Pariria el seu fill i n'alletaria tants com calgués; això sí, abans la batejarien. D'això ja se n'ocuparia el seu amo alhora que negociava els seus serveis com a dida amb famílies cristianes. El noi que portava a les entranyes acabaria sent mà d'obra gratuïta.

Mentre intentava no seguir desgranant el futur d'aquella desgraciada, un tuf de *malcuinat* li va fer venir basques.

Aquell brou pudent, elaborat per a mariners pobres i gent de pas, que només es podia vendre a la platja i a la porta dels bordells, li tornava a sortir a l'encontre.

Es va recordar de les nits al ras, dels camins pedregosos, de les pomes àcides que recollien dels arbres amb la Joana per no haver de demanar auxili. I es va allunyar d'aquella menja com si la perseguís el dimoni. Feia temps que s'havia promès deixar enrere la misèria.

21

Després de la trobada amb el notari Borrell, en Pere Bracons va rumiar durant molta estona quines eren les seves alternatives. Podia marxar, és clar, desaparèixer per sempre d'aquella ciutat que no li estava sent favorable. Però alguna cosa l'hi impedia. Era com un rum-rum que li pujava des de la boca de l'estómac, una sensació que l'assaltava amb molt poca freqüència i que marcava sempre un punt d'inflexió.

En Pere sabia de primera mà que l'odi podia ser un combustible tan potent com l'amor. La primera vegada que l'havia consumit només era un vailet que ajudava el seu pare a la collita i a les feines de casa. La mare havia mort en donar-li la vida i, des d'aleshores, ell i el seu progenitor només es tenien l'un a l'altre.

Un dia els soldats havien entrat a la casa amb la intenció de robar per alimentar-se, però no comptaven amb les penúries que passaven els pagesos. El seu pare, per rebellia?, per defensar-se?, per pur instint?, es va revoltar contra els dos intrusos i va poder ferir-ne un. L'altre li va clavar l'espasa pel darrere, sense cap contemplació, sense cap pietat. Quan en Pere es va llençar contra ells el van fer fora d'una empenta, com si fos un ninot de palla.

Va entendre que l'instint no era suficient per enfrontar-se a la maldat i va decidir aixecar el vol. El seu camí havia estat ple d'obstacles, però els havia anat eludint tots; de vegades fent servir la violència que tant havia odiat d'ençà de la mort del seu pare. En Borrell havia aconseguit treure el pitjor del monstre que portava dins, l'home que no oblidava.

Es va endinsar pels carrers estrets que menaven al prostíbul. Havia decidit que, aquesta vegada, no marxaria, que posats a suportar injustícies s'estimava més quedar-se al costat de la Morlana.

En arribar a La Lleona va ensopegar amb la Noè, que sortia.

—Ja sap la patrona que te'n vas?

—Vaja! Sembles un poll ressuscitat! —va respondre l'africana amb menyspreu—. Què t'empatolles, milhomes? Ja no ets el nostre guardià!

—Però vetllo pels interessos de la casa.

—Fica't en les teves coses.

La Noè el va eludir abans de continuar el seu camí i en Pere, tot i que aquella noia el treia de polleguera, no li va donar més importància. En el fons tenia raó, però potser, només potser, la informació que portava a la Morlana canviaria les coses.

La va trobar al fons del local, discutint amb una de les prostitutes més velles. Li retreia que no es cuidava prou i alguns clients s'havien queixat que feia un tuf ranci. El rostre de la dona revelava la seva impotència per estar a l'altura del que li demanaven i la Morlana, malgrat la renyina, mantenia un to baix, com de resignació. Quan va veure en Pere el rostre se li va endurir.

—No hauries d'estar al carrer?

—He de parlar amb tu.

El to directe i decidit, no gaire habitual en qui havia estat el seu home de confiança, lluny d'emprenyar-la, va aconseguir l'efecte desitjat; l'aspecte d'en Pere va acabar de decantar la balança. Li va indicar que la seguís al pis de dalt i la meuca vella va veure l'ocasió per plorar. Abans de deixar-la sola, la Morlana li va tocar el braç, com si es disculpés.

—Suposo que és important —va dir la patrona mentre se li plantava davant; havien arribat a la seva cambra personal, on en Pere passava poques vegades de la porta.

—He tingut una trobada amb el notari.

—No gaire amable, pel que veig —va respondre ella alhora que mullava en aigua la tela estripada d'un vestit—. Seu i et netejaré. Què ha passat realment?

—Intentava comprar-me, però els mètodes, ja ho veus, no han estat gaire amistosos. Vol el manuscrit que et va donar en Pau Vinyes, i m'ha ofert una recompensa i acollir-me entre els seus homes si l'aconsegueixo.

La Morlana va parar per uns instants de netejar la sang i es va quedar mirant-lo fixament als ulls.

—Està fingint! Això no ho pot saber del cert. Aquest malparit és astut com una guineu. De tant en tant em passa pel cap que té algun confident, algun Judes... —va afegir, movent els ulls d'un costat a l'altre com buscant possibles respostes a les seves sospites—. Confio que hagis triat el bàndol adequat.

—M'ofèn el dubte. Odio els personatges com ell! Aquest notari no té escrúpols ni principis!

—Escrúpols i principis, dius? No em facis riure.

En veure que en Pere serrava les dents i premia amb força la roba del seu gipó, va afegir...

—Agraeixo, de debò, el teu gest, Pere. Segurament no he estat gaire justa amb tu.

La dona va desviar la mirada i va empassar-se la saliva. No estava acostumada a disculpar-se ni, tampoc, a donar explicacions. S'havia guanyat el respecte de la seva gent per actuar amb mà ferma. Aquesta vegada, però, sense terceres persones que poguessin ser testimonis d'allò que molts titllarien de debilitat, va afegir...

—No tens la culpa de la mort d'en Pau. D'altra banda, en Borrell és massa poderós per anar-li a la contra. Hi has pensat?

—Hi he pensat, però em faria fàstic a mi mateix si acceptés.

—D'acord. La qüestió és què en farem —va replicar la Morlana, recuperant el to autoritari i deixant de banda els sentiments del seu esbirro—. Sembla que la fórmula d'en Pau té molts pretendents i, malauradament, jo només tinc un dels quatre bocins. Però és probable que en pugui localitzar un altre.

—I els dos que falten?

—Bona pregunta! Si en Pau el duia a sobre, en Borrell deu tenir-ne un. Del quart no en sé res, no fer-me partícip dels destinataris era una manera de protegir la fórmula. Però bé podria ser que si el van sotmetre a tortures... No sabem res del cert.

En Pere es va gratar la closca del cap mentre ajuntava les celles en un gest que denotava preocupació. Aquell assumpte li semblava un autèntic embolic.

—Doncs el notari està disposat a qualsevol cosa per aconseguir-lo —va dir com si meditès en veu alta.

—Ves-te'n, ara. Necessito pensar. Fes-hi un parell de voltes tu també —va afegir amb el rostre més relaxat.

—L'única sortida és... —va dir en Pere mentre es portava la mà a la daga.

—Encara no, no en calent. Necessitem un pla sense fissures i homes de confiança per portar-lo a terme.

La Morlana li va girar l'esquena, per posar punt final a la conversa. El dia tan sols havia començat i en Pere Bracons havia de tornar al carrer per continuar amb els seus encàrrecs. Va agafar una espasa curta i la va dissimular entre la roba. Sentia que si topava de nou amb els sequaços d'en Borrell necessitaria alguna cosa més que la seva fidel daga.

Potser perquè esperava una altra actitud, una avinença que mai no es produiria, parlar amb la Morlana l'havia deixat insatisfet. És clar que l'havia posat en alerta i que la seva intel·ligència per manegar aquest tipus de situacions acabaria trobant una solució al problema. Tenia una capacitat especial per arribar a pactes que, tot i no beneficiar el seu contrincant, eren vistos com una entesa possible.

I ell? Estaria inclòs en aquella hipotètica solució? Sabia que el notari evitaria un enfrontament obert, almenys com a primera opció. Posaria preu a aquell coi de pergamí que semblava tan important. Un simple esbirro era una peça prescindible, només algú que li podia facilitar les coses o entorpir-les.

Sobre tot això, les seves opcions, el perill que corria negant-se a acceptar les condicions del notari, la resposta que li havia de portar, no n'havia comentat res, la seva patrona.

22

Cap de les tres persones que havien anat a casa d'en Mateu aquella nit va poder dormir. El càrrec de consciència de la Guisla Valensó la va dur a patir malsons continuats, només interromputs per les successives visites a la sala dels nens. La Beatriu estava enutjada. Li hauria agradat dirigir tota la seva ràbia cap a la persona en qui confiava i que, al capdavall, l'havia enganyat, però no li era possible. Un cop més ella mateixa es convertia en el blanc de la seva pròpia ira. De nou se sentia en fals. Les pessigolles a l'estómac no li permetien conservar el cap fred. El nom d'en Mateu l'assaltava i un somriure de tòtila se li estampava al rostre, sense demanar permís. D'altra banda, ell tenia l'excusa perfecta per no demorar una nova trobada. Aniria a l'hospital a interessar-se per l'evolució de la ferida.

Van coincidir als passadissos. En Mateu va insistir a curar-li el trau i la fràgil resistència que ella hi va posar va saltar pels aires en un tres i no res. D'aquesta trobada, en va sorgir una altra i més de successives.

Un parell de dies més tard l'Arnau va tenir vòmits i la Guisla es va esverar de debò. Aprofitant que el seu fill dormia, i sense dir res a ningú, es va encomanar a la protecció de la Mare de Déu i va anar a casa seva a la recerca de la triaca.

Duia el cabell cobert amb un mocador, havia perdut molt de pes i la roba que vestia era d'allò més vulgar. Tot plegat feia molt difícil que algú la reconegués. De vegades, ni a ella mateixa li era possible. Abans d'entrar en aquell palauet vingut a menys que l'havia acollit els darrers anys, va pensar que qualsevol precaució era poca i es va assegurar que ningú no l'observava. Un gat negre va creuar el carrer solitari. Durant uns instants aquells ulls incendiats en verd la van fitar desafiants. La Guisla, però, no acceptava reptes. Amb un gest brusc va espantar la bestiola i encara va dedicar uns segons del seu temps a seguir la seva cursa esperitada.

—No tinc por, ni tampoc no crec en els mal averanys —va rondinar.

Després, sense mirar enrere, va pujar les escales panxudes i irregulars. La porta, que no estava tancada amb clau, va cedir al seu gest. El caos regnava a l'interior. Els homes que anaven a l'encalç de la fórmula no devien haver estat els únics a entrar-hi. Uns altres s'havien aprofitat de les circumstàncies i s'havien endut tot el que els podia fer servei o era bescanviable per unes monedes.

La dona va anar directa a l'estufa de llenya. Va veure que era curulla de brossa i va témer que el motiu de la seva recerca hagués desaparegut, però en aquesta ocasió la sort s'havia posat de la seva part. El fragment de pergamí romania protegit pel bocí de pell gastada i, sota les cendres antigues hi havia fustes i altres deixalles.

La Guisla es va desfer de l'embolcall i es va apressar a amagar-se'l entre la roba. Compassant la respiració, va concloure que la recerca del flascó amb la triaca era inútil.

Tot el que no s'havien endut restava malmès i de cap per avall. Va pensar durant uns segons si agafava alguna peça de roba, però quan la va tenir entre les mans li va fer fàstic i la va tornar al munt de brossa que pudia al mig de l'estança principal. Després va dedicar una darrera mirada a l'interior, com acomiadant-se'n, i va fer el cor fort. Si perdia més temps s'exposava que la descobrissin. Mentre desfeia les seves passes va enyorar una espatlla on plorar a cor què vols, tornar a ser una nena sense preocupacions. Fins i tot li va semblar que arrossegava els peus com la seva mare. Amb quina força la trobava a faltar! Encara no tenia notícies de Rocallaura, però tant a ella com al seu pare els tenia molt presents en les seves oracions.

Era migdia, l'hora de desmuntar les parades del mercat instal·lat a la plaça Nova. Els carrers estaven atapeïts de gent. El terra relliscava i les empentes i corredisses podien fer trontollar qualsevol vianant despistat. Bona part de la població passava gana i tant els vailets com un núvol de pidolaires s'afanyaven a recollir les engrunes que queien dels mostradors improvisats. Les baralles sovintejaven i sempre deixaven sang i llàgrimes. La Guisla tenia pressa i per res del món s'hi volia veure implicada. Duia els braços encreuats sobre el pit protegint el valuós document i caminava arrecerada quan trobava una paret per fer-ho.

Fins que no va arribar a l'hospital de la Santa Creu no va respirar tranquil·la. Quan es va sentir fora de perill es va recolzar al mur i va deixar anar un sospir, però tampoc llavors no es va permetre relaxar-se. Desitjava que la seva absència hagués passat desapercebuda, que el seu fillet dormís plàcidament, que la febre no hagués fet estralls. Veure que s'havia escoltat la seva súplica li va estovar el cor.

Més calmada, va donar un cop d'ull per la sala. Hi havia un vailet de dotze o tretze anys en un dels llits del fons, a qui anomenaven Tonet, i que lluitava contra la podridura del seu braç esquerre. L'havien enxampat pels volts de la catedral mentre robava la bossa d'un home ric. No era la primera vegada que el caçaven en un intent semblant i, per escarmentar-lo, li havien fet tallar la mà. Les autoritats pensaven que era un mètode de dissuasió infal·lible, però sovint les conseqüències anaven més enllà del càstig. El braç se li havia infectat i ningú no donava res per la seva vida.

El metge se n'ocupava cada dia, però el mal no semblava tenir aturador. Cada vegada que li treien la vena un suc pudent es barrejava amb la sang i el barber cirurgià no tenia més remei que seguir amputant i cauteritzant. Li aplicaven emplastres de mandràgora per al dolor, però no hi havia manera que es tranquil·litzés. Ara, semblava abatut. La Guisla s'hi va apropar per eixugar-li el front. Tot ell estava amarat de suor. L'escassa ventilació de la sala feia la feina més pesada i també era un obstacle per a la recuperació dels malalts.

Quan en Tonet va notar que l'aigua freda se li escorria per sobre va apartar la dona amb una empenta. Arraulit, com un animaló espantat, es va mirar aquell braç, escapçat ja a l'alçada del colze, i va emetre un udol esfereïdor que va paralitzar tothom qui hi havia a l'estança. Després, sense entendre les bones intencions de la Guisla, la va amenaçar...

—Fora d'aquí! No penso deixar que em tallin el braç. Deixeu-me o us juro que em mato, però abans degollo aquests desgraciats!

—Té un ganivet! —va cridar la Guisla posant-se a recer.

El vailet estava fora de si i no atenia a raons. Davant

l'estupefacció de tothom, es va posar al coll una de les criatures i, avançant amb l'esquena contra la paret, va intentar la fugida.

—Ningú no et vol fer mal, deixa el nen i llença el ganivet! —va ordenar la Domenja; la germana Consolació, pàl·lida com la cera, es feia el senyal de la creu sobre el pit i xiuxiuejava alguna pregària.

El vailet avançava molt a poc a poc mentre projectava el ganivet, i va ser com si el temps s'alentís. El pànic es va apoderar dels presents. De tots menys de la Caterina, la nena que protegia amb tanta dedicació la Domenja. Aquella criatura que, aliena al drama, seguia els fets asseguda sobre el llit va parar per uns instants el moviment de balanceig amb què es bressolava. Després, res ni ningú no la va fer parpellejar. Una expressió de buit se li havia menjat la lluïssor dels ulls, que es mantenien fixos, inalterables. Tampoc el plor, tan present fins aleshores a qualsevol hora del dia o de la nit, semblava acudir a rescatar-la.

En Tonet no va arribar gaire lluny, les cames amb prou feines l'aguantaven i era del tot impossible aventurar-se pels passadissos de l'hospital sense ensopegar amb algun obstacle. Dos homes li van prendre la criatura i, després de lligar-lo per evitar més problemes, el van tornar al seu llit.

Va ser un dia dur i llarg. En arribar la nit, la Beatriu frisava per saber què havia passat a la sala dels nens. Tothom en deia la seva, sense vergonya a posar coses de la pròpia collita. La roda s'havia fet més i més gran.

La Guisla n'hi va fer cinc cèntims i, tot seguit, traient-hi importància, li va explicar la visita precipitada a casa seva.

—Què dius? A tu et falta un bull com a les guixes!

—No he trobat la triaca —va dir la Guisla amb el cap

cot, aliena a la reprimenda. Després, en to desafiant, va afegir—: Però tinc el que volies. Això és el que compta, no?

—Doncs, no! Ha estat perillós i un risc que...

—Un risc que he corregut sota la meva responsabilitat —va interrompre la Guisla, tipa perquè sempre l'acabés esbroncant com si fos una criatura.

—I si t'hagués passat alguna cosa? Qui s'hauria fet càrrec del teu fill?

Aquella pregunta va quedar sense resposta i la Beatriu no va furgar més la ferida. Però, amb un to de veu més conciliador, va afegir...

—Escolta'm bé. Vas ser tu qui em va ficar en aquest embolic. Vull estar informada de tots el moviments que facis. Entesos?

Després d'aquell pacte tàcit que la Guisla va acceptar sense gaire entusiasme, es va fer el silenci entre les dues dones. Abans d'anar-se'n a dormir, però, van cercar un lloc a recer per amagar el pergamí a l'espera de confrontar-lo amb el que tenia en Mateu.

Mentre la Beatriu apropava la llàntia d'oli, la Guisla el va desar dins el seu propi matalàs de palla. Pels passadissos viatjaven crits i laments mentre, amb l'ajuda de fil i agulla, el sargit dissimulava el forat a la tela.

A l'exterior, dotze campanades van anunciar la mitjanit, però cap de les dues va tenir el temps ni el desig de contar-les. La Beatriu va marxar a contracor camí de la sala de les dones.

23

S'havia fet fosc quan el canonge Serafí Riera va decidir que era hora d'abandonar l'hospital. Hi passava massa temps i començava a dubtar si haver acceptat aquell càrrec no havia estat una errada. El recinte albergava cada cop més malalts, però també s'havia convertit en un refugi per a les persones sense recursos que arribaven a la ciutat o d'altres que vivien en la misèria. Com a conseqüència, les sales estaven al límit de la seva capacitat i es multiplicaven les necessitats més bàsiques.

El problema més gran era l'allau d'orfes pel darrer brot de pestilència i els nadons que abandonaven cada dia a les portes. Malgrat les nombroses dones que venien de tot arreu de Barcelona per exercir de dides, no n'hi havia prou ni per alimentar la meitat dels infants que residien de manera permanent a l'hospital. L'única manera d'enfrontar la crisi era contractar dides de fora de la ciutat, però això implicava proporcionar-los menjar i allotjament. Hi havia diners per fer-ho, atès que eren molts els que, després de morts, els confiaven el seu patrimoni. Les reparticions d'aquests recursos, però, ja s'havien establert des d'un començament i moure'ls amb altres intencions de les ja acordades resultava molt difícil.

En Riera, a més d'aquell tipus de dilema, en tenia d'altres que l'implicaven de manera molt directa. De seguida s'havia acostumat a les prebendes inherents al càrrec. Vivia en una casa gran amb la seva mare anciana i alguns esclaus que en tenien cura. A més a més, havia donat solta a la seva dèria més íntima, de la qual cosa sabia molt la Morlana, que li havia fet d'alcavota fins que les seves comandes havien anat massa lluny. Per aquestes causes, administrar les donacions d'una manera contrària a les normes establertes ni tan sols li passava pel cap. L'única decisió que havia pres era dedicar més esforç a la feina diària de l'hospital, però li servia de poc si no estava disposat a arriscar-se.

D'un temps ençà també s'havia complicat la vida de manera notable amb una amistat que, ho sabia del cert, no li convenia.

Quan va sortir a l'exterior, la figura alta i esprimatxada del canonge no va girar a la dreta per anar a casa seva i comprovar l'estat de salut de la mare. Va caminar en direcció contrària pel carrer de l'Hospital; l'olor d'humanitat era tan penetrant que s'havia acostumat a portar un mocador de fil a la mà esquerra.

Abans del portal de la Boqueria va girar la cantonada i de seguida va veure com la llum d'una casa oberta es projectava sobre l'empedrat. Tot just al final de la claror un home armat s'asseia amb l'esquena contra la paret i jugava a clavar el ganivet en un tros de fusta.

—Hi ha el teu amo?

—No soc un esclau, canonge Riera.

—Disculpa, no pretenia...

—Veniu amb mi —va dir finalment l'home mentre amagava un somriure.

Van creuar plegats el llindar i es van trobar un grup de persones que envoltava un personatge ben vestit i de mirada perduda. Coneixia en Borrell arran que aquest entrés a formar part de la direcció de l'Hospital, poc després de la mort del seu predecessor, l'Emigdi Rubiol. Abans, però, ja n'havia sentit a parlar.

En Francesc Borrell havia estat a la presó després d'un afer fosc. Com a notari, havia format part de l'intent de manipulació dels Granollachs per col·locar un dels seus fills d'arxiver al Consell de Cent. La maniobra havia acabat malament i molta gent va anar a la presó. De tot aquell embolic ja feia massa temps perquè se'n recordés ningú que no volgués indagar-hi, però la mala fama d'en Borrell continuava i s'havia multiplicat els darrers mesos per la insistència a posar les seves mans sobre l'administració de l'hospital de la Santa Creu. Com succeïa sempre, les seves amistats al govern i a la cort l'havien fet intocable.

La divisió d'opinions, doncs, sobre aquell home d'aparença inofensiva i gustos refinats tocava sempre els extrems. Alguns el titllaven d'assassí o de sicari dels més poderosos; d'altres lloaven les creixents obres benèfiques o la intel·ligència que demostrava en les seves iniciatives. En Serafí Riera també sentia aquella divisió dins seu, però ja feia setmanes que deixava de costat qualsevol reticència, i els motius eren del tot interessats.

El notari li havia demostrat només arribar a la direcció de l'hospital que era un home llest i ben relacionat, amb ganes de guanyar diners i fer-ne guanyar a tots aquells que es posessin de part seva. A més a més, semblava tenir informació privilegiada sobre tothom i en Serafí Riera li va donar suport. No sols perquè sabés dels seus desigs més íntims i inconfessables, també perquè necessitava nous ingressos si volia continuar amb la seva forma de vida. El canonge es va adonar molt aviat que en Borrell tractava bé els seus aliats i va quedar satisfet.

Des d'aleshores, un o dos cops a la setmana, rebia un avís que el feia acudir a la casa del carrer de Sant Pau. Durant una estona bevien plegats un vi molt bo que el notari es feia portar del Priorat i discutien estratègies per administrar els fons de l'hospital de la millor manera; la qual cosa volia dir en benefici propi. Quan en Borrell advertia que el seu convidat es mostrava impacient, cridava algun dels seus homes perquè l'acompanyés a l'estança on l'esperava el seu regal.

Al canonge Serafí Riera li agradaven les noies joves, cada cop més joves, i aquesta circumstància havia estat fonamental a l'hora de trencar la relació que havia establert amb la Morlana. Ella s'havia negat en rodó a proporcionar-li nenes per al seu plaer i en Riera havia marxat ofès de La Lleona.

Per aquests motius el canonge s'havia sentit afortunat per l'amistat amb el nou administrador de l'hospital. Era cert que molts li havien explicat alguns dels dubtes que envoltaven el personatge. Però ell esperava cada cop amb més ànsies l'aparició de l'esbirro que l'avisava del nou lliurament. La mercaderia estava a punt, tan sols s'havia de passar pel lloc acordat quan acabés la feina.

—Veniu molt tard, avui. Ja pensava... —va exclamar el notari en veure'l.

—M'ha estat impossible sortir abans, sobretot perquè volia posar en ordre la darrera donació que ens ha arribat. És important, una casa gran a Sant Andreu i dotze quarteres d'horts en plena producció. El millor que podríem fer-ne és trobar un comprador. Aquests són els documents...

—Voleu dir que no se n'ha assabentat ningú, encara?

—He tractat el cas personalment, i l'home que m'ha signat la donació és al llit i molt malalt. No passarà d'aquesta nit i ja m'he assegurat que m'avisin quan traspassi.

En Borrell va agafar amb prestesa els papers que li oferia i el canonge va veure una lluentor intensa als seus ulls. Es va dir que només es podia tractar de la lluentor de l'avarícia, però la curiositat per conèixer la nova criatura que li havien buscat va fer trontollar tots els dubtes. Es va deixar conduir fins a l'estança del fons, deixant-ho tot a mans d'aquell personatge a qui perseguia la seva mala reputació.

Un cop a dins, quan ja ningú no el podia veure, va aixecar els braços per foragitar la tensió que li provocava reunir-se amb el notari. Aquella presència sempre li feia venir basarda.

Va donar una ullada per aquell espai només il·luminat pel llum d'una espelma i no li va costar distingir una silueta petita que maldava per pujar a la paret de la seva esquerra. Més a dalt hi havia un finestró enreixat que en Borrell havia ordenat tapar amb taulons. Entre els murs gruixuts de la casa i la fusta es feia impossible sentir res des de l'exterior, però si s'escolava algun crit, per molt esfereïdor que fos, ningú no s'hauria atrevit a obrir la boca.

En Serafí Riera va esbossar un somriure que es va fer més ample en acostar-se a la criatura atemorida. Tenia els cabells daurats, tal com a ell li agradava. Tota la resta, els remordiments, les prevencions, van deixar de tenir importància.

24

La prevenció amb què el Bruixot de Llívia va rebre de bon principi les visites d'en Guillem va canviar substancialment amb el pas del temps. Aquell noi tímid, però molt receptiu, es va convertir en una companyia imprescindible. Tant era així que, cada cop que entrava per la porta, s'esvaïa l'estranya tristesa, fortament colpidora, que l'assaltava davant la manca de notícies d'en Pau Vinyes.

El diumenge era alguna cosa més que un dia consagrat al Senyor. La primavera s'havia presentat esplèndida malgrat els freds nocturns i en Magí Surroca podia veure a través del finestró la claror insinuada darrere les muntanyes. Amb les visites d'en Guillem es despertava més alegre que de costum, comprovava l'estat de la seva plantació, bastant protegida gràcies al mur que s'havia fet construir al voltant de la casa, i tot seguit s'aixecava amb el propòsit de preparar un bon esmorzar per al seu deixeble.

El noi se l'empassava sense queixes, sobretot la melmelada de gerds condimentada amb una mica de canyella, guardada al rebost com si fos or. Quan arribava després de la missa de dotze, compartien el menjar i en Guillem li feia cinc cèntims del que havia fet durant la setmana; anècdotes de mules i gallines o d'ous trepitjats per la seva gossa, la Lluna, mentre el Bruixot escoltava pacient.

Poc després, com seguint un ritual, retiraven els plats de terrissa i escampaven sobre la taula els estris que feien servir per aprendre de lletra, sempre que alguna fórmula no reclamés l'atenció immediata de l'ancià. En Guillem no podia concebre un dia festiu sense aquelles hores a casa d'en Surroca.

El capellà del poble havia expressat algunes reticències en assabentar-se d'on el duien les seves passes, però els pares d'en Guillem confiaven en el bon judici del noi i el deixaven fer sense cap retret. Al cap i a la fi, malgrat que ho guardaven com un secret preciós, devien la vida d'en Guillem a aquell personatge estrany que aixecava tantes controvèrsies.

La granja familiar estava situada en dues quarteres de terra. Hi havia una construcció mitjana per albergar les gallines i una altra que abans feien servir de dormitori. Des que s'havien traslladat a viure a la vila, s'utilitzava per fer i desar els formatges. L'activitat havia crescut els darrers anys, coincidint amb la criança dels fills. Tots hi treballaven de valent però en Guillem s'esforçava més que mai; necessitava guanyar temps per practicar la lectura amb un llibre que li havia deixat en Surroca.

Cada cop ho feia amb més facilitat i, davant l'enorme satisfacció del Bruixot, començava a conèixer algunes paraules en llatí, sobretot les relacionades amb les plantes i els ungüents. La botànica era la seva disciplina favorita i on avançava més ràpidament.

Quan el sentia parlar d'altres temes, sovint dissertacions filosòfiques i morals, en Guillem es feia un cabdell i callava, tan respectuós com perplex.

Aquell diumenge, el noi va notar de seguida que alguna cosa no rutllava. El seu amic encara portava la camisola vella que feia servir a les nits, no bullia cap decocció al foc i ni tan sols havia pensat de parar els escassos estris que feien servir a taula.

En Guillem se li va asseure davant per davant mentre observava d'esquitllentes la mirada perduda del Bruixot. Poca estona després va posar també els peus a sobre del tamboret i es va abraçar els genolls abans de mirar-lo fixament. L'estratègia va donar bons resultats perquè en Magí Surroca es va adonar de seguida que decebia les expectatives del seu visitant.

—Ai, Guillem! Potser hauries de marxar. Em sembla que no em trobo gaire bé.

—Potser fora bo que descansés. De l'hort, me n'ocupo jo, si voleu...

—Els meus mals no són físics, tot i que, ho reconec, hi ha dies que les forces malden per abandonar-me.

—No ho entenc —va respondre en Guillem mentre avançava la barbeta, com si tingués por que li passés alguna cosa per alt.

En Surroca, encara amb el somriure posat, es va aixecar feixugament i va anar fins als fogons per escalfar aigua. Sentia que no era correcte deixar els dubtes del noi sense resposta, però feia molt de temps que no compartia el seu món amb altres persones. Tan sols amb en Pau Vinyes... L'enyorava tant! Havia repassat mentalment totes i cadascuna de les paraules dites abans de partir, buscant els possibles motius que l'ajudessin a entendre la manca de notícies. L'Arsenda, de ben segur, l'en feia responsable directe. La darrera vegada que van coincidir, se'l va mirar, tibada, i va escopir a terra, desafiant. És probable que ella tingués més informació però, en tot cas, no estava disposada a compartir-la. Aquella pena el consumia a poc a poc.

Durant molts anys, havia viscut envoltat de gent. Primer la universitat, després els viatges, més tard els intents de fer arrels en algun lloc on li permetessin ser ell mateix. Malalts, batlles, estudiants, mestres, deixebles... Pensava que renunciar a totes les exigències que comportaven aniria bé als seus propòsits. Per aquest motiu havia escollit l'indret on menys el podien molestar, una vila petita, gairebé isolada si no fos per les rutes comercials que travessaven els Pirineus i passaven per Llívia, on havien parat casa alguns intermediaris coneguts.

Que en Guillem hagués tocat a la porta posava en dansa les seves conviccions, l'obligava a veure's de nou com un mestre, com un transmissor de coneixements. L'aspiració d'en Surroca era absorbir-los, fer-los seus i entendre les forces que governaven el món per poder experimentar-les. D'altra banda, el circumscrivia a la vida humana. Durant uns segons li va passar pel cap l'escena del savi Heràclit, que havia caigut dins un pou mentre pensava coses del cel. Sens dubte aquell noiet l'ajudava a no perdre's en les altes esferes del saber. La saviesa no sols comportava saber viure, sinó també deixar fer als altres i ajudar-los a viure feliçment.

El Bruixot va llençar unes fulles de marialluïsa a l'aigua bullent per infusionar-les. D'esquitllentes va observar en Guillem. Ell, com el noiet que tenia al davant, també s'havia sentit un ésser solitari. Primer a la casa familiar de Saissac, on encara ressonava el record del noble Bertrand i històries d'heretgies i tresors ocults. Quan es va convertir en un jove curiós i decidit, quan va necessitar saber què hi havia més enllà dels prats que envoltaven la vila, va marxar a Montpeller, on li havien dit que funcionava la millor universitat de medicina de França. Tot aquest recorregut l'havia fet sense la figura paterna, un soldat a les ordres de Carles VI mort quan ell tenia pocs mesos. El model on emmirallar-se havia estat la seva mare, una dona forta que ajudava als parts per tota la contrada i també sabia dels secrets i propietats d'herbes i remeis.

Totes les empreses d'en Magí Surroca havien sorgit d'iniciatives pròpies i les persones que havia tingut al seu voltant sempre es feien la mateixa pregunta: quin seria el moment en què l'esperit inquiet d'aquell home partiria de nou?

Potser havia arribat el moment de fer arrels. Havia viatjat per innombrables països, vivint als monestirs i les universitats més prestigioses, però també participant en la batalla de Castillon, on els canons havien destrossat molts soldats francesos, i al setge de Belgrad, on s'havia aconseguit aturar l'avanç dels exèrcits otomans per Europa. Totes aquelles vivències li havien de permetre ser capaç de veure la font comuna de la qual emanen totes les realitats. Captar allò que uneix els éssers humans, allò que els agermana en l'existència. I en Guillem... Amb ell s'havia de permetre la tendresa de donar, però també de rebre, des de l'espontaneïtat i l'alegria.

—Us trobeu una mica millor? —va demanar en Guillem preocupat pel seu mestre.

—Sí, Guillem, sí. Ja ho crec! Pensava en una reflexió d'Aristòtil: «No és possible que ens coneguem entre nosaltres si abans no hem consumit plegats moltes mesures de sal».

—No estic segur d'entendre-ho...

—Ja ho faràs, estimat Guillem, ja ho faràs. I, ara, posem-nos a la feina. He escollit un paràgraf que de ben segur t'agradarà.

El noi, amb una rialla d'orella a orella, va abandonar el tamboret on s'estava des de la seva arribada i es va asseure prop d'en Surroca, al banc llarg que hi havia a un costat de la taula. Poc abans que el Bruixot posés el dit sobre una d'aquelles paraules perquè el seu deixeble la lletregés, es van sentir uns cops contundents a la porta...

—Qui pot ser? —va preguntar en Guillem, enutjat per la interrupció.

—Aquests tocs... Algú del poble que s'ha fet mal...

El vell fetiller va reconèixer de seguida el noi malcarat que va entrar després d'obeir la seva ordre. Era en Miquel, el germà gran del seu pupil, i va donar una ullada plena de desconfiança a l'interior de la casa. Tot seguit es va plantar darrere en Guillem, com si volgués barrar-li qualsevol temptació de fugida.

—Has de venir amb mi. El pare ens necessita a la granja —va dir amb veu exigent.

—Avui diumenge? No havien organitzat un dinar a can Sostres?

El noi es resistia a creure el seu germà gran, però també en Surroca va pensar que l'actitud d'en Miquel era estranya. No era la primera vegada que detectava desconfiança cap a la seva persona; la diferència era que estava succeint a casa seva i tenia dret a demanar les raons d'aquella interrupció.

—Ha passat alguna cosa? —va dir mentre el noi es quedava mirant el llibre d'en Dioscòrides a una certa distància, com si apropar-s'hi pogués resultar perillós.

En Guillem, mentrestant, es feia el desentès. No s'havia mogut del costat d'en Surroca i el seu germà es va situar de nou al darrere per clavar-li un carxot com a advertència.

—Deixa'm! Ja has sentit en Magí. No penso acompanyar-te si no ens dius què passa.

—És una ordre del pare! Faries bé de no desobeir i aprofitar el temps en coses de profit.

—És tot just el que faig. No em penso justificar, de totes maneres mai no ho podries entendre —va dir en Guillem plantant cara.

—Prou! —va dir en Surroca aixecant-se—. No penso consentir ni crits ni baralles a casa meva!

L'altura i l'amplada del Bruixot, encara amb l'enorme camisola de dormir, van provocar que en Miquel fes un pas enrere. Potser n'havia fet un gra massa, tal vegada portat per l'enveja que sentia. Sense timbrar la veu, ni mirar directament als ulls d'aquell ancià estrafolari, va anunciar...

—Com que viviu tan apartat de la vila no us assabenteu de res, però caurà una gran desgràcia sobre nosaltres si no ens afanyem a remeiar-ho.

—Una gran desgràcia... —va repetir en Surroca; no sabia gaire bé si espantar-se o riure davant la transcendència amb què el noi havia investit les seves paraules.

—Sí, el rei francès s'ha cansat dels desaires del nostre castlà i ha destacat una tropa ben nombrosa per assetjar Llívia. Han fet campament a Savinhac i ens poden caure a sobre en qualsevol moment. Podria ser qüestió de dies! O, qui sap, potser demà mateix!

—Magí! —va exclamar en Guillem mentre es girava cap al Bruixot—. No us podeu quedar sol en aquesta casa!

—Naixem i morim sols, Guillem. Aquesta és la meva casa i, de moment, no tinc cap intenció d'abandonar-la.

En Miquel semblava divertit amb la situació. El seu pare havia preguntat per en Guillem, però era ell qui havia pres la iniciativa d'anar a buscar-lo.

—Si la situació és tal com ens l'expliques hi haurà ferits als dos bàndols.

—Però ajudar l'enemic és de traïdors! L'hi he sentit a dir moltes vegades al pare.

—Les coses no són tan simples, Guillem. És important actuar d'acord amb les teves pròpies creences. El dolor no coneix faccions. He estat en unes quantes batalles i, creu-me, són cruels. I, el que és pitjor, aquells que les provoquen fan tots els possibles per quedar-se'n al marge i treure partit del resultat, sigui quin sigui.

—El castlà assegura que si tota la població de Llívia l'obeeix té prou homes per protegir-nos. No té per què haver-hi ferits si li fem cas —va afirmar en Miquel, convençut—. El recinte del castell és molt gran i hi ha espai per a tothom.

—Ja veig que no has viscut cap setge i, de debò t'ho dic, desitjo que tot vagi bé...

—Feu el que vulgueu, però us obligaran a canviar d'opinió. El rei francès no tindrà clemència amb la gent que es trobi a la vila; això diu el castlà. De moment, en Guillem i jo marxem, hem d'ajudar la família a posar-se fora de perill.

El jove deixeble d'en Surroca es va deixar arrossegar pel seu germà. La conversa li havia provocat una profunda confusió. De què servien totes les arts curatives del Bruixot si no les aprofitava per ajudar la seva gent? Com podia ni tan sols plantejar-se donar suport a l'enemic?

Mentre desfeia aquell tros del camí de Cereja amb en

Miquel, va mirar diverses vegades enrere per si qui havia pres pel seu mestre sortia a acomiadar-los.

En Magí Surroca, però, tenia altres assumptes dels quals ocupar-se. Aquella notícia no feia presagiar res de bo i ell de cap de les maneres se'n quedaria al marge. Enllestiria una nova remesa de triaca, de ben segur esdevindria molt útil per a tot el que havia de venir.

25

Quinze dies després de l'arribada a l'hospital, la Beatriu i la Guisla no semblaven les mateixes. La realitat que aquelles parets confinaven s'exhibia impúdica als ulls i aprofitava qualsevol escletxa en la seva fortalesa per afeblir-les. Les dues dones convivien amb el dolor propi i lluitaven, sense gaire fortuna, per protegir-se de l'aliè.

La desconfiança havia niat al cor de la Beatriu, que veia com la seva companya només parava atenció a aquella criatura espellifada, oblidant el veritable objectiu que, segons ella, les havia portat a la capital. Reunir els altres dos fragments de la fórmula semblava una tasca impossible i, d'altra banda, la presència d'en Mateu a l'edifici la inquietava. La seva absència també.

L'amor debilita. S'ho repetia mentre el buscava entre els grups de metges que entraven o sortien, mentre vigilava la porta a l'hora en què tenia per costum passar visita o es feia la trobadissa en alguna sala d'aquell transitat laberint. S'ho repetia, sí, però l'ordre tossuda se li quedava arran de llavis i ella sucumbia a la temptació de desoir la seva pròpia veu.

Aleshores, quan la recerca esdevenia infructuosa, maleïa la seva debilitat i premia els punys en un gest llargament repetit.

—Et faràs mal!

La veu nítida d'una dona, que no es va molestar a identificar, li va arribar per sobre de murmuris i laments. Es va estremir tota. Quantes vegades l'hi havia escoltat dir a la seva mare? Quants cops, en situacions similars, no li havia agafat les mans entre les seves i les hi havia besat xuclant-li la sang dels repelons que ella es rossegava amb desfici?

Sense adonar-se'n, abduïda pels records d'infantesa, es va trobar guaitant el pis inferior, on es practicava la cirurgia. La Beatriu hi havia sentit veus, i de seguida havia baixat els darrers esgraons de puntetes. Només eren les vuit del matí i el barber cirurgià mantenia una reunió amb metges, infermeres i físics tot planificant les intervencions que tindrien lloc al llarg de la jornada. Des de la posició que ella ocupava no podia distingir tots els convocats. Va seure a terra, va arronsar les cames i, amb els genolls arran de la barbeta, va parar l'orella. Al cap d'uns minuts la veu d'en Mateu li va arribar nítida i es va aixecar com si l'hagués empès una molla imaginària. Va passar una bona estona arrambada a la paret, tal com faria un nen trapella fugint d'una malifeta. En acabar la reunió, tots els convocats es van posar drets i la Beatriu va trepitjar el primer graó per accedir al pis superior. Era massa tard...

—Beatriu, no et quedis a l'escala. Vine!

—Doctor Mateu, quin ensurt! Jo...

—No volia pas espantar-te. Hauré de fer-me perdonar —va afegir amb certa malícia.

La Beatriu va somriure de manera artificiosa mentre passava de la pal·lidesa al rubor sense poder controlar-ho.

—Quina calda fa entre aquestes quatre parets! —va deixar anar mentre, sufocada, es passava la mà pel front.

—Diuen els més grans que ens n'hem d'anar molts anys enrere per recordar un mes de juny tan calorós. Però sembla que m'has llegit el pensament... —va dir, canviant radicalment de to.

—Què dieu?

—Deia..., bé, volia dir, que m'agradaria que m'acompanyessis a un lloc.

—Jo? Ara?

—Si les teves obligacions t'ho permeten, és clar.

—Hauria d'avisar...

—Fes, fes. T'espero a la porta principal d'aquí a una estona. I, si us plau, pots dir-me Mateu.

En veure que la Beatriu arronsava el front, ell va insistir.

—Sense el tractament de doctor davant, vull dir.

—Ah! Sí, és clar!

A mesura que la Beatriu desfeia el camí per tornar a la sala de les dones i donar avís que s'absentaria durant una estona, un pessigolleig li va recórrer el cos i se li va allotjar a la boca de l'estómac.

Sobreposant-se, i abans d'anar al seu encontre, es va arreglar els cabells que duia recollits sota un mocador de quadres blaus i grisos. Resolta, es va fer un parell de pessics a cada galta per forçar un aspecte més saludable, va abandonar sobre una cadira de boga el davantal que usava per treballar i es va allisar la faldilla de color imprecís, que li arribava fins als turmells i feia menys evident la brutícia. Finalment, va omplir els pulmons d'aire i, després de retenir-lo un instant, el va treure de cop en un intent d'alliberar part de la tensió. Amb l'esquena ben dreta i el mentó alt, es va encaminar fins al lloc on l'esperava en Mateu.

La silueta de l'home, de rínxols embullats, es va retallar en un contrallum perfecte i ella va desaccelerar la marxa. Sabent-se invisible als seus ulls, es va permetre passejar la mirada per aquella figura esvelta i gràcil que, sense saber com ni per què, la pertorbava. El físic la va rebre amb un somriure mentre la convidava a seguir-la.

Feia un dia clar. El cel mostrava un blau intens, net de núvols, sense cap obstacle que permetés fixar la mirada i prendre perspectiva. Els carrers bategaven de vida al voltant del portal de la Boqueria. Els carnissers oferien les seves viandes sobre les taules de parades protegides per tendals. Ara l'un, ara l'altre, s'esforçaven a cridar l'atenció de minyones i criats garantint el millor preu o mirant d'ensarronar-los amb afalacs, incentius i picardies.

En Mateu va fixar la mirada en un vailet de cames desnerides i crostes als genolls que les mosques atacaven sense pietat. Es va ajupir per xiuxiuejar-li alguna cosa a l'orella i, d'amagatotis, li va posar una moneda a la mà.

—El coneixes? —va demanar la Beatriu, a qui no li va passar per alt aquell gest.

—Ara sí! —va respondre breument amb una mitja rialla.

—Em diràs on anem?

—No pensava fer-ho.

En Mateu va reprendre la marxa, deixant-se endur pel ritme bulliciós dels vilatans. A ella li resultava difícil seguir les seves gambades i, de tant en tant, feia un saltiró per atrapar-lo i no quedar-se enrere.

Van enfilar plegats el carrer Llibreters i, molt a prop de la plaça del Blat, en Mateu es va plantar davant un portal. El seu rostre resplendia. La Beatriu el va mirar dubtosa i, durant els segons que van trigar a creuar el pati interior i el passadís que connectava amb una gran sala, va pensar si, tal vegada, havia aconseguit reunir els bocins d'aquell pergamí que cobejaven. Davant seu, però, mitja dotzena d'homes i un jove aprenent feinejaven amb papers i lletres. La cambra desprenia una forta olor de cuir, suor i tinta. Tres taules grans amb calaixos es repartien al voltant d'una premsa de fusta.

Aquell artefacte n'hi va recordar de seguida un altre de molt semblant que feien servir a la masia del seu oncle per premsar el raïm. Tenia la mateixa palanca que, en empènyer-la, feia pressió sobre un suport aixafant el gra i alliberant-ne el most. Ni ella ni les seves cosines més grans, ni per descomptat la Joana, tenien la força suficient per portar a terme l'operació. Els nois, tan escardalencs com elles, mesuraven el seu vigor i feien apostes que, sovint, acabaven amb batusses i corredisses. L'olor del raïm aixafat li va venir als narius amb una intensitat que la va obligar a tancar els ulls.

Quan els va obrir instants després es va sentir més confosa. Què hi feien? Per què en Mateu l'havia portat aquí i, sobretot, amb quin propòsit?

Tot seguit el va mirar cercant respostes. Al rostre d'aquell físic i metge, entre somiador i savi boig, s'hi exhibia un ampli i lluminós somriure.

—Te n'adones, Beatriu? Tens una impremta al teu davant! De fa temps deien que a Alemanya ja era una realitat, però ara la tenim aquí! Entens com n'és, d'important, aquest invent?

En Mateu es movia per l'espai amb els braços oberts, com si volgués abraçar tot el que s'hi gestava. Formulava preguntes que deixava suspeses en l'aire i tot ell eren ulls.

—Apropa't! Veus aquestes lletres? S'han fet una a una amb motlles, són perfectes. N'hi ha centenars i es combinen per escriure paraules, frases, textos sencers, llibres! És un treball laboriós, però, un cop es munta la pàgina, se'n poden fer tantes còpies com vulguis! T'ho imagines? Tantes còpies com vulguis... —va repetir com si ell mateix tingués dificultats per creure-ho.

La Beatriu intentava copsar la transcendència d'aquelles paraules i observava amb atenció el tràfec dels operaris, tots ells amb les ungles ennegrides per la tinta. Es movien de forma organitzada i semblaven ordenats, treballadors, pulcres, ben bé amb el mètode d'una colònia de formigues.

El que tenia més a prop, seriós i panxut, enfilava les lletres dins una regleta que les sostenia. Totes en formació, alineades com soldats o els grans d'un rosari. Després, mitjançant uns tampons rodons i tous, rebien la impregnació de la tinta espesseïda amb la qual deixarien l'empremta sobre el paper.

—Un dia, potser no gaire llunyà, tots els alumnes de la universitat es podran permetre tenir llibres propis per estudiar. Gràcies a un invent com aquest es faran i distribuiran còpies dels clàssics, llibres de medicina, de teologia, de dret...

Mentre en Mateu avançava en el seu discurs febril, a la Beatriu li va venir al cap el breviari de la seva mare, aquell amb el qual li va ensenyar a llegir. Era una peça única, amb lletres dibuixades a pols, cal·ligrafia impecable i il·luminacions exquisides. No estava segura que els duplicats idèntics d'una mateixa obra fossin capaços de conservar intacta l'essència del que ella havia sentit aleshores. Li agradava acaronar el pergamí i saber que les petjades dels artesans formaven part de l'epidermis del manuscrit.

Estava segura, per l'entusiasme d'en Mateu, que aquell artefacte obraria miracles, però què se'n faria, dels copistes que treballaven als *escriptoriums*? Havia vist fer veritables obres d'art al convent de Vallbona. Pensar que una premsa de fusta tenia el poder de substituir-les la va atribolar momentàniament.

—Però, i els colors? —va demanar com si pensés en veu alta.

—Què dius? De quins colors parles?

—Doncs, de les caplletres, de les il·luminacions, de...

—Les fem després. Si m'ho permeteu, us ho mostraré —va dir de sobte un home de cabells grisos i aspecte polit que semblava portar la veu cantant.

—Em sap greu no haver fet les presentacions oportunes —es va disculpar en Mateu—. Beatriu, davant teu tens en Joan Manel Corró. Ja pots dir que has tingut l'honor de conèixer el primer impressor barceloní.

—Soc llibreter de tota la vida. I ja ho era el meu pare. He crescut envoltat de pergamins, papers, plomes i cuirs. L'olor del sutge, del vernís i de l'albúmina amb què fabricàvem la tinta va acompanyar la meva infantesa i joventut.

—Ell és qui fabrica els llibres en blanc per al Consell de Cent —va afegir en Mateu.

—Deveu haver conegut moltes persones importants!

—Sí, és clar...

La veu d'aquell home va perdre intensitat i en Mateu va desviar la conversa. El llibreter que tenien davant era un jueu convers que havia hagut de renegar de les seves creences per seguir exercint la professió i fer prosperar el negoci. Havia arriscat tot el que tenia aliant-se amb un soci alemany, un personatge acabalat que avançava els diners per comprar material i pagar els operaris.

—Com us deia, si us hi fixeu bé, veureu que en diferents llocs del text hi ha un espai en blanc, aquí dibuixarem la caplletra. De la mateixa manera, els il·luminadors acoloriran les representacions que acompanyin el text. Ho veieu? En aquella secció del fons de la sala es treballa amb els pigments.

La visita encara va durar una bona estona i en Mateu es va interessar especialment pels treballs que tenien entre mans. A la sortida, mentre recorrien el carrer de l'Hospital, el metge s'omplia la boca de les meravelles que posarien a l'abast de tothom.

—Ara treballen en la impressió d'un llibre d'ètica, economia i política d'Aristòtil. Em deleixo per tenir-lo entre les mans!

En veure que la Beatriu no semblava tan enfervorida amb aquella idea com ho estava ell, va aturar la seva marxa.

—Sento que potser n'he fet un gra massa. Suposo que tens els teus propis problemes i...

—T'estic molt agraïda, de veritat. Ha estat molt interessant.

—Però?

—No sé com explicar-ho. No voldria que em malinterpretessis.

—Digues, sense por!

—Vius en un altre món, Mateu. Et mous entre universitaris, metges, estudiosos. Però entre la resta de la gent pocs saben llegir i molts tenen gana. No els importa gens qui va ser Aristòtil!

—Ho sé, ho sé! Entenc el que em dius, Beatriu! Malgrat tot, penso que omplir-los la panxa no és suficient. Tenim l'obligació d'instruir-los les ànimes.

—Això ja ho fan els capellans!

—No m'entens. Potser no m'he explicat bé. No parlo de la salvació tal com ens la volen vendre. Això de ser desgraciat en aquest món per ser mereixedors de la vida eterna és una trampa.

La Beatriu va mirar a banda i banda. La porta de l'hospital era a tocar i hi havia ulls i orelles pertot arreu. Qui sap si les tenien vigilades, a ella i a la Guisla. En definitiva, elles eren allí gràcies a la gestió de sor Violant i l'acolliment d'en Serafí Riera, el canonge a càrrec de l'hospital. Admirava la passió que transmetia en Mateu, però no podia perdre el nord. Què en sabia, aquell home, de passar fam, de vendre's a canvi d'unes monedes? Parlava sense aturador mentre ella li buscava els ulls. Durant uns breus segons, per la manera com lluïen, li van semblar del color del rusc tocat pel primer raig de sol. Potser en Mateu s'adonaria que ja no l'escoltava.

—Saps què en penso, Beatriu?

—Com vols que ho sàpiga? —va respondre amb celeritat.

—Doncs que Aristòtil et posaria entre les persones amb una gran ànima.

La Beatriu es va arronsar d'espatlles i s'hi va plantar davant. La distància era prou curta per sentir-li l'alè tebi, com un bes insinuat però tangible. I es va fer el silenci. No el silenci glacial dels morts, sinó aquell altre, provisional i estantís, que és capaç de sacsejar-te. Aleshores va emmudir el grinyol de la roda del carro que passava a fregar, el lladruc del gos que forcejava per desfer-se de la corda al voltant del coll, els xiscles de la canalla empaitant-se, descalços.

Desconcertada, la jove va trencar l'encanteri.

—Digues! Com pots saber on m'inclouria el teu Aristòtil?

La Beatriu es va posar a la defensiva, era la manera com havia après a esquivar el dolor. Però, malgrat el seu afany, alguna cosa la mantenia connectada a l'embruix que en Mateu exercia sobre ella.

—Has vingut aquí per ajudar la Guisla. T'he vist treballar de sol a sol cuidant les malaltes, no t'has donat per vençuda en la recerca de la fórmula. Sé que valores la dedicació i l'esforç que alguns li han dispensat. Com jo, tens l'esperança que podria ajudar a salvar vides.

—No em coneixes, Mateu, no en tens ni idea, de qui soc!

—Potser no necessito saber gaire més. Aristòtil deia que les persones de gran ànima no prenen riscos petits, però sí grans, sense tenir en compte la seva vida. Fan poques coses i són lentes a l'hora de començar-les, si no és que persegueixen un gran repte. Les persones de gran ànima, com ara tu, escullen la vida que volen i no pas la que els és donada. Això les fa lliures!

En Mateu tenia els llavis molsuts i del color de la cirera madura. Els ulls de la Beatriu es van omplir de llàgrimes mentre escoltava les seves paraules. No ho va entendre tot, hauria necessitat més temps i que el cor aturés aquell repicar tossut a les temples. Es va sentir estimada, com feia molt de temps que no s'ho permetia. Durant uns segons va dubtar si deixar-se anar als seus braços, però la paraula «impostora» va sortir al pas dels seus pensaments. Va aixecar la barbeta i es va empassar les llàgrimes, gola avall.

Amb el gest es va trencar l'embruix. Van tornar els grinyols, els lladrucs, els crits. La ciutat els envoltava de nou, com un cos viu.

26

El notari feia dos dies que havia desaparegut quan en Pere Bracons va despatxar els assumptes pendents amb un noi jove, però molt decidit, que s'ocupava del recapte entre els botiguers de la zona de les Jerònimes. La Morlana havia muntat una gran xarxa de protecció i favors que abastava tota la zona entre les noves i les velles muralles. Oferia seguretat i ajuda, de vegades una mica de comprensió i, sovint, s'encarregava de repartir justícia. Era més propera que els guàrdies de la ciutat i la gent l'adorava perquè podia comptar amb ella per als petits problemes del dia a dia. Mentrestant, el poder feia els ulls grossos. Els anava bé que algú s'ocupés d'un territori que consideraven inútil per al progrés de Barcelona, un barri on tan sols convivien pobres, malalts, putes o assassins.

Els negocis d'en Francesc Borrell eren d'una altra naturalesa. El seu tarannà no passava per estar al costat de la gent, i havia practicat amb escreix les arts de l'estafa i l'engany. Era cert que buscava el benefici dels seus clients, però sempre feia per quedar-se la millor part. S'havia fet ric, però també havia provocat la inquietud de molts que no entenien les fonts de tanta opulència.

La debilitat d'en Serafí Riera li havia proporcionat un nou canal d'ingressos que, segons tots els indicis, podia arribar a ser molt important. Aquell canonge estava disposat a qualsevol cosa si li seguia la veta, i el notari no tenia escrúpols sempre que el resultat fes augmentar els seus ingressos.

En Pere Bracons no en sabia res, de tot això. Havia vist alguna vegada en Riera sortint de l'hospital, però aquella represa de les seves dèries particulars, després que la Morlana es negués a fer-li d'alcavota, no havia arribat als seus canals d'informació.

Al llarg del matí havia vist alguns homes d'en Borrell massa prop seu per quedar-se tranquil i esperava esdeveniments. Potser hauria d'haver escoltat les recomanacions de la seva patrona i anar acompanyat, però s'havia repetit una i mil vegades que ell treballava sol i actuava en conseqüència.

El dia era especialment mogut a les portes de l'hospital de la Santa Creu. El pitjor de la darrera epidèmia de pesta havia quedat enrere, però encara arribaven nous infectats cada dia, que els responsables del recinte intentaven aïllar en una enorme sala on pocs curadors s'aventuraven. Només alguns metges, com ara en Mateu Soler, s'atrevien a entrar-hi, sense que la seva bona disposició pogués ajudar gaire els malalts.

En Pere va travessar la porta i va caminar pel pati. No li agradava sentir de tan a prop el patiment de la gent i, molt sovint, es protegia dins una cuirassa que tancava amb pany i clau per sobreviure. De vegades enyorava la vida senzilla del camp, els temps de la collita, el vent gronxant els cards que creixien al voltant de l'hort. I també la pluja, que netejava i nodria la terra convertint la pols en vida. A ciutat, si plovia, res no garantia que l'acumulació de podridures no esdevingués un mal pitjor.

Malgrat aquests pensaments, conscient que la seva obligació era saber què passava al territori controlat per la Morlana, va parar l'orella en alguns dels rotlles. Hi parlaven de malalties i de remeis infal·libles, de tragèdies familiars, de com vivien els més poderosos, ben a recer als seus palaus. Tenia la sensació que tota la xarxa delictiva que havia construït la seva patrona estava més a prop de l'ajuda benèfica que no pas d'una intenció criminal.

Després de desfer-se d'un vailet agosarat que, molt maldestrament, va intentar ficar la mà a la seva bossa, en Pere va arribar davant l'escala que menava cap a l'interior. L'enorme edifici era com una catedral del dolor, l'esperit d'acollida i de consol difícilment podia lluitar contra la desesperança que creixia a les seves portes. En Francesc Borrell tot just pujava els esglaons envoltat de tres homes de la seva confiança.

—No comptis amb mi! —li va cridar des de baix mentre es quedava plantat esperant.

El notari va recolzar la mà a la barana de pedra i es va abocar al pati. No va dir res, tan sols va projectar la mirada més enllà d'on es trobava aquell home insignificant que gosava desafiar-lo i de seguida va continuar el seu camí fins a desaparèixer a dins l'hospital. Un dels seus esbirros es va quedar a la porta lluint un ample somriure.

En Pere, avesat al joc de les amenaces subtils, ni tan sols es va immutar. Havia estat massa arriscat plantejar-li la seva negativa davant de tothom? Poc importava. Els malalts que ocupaven aquell espai tenien altres urgències i, a més a més, pocs jutges admetrien el seu testimoni. En tot cas, esperava haver aconseguit que en Borrell es pensés bé l'escenari del seu proper atac.

Va girar cua i va sortir sense apressar-se del recinte de l'hospital. El pas següent era baixar fins al port per comprovar si els traginers enllestien les mercaderies del vaixell venecià que havia arribat el dia anterior. La Morlana esperava un enviament de teles i perfums que, segons deia, els hi traurien de les mans a les cases més riques de Barcelona.

En Pere sempre escollia el camí dels horts per anar al port. Li recordava una altra època, quan el seu pare vivia i conreaven plegats un camp petit per poder sobreviure. Estava a punt de deixar enrere les últimes cases, algunes eren poc més que cabanes de fusta i altres materials aconseguits a les escombraries dels barris alts, quan va sentir que algú el cridava. El cor li va donar un tomb. Aquella veu... Perplex, es va girar d'esquena, i va entrellucar un home alt amagat entre les runes.

—Jo no travessaria els horts —li va dir amb claredat aquella aparició mentre ell intentava sobreposar-se.

—Per tots els dimonis!

El rostre colrat d'en Bracons va mostrar una lividesa poc usual. Durant uns segons, amb els ulls com unes taronges i la boca igualment oberta, va fer un pas enrere fins a trobar una paret on recolzar-se. En veure que aquell fantasma somreia es va anar tranquil·litzant. Encara sense tenir-les totes i amb certa dificultat per empassar-se la saliva, va afegir...

—Si això és una broma, no té cap gràcia!

—Et puc assegurar que no estic en condicions de ferne cap, de broma.

—Però... d'on has sortit? Tots et fèiem mort!

—Em plau, un cop més, portar-te la contrària. Soc

dur de pelar, jo, però no et negaré que les he passat molt magres. Aquesta vegada he estat a punt de morir.

En Pere, encara sense recuperar el color, va desfer el camí per acostar-se a en Pau Vinyes, mentre aquest abandonava el seu amagatall. L'esbirro s'hi va plantar al davant, però no el va tocar. El cor li bategava ràpid i, mentre el fitava encara amb certa incredulitat, va sentir-se íntimament content. Tantes vegades que havia desitjat treure-se'l de sobre per recuperar l'atenció de la Morlana!

—Com és possible? No van trobar el teu cos, però... On has estat fins ara? Estàs ferit?

Les preguntes se li amuntegaven sense donar temps a cap resposta per part d'un interlocutor que seguia somrient sense deixar de mirar a un costat i l'altre. Era una situació estranya, trobar-se cara a cara amb un personatge que havia odiat amb totes les seves forces, però encara ho era més que la conversa entre ells fos amistosa i sincera.

—La sort o el destí... No és fàcil d'explicar. Em vaig despertar entre cadàvers i vaig sortir per cames. Tinc un bon trau al cap i devia perdre molta sang perquè em sentia molt feble, però les ferides van cicatritzant bé... Això ara no és important. Si es pensen que he passat a millor vida tinc un cert avantatge. Ho entens? M'he convertit en un fantasma a qui ningú no espera. Però no val a badar, l'enemic és poderós i menysprear-lo ens podria portar a perdre definitivament la batalla. Què et sembla si ens deixem de xerrameca? He sortit al teu encontre perquè he vist tres homes d'en Borrell que anaven cap als horts. Em temo que podria tractar-se d'una emboscada.

—No els tinc cap por.

—No siguis brètol! Sol no tens cap oportunitat... i la Morlana et necessita.

—La Morlana...

En Pere Bracons, confós, es va girar de nou, aquesta vegada cap als horts. Tot el dia s'havia estat preguntant quin paper li tocava representar en aquella situació, però el retorn inesperat d'en Vinyes trencava totes les seves previsions. Per què l'advertia? Com era que no s'havia presentat davant la Morlana? Què volia en realitat?

—A la patrona li agradaria saber que ets viu —va dir per sondejar-lo.

—Ho sé, però no vull posar-la en perill. Si en Borrell se n'assabenta, voldrà acabar la feina i eliminar tots els que m'envoltin...

—La Morlana sap tenir cura d'ella mateixa, però tu... Podria ajudar-te a fugir. Tens una dona i fills a Llívia, segons crec. Ara que ningú no t'espera, seria fàcil introduir-te en algun grup que vagi cap als Pirineus.

—T'ho agraeixo, però abans vull veure acomplerts els meus propòsits.

—Si pretens desfer-te d'en Borrell pinten bastos! S'esmuny com una serp i mata a traïció. Ja veus com les gasta!

En Pau Vinyes va mirar encuriosit aquell home amb qui mai no havia intercanviat tantes paraules seguides. Li va semblar que era de fiar i va decidir obrir-se del tot. No pensava fer-se enrere, l'esbirro tenia raó i la seva ajuda podria ser fonamental. Com a mínim necessitava el seu silenci, ara que s'havia descobert.

—Ha estat una casualitat que et pogués advertir. M'amago en una d'aquestes cases. He escoltat els homes d'en Borrell que passaven per davant i parlaven de tu. Però de fet només surto a les nits i si ho faig de dia m'amago sota la roba. He d'estudiar les seves passes, trobar el moment oportú i caure-li a sobre!

—No saps de què parles! Mira't! De veritat creus que estàs en condicions de fer alguna cosa més que intentar caminar dret? No t'ho prenguis malament, però sembles ben bé una ànima en pena. Fes-me cas, m'hauries de deixar fer a mi.

—A tu, dius? Si no t'hagués advertit, estaries camí del cementiri!

—Això ho hauríem d'haver vist —va dir en Pere amb to ofès—. Bé, no és que no agraeixi...

—Deixem-nos de compliments! Puc comptar amb tu o no?

—Per matar en Borrell?

—No hi ha qui t'entengui! És clar! Fins que no el liquidem tots estem en perill!

—Sí, però la Morlana no ha donat pas aquesta ordre, ara per ara...

—Veig que perdo el temps amb tu.

En Pau Vinyes va fer l'intent d'allunyar-se mentre en Pere sospesava les seves opcions. Va pensar que ja no era tan important el que opinés la seva patrona; l'havia deixat fora del seu cercle de confiança i ell mateix alimentava la intenció d'abandonar la ciutat. El millor servei que podria fer-li abans de marxar seria matar aquell bandit que enganyava tothom amb les seves maneres nobles.

—Espera!

—Què vols? —va respondre en Vinyes, que ja li donava l'esquena.

—Potser aquesta trobada no ha estat tan casual. T'ajudaré, però has de seguir les meves indicacions. Intentaré trobar la manera de desfer-nos d'en Borrell.

—De debò que ho faràs?

Els dubtes van aflorar al rostre d'en Vinyes. Seria capaç l'esbirro d'anar en contra de les ordres de la Morlana? De moment podia seguir-li la veta, no tenia tant a perdre i ell estava acostumat a moure's per la ciutat.

—El primer que faré serà proporcionar-te un amagatall més segur. Vindré aquesta nit a buscar-te i et portaré alguna cosa per menjar.

En Vinyes no va dir res però li va estrènyer la mà i, potser perquè el sol li venia de cara, els ulls se li van humitejar.

En Pere Bracons es va endinsar de nou al barri de l'hospital. Abans havia vist la guarida d'en Pau, tres parets sense sostre. Una rata rosegava un tros de pa sobre la màrfega improvisada. Es va dir que era ben bé un miracle que aquell home hagués sobreviscut.

Ara, havia de pensar molt bé les seves properes accions. Seria la primera vegada que actuava al marge de la Morlana, però va recordar les paraules del seu pare poc abans de morir als seus braços...

—Escolta el cor i que no et falti el seny en prendre les teves pròpies decisions.

No sempre havia portat a terme aquell consell. Potser era el moment de seguir-lo al peu de la lletra.

27

Quan en Mateu i la Beatriu van arribar a l'hospital els esperaven amb candeletes. Un comiat breu va precedir la incorporació apressada a les seves respectives feines. Mentre que a ell el requerien per a una consulta urgent, a la Beatriu se la buscava per atendre una dona que acabaven d'ingressar.

—Sembla que li diuen Antònia i té una fractura terrible al braç; tot indica que se l'ha trencat per més d'un lloc. També respira amb dificultat i es queixa molt de les costelles. És molt probable que en tingui un parell d'enfonsades, potser més. Esperem que no l'hagi rebentat per dins —va dir-li l'encarregada de la sala.

—Per l'amor de Déu, si té la cara ensangonada!

—Que la Seva Bondat ens guiï —va respondre la monja—. Això de la cara és fàcil de curar, li podem fer un cosit a la cella i llestos. Bé, el nas també ha rebut de valent. Fes que aixequi la barbeta i atura l'hemorràgia. Quan el metge tingui un forat m'ha dit que passarà a veure-la, el cirurgià no pot trigar.

La Beatriu va empassar-se la saliva amb dificultat i es

va prémer el llavi inferior amb les dents, tot just al punt on tenia la cicatriu. Es va mirar aquella dona amb tots els músculs del cos en tensió i, finalment, va demanar...

—Es pot saber qui li ha donat aquesta pallissa?

—Cap lladre s'acarnissa així amb la seva víctima, oi? Tanta violència va més enllà d'un robatori, com ja et pots imaginar.

—Ha estat el seu marit!

Davant la certesa que l'havia assaltat, els ulls de la Beatriu van adquirir una brillantor inèdita, gairebé felina. La jove esperava la resposta amb els punys tancats i la boca seca.

—Això he sentit a dir. Ella, però, té massa por. No deu ser la primera vegada, té el cos ple de nafres a mig curar.

A la Beatriu Montells se li van regirar el budells i una fel amarga li va pujar gola amunt.

—Cabró! Així el pengin dels ous!

La religiosa es va fer el senyal de la creu sobre el pit i, ofesa, li va exigir una mica de respecte. A continuació va seguir amb la cura d'una altra pacient que mostrava un gran tall al rostre, segons deia perquè havia ofert resistència a un robatori.

—Respecte? Jo he de tenir respecte? —va saltar la Beatriu—. Aquesta mena d'homes són com animals, no es mereixen viure.

Ho va dir amb les dents serrades i la ràbia pujant-li per les venes del coll. Sense esperar una reacció a les seves paraules, es va girar de nou cap a la dona maltractada. Es vinclava sobre el ventre i, amb les mans cobrint-se el tors mig nu, es queixava amb un fil de veu. Semblava haver perdut la lucidesa de què gaudia tan sols uns instants abans, com si refugiar-se en els laments l'ajudés a oblidar. Aquell grinyol planyívol semblava el que produeix la inclinació d'un arquet sobre les cordes d'un violí vell. La jove Montells va prendre la paraula, endolcint la veu...

—Sé que si us incorporeu us fa mal, però no podeu perdre més sang. Ho enteneu? Deixeu que us ajudi. Ho farem a poc a poc. He de tapar-vos el nas i el barber us cosirà el trau. Una mica de tintura d'opi us ajudarà.

La Beatriu només es va separar d'ella per anar a buscar un gibrell amb aigua i un llençol vell que esquinçaria per fer-ne draps. Durant la nit li va xopar el front i els polsos. De tant en tant, ella també es refrescava el clatell. La xafogor va ser enervant durant tota la nit.

A mitjan juny el sol sortia ben d'hora, una claror tènue s'estenia per l'horitzó marítim i s'aixecava amb lentitud fins a cobrir la ciutat. Sis campanades van advertir la Beatriu que el dia s'estava despertant. Des de la màrfega on s'havia estirat feia ben poc, podia veure la sala de sostres altíssims; els arcs apuntats s'hi mostraven de nou, tímidament. Lluïa una única flama esmorteïda al costat de la porta, aviat algú duria torxes noves que les monges es disputaven per poder veure amb claredat si s'anaven curant llagues i ferides. Els llums d'oli eren més efectius, feien una claror més uniforme, però no resultava fàcil aconseguir-ne dins l'hospital.

Des de la posició que ocupava la Beatriu, amb les finestres a l'esquena, va recordar com es projectava la llum contra les parets nues. Al vespre es convertia en un incendi callat que portava esperança a totes aquelles malaltes que havien sobreviscut a un nou dia. Als matins era diferent, la claror semblava lliscar pels murs i caure sobre els cossos nafrats, posant en evidència la seva misèria i els ulls envidriats de moltes ments pertorbades. La jove Montells només hi va dedicar una escombrada ràpida. Després va fer l'esforç de concentrar-se en la dona maltractada que tenia al seu càrrec.

—Bon dia. M'han dit que el vostre nom és Antònia.

La desconeguda va obrir els ulls i un verd turquesa va despuntar sota les parpelles inflades, encara mig closes. Semblava serena. El rostre, embotornat pels cops, no permetia dibuixar una fisonomia concreta, però, per un moment, a la Beatriu li va semblar que s'esforçava per dibuixar un lleu somriure d'agraïment. La dona va intentar incorporar-se i una ganyota de dolor la va tornar a lloc. Aleshores es va mirar el braç esquerre, immobilitzat, i va obrir els ulls tant com podia.

—Tranquil·litzeu-vos. Han fet una bona feina, creieu-me. Ara és millor que no us mogueu. Hi haureu de passar uns dies, a l'hospital, però us posareu bé.

Durant uns instants se li va fer present la imatge de la Joana amb el braç malmès i van estar a punt de negar-se-li els ulls. Potser l'Antònia va intuir alguna cosa perquè va ser ella qui li va allargar la mà.

—Aniré a buscar una mica d'aigua fresca, teniu els llavis ressecs.

La Beatriu se'n va apartar. De cap de les maneres volia abandonar-se a la nostàlgia. Estirar les cames li va semblar una bona idea, necessitava desentumir el cos.

Feia més de vint-i-quatre hores que no sabia res de la Guisla i va decidir fer-li una visita a la sala dels nens. La seva amiga se li va acostar només veure-la, la va agafar del braç i la va conduir fins a un racó. Després de guaitar a banda i banda, per assegurar-se que ningú no les escoltava, va obrir molt els ulls i li va dir...

—Hem de parlar!

—Què passa, Guisla? M'estàs espantant!

—És molt greu. Necessito ajuda!

—Has trobat la resta de la fórmula?

La dona se la va mirar i, movent el cap d'un costat a l'altre, va deixar anar un llarg sospir.

—No, Beatriu! No he trobat cap fórmula! No he tingut temps ni de pensar-hi, si vols que et digui la veritat!

—Però el teu fill...

—Vet aquí! Ara és l'Arnau qui et preocupa? El meu fill es troba bé, ni millor ni pitjor, vaja.

—Guisla, què et passa? Vam venir aquí per...

—Ja ho sé! Ja ho sé! —va exclamar la Guisla, posant-se les mans al cap i lligant-se el mocador amb força—. Però no comptava que hauríem de baixar a aquest infern.

—Estàs esgotada. Hauries de dormir una mica.

—Deixa de tractar-me com si fos una criatura! Em vols escoltar d'una vegada?

La Beatriu Montells va fer un parell de passes enrere. La Guisla parlava seriosament i mereixia la seva atenció, encara que no li agradés.

—Recordes que et vaig parlar de la Caterina?

—De qui, dius?

—De la Caterina! Aquella nena que estava sota la protecció de la Domenja i es passava els dies plorant fins que va perdre la raó. La recordes, ara?

—Sí, sí. Què li ha passat? —va preguntar estirant el coll per veure si podia localitzar-la al llit que sempre ocupava.

—No miris! Hem d'actuar amb discreció.

—Què t'empatolles?

—Xxt! T'ho diré, però ha de quedar entre nosaltres, si més no per ara. Entesos?

—Sí! Acaba d'una vegada, que m'estàs posant nerviosa!

—Doncs tranquil·litza't i no facis escarafalls, ni cridis l'atenció.

La Beatriu va prometre amb el cap que ho faria. El seu cor enviava la sang a les temples cada cop amb més força i es va recolzar a la paret en espera d'aquelles notícies intrigants.

—N'abusen. La violen.

La resposta de la Beatriu no va ser immediata. Durant uns segons es va quedar palplantada, amb la boca oberta sense ser capaç d'articular una sola paraula. Quan va poder reaccionar va encreuar els braços sobre el pit i es va agafar les espatlles.

—Hi ha una altra nena, de la seva mateixa edat. És sordmuda —va prosseguir la Guisla.

—També n'abusen?

El silenci va ser la resposta més contundent.

—Això que dius és terrible! I tu, com ho saps?

—Les he seguides. Tot plegat em feia molt mala espina. Sempre fan el mateix recorregut. I la Domenja és l'encarregada de conduir-les fins al despatx.

La Beatriu no respirava. Ja no escoltava els plors de les criatures que, amb diferents timbres i intensitats, esdevenien la banda sonora de l'espai que les acollia. Tota la seva atenció es concentrava en els llavis de la seva companya, cada cop més a prop de desvelar el nom del botxí.

—Digues d'una vegada qui és el monstre que és capaç de fer-li això a dues criatures.

—El canonge que ens va rebre el primer dia, en Serafí Riera!

28

La Beatriu va girar cua aclaparada per la ràbia, el fàstic i la impotència. Tenia l'estómac regirat, es veia incapaç de pair tant d'horror. Tampoc no estava segura de poder mantenir la promesa que havia fet a la Guisla.

—No parlis amb ningú, ni facis res pel teu compte, que et conec! Hem de fer les coses ben fetes, si ens precipitem ens faran fora i elles seguiran patint com fins ara.

Sentir-se lligada de peus i mans encara l'enfuria més. Nit rere nit rumiava la manera de posar contra les cordes aquell personatge repulsiu. I en somnis cercava en la venjança una mica de consol. Hi estava avesada, ho havia practicat molt ja de ben petita.

Acarnissar-se en la persona de la Domenja no tenia gaire sentit. Ella era una víctima més que, en sentir-se descoberta, suplicava el perdó i una mica de misericòrdia. Aquella pobra desgraciada feia molt de temps que patia el xantatge del secretari del canonge. La tenien ben collada. Si obria la boca la denunciarien per lladre; parar pistes falses per incriminar-la era ben fàcil. A més a més del petit de pocs mesos que alletava, tenia un fill de catorze anys feinejant a la institució hospitalària. Carretejava llenya a l'hivern, mercaderies tothora i fregava els vòmits del terra. Si intentava delatar-los els farien fora sense contemplacions i qui sap de què més eren capaços! Perdrien la seguretat d'un sostre, un plat a taula i la protecció que els carrers no els oferien. L'amenaça, però, era constant. La podia percebre en la manera com s'hi dirigien, com la fulla esmolada i freda d'una guillotina disposada a caure-li a sobre en qualsevol moment, sense recança.

Quan va accedir a fer-se càrrec de la Caterina, no sabia les intencions d'aquelles ments malaltes i vicioses, i, si en algun moment en va tenir la sospita, la va foragitar sense contemplacions. Després ja era massa tard. La Caterina es va quedar sense plor i la sang se li escorria en silenci entre les cuixes. Va pensar que aquell homenot se'n cansaria aviat, però el pes de la culpa no la deixava viure. Només volia desaparèixer i la mort era un horitzó possible.

Malgrat la por a les conseqüències, el fet d'haver estat descoberta i compartir amb algú aquell terrible secret li van proporcionar una mica de consol. D'alguna manera, li feia menys feixuc el remordiment.

L'endemà, la Guisla i la Beatriu es van reunir amb la Domenja. Ho van fer cara a cara i emparades pel silenci de la nit. Necessitaven idear un pla per mantenir fora de perill les nenes, qualsevol cosa mentre no trobaven una solució definitiva.

—I si l'hi diguéssim a en Mateu? Segur que ell sabrà la manera... —va suggerir la Guisla.

—Vols dir el metge? El doctor Mateu Soler?

—Sí, exacte.

—Però...

—No has de témer res, Domenja. És de tota confiança —va reblar la Beatriu, desviant la mirada per por que els ulls diguessin allò que callaven les paraules.

—Sí que ho és —va confirmar la Guisla, una mica estranyada de la seguretat amb què havia parlat la seva companya—. De totes maneres, tinc una idea que, de moment, pot funcionar.

Tant la Beatriu com la Domenja, sense dir-se res, van escurçar distàncies. Una petita espurna d'esperança brillava més enllà del desassossec.

El ble tremolós del llum d'oli mostrava i amagava els perfils dels seus rostres, aclarint aquí i enfosquint allà. Durant uns instants es van sentir en comunió. Fora havia començat a ploure i la terra, goluda, s'empassava l'aigua tan desitjada. Les gotes formaven bassals que un gos s'afanyava a beure i omplia galledes que la gent deixava al mig del carrer o a les places. Però elles, alienes al xipolleig, seguien concentrades en les paraules de la Guisla Valensó.

—Direm que estan infectades.

—Les nenes?

—Sí, Domenja, les nenes —va sentenciar la Beatriu amb un punt d'acritud.

—Quan el secretari vingui a buscar-les direm que tenen una erupció a les seves parts.

La Domenja va arronsar les celles i, de nou, la Beatriu va aclarir...

—Vols dir als genitals. Farem que se'ls rasquin, si convé!

—La Caterina no obeirà. Ja no té forces per a res. Potser la raó l'ha abandonada. I em penso que seria el millor que li podria passar.

—No diguis bajanades! Ha patit molt, però li queda una vida per davant.

Quan va acabar de pronunciar aquestes paraules, la Beatriu no estava segura de poder-les defensar. Sabia molt bé què significava que t'esgarressin la infantesa. Es va escurar el coll i, amb veu més timbrada, va afegir...

—No la tornarà a tocar. Si la nena no reacciona, li fregarem el dallonses amb ortigues perquè ho faci.

—És una bona pensada —va dir la Guisla—. Això ens permetria disposar de temps per trobar una sortida. No podem arriscar-nos, la nostra paraula no té cap valor i, d'altra banda, estic convençuda que aquest malparit no actua sol. M'hi jugo el coll que n'hi ha més d'un que fa la viu-viu i para la mà.

Avergonyida i protegida per la foscúria, la Domenja va abaixar la mirada. Cadascuna es va quedar sola amb els seus fantasmes i una nit més els malsons van guanyar la partida.

L'endemà, amb bosses sota els ulls, però amb el valor que dona la confiança en les pròpies conviccions, van tornar a la rutina diària per no aixecar sospites.

A la sala assignada a la Beatriu hi havia seixanta-quatre dones, però només trenta-vuit llits. Aquella mateixa nit hi havia hagut un parell d'ingressos, i per aquest fet havien agrupat les malaltes menys greus.

L'Antònia no es trobava al lloc que li havia assignat la jove Montells. Durant els segons previs a la seva localització, el cor li va bategar amb força mentre alimentava la pitjor de les sospites. En descobrir-la de nou, les cames van córrer a trobar-la.

—Bon dia, Antònia! Veig que has guanyat posicions!

Un somriure lleu va dibuixar aquell rostre violaci i, encara, força entumit. Els seus ulls, però, van riure obertament.

—M'alegro de veure't millor. Puc fer alguna cosa per tu?

—No em deixis sola.

Li va lliscar una llàgrima pel costat dels ulls fins a desaparèixer entre els seus cabells foscos. La súplica, amb prou feines pronunciada, va precedir la conversa entre totes dues.

—No vull anar a les Egipcíaques. Pots fer alguna cosa per impedir-ho?

—No sé de què em parles.

La Beatriu va apropar-li la mà al front per assegurar-se que la febre no la feia desvariejar. La dona, amb el braç que li quedava lliure, l'hi va apartar furiosa.

—Escolta'm! Aquest és el procediment habitual, però abans d'anar-hi val més que em deixeu morir. Entesos?

—Però...

—Es maten les unes a les altres! És un infern! Una mena de presó on fan cap les delinqüents comunes, les assassines i aquelles a qui falta un bull, boges o bruixes, a més d'altres com jo...

—Què vols dir?

—A algunes ens hi tanquen els nostres propis marits.

—Com poden...?

—Vaig ajudar a escapar una parella d'esclaus. Eren joves i s'estimaven, els teníem a casa des que eren unes criatures.

La Beatriu va desoir les veus de les malaltes que, molt a prop seu, demanaven que les assistís. Tampoc no va fer cas a la responsable de la sala, que requeria la seva presència. Volia escoltar aquella història...

—La petita Milies es va presentar a casa nostra amb la seva mare. Crec recordar que es deia Tulgate, però va morir al cap de pocs dies d'un mal estrany que li feia treure escuma per la boca. El meu home es va posar fet una fera. Les esclaves formaven part d'un lot de set botes i cinquanta-cinc barrils de tonyina. Deia que l'havien estafat i ho va pagar amb la criatura. En aquell temps no en vaig voler saber res.

—I després, què va canviar?

—Jo, suposo, una barreja d'humiliació i...

—Descansa —va intervenir la Beatriu en observar que la seva pacient s'agitava—. En el teu estat no és convenient que facis esforços.

—Descansar, dius? Ja he descansat prou. He consentit, mirant cap a un altre costat, que ell la rondés tothora i que, en rebre com a resposta el seu rebuig, la fes assotar.

L'Antònia va abaixar els ulls fruit d'una vergonya que hauria d'haver estat aliena. Després, amb una nova lluïssor a la mirada, va afegir...

—No podia permetre que aquella situació es repetís. Amb prou feines vaig aconseguir que en Pere, l'estimat de la Milies, no es prengués la venjança pel seu compte. No tenia cap possibilitat de sortir-ne il·lès.

—Els van agafar?

—Sí. Van arribar fins molt a prop dels Pirineus, gairebé ho aconsegueixen! Però sempre hi ha rèptils repugnants disposats a injectar verí a tort i a dret. Els van delatar.

Entre sanglots, l'Antònia li va explicar com el seu home els havia fet tornar a casa lligats de mans, amb la roba estripada i exhibint-los pels carrers de la ciutat. Era una de les maneres més convincents de dissuadir d'altres de la mateixa condició. «Qui la fa la paga», deia el missatge d'un cartell que portaven penjat al coll.

—No en va tenir prou, però. Abans de lliurar-los a la justícia perquè els pengessin, ens va obligar a en Pere i a mi a mirar com violava la Milies. El noi estava emmordassat i lligat. Feia angoixa veure com es retorçava i intentava alliberar-se de les cordes. Em mirava com si s'hagués tornat boig, suplicant... Vaig voler intervenir, apartar-lo d'ella. Aleshores només recordo el primer cop de puny a la cara, una puntada de peu a l'estómac i un dolor intens al braç. Després es va fer fosc fins que la teva veu, cridant-me pel meu nom, em va rescatar.

La Beatriu va notar un rosec molt endins, com si un foc li cremés les entranyes. El nus a la gola no li va permetre articular cap paraula, però va assentir amb el cap i li va prémer la mà. D'una banda s'alegrava que hagués recuperat la memòria, de l'altra pensava que potser no pagava la pena recordar tant de patiment.

Uns segons després, va sortir de la sala. Quan es va saber protegida de mirades i comentaris, va emprendre una cursa embogida sense direcció. Un parell de cops va estar a punt de perdre l'equilibri després d'ensopegar amb tot allò que li sortia al pas, però no es va aturar fins a arribar a un descampat. Panteixava. La presència d'un parell de pagesos amb l'esquena doblegada i l'aixada a les mans era l'únic rastre humà en aquells horts que envoltaven el petit monestir de Sant Pau. L'edificació, humil i sòbria, emergia entre un xiprer i mitja dotzena de palmeres.

Un primer crit va alliberar la tensió que precedia el plor. Amb la força que li quedava, agenollada, va colpejar el terra amb els punys tancats. No va sentir cap mal quan es va encetar la pell.

Un dels pagesos se li va acostar amb recança, però ella, com un animal rabiós, li va ensenyar les dents fins a aconseguir que desfés les seves passes.

—No era això el que em va portar de tornada! —va cridar, aixecant els ulls al cel—. Ja en tinc prou! No ho suporto! Que m'escoltes, mare? Vas dir que cuidaries sempre de nosaltres! On ets, ara? Per què aquest dolor al pit?

Dreta, va giravoltar sobre ella mateixa fins a deixar-se caure completament exhausta.

Va desfer el camí amb passes curtes i el cap cot. Quan va arribar a l'hospital, algú repartia un plat de llenties i se les va menjar sense agafar-los el gust. No hi va sucar el pa, com tenia per costum. Va gaudir, però, de clavar-hi les dents i sentir com se li esbocinava dins la boca.

De sobte, com si sortís d'un somni, va respirar fondo. Que Déu s'apiadés de la pobra Caterina, de l'Antònia i de tanta i tanta misèria que l'envoltava. Ella s'havia de salvar sola.

Va pensar que, potser, en aquell cau de les Egipcíaques algú coneixeria la misteriosa dona que havia portat part de la fórmula a en Mateu. Tenia la seva descripció física i la taca a la cara podia ser la clau.

No s'apartaria del camí. Mantenir el cap fred era imprescindible. Si volia aconseguir grans fites, la realitat no l'havia de superar. És clar que donaria un cop de mà si la necessitaven, però no permetria que la merda dels altres li arribés al coll. Era el seu moment després de tota una vida lluitant per sobreviure a l'horror.

29

La visita a aquell cau de misèria no va ser tan senzilla com havia previst la Beatriu. Quan es va trobar a les portes de les Egipcíaques, va entendre de seguida que no era exactament una presó el que tenia al davant. Confosa, va recular unes passes i s'hi va quedar una estona a l'aguait.

Hi havia una dona asseguda de costat al tercer esglaó de l'escala que donava accés a l'edifici. Era menuda, d'esquena carregada i pell fosca. Va entrar un home i va anar a l'altre extrem per mantenir la distància. Una olor acre surava en l'aire, com de verdures podrides o aigües estancades.

Uns mesos abans aquell mateix indret havia aplegat pidolaires i ancians que intentaven conquerir durant unes hores una parcel·la d'escalfor per fer-se passar el fred. Ara, ben al contrari, començant el juliol, suportar la cremor que el sol infligia a les pedres era desagradós.

A la desconeguda semblava no afectar-la. Malgrat la roba senzilla que cobria un cos escarransit, la seva actitud conservava un pòsit de dignitat. No demanava res, ni tan sols permís.

Quan la Beatriu va decidir acostar-s'hi, la dona va fer una ganyota i la va interpel·lar sense miraments.

—Què hi busques? Se t'ha perdut algú?

—Què dieu?

—Ja fa una estona que rondes, com si estiguessis interessada. Que potser ets una de les penedides?

La Beatriu es va arronsar d'espatlles. Tot seguit hi va afegir un moviment de cap, per mostrar-li el desconcert.

—No saps de què parlo o et fas la ruca? Et pregunto si ets una dona de mala vida i cerques el consol o el perdó entre aquests murs... —va dir, aixecant la mirada per repassar de dalt a baix les velles parets que l'envoltaven.

—No sé què us empatolleu. Jo a vós no us conec de res i...

—Quins fums que et gastes, noia! Ves-hi, ves-hi, no et volia pas molestar, jo, però les dames no fan cap fins aquí. Ho sé del cert —va afegir, abaixant la veu i fixant els ulls a terra.

La Beatriu la va escrutar amb deteniment. Tenia els llavis fins i poques dents a la boca. Sota les mànigues, massa llargues per uns braços tan migrats, s'hi podia endevinar una lleugera tremolor.

—Que potser teniu algun familiar dins? —va demanar la Beatriu, després de deixar passar una estona en silenci.

—Vaja, em pensava que no tenies llengua.

—Però que...

—Ara t'ho podria dir jo a tu, allò que no n'has de fer res, però tant se val... Sí, hi ha la meva germana, vet-ho aquí!

La Beatriu es va burxar els repelons mentre buscava la millor manera de treure-li més informació sense incomodar-la. Si la pregunta era molt directa, potser es tancaria en banda. Ella, però, se li va avançar...

—No sé quin és el motiu que et porta a voler penetrar en aquest infern, però jo ho deixaria córrer. Totes les dones que hi ha s'acaben assemblant les unes a les altres. Oi que és fàcil diferenciar les folles de les beates o les abusades de les assassines? Doncs, si t'hi passes massa temps, a les Egipcíaques, perds de vista el nord i acabes confonent tots els punts cardinals.

—Me'n faig càrrec.

—Te'n fas càrrec, dius? No en tens ni idea! En aquesta porta s'hi abandonen nenes per consell del rector de torn. Es garanteix a les famílies la seva moralitat futura. He vist massa vegades com ploraven desconsoladament mentre els tallaven el cabell, les vestien de negre i, amb el cap cobert, els feien dir un jurament solemne d'obediència i castedat.

—A la vostra germana, també...

—La meva germana és una pobra desgraciada que podria pertànyer a qualsevol dels grups, però ara està amb les malaltes. Va començar amb la tinya i les febres es van apoderar del poc senderi que li quedava.

—Malaltes, dieu?

—Sí, no s'estan de res. A l'hospital ja no s'hi cap i aquí les monges miren de curar-les amb aigua beneita.

—Potser puc ajudar-vos. Jo treballo a l'hospital. Sé preparar ungüents i...

—Espera, espera! Per què ens hauries d'ajudar?

La dona va aixecar el cap i la va mirar fixament. Tenia els ulls vius, tan brillants com l'aigua del mar quan el sol s'enfila al zenit, però d'un color imprecís. La Beatriu es va convèncer que podia travessar-li pell i ossos fins a llegir-li els pensaments. Tot seguit es va incomodar.

Aprofitant el seu moment de feblesa, aquell ésser, insignificant a primera vista, va allargar la mà per prendre una pedra que hi havia a l'abast. La Beatriu va témer que l'hi llançaria pel cap, però, abans que es pogués posar fora de perill, el roc va anar a raure molt a prop d'una rata que les rondava. L'animal va emetre un xiscle agut i va ensenyar les dents. Finalment, va abandonar l'escena.

—No l'havia vista venir —va dir la jove Montells, desconcertada.

—Jo ja tinc experiència. Per sort o per desgràcia m'ensumo de lluny els carronyaires. I ara, penses dir-me què vols?

Una mena de ganyota, fruit de la ràbia continguda, va deformar durant uns segons el rostre de la Beatriu. La temptava deixar-la amb la paraula a la boca i fotre el camp. També li va passar pel cap d'engegar-la a rodar, però es va dir que no perdia res i va formular amb veu rotunda les seves preocupacions...

—D'acord. Busco una dona.

—I la dona que busques és a dins? Mal senyal, doncs!

—No ho sé realment. De fet no ho crec pas, però espero trobar-hi alguna informació. He pensat que seria un bon lloc per començar.

—Potser sí, potser no.

—Què dieu?

—Els homes fan cap als hospicis quan perden la feina i no tenen res per omplir-se la boca. S'hi estan poc temps, però. Quan troben la manera de guanyar-se les garrofes, surten i llestos. Per a les dones és molt diferent. Si hi entres, ja has begut oli. Ens volen bandejar, els molestem. Diuen que és per salvar-nos del món de la perdició on hem acabat o, potser, per evitar-ne la caiguda. Tant hi fa! Ells no necessiten cap excusa.

Mentre la Beatriu l'escoltava, la dona va posar sobre la taula realitats esfereïdores. Deia que moltes de les recloses ni tan sols en sabien els motius i no tenien possibilitat de defensar-se. Si alguna autoritat religiosa donava la raó a l'espòs, l'ingrés es portava a terme de seguida. La Beatriu va pensar en l'Antònia i va entendre el seu esglai per entrar a formar part d'aquell desori que podia abocar-la a un confinament de per vida.

Les dotze campanades, anunciant l'hora de l'àngelus, van interrompre el discurs enfervorit de la dona i els pensaments de la Beatriu van volar fins a Vallbona. Cada dia, a la mateixa hora, els cants de les monges omplien el monestir i els pagesos dels voltants feien una pausa per encomanar-se a Maria. Una punxada de nostàlgia la va portar fins al record de la Joana. Li resultava tan fàcil evocar-la lliurada a la contemplació i als precs comunitaris! Abans que se li emboiressin els ulls la realitat la va tornar al present.

—T'he de deixar —va dir la dona, mentre agafava l'embranzida suficient per posar-se dreta.

—Espereu-vos!

A la veu de la Beatriu hi havia alguna cosa de súplica que va plaure a la desconeguda.

—Tu diràs.

—Busco una dona de mitjana edat, llampant. Va perfumada i té els cabells bruns.

—Amb aquesta descripció no n'hi ha prou. Podria ser qualsevol.

La dona va moure el cap d'un costat a l'altre i va fer un parell de passes cap a l'interior, com si perdés interès.

—Té una taca fosca a la galta, a prop dels llavis —va afegir la Beatriu amb veu timbrada.

—Veus com si t'ho proposes pots ser més convincent?

La jove Montells sentia que no era ella qui controlava la situació i això la neguitejava.

—Té els ulls verds com la menta, potser? —va demanar la dona amb una satisfacció que no volia dissimular.

—Sí, em sembla que sí. La coneix?

—Podria ser. Però la informació té un preu.

En aquell moment es va iniciar la negociació i, de retruc, es va bastir l'engany. Al capdavall va ser més fàcil del que preveia.

De tornada a l'hospital, la Beatriu es va oferir per anar a comprar xarop de gingebre i aiguardent a l'apotecaria que feia xamfrà amb la plaça de Sant Jaume. Eren substàncies habituals per tractar les afeccions respiratòries i el mal de panxa, també per fer-ne ungüents i coccions per curar les nafres.

Per uns instants va dubtar si havia de compartir el seu pla amb en Mateu, però es va fer enrere de seguida. Ell era una persona noble, vivia en un altre món, tenia cultura i ideals. Aquell era un assumpte fosc i de resultats dubtosos, no el volia pas embolicar. A més a més, la idea de decebre'l la mortificava.

La Guisla tampoc n'havia de tenir notícia. La salut del seu fill l'encegava i la podia portar a precipitar-se o no controlar prou. De totes maneres, pensava la Beatriu, ella havia anat pel seu compte un parell de vegades sense encomanar-se a ningú. Es podia dir que no havia jugat net des del començament.

Era la seva oportunitat i ho faria tota sola. Calia trobar la dona que havia portat el fragment de pergamí a en Mateu. Tal vegada havia fet d'intermediària en una altra entrega de la qual no sabien res. I la fórmula era el més important.

La trobada amb la vella de les escales tindria lloc a l'església de Natzaret, més enllà de Montalegre. La Beatriu va enfilar el carrer Tallers i va veure de lluny com els pagesos batien el blat. La pols que deixaven anar quedava suspesa en l'aire durant uns instants i el sol del migdia la feia brillar com l'or. Els homes estossegaven en quedar envoltats per aquelles partícules d'un groc intens mentre deixaven caure el cop següent encara amb més força. Dies enrere havien enllestit l'ordi i la civada. Després havien quedat a l'espera de la lluna vella, quan la feina era més rentable perquè és perdia menys gra.

Va contemplar com les famílies treballaven unides i, mentre homes i dones batien el cereal, la canalla portava senalles i els més grans escombraven o vigilaven el cel, resant perquè cap núvol fos anunciador d'inclemències. Abans de continuar carrer amunt per anar a l'encontre d'aquella dona que li havia promès la informació a canvi de diners, encara es va entretenir uns segons, atreta per les batolles que separaven el gra de la palla. Els pals de fusta, units per una corretja, efectuaven moviments precisos. El cop sec havia de prendre el sentit correcte per tal que no retrunyís sobre la persona que l'efectuava. Mirat des de la distància semblava una dansa i el polsim suspès en l'aire hi afegia una nota de bellesa. Només si t'hi apropaves prou podies distingir la suor del treball dur, l'angúnia de la picor als cossos magres sota l'arpillera i el patiment continu pel preu que acabaria marcant el mercat, aliè als seus esforços i necessitats.

La jove Montells es va preguntar quantes realitats hi havia i com era que es podien contemplar des de posicions tan diferents. Aquells homes vivien pendents del temps i les collites, de les fases de la lluna i els mercats. El blat era tan sols l'element central de tot un engranatge que desconeixia.

—Arribes tard.

La inesperada aparició d'aquella dona la va trasbalsar.

—Si no fos perquè les dues sabem que la nostra trobada no és casual, pensaria que no m'esperaves —va dir, deixant anar una ampla riallada.

—No estic d'humor. Us porto el que m'heu demanat —va dir la Beatriu, traient-se una bosseta de dins la roba i obrint-la per mostrar-li les monedes—. Si les voleu, m'ha de donar un nom i una adreça.

—Veig que vas per feina. Ets de les meves! —va exclamar mentre allargava la mà i s'assegurava que el preu era el convingut—. La dona que busques es diu Morlana i és la Reina del Raval.

—La Reina del Raval, diu?

—Exacte! I no és de les que es moquen amb mitja màniga! Jo de tu m'ho pensaria bé.

—No tinc res a pensar i, en tot cas, això ja és cosa meva. On viu?

—Ja t'ho faràs, doncs! La trobaràs al carrer Trentaclaus. Pregunta pel bordell La Lleona, tothom te'n sabrà donar notícia. —Va riure de nou, mirant-la als ulls amb maledicència.

La Beatriu ja coneixia l'indret. Era a tocar del carrer Ollers, on ella s'havia fet gran. Com qui sent que té el dret de dir la darrera paraula, va girar cua per deixar-la amb un pam de nas.

—Si necessites algun altre favor ja saps on trobar-me. Per cert, em diuen Aucella i estic al teu servei!

—Sempre que us ho pagui, és clar!

Malgrat respondre la ironia de la dona, la jove Montells no es va girar en cap moment. Amb pas ferm i un gest de gravetat va caminar fins al convent del Carme. Sabia què havia de fer. Havia passat la nit planejant de quina manera s'estriparia la roba, s'esgarraparia la cara i el coll amb les ungles i s'embullaria els cabells. Quan va sortir de la foscor de la capella en desús, on va portar a terme els seus propòsits a recer de mirades alienes, feia llàstima de debò.

Va creuar les portes de l'hospital de la Santa Creu arrossegant els peus com una ànima en pena. Era una més de la corrua d'indigents que cercava auxili a recer d'aquells murs.

No es va descobrir la cara fins a trobar-se davant l'encarregada de la seva sala. Aleshores, amb un plor desconsolat i de genolls al terra, va dir...

—M'han robat! Em sap greu, no he pogut fer res. M'ho han pres tot...

La monja va intentar que es tranquil·litzés mentre se l'enduia per curar-li les ferides. A la Beatriu poc li importava la coïssor que sentia a la raspada del coll.

Tenia un nom i una adreça.

30

En un dia de calor intensa, mentre la Beatriu abandonava l'hospital de la Santa Creu, una multitud envaïa els carrers de Barcelona. Tothom menava cap al mateix punt de trobada i, a vista d'ocell, bé podrien semblar un exèrcit de formigues. Aquella gernació sortia dels seus caus i caminava sense aturador, com atreta per una menja exquisida que es pogués ensumar des de la distància. Malgrat que el lloc d'origen marcava de bon tros les diferències entre obreres i reines, a mesura que es diluïen en una massa informe perdien la seva identitat.

La pols groguenca que s'aixecava al seu pas es va empassar en un tres i no res els colors vius amb què s'abillaven les dones del carrer Montcada o el de l'Argenteria. El seu caminar ostentós es va convertir en un deambular còmic. Matusserament, a empentes i rodolons, del bracet del seu marit i amb la canalla agafada de la seva roba, lluitaven per no perdre l'equilibri.

Qui més patia el desori eren els menuts. No els estava permès d'enfilar-se sobre les caixes que els comerciants havien amuntegat contra les parets o trepar als murs dels solars buits, com feien molts vailets del Raval. S'havien de conformar imaginant-se l'escena a través de les explicacions dels altres.

—Ja són aquí! —va dir un dels nens mentre s'arrapava a la branca gruixuda d'un arbre.

—Veig la carreta! —li va respondre un vailet que no aixecava dos pams de terra.

—No la pots veure a peu de carrer, gamarús!

—I fan molt mala pinta? —va preguntar l'altre, resignat.

—Fan una pinta terrible!

Al pla de la Boqueria, ple com un ou des de bon matí, era on s'havia instal·lat el cadafal que administraria justícia a dos sodomites.

Malgrat que la distancia entre la presó, ubicada al Castell Vell, i l'espai on tindria lloc l'ajusticiament no era excessiva, fer el recorregut a peu amb els convictes hauria estat un acte temerari. La turba que es congregava en aquell tipus d'espectacles públics era ingovernable i se'ls hauria pogut llençar a sobre fàcilment. De fet, entre tavernes i mercats, corria la història que un tumult ben estudiat havia estat capaç de raptar un condemnat a mort, salvant-lo així de la forca. Però ningú no era capaç de concretar quant de temps feia.

—Ja ha arribat el botxí? —va preguntar una dona grassa amb la cara vermella i la roba suada, que estirava el coll tant com podia.

—Dos! N'hi ha dos! Un per cadascun d'aquests malparits! —va respondre el seu acompanyant, alt i escardalenc—. Davant seu omplen les portadores d'aigua.

—I els presos?

—No sembla que tinguin pressa a baixar-los del carro.

Diria que els han ferrat els peus i duen les mans lligades a l'esquena.

—Quina fila fan? —va insistir la dona, que necessitava tota mena de detalls per imaginar-se l'escena.

—Quina fila vols que facin! N'hi ha un que amb prou feines s'aguanta dret i el treuen a la força. El molt porc, es deu haver pixat cames avall.

—Deu ser l'escrivent. Quin tros de cabró! O és l'altre?

—Com vols que ho sàpiga, no els puc reconèixer des d'aquí! Tenen un posat ben galdós, però.

A mesura que els convocats a la representació ocupaven els seus llocs, la gentada cridava enfervorida. Demanaven als encaputxats, vestits de negre rigorós, que els donessin mort a petites dosis, sense presses. Tothom sabia que allargar l'agonia dels reus era augmentar el gaudi dels espectadors. Petits i grans, homes i dones, aprofitaven l'avinentesa per donar solta a les seves fantasies o frustracions. Cridaven a cor què vols i deixaven anar els renecs més grollers fins a quedar-se sense veu.

—Vinga, a veure si encara teniu ganes de donar-vos pel cul. Desgraciats! Malparits! Porcs, més que porcs!

El càstig passava per ofegar-los dins la portadora i, un cop morts, cremar-los a la vista de tothom, per a escarni i advertiment d'aquells que tinguessin tendències similars.

Els dos condemnats es van mirar per darrera vegada. Un d'ells, el que semblava més jove, tenia un trau al cap i els cabells enganxats a la closca. La sang seca, producte dels maltractaments patits a la presó, li clapejava el rostre. Plorava com una criatura i, ja sense forces, semblava abandonat al seu destí. La multitud la va prendre amb ell; en feien mofa i era el blanc de tots els objectes i escopinades. L'altre condemnat, aliè a tot el que no fos el patiment del seu company, semblava impermeable als insults; dret i amb un posat greu, ni tan sols intentava esquivar les pedres o les fruites podrides que impactaven sobre el seu cos.

—Ofega'l d'una vegada, aquest, a veure si li abaixes els fums! —va cridar la dona rodanxona, que, finalment, havia aconseguit un lloc amb prou visibilitat. A més, estava ben tipa que aquell fatxenda, aprofitant l'estretor, li magregés els pits.

Obeint el clamor de la multitud i amb el ferm propòsit de dur a terme la seva comesa, el botxí li va colpejar les cames pel darrere amb un garrot. Com qui talla els fils d'un titella, l'home es va plegar de cop, picant de genolls al terra. L'encaputxat, aferrant-lo pels cabells, li va submergir el cap dins l'aigua. El baladreig i les riallades van acompanyar cada espetegada del moribund. A poc a poc, els retrunys sobre l'entarimat de fusta van espaiar-se en el temps i les fortes convulsions van donar lloc a una lleugera tremolina. Quan la mort va dir la darrera paraula, el silenci va escampar-se com una taca d'oli. Va ser una pausa breu, de dos o tres segons a molt estirar. I aleshores el botxí va mostrar la cara embotada de l'ofegat, talment com qui exhibeix un preuat trofeu, i tothom va respondre amb un clam encomanadís.

La Beatriu no va badar boca. El darrer que va ser capaç de veure, abans de girar cua, va ser el gest de l'altre condemnat. Aquell infeliç movia les mans com qui talla l'aire i xisclava amb un bram esfereïdor que li va retronar dins el cervell. Només negant-li els pulmons d'aigua van aconseguir fer-lo callar. Alguns dels assistents, encara amb les mans cobrint-se les orelles, van respirar alleugerits. D'altres, per contra, habitats per un esperit malèvol que els feia gaudir del patiment, es fregaven les mans delectant-se a l'espera de l'altre ajusticiament.

A unes passes d'on ella es trobava, una corrua de pobres vergonyants de Santa Maria, vestits amb bastes arpilleres i posat afligit, s'estaven a recer esperant que l'agitació els fos propícia. Encara no havia caminat tres o quatre passes que dos vailets de deu o dotze anys se li van tirar a sobre fingint que ensopegaven.

—Perdeu el temps amb mi! No duc bossa i soc tan miserable com vosaltres. Si no apreneu a fer-ho millor, acabareu entre barrots!

Els nens van desistir i, quan la Beatriu es va girar, va veure com desapareixien entre els reunits. Dues columnes de fum iniciaven l'ascens trencant el blau brillant d'un cel d'estiu. El crepitar de la llenya seca la va posar en alerta i, abans que fos capaç d'arribar a la porta Ferrissa, una intensa olor a socarrim li va bufetejar els narius i la va obligar a prémer la mandíbula amb força.

La Beatriu Montells va apressar el pas tot seguint el recorregut d'aquella Rambla òrfena de taules de joc, parades de venda i endevinaires. Va creuar a l'altre costat de la muralla, però lluny d'anar cap a l'hospital va tombar pels carrerons que menaven en direcció als horts de Sant Pau. L'Aucella, aquella dona que havia conegut a la porta de les Egipcíaques, l'havia adreçat a un lloc molt concret. Gairebé era l'últim carrer del Raval i no totes les cases eren de pedra. Però entre elles en destacava una de dos pisos, molt més gran que la resta, com si haguessin aprofitat alguna antiga alqueria. Un rètol penjat amb dos trossos de cadena deixava molt clar que havia arribat al bordell La Lleona.

Un home jove i musculat amb cara de pocs amics custodiava l'entrada i la Beatriu, mentre el cor se li accelerava, va pensar si havia pres la decisió correcta. Era impossible penetrar al local sense el beneplàcit d'aquell guardià, que, en sentir-se observat, va treure pit i la va mirar de dalt a baix amb fatxenderia.

—Que se t'ha escapat l'home o, potser, busques feina? —va dir, mostrant unes dents estranyament blanques.

—No n'has de fer res, tu!

—Amb això, veus?, t'equivoques de mig a mig.

El desconegut es va eixarrancar de cames i, amb els braços encara als malucs, li va obstaculitzar el pas. Els seus ulls foscos lluïen un somriure burleta.

—Busco la Morlana —va dir la Beatriu amb veu ferma i la barbeta aixecada; ja s'havia adonat que no entraria tan fàcilment.

—Ah! Així, doncs, busques la Morlana! Doncs em sembla que n'anem servits, de bagasses insolents.

—Que potser no és al bordell?

—Això no funciona així. Jo soc qui fa les preguntes.

La Beatriu va treure aire pel nas i es va mossegar la llengua. Havia de jugar bé les seves cartes si volia guanyar la partida.

—És clar, és clar... Entenc que m'he precipitat i et demano disculpes. Si fossis tan amable...

—Com d'amable t'agradaria que fos? —va interrompre el jove, mirant-li fixament l'escot.

La Beatriu va notar com la sang li pujava pel coll i tota ella s'encenia. Però no era vergonya el motiu del seu rubor, sinó la ràbia continguda de no poder respondre a l'ofensa com aquell brètol mereixia.

—Bé, prou amable per fer-li saber que tinc molt d'interès a parlar amb ella de negocis.

—De negocis, dius? I, si fos tan amable com demanes i tingués un bon motiu per fer-ho, a qui hauria de presentar?

—Millor sense noms!

—Mira, no estic per perdre el temps! Sense nom ni penyora no hi ha tracte. Però amb una bona rebolcada... Potser canviaria d'opinió.

—Ja m'agradaria, ja. Ho haurem de deixar per a una altra estona. De veritat que li porto un missatge urgent; si descobreix que m'ho has impedit...

Malgrat la seva actitud, el jove no les tenia totes i començava a vacil·lar. La Beatriu va veure que era el seu moment; sense donar-li treva, es va humitejar visiblement els llavis i va afegir amb veu picardiosa...

—No dubtis que et sabré recompensar.

El guardià va desaparèixer dins la casa i va tornar poc després amb cara de pomes agres. Davant l'expectació que provocava, va mantenir la incògnita durant uns segons. La Beatriu, nerviosa, va obrir els ulls com unes taronges i, amb el cap lleugerament avançat per captar qualsevol detall que l'ajudés a resoldre el dubte, va serrar les dents.

—No estic per a jocs. Ja t'he dit que tinc pressa i...

—Sí! I que m'ho sabràs recompensar, oi? Avui deu ser el teu dia de sort, noia misteriosa. Aprofita'l! Mai no saps quan trigarà a creuar-se de nou en el teu camí. Et pots sentir afortunada. La Morlana no rep ningú abans de les sis de la tarda.

La Beatriu el va seguir a les tentines. Costava acomodar la vista a aquell espai en penombra. A la planta baixa hi havia una dona fregant de genolls a terra. Més lluny, asseguda sobre un tamboret de fusta, una altra es pentinava els cabells. El feix de llum que s'escolava entre les cortines d'un finestró, il·luminava la seva pell nua. Tenia els pits petits, gairebé insinuats. Semblava molt jove.

—No tenies tanta pressa? —va demanar el guardià, indicant-li que la seguís escales amunt.

—Sí, sí, és clar!

Al prostíbul hi havia pocs clients a primera hora de la tarda, però aquell dia tampoc no s'esperava gaire gent al vespre. Després d'un ajusticiament públic la festa seguia als carrers i a les tavernes. Comentar la jugada mentre corria el vi els produïa una dosi extra de plaer que, en temps difícils, no era qüestió de menysprear.

Aquest fet va decantar la balança a favor de la Beatriu. Al final de les escales que pujaven ben dretes fins a les golfes hi havia la misteriosa dama de la taca a la galta. En veure-la es va posar dreta. Era més alta que la majoria i, malgrat no ser de la primera volada, va pensar que es movia gràcilment. Totes dues es van inspeccionar durant uns moments i van decidir que no es coneixien. La cambra, més lluminosa que les anteriors, destil·lava una olor agradable, una barreja de perfum i terra humida.

La Morlana duia els cabells trenats i una túnica li queia baldera fins als peus. Era del color de la palla i generosa d'escot.

—Diuen que em vols veure, i espero que m'interessi. No m'agrada perdre el temps amb estranys. Per cert, quin és el teu nom?

—Us estic molt agraïda per accedir a rebre'm, però, de moment, preferiria no haver de...

—La conversa s'ha acabat aquí. Si us plau, acompanya la jove fins a la sortida —va dir al seu esbirro, encara plantat al costat de la porta.

—Espereu-vos! Tinc motius per creure que us trobeu en perill i la meva obligació era fer-vos-ho saber.

—Vaja, vaja! A veure si encara resultarà que et quedaré a deure la vida! I de quin perill m'has de salvar, tu? Si es pot saber.

—Vós teniu una cosa que ens pertany! —va exclamar

mentre amb les dents de dalt es premia la cicatriu del llavi.

El guardià mirava la seva mestressa i no les tenia totes. Aquella dona no estava gens avesada que ningú li parlés amb suficiència i menys una mocosa desconeguda. Va intentar posar en alerta la jove però la Beatriu seguia sense abaixar la mirada i, si en un primer moment s'havia mostrat submisa, ara semblava decidida a no deixar-se intimidar.

—S'ha de tenir barra i valor, noia! Què et semblaria a tu que algú a qui no coneguessis de res i que, d'altra banda, es nega a donar el seu nom, vingués a casa teva per acusar-te de lladre?

—Em sap greu... No m'he expressat amb claredat. En cap moment he volgut ofendre-us. Mireu, necessito el fragment d'un pergamí que ha fet cap a les vostres mans.

—Què t'empatolles, tu? No sé de què coi em parles!

Malgrat que les paraules que van sortir de la boca de la Morlana negaven els fets amb rotunditat, el timbre de la seva veu la va trair lleugerament.

—Mireu, vós no en fareu res, i per a mi és molt important. La vida d'un nen està en joc. La vida de molta gent! Si us plau...

—Prefereixo creure que em prens per una altra persona. Deixem-ho acordant que no soc qui et penses i fot el camp d'una vegada!

—Vós no ho enteneu! No soc l'única que va al darrere d'aquest bocí de pergamí i, creieu-me, a ells no us els podreu treure tan fàcilment de sobre.

—Et repeteixo que no tinc ni idea del que dius, però ja pots marxar tranquil·la. Si es dona el cas, em sabré defensar tota sola. He sobreviscut a molts fatxendes i ningú no m'ha regalat el títol de Reina del Raval! Ara, si em disculpes, hi ha assumptes que em demanen atenció.

El guardià, obeint el gest sobradament conegut de la patrona, va convidar la jove a abandonar l'estança.

La Beatriu va baixar els esglaons dubtosa, retrocedir no era una opció a considerar. Aquell pinxo que la custodiava tallaria d'arrel qualsevol iniciativa.

De nou al carrer se'l va mirar de dalt a baix i, visiblement enutjada, li va etzibar...

—Això no quedarà així! Et ben juro que tornaré!

—Oh, i tant! Aquest era el tracte, oi? —li va respondre burleta l'home de la Morlana.

31

La Beatriu va fer el camí de tornada a la feina amb un gest d'enuig al rostre. Ni per un moment va pensar en la possibilitat que la seguissin, immersa en mil elucubracions sobre el que acabava de viure. La ràbia que sentia la va fer caminar capcota, amb passes ràpides i enèrgiques i els punys tancats.

Quan va desaparèixer, ja dins el recinte de l'hospital, es va acomplir la missió de la dona que la vigilava. La desconeguda, al servei esporàdic i interessat de la Reina del Raval, atès que volia convèncer-la perquè acceptés la seva filla al bordell, es va dirigir de nou a La Lleona. Els guardians tenien ordre de portar-la immediatament en presència de la Morlana.

—I, doncs? Digues què has descobert. Soc una persona ocupada, jo!

—Ha anat de cap a l'hospital de la Santa Creu —va dir la dona de manera concisa i clara; sabia de quin peu calçava la prostituta i s'havia proposat complaure-la.

—A l'hospital, dius? Però... no té cap sentit! Es pot saber què se li ha perdut allí? —es va preguntar la Morlana en veu alta mentre la seva informant, inquieta i a l'expectativa, s'arronsava d'espatlles.

Durant uns segons es va mantenir un tens silenci; després, com si la resposta se li hagués desvelat de sobte, la Morlana va saltar de la cadira. En l'intent d'apaivagar el seu neguit, va caminar en cercles al voltant d'un vell bagul de fusta, de coberta bombada, on guardava relíquies de quan era jove i regals d'antics pretendents. A les mans hi duia un parell de monedes que feia tentinejar l'una contra l'altra amb un moviment mecànic i nerviós.

La missatgera va fer un pas enrere i es va limitar a observar-la sense badar boca, la coneixia prou bé per saber que era l'opció més assenyada. La mestressa d'un dels prostíbuls més populars de la ciutat semblava un animal engabiat i, per molt que s'hi esforcés, no trobava cap resposta coherent que desmentís les seves sospites. Feia molt de temps que ja no creia en casualitats. El fet que en Mateu Soler treballés tot just on la Beatriu s'havia dirigit sense vacil·lar era més que sospitós.

—Has vist si parlava amb algú? —va insistir, fitant-la directament als ulls.

—Sí, em sembla que sí.

—No et pago per les teves suposicions! Fes-me el refotut favor de fer memòria, és important.

—Vull dir que sí, que ha parlat amb una monja, però no s'han dit més de tres o quatre paraules. Tot ha sigut molt ràpid. —La dona s'havia posat nerviosa, conscient que l'escassesa de les seves aportacions no era ben bé el que s'esperava d'ella.

—Una monja de les que hi treballen, entenc? De veritat que em faràs treure't les paraules amb pinces?

—Sí, suposo... Em sap greu, no m'ho tingueu en compte —es va excusar, agafant-se la roba de la faldilla i fent-ne un manyoc—. La monja li ha dit no sé què i ella ha assentit amb el cap. Un minut després ha desaparegut dins una de les sales. Ara que hi penso, no semblava que fos forastera, ni que busqués ningú tampoc.

—I aleshores? Explica't, si us plau!

—Vull dir que es movia per les sales de l'hospital com si fos casa seva.

—D'acord. Ni una paraula de tot això, si no vols que sigui el teu darrer encàrrec. Entesos?

—No passeu pena, soc una tomba —va respondre la dona, recollint les monedes que se li oferien amb la mà estesa i abandonant el local a correcuita—. I pel que fa...

—Pel que fa a la teva filla, ja en parlarem. Si encara no ha fet els catorze, per l'amor de Déu!

Uns instants després la Morlana va fer el mateix recorregut fins a la porta i, sense cap protecció, ni tan sols encomanar-se a Déu o al diable, va creuar a l'altra banda de la muralla. L'hospital no era el seu destí, no volia exposar-se. Per maniobrar sense aixecar sospites li calia ser discreta en extrem i presentar-se a casa d'en Mateu Soler li va semblar el més assenyat. En arribar a la Pia Almoina va recordar que no feia ni un mes havia fet el mateix camí per encàrrec del seu amic Pau Vinyes. Que poc que s'esperava llavors les nefastes conseqüències d'aquell repartiment!

Un dolor al pit li va fer alentir el pas. Pensar en Pau la posava trista i, al mateix temps, la neguitejava profundament. Moltes nits, mentre festejava amb la son, i atès que amb prou feines aconseguia seduir-la, repassava estones compartides entre llençols rebregats. Li era impossible, però, rastrejar l'olor dels seus cossos mentre feien l'amor, entrellaçats en una lluita dolça i plaent. Sovint un parell de copes de vi esdevenien la millor medecina;

res millor que les boires de l'alcohol per enterbolir-li el pensament.

Va deixar de banda aquelles cavil·lacions gràcies a un fet inesperat. Havia arribat a l'altura de Santa Maria del Pi i s'hi va topar amb un dels seus clients més distingits. Ell li va girar la cara amb menyspreu, la Morlana no esperava que fos d'una altra manera. Un pas enrere marxava la seva esposa, contrariada, esbufegant. Lluitava inútilment per desfer-se dels fems adherits a la capa, massa llarga i règia, i els seus gestos havien perdut els aires de grandesa. Es movia de forma grotesca mentre era l'objecte de les burles d'uns vailets que, imitant-la, feien grans escarafalls. Només unes monedes llançades a l'aire pel noble cavaller van aconseguir que desistissin de la seva actitud.

La Morlana estava disposada a pagar perquè succeís tot just el contrari. Hauria gaudit veient la dama entortolligant-se amb la roba bruta i que, finalment, piqués de morros contra el terra. N'estava tipa de tanta falsedat i de llepar el cul als poderosos. Més d'una vegada havia estat temptada d'anar-se'n de la llengua i posar-ne uns quants en evidència.

Aquella doble moral esdevenia una pràctica tan estesa com consentida, i ella n'havia tret molt de profit. Calia una bona dosi d'ingenuïtat per negar la conxorxa d'interessos més o menys confessables que esquitxava la major part dels seus clients i a ella mateixa.

Potser ara, amb l'assumpte que es portava entre mans, i del qual encara no coneixia l'abast final, podria posar-hi cullerada en igualtat de condicions. Qui sap si ella mateixa esdevindria una peça clau on haurien d'anar a raure els uns i els altres. Si així fos, la possibilitat de resquitar-se de la mort del seu amant i amic es faria realitat.

Havia abandonat la seguretat de La Lleona per anar a casa d'en Mateu Soler. Els seus homes es devien preguntar on era, tal vegada si havien badat i el notari Borrell se l'havia emportat. La visita de la jove anònima buscant notícies l'havia posat en el camí i ara, a casa d'en Mateu Soler, estava decidida a posar una mica de llum als seus dubtes. Va colpejar amb reiteració els batents, ningú no va respondre. Més tard, quan totes les portes d'accés a la ciutat ja eren closes, es va retallar contra les torxes del carreró el contorn esvelt del metge. La Morlana es va posar dreta i li va sortir a l'encontre amb poca traça. Tenia una cama adormida, de tanta estona que havia romàs asseguda a les escales.

—Hem de parlar! —li va etzibar sense preàmbuls.

—Qui sou vós, i què voleu?

—Ja no em recordes? No fa tant que et vaig portar un encàrrec...

La prostituta es va posar de cara a la torxa més propera i en Mateu va buscar els ulls d'aquella veu que li resultava estranyament familiar. Quan va confirmar les seves sospites va obrir la porta i va assenyalar l'interior de la casa.

Amb gest expert, va encendre un cap d'espelma que desava en un forat de la paret i, amb la claror que desprenia, va buscar la llumenera que havia instal·lat a la capçalera del llit. La petita estança es va anar mostrant tímidament. Després es va afanyar a recollir els papers que gairebé cobrien la taula disposada sota la finestra. Disculpant-se pel desordre i fent equilibris per tal que cap d'aquells preuats documents no acabés per terra, va creuar l'únic accés que duia a la recambra.

Durant la seva absència, la Morlana es va fer una composició de lloc. A la banda contrària d'on ella es trobava hi havia el llit amb dues caixes als peus. Estava arramblat a la paret, ben a prop d'una estora de palma. També hi va entrellucar un rentamans amb gerra, una bacina de llautó sobre unes teles d'arpillera i lli, doblegades a sobre d'un moble baix, i un orinal que treia el cap des de sota el jaç.

—Puc oferir-vos un got d'aigua o, potser, una mica d'aiguardent? —va demanar en Mateu en travessar novament el llindar.

—Doncs no et diré que no. S'agrairia alguna cosa forta. Ja em veia passant la nit al ras.

Durant uns segons cap dels dos no va dir res, com si es donessin temps per endevinar les intencions de l'altre. Va ser ell, mentre trastejava encara a la lleixa, el primer a prendre la iniciativa.

—Hi ha alguna cosa que m'heu de fer saber, suposo.

—Sí, és clar. Si no fos així, no m'hauria pres la molèstia de venir. No et sembla?

—He tingut un dia dur i demà he de matinar. Si fóssiu tan amable... Vós direu.

—Et pots estalviar un tractament tan solemne. Bé, com vulguis... Anem per feina, doncs. Jo també vaig curta de son.

La Morlana, asseguda en un banc, es va empassar d'un glop el licor que en Mateu li havia ofert i, sense dir ni ase ni bèstia, se'n va servir un altre i encara un tercer. Després, amb certa solemnitat, va deixar anar...

—Para atenció, Mateu! Abans de contestar la pregunta que et faré, pensa bé la resposta. Hi ha en joc més del que creus.

Va fer una pausa per observar la reacció que provocaria el seu missatge i el va fitar des de la distància més curta possible. Ell va empassar-se la saliva sense parpellejar.

—Aquell lliurament que et vaig fer per encàrrec d'en Pau Vinyes. El pergamí amb la fórmula, ho recordes?

—Sí, és clar.

—Digues. Ho has mantingut en secret?

—No sé on voleu arribar.

—La qüestió és ben simple. Et demano si ho vas dir a algú. Necessito saber qui més n'està al corrent.

—He entès la pregunta, però no veig què m'obliga a compartir amb vós aquesta informació.

—No ho veus, eh! Potser el que et diré a continuació te'n convenç.

La Morlana, amb el rostre encès, es va posar dreta fent nansa amb les mans sobre els malucs. La seva veu havia guanyat en intensitat i, com si el cansament acumulat desaparegués de sobte, va prosseguir...

—En primer lloc, no oblidis que en Pau era amic meu abans que tu comencessis a entendre aquest món. Si em va encomanar un assumpte tan valuós per a ell devia ser perquè em considerava la seva persona de confiança. Trobo jo, vaja! I, per acabar-ho de reblar, hauries de saber que fa tan sols unes hores m'ha vingut a veure una desconeguda acusant-me de lladre.

—I jo què hi tinc a veure, amb aquesta visita? Podeu dir el que vulgueu, però segueixo sense...

—Doncs és molt fàcil! —va interrompre'l la Morlana—. Pretenia que li donés un fragment de pergamí, semblant al teu. Ha dit que per a ella era de vital importància recuperar-lo. M'ha assegurat que la vida d'un nen estava en joc; de molta gent, de fet. No sé d'on ha tret la informació però sap perfectament què es porta entre mans.

—Llavors, vós en teniu un altre fragment, de la fórmula?

—De moment les preguntes les faig jo.

—Si és així, potser no les respondré. Tot plegat em sembla molt estranya, la vostra història! No sabeu qui ha vingut a veure-us, però tot seguit es presenta a casa meva per demanar-me el pergamí?

—Exacte! També m'ha comunicat que estic en perill i, de retruc, tu també hi podries estar. Mateu, només puc pensar que la coneixes.

—Jo?

—Sí. En sortir de casa meva ha anat directa a l'hospital. D'alguna manera heu d'estar relacionats. Necessito que m'ajudis. Com més voltes hi dono menys m'agrada; ja veus com va acabar en Pau. Ara desconec qui hi ha al darrere de tot aquest assumpte, però em fa mala espina. M'he passat la vida entre persones sense escrúpols, disposades a qualsevol cosa per enriquir-se. No vull que en surtis malparat. Aquesta dona ha de treballar per a algú i si estira del fil...

—Espereu, espereu! Com era, ella?

—Jove, prima, de malucs estrets i pell clara. No tenia res d'especial. Potser sí, ara que hi penso, tenia una ferida al llavi. Una cicatriu, potser.

—On exactament?

—Per aquí, més o menys. —Va assenyalar, tocant-se el llavi inferior—. Ho sé perquè, en més d'una ocasió, se'l mossegava amb les dents. Així.

Quan en Mateu va veure el gest que la dona reproduïa, no va tenir cap dubte que la Beatriu hi estava involucrada. Però, si de veritat era ella, per què no li havia dit res? N'havia tingut moltes ocasions!

De la mateixa manera que la vida passa a tota velocitat quan s'acosta la mort, li van sortir al pas instantànies de les seves darreres trobades. La visita a la impremta, les converses, els somriures... Havia de tractar-se d'una desafortunada coincidència!

—La coneixes, oi?

—Ara mateix no us ho sabria dir. Sabeu quantes dones rebem a l'hospital, la quantitat de malaltes que...

—No. Ella no és pas una malalta. Segons la informació que tinc, és molt probable que sigui una treballadora.

—Hi estaré al cas, us ho ben asseguro...

—Així ho espero, pel bé de tots dos. I, ja que hi som, estic disposada a comprar el teu bocí de la fórmula.

—No entenc d'on neix el vostre interès... De totes maneres, no és a la venda.

—En Pau parlava molt bé de tu, admirava la feina que fas, la determinació amb els malalts. T'apreciava! Va fragmentar el pergamí davant meu i va recalcar que era important no deixar-lo en mans desaprensives. Em sento responsable d'acomplir la seva darrera voluntat. No és tan difícil d'entendre.

—Puc arreglar-me-les tot sol. Us agraeixo l'interès i entenc els vostres desitjos, però, de moment, no tenim res més a parlar.

—No dubto que siguis un savi però ets un gran ingenu. Si, com temo, la mort d'en Pau va ser cosa del notari Borrell, qui et penses que té el seu fragment? I qui ens assegura que en Pau no va confessar a qui va donar els altres? Sigui com sigui, només és qüestió de temps. Lligaran caps, ja t'ho pots ben creure. Volen el pastís sencer! Jo tinc contactes, protecció...

—Només vós sabeu que el tinc, doncs. Amb la vostra discreció en tinc prou. Mireu, faré el que m'heu dit, aniré amb els ulls ben oberts. Ara, si us plau, necessito descansar una estona. Amb les primeres llums he de tornar a l'hospital...

La Morlana va marxar amb la sensació dels deures embastats. Ja tindria temps per rematar la feina. A en Mateu, però, li va resultar impossible aclucar els ulls. S'esforçava per creure's que la coincidència era senzillament desafortunada i res més. Quan la negror de la nit començava a debilitar-se per la imminència de l'albada, en Mateu va abandonar el jaç disposat a posar fi als seus dubtes. La trobada amb la Beatriu era inajornable.

32

Una setmana després que en Guillem fes la darrera visita a en Magí Surroca, amb aquella classe de lectura frustrada per l'aparició del seu germà gran, el Bruixot va decidir baixar a la vila. Ho havia sabut a través d'una dona que necessitava un abortiu: uns mercaders provinents de Barcelona s'havien aturat a Llívia camí de Tolosa. La possibilitat que portessin una missiva d'en Pau Vinyes era gairebé inexistent, però es resistia a prescindir per més temps de notícies seves. Miraria de trobar-los i, si ja haguessin partit, aniria a preguntar a la Garsenda. Estava disposat a empassar-se qualsevol impertinència i retret. De ben segur no serien pitjor que aquella maleïda incertesa.

Encara no havia arribat a les primeres cases que ja es va adonar que els vilatans s'havien pres molt seriosament les ordres del castlà Descatllar. Diversos carros sortien plens fins al capdamunt camí del castell i les mules s'esforçaven per arrossegar-los, algunes impulsades per les fuetades dels seus propietaris. Els que quedaven enrere, sense gaire convicció, maldaven per assegurar amb taulons les portes de les cases i arreplegar els darrers embalums. L'arribada de les tropes del rei francès semblava imminent i pocs volien quedar-se a la vila, desprotegits.

Va caminar fins a l'esplanada de l'església, on les cavalleries dels mercaders que buscava es podien distingir fàcilment per les alforges i els fardells. Eren una dotzena d'homes que vestien roba de viatge i que celebraven una reunió dins el cercle format pels animals. Un d'ells parlava amb veu timbrada, demanant consell als seus companys...

—Hem de marxar al més aviat possible, ho sabem, però el dilema és decidir si seguim el mateix camí o fem de nou cap a Puigcerdà per agafar una altra ruta.

—Perdrem molt de temps! —va respondre un jove pèl-roig que no deixava anar les regnes de dues mules inquietes.

—Sens dubte, però m'han dit que les tropes de Lluís de França es troben només a un dia de camí. No tenim la certesa que ens deixin passar. I si ens confisquen tot el que portem? Els soldats del rei tenen fama de desplegar una voracitat sense límits, sobretot quan estan en campanya...

En Magí Surroca es va acostar a l'home que tenia més a prop per preguntar-li si havien portat alguna missiva des de Barcelona i aquest, després de negar-ho, li va dir que no venien pas de la Ciutat Comtal sinó de les Terres de l'Ebre. Davant el rostre contrariat del Bruixot, el viatger es va arronsar d'espatlles i va parar esment de nou en la conversa dels seus companys.

Decebut, en Magí es va dirigir a la casa on es reunia habitualment el Consell Municipal, una construcció de pedra semblant a una torre. Hi havia força gent pels voltants, però el que més cridava l'atenció eren els cavalls ben fornits que esperaven a l'exterior. El Bruixot ja havia decidit que passaria de llarg, però la sortida sobtada d'un grapat d'homes el va agafar per sorpresa. No li va costar reconèixer el mateix castlà, envoltat dels membres del Consell. Parlaven entre ells i els seus rostres traspuaven la gravetat del moment.

Ja s'havia girat d'esquena per fer-se fonedís quan algú va pronunciar el seu nom. Li havien parlat de massa a prop per desentendre-se'n encara que fos el seu desig.

—Espereu! —va dir l'home que portava la veu cantant al Consell Municipal, en Just Albertí—. El castlà vol parlar amb vós, de fet ara mateix pensàvem enviar algú a buscar-vos.

Els Descatllar sempre havien tingut pes a la comarca, però en Damià, de qui molts deien que era el darrer de la seva estirp perquè no se li coneixien fills, era de llarg el més poderós. Havia estat un aliat fidel del rei francès fins que s'havia atrevit a desafiar-lo. De tot allò, segons pensava en Surroca, venia la situació actual, el trasbals de traslladar la gent de la vila dins les muralles del castell, la por a la revenja del rei Lluís.

—Sou en Magí Surroca, no és cert? —li va preguntar el castlà amb veu ferma i directa.

—El mateix. —El vell fetiller començava a penedir-se d'haver sortit de casa seva.

—Ha arribat al meu coneixement que vau estudiar medicina a Montpeller i que, a més a més, heu servit com a cirurgià en algunes batalles.

—Fa molt de tot això, senyor! Ara soc més aviat un vell a qui li costa posar en funcionament els seus ossos cada matí.

—No és el que m'ha arribat. Segons diuen a la vila, heu fet miracles amb ferides que semblaven definitives.

—Tot ha estat amb l'ajuda de Déu. Ell no ha permès mai cap malaltia sense proporcionar-ne, al mateix temps, el remei.

—Doncs tenir un aliat tan poderós ens serà de gran ajut, si les coses venen mal dades. Vull que ens acompanyeu al castell. Si necessiteu traslladar alguna pertinença, puc assignar-vos un home perquè us ajudi.

—No us ho prengueu malament, però preferiria no fer-ho.

—Creieu-me. És allí que us necessitarem.

—Que sigui com dieu, doncs. M'espavilaré tot sol, gràcies —va respondre en Surroca, pensant en la mula vella que pasturava pels voltants de casa seva—. Tinc un petit carro que serà suficient.

—No dubteu a demanar tot allò que us faci falta. Us vull veure al castell demà mateix.

En Damià Descatllar li va donar l'esquena per dirigir-se al seu cavall. Es veia imponent dins la seva cota de malla, com un soldat a punt per a la batalla. Els vilatans seguien els seus moviments amb admiració i parlaven en petits rotlles mentre els membres del Consell Municipal esperaven en formació la seva partida.

Malgrat les intencions que havia manifestat, el cor d'en Surroca estava dividit. Per uns instants, li va venir al cap en Guillem. Es preguntava si ja seria al castell amb la seva família o a meitat de camí, amb algun carro carregat de menjar per suportar el setge. Dubtava que el noi hagués entès les seves raons durant la darrera trobada i intuïa que el seu germà, en Miquel, hauria contribuït a malinterpretar-les. Però tenia un altre propòsit que li semblava més urgent. Va baixar pel carrer dels Forns fins al Raval, on vivia la dona d'en Pau Vinyes amb els seus fills. Era una masia força gran que havia heretat de la seva família, amb prou espai per albergar un obrador propi sense molestar la resta dels habitants. La Garsenda no havia entès mai que el seu marit es dediqués a experimentar amb potingues en lloc d'erigir-se com a metge de Llívia.

—No tindria cap sentit que jo em trobés capacitat com a metge tenint-vos a vós tan a prop —li havia dit un dia en Pau mentre comprovaven les propietats del sofre i practicaven procediments de separació, reducció i coagulació.

—Us excediu en la vostra humilitat.

—A la universitat ens van voler ensenyar a guarir, a dominar la matèria, a enfrontar-nos i vèncer la malaltia. He hagut de desaprendre molt per acceptar que és la natura qui cura i nosaltres, els metges, estem al seu servei, canalitzem el seu poder.

En Pau es debatia sovint entre coneixements, de vegades, força antagònics. Havia passat temporades de crisis importants. A poc a poc els habitants de Llívia que havien confiat més en ell, descendent d'una de les famílies amb més prestigi de la comarca, que no pas en qui consideraven un seguidor del diable, van posar distància. Alguns, els més desesperats, es van anar acostant al Bruixot i les seves curacions van rebre l'aquiescència del sacerdot, a qui ja li convenia que Déu fes miracles a la seva parròquia.

En Pau Vinyes, alliberat del que considerava una obligació ben feixuga, es va permetre viure tal com volia, tenint cura del mas i, bastant sovint, desplaçant-se a Barcelona amb l'excusa de vendre algunes de les pocions d'en Surroca. Aquest sabia, però, que una altra cosa l'atreia de la gran ciutat. Ho havia descobert esmicolant informació d'aquí d'allà i atenent als estats d'ànim del seu amic.

Mai no ho havien parlat entre ells, però el vell fetiller estava convençut que lluny de Llívia una altra família, no sabia de quina naturalesa, l'esperava.

Per aquests motius, quan marxava, sempre temia que decidís no tornar mai més. Parlava amb massa entusiasme de Barcelona, de la vida que bategava als seus carrers. L'enyorança se li feia present als ulls i la veu se li endolcia, com si fos un noi jove que anés encara a la recerca del seu lloc al món.

Abans de cridar un dels servents que hi havia al pati, es va treure del cap tots aquells pensaments. La Garsenda no era de tracte fàcil i tenia el posat adust. L'única virtut que se li acudia era la de ser una dona sincera en extrem. En Pau ho destacava sovint...

—És tan franca que acaba quedant malament amb tothom...

Per a la sorpresa d'en Magí Surroca, no va caldre la intervenció dels servents. Devia haver observat l'arribada del Bruixot des de la casa perquè va obrir la porta i va caminar decidida al seu encontre. Va cobrir les vint passes que els separaven en tan poc temps que el grup d'oques va marxar de l'abeurador per refugiar-se a l'estable.

—Què hi feu, a casa meva?

En Surroca va fer un pas enrere, tan sols per mantenir una distància suficient i poder mirar-la als ulls.

—Em preguntava si sabeu alguna cosa del vostre marit —va expressar obertament, per si aconseguia guanyar-se el seu respecte.

—I jo em preguntava el mateix! No sou el seu amic de l'ànima?

—Els altres cops que va marxar a Barcelona sempre em va arribar algun missatge seu, però aquesta vegada no en tinc cap notícia. Estava preocupat, per això he vingut.

La Garsenda va mirar el terra per uns segons i després va remenar amb el peu les restes de gra que les oques escampaven pertot. Hi havia moments que pensava a desfer-se'n, d'aquells animals estúpids, però els seus ous eren molt del gust dels vilatans i els compraven per a festes i celebracions.

—Doncs ja heu vist que tampoc no en sé res. Podeu anar-vos-en per on heu vingut.

—És possible que els portadors hagin tingut algun contratemps o que, finalment, si s'han assabentat del setge que es prepara, hagin decidit d'agafar una altra ruta —va dir amb el propòsit de rebaixar la tensió que es respirava entre tots dos.

No era la intenció del Bruixot importunar la Garsenda, però en portava una altra de cap i en Pau no li perdonaria que ho deixés córrer.

—Els vostres carros són als estables... No penseu pujar al castell amb la resta dels veïns?

—Al castell? Quin sentit té? Potser el nostre castlà té la força suficient per protegir-nos de la fúria d'un rei? Som gent pacífica, nosaltres. Ens quedarem a casa i esperarem el meu marit, un dia o altre ha de tornar, espero...

—Perdoneu-me, senyora —va aconseguir dir en Surroca amb un deix d'espant a la veu—. Soc de la humil opinió que no podeu romandre a la vila. L'exèrcit del rei Lluís té fama d'arrasar les poblacions que se li oposen i, si no recuperen el castell aviat, podrien prendre-us amb la gent que es quedi fora muralles. Una masia com la vostra serà un dels primers objectius, per si troben menjar, que els deu fer bona falta.

Va semblar que per uns instants la Garsenda tenia en compte aquelles paraules, però el va deixar plantat al mig del pati i es va tancar de nou a la casa. En Surroca hauria donat qualsevol cosa per trobar alguna manera de convèncer-la. Poc després sortia del mas sense haver aconseguit els seus objectius. Només li quedava intercedir per ella davant el Consell Municipal, que no podia obligar-la, o davant el mateix castlà; però hauria de ser l'endemà, quan pugés amb les seves pertinences al castell.

Va caminar emprenyat fins a la ribera del Segre. Podia entendre que la dona d'en Pau es comportés d'aquella manera amb ell, però quedant-se a la vila es posava en perill i també tota la gent que la servia.

La primavera havia estat esplèndida gràcies a les pluges d'abril i maig i la plantació que el Bruixot tenia a la vora del riu mostrava la seva cara més radiant. Coriandre, majorana, camamilla i moltes altres herbes que feia servir per elaborar diversos remeis per les seves propietats medicinals o aromàtiques. Les aigües no sempre respectaven els conreus tan propers, però havia plogut bé durant aquells mesos i es va complaure passant el palmell de la mà per algunes de les plantes i olorant el rastre que deixaven als dits.

Va disposar el cistell que portava al braç i tot seguit va anar tallant els brots més grans fins que el va tenir ple. Tanmateix, va arrencar-ne un parell de cada per trasplantar-les a dalt. Sospitava que necessitaria tot el que pogués traslladar a dins de la fortalesa i aquell tros de terra quedava massa lluny i exposat per ni tan sols plantejar-se de tornar-hi.

Hi havia altres conreus envoltant l'ermita de Sant Guillem i esperaven una collita que potser no tindria lloc. Es va dir que l'ésser humà era capaç d'abandonar-ho tot si estava en perill la seva vida. Un altre comportament era una mostra d'orgull que en aquells temps podia tenir conseqüències tràgiques. La justícia divina era una fal·làcia que només feien servir els sacerdots quan els interessava. La resta tan sols tenia a veure amb els interessos dels poderosos.

A mesura que es va anar endinsant pels carrers de Llívia va comprovar amb neguit que s'havien quedat deserts després de l'enrenou que s'hi vivia tan sols feia unes hores. Els porticons tancats, les portes barrades, aliments abandonats a terra com si haguessin caigut d'algun carruatge, alguna cassola, un morter escardat. Va passar de nou per davant del mas d'en Pau Vinyes i, per l'aspecte dels murs i de la porta dues vegades centenària, s'hauria dit que no hi quedava ningú. Ni tan sols els animals es permetien manifestar-se quan començava a caure la nit i l'exèrcit del rei francès era a tocar.

Va ascendir per la pujada de l'església i va agafar el camí de Cereja per dirigir-se a casa seva. Per uns instants li va semblar que escoltava una veu, una mena de xiuxiueig que venia de les cases properes i feia eco en les parets suaus de la muntanya, però aviat es va adonar que tan sols era un desig que de vegades l'assaltava, la remor d'un vell amor envoltant-lo que venia a acompanyar la seva solitud.

Al cap de poc temps arribaria a casa seva i hauria d'arreplegar tot el necessari. Buscaria també l'Avra, la seva anciana mula, a qui feia un parell de dies que no havia vist. De vegades només sabia que estava bé perquè es menjava el farratge que li deixava al costat de la casa.

Li hauria agradat que en Pau Vinyes hagués tornat de Barcelona. El seu amic no era cap boig, ni cap heroi, i mai no permetria que la seva família prengués riscos innecessaris. La seva companyia, en aquells moments difícils, hauria estat de gran ajuda.

Va obrir la porta del seu temple i es va adreçar als fogons per posar a bullir una mica de verdura. No havia menjat res en tot el dia i la nit seria llarga. Mentre es feia aquell àpat frugal, va distribuir en diversos embalums els flascons de medecines i les herbes que havia agafat a la ribera. També va reunir les seves cartes astrològiques, per si necessitava consultar el moment idoni a l'hora de fer alguna intervenció. Va deixar per al final la brúixola, l'agulla magnètica i els seus instruments quirúrgics; alguns estaven corroïts per l'òxid i els va netejar amb un grapat de romaní macerat en oli. En acabat, es va obligar a empassar-se el que havia posat al foc. Ja no tenia gana, només pensava en els seus llibres i apunts i en quants d'ells es podia permetre de portar a un destí incert.

Va escollir el *Dioscòrides*; el *Llibre dels orins*, de Daniel, i *L'art mèdic complet*, de Majusi; aquest pels capítols dedicats a l'anatomia i la cirurgia. Es va mirar amb recança els cinc volums del *Cànon*, d'Avicena, i va posar paraules al seu sentiment...

—Em sembla que ha arribat l'hora de separar-nos, si més no de moment, vell amic. La ciència s'ha d'independitzar dels autors antics i sentir-se lliure per endinsar-se en territoris vedats. Ho he defensat davant d'en Pau moltes vegades, ara toca obrar en conseqüència. M'has brindat moltes estones d'estudi i, també, motius per anar-te a la contra. Te n'estic profundament agraït però he de viatjar lleuger. Ara he de posar en joc tot allò que he après, l'obtenció d'una triaca millor segueix sent un dels meus objectius. Qui sap si ha arribat l'hora de deixar de parapetar-se a les trinxeres i entrar de ple en el camp de batalla.

Un soroll de cascos ressonant a les lloses de l'entrada li va trencar les oracions. No s'havia enganyat. L'Avra era davant la porta amb la mateixa expressió que gastava quan volia una pastanaga o una poma, les seves menges preferides. La va acaronar des del serrell fins als narius i després va escollir la pastanaga més grossa del rebost. Aquell animal havia arribat amb ell a Llívia i li havia estat fidel, fins i tot quan, immers en els seus estudis, s'havia descuidat de mantenir-lo.

—Ha arribat el moment que em facis un darrer servei —li va dir molt a prop de l'orella mentre li colpejava el llom amb estima.

Més enllà del petit mur que delimitava la casa, on encara lluïa un raig de sol, la foscor començava a envair la vall, com un presagi de tot el que havia de venir.

33

Els murs de l'hospital de la Santa Creu eren freds i humits. Malgrat que l'estiu era a tocar, el seu influx es transmetia per tota l'estança i feia tremolar en Serafí Riera. Ni tan sols el foc de les dues torxes que havia donat ordre de disposar a banda i banda aconseguia apaivagar aquella sensació. El canonge s'arraulia sobre la taula sense parar esment de la dita que corria per tot l'edifici. «Qui s'arrauleix, el fred se'l menja», deien com a consol davant l'escassesa de llocs per fer-ho, o com a excusa per jaure amb el primer malalt disposat a aprofitar l'obscuritat que s'apoderava del recinte a les nits.

En Riera no disposava de gaire temps per atendre qüestions mundanes, estava massa ocupat amb l'estudi dels papers que li anaven arribant. Muntanyes de documents s'amuntegaven en forma de donatius, herències, regals o prebendes amb la finalitat d'agrair el pas dels pacients per aquella institució; un pas tràgic molt més freqüent del que es desitjava.

Anguniejat, va aixecar la mirada per escrutar la foscor durant uns instants. La va veure guanyar terreny a mesura que s'esvaïa la influència de les torxes. Devia haver-hi deu passes entre la taula on treballava i la porta d'accés a aquella sala de sostres alts i nervadures amenaçadores. Era un espai excessiu per mantenir-lo calent.

Tot just llavors el grinyol conegut, però inquietant, de la gran porta va fer-li venir un calfred. Com sorgint de les tenebres, va distingir la figura d'en Tano, un dels esbirros de confiança del notari Borrell.

—Veig que no t'ha costat gaire trobar-me —va dir el canonge.

—No és cap secret on feu els vostres tripijocs, oi? —va respondre el visitant amb insolència mentre posava les mans brutes sobre els papers de la taula.

El cos d'en Serafí Riera es va enervar. Li hauria etzibat que com s'atrevia, que li devia respecte, però no estava disposat a donar-li cap motiu per escarnir-lo. Mantindria millor la dignitat de la seva posició amb uns quants silencis displicents. L'home tenia una missió a acomplir i no semblava gaire hàbil en els jocs de poder.

—El meu amo diu que té un regal per a vós.

—Avui no sé si em serà possible. La meva mare...

—Això ja és cosa vostra!

L'esbirro es va fer fonedís. Un instant després el cop de porta va anunciar la seva partença. El canonge, encara amb el rostre contrafet per la tensió d'aquella inesperada visita, va agafar-se fort a la vora de la taula i va deixar anar un llarg esbufec. Després va tornar als documents, però li va costar molt concentrar-se.

Mentre en Riera intentava calmar, en solitari, els desigs insatisfets, l'home del notari va deixar enrere el recinte de l'hospital espolsant-se de sobre els pidolaires que li sortien al pas. L'havia divertit l'acompliment d'aquella ordre, de fet ell mateix havia sol·licitat de comunicar el missatge. En Tano sempre gaudia contemplant el rostre marcat per la flaquesa moral del canonge.

Quan va arribar al cau on en Borrell portava a terme les seves transaccions més fosques, el va veure assegut en una taula i amb una bona gerra de vi al costat. Sabia que potser no en beuria ni una gota. Era un home frugal amb els seus vicis, hi havia moments en què semblava que el més important era fer la vida impossible als altres al mateix temps que els alleugeria la butxaca.

—Ja l'hi he dit, però no sé si vindrà —va dir l'esbirro mentre se servia vi de la gerra en un got de terrissa.

—Vaja, vaja! Es fa el dur, aquest canonge! Tant de patir per caure-hi, finalment, de quatre potes. Diuen que algú li ha tallat l'aixeta a l'hospital.

—Per cert, era el desgraciat d'en Bracons, qui he vist embolicat, amb la cara tapada, sortint d'aquí?

—I...? Creus que és cosa teva? No tens feina pendent, Tano? —va mussitar molt lentament mentre treia el got de les mans al seu home.

Quan l'esbirro es va aixecar de la taula, el notari va fer un glop de vi directament de la gerra i va fer cara de fàstic.

—A treballar, hòstia!

Després de descarregar la seva ràbia, en Francesc Borrell va fixar la mirada en el forat que donava accés al soterrani. El regal d'en Riera esperava en silenci i amb una cadena al turmell. A ella no havia calgut emmordassar-la, n'hi havia hagut prou amb les amenaces. No era així en la major part dels casos. Sovint les nenes ploraven i cridaven fins a esgargamellar-se o es trencaven les ungles en un esforç inútil per alliberar-se de les cordes. Tapar-los la boca en un primer moment era gairebé prescriptiu. Més d'hora que tard acabaven entenent que oposar resistència només generava més frustració. Aleshores, la majoria d'elles s'amansien fins a passar per l'adreçador.

El notari la va observar amb cura i va concloure que la nena devia estar confosa, no en va havia vist com la seva mare la venia per unes quantes monedes i, quan van dir que l'hi tornarien, havia assenyalat la resta de la canalla, sis o set vailets prims i bruts, amuntegats en una sola estança. Si se la quedaven, li farien un gran favor. Una boca menys a mantenir era un alliberament.

Sense mirar enrere, en Borrell es va allunyar de l'entrada del cau estarrufat com un paó. Tenia problemes de més volada. L'assumpte de la nova fórmula per a la triaca, tan senzill que semblava quan va decidir el rapte d'en Pau Vinyes, es complicava cada dia més. L'home de la muntanya s'havia revelat com un bon estrateg que ara l'obligava, fins i tot després de mort, a enfrontar-se amb la Morlana.

En un altre temps havia fet plans per desfer-se de la prostituta, però res no indicava que La Lleona acabés sent més que un bordell. El notari no suportava que tothom parlés d'ella com la Reina del Raval perquè era la seva organització la que movia els fils més poderosos. Potser era el problema, aquella gata maula no anava mai més enllà de les seves possibilitats, sabia mesurar els riscos, plantejar els xantatges com si fossin un favor inexcusable després d'una nit de plaer.

Per contra, els seus homes s'havien d'esforçar al màxim emprant tot tipus d'extorsions per tal que els seus requeriments fossin creïbles.

Els moviments de la Morlana sempre resultaven impredictibles. El notari estava decidit a desfer-se d'en Pere Bracons com a primer pas per advertir-la, però covava la idea d'arribar a un acord, de treballar plegats. Aquella dona, intel·ligent, astuta i ambiciosa, era l'amant d'en Vinyes. La Noè afirmava que la seva relació anava més enllà del sexe, per força havia de tenir la informació que ell necessitava.

Mentrestant, aliè a totes aquestes disquisicions, en Pau Vinyes anava amunt i avall d'una estança petita a la casa on l'esbirro de la Morlana l'havia confinat. Amb molt de temps per pensar, havia considerat en profunditat les seves opcions. Entenia que no era lícit amagar-se per més temps, que havia d'aprofitar aquella segona oportunitat.

L'excusa se li va revelar en beure's el darrer glop de vi de les provisions que li havia deixat en Bracons. Va mantenir la mirada perduda durant uns instants i tot seguit va decidir sortir al carrer amb la intenció de comprar-ne més. Aquell seria el destí de les dues monedes que el seu nou soci li havia donat. La botiga era molt a prop, de fet observar com la gent entrava i sortia era un dels pocs entreteniments dels quals gaudia des de la finestra del primer pis de la casa.

Les seves passes, però, com si no fos ell qui n'ordenés el rumb, no es van encaminar cap al celler. Van anar de manera automàtica fins a la porta de la catedral de Santa Eulàlia i, aliè a una baralla que s'estava lliurant a les escales, va creuar la plaça Nova i va enfilar el carrer de la Palla fins a Santa Maria del Pi.

Avançava entre la gent meravellant-se encara per estar viu, sentia que res no era impossible encara. Però, a mesura que deixava enrere la casa segura dels darrers dies, continuar es va convertir en una tasca més difícil. Mirava amb deteniment els rostres que s'anava creuant i la seva confiança desapareixia. Creia veure en molts d'ells trets coneguts, somriures que havien d'inquietar-lo, ginys que potser li estaven destinats.

Aquestes sensacions, però, no aconseguirien desviar-lo del seu propòsit, trencar la clausura imposada per l'esbirro de la Morlana. Durant l'aïllament havia tingut temps de recordar els millors moments amb la seva família de Llívia, de ben segur no s'havia fet mereixedor del seu amor. La Morlana també se li havia revelat com un episodi central de la seva vida, però posar-hi punt final li semblava la millor decisió.

La sorpresa, la gran sorpresa d'aquells dies isolat al bell mig de Barcelona, havia estat el profund enyor del seu amic d'estudis i descobriments. El riure franc d'en Magí Surroca, la seva dedicació incondicional a aprofundir en els procediments de l'alquímia, la fe cega que tota matèria té poder creador en ella mateixa i ens pot ajudar en el camí cap a la perfecció. Tot plegat amb un desig que sempre niava al rerefons de qualsevol pensament, el d'aprofitar els coneixements que anava atresorant per ajudar els altres.

Era essencial no delatar la seva existència, que ningú no se n'assabentés mai, que posseir la fórmula de la nova triaca era tan senzill com anar a Llívia i robar-la al seu creador. En Surroca era un home gran, no els seria difícil violentar-lo. Les úniques persones capaces de destruir aquest futur, el que vertaderament ansiejava, eren el notari Borrell i la Morlana. Per motius diferents, possiblement amb intencions ben distintes. En tot cas, era una coincidència inquietant.

34

En Mateu Soler, estirat sobre el llit, es va prémer l'estómac amb les dues mans. Buit. El mateix buit asfixiant. Aquell que el traslladava, sense concessions, a un passat del qual creia mantenir-se allunyat. La gola seca, ardent. Impossible empassar-se una saliva pastosa que se solidificava estranyament a l'hora d'engolir. Va insistir, tossut, avançant el coll amb un gest estrafet, tal com fan els ànecs. Mentrestant, l'aranya descendia partint en dos el feix de llum que s'escolava per una escletxa de la finestra. La va mirar d'esquitllentes. Cos pelut i negre; brillant com de metall. Aliena a tot el que no fos el seu propòsit, amb moviments precisos, ella enteranyinava el seu silenci. Docta en l'ofici, segura de la recompensa.

Encara sota l'efecte hipnòtic del lent teixir, un nom de dona va usurpar el lloc de l'insecte. Beatriu. El metge va sacsejar el cap per treure's de sobre aquella idea absurda que el posava contra les cordes. Les cordes. El fil de seda que queia tibat... Aquella soga d'espart nuada al coll d'en Joan penjat a les golfes. El cap vençut, inclinat sobre el pit, el rostre lívid, la llengua fora.

Buit. El mateix buit asfixiant. L'ofec del xiscle avortat pel terror. Els braços del germà mort caient a plom enganxats al cos, els punys tancats, les cames lleugerament flexionades; com el cos sense pell dels conills que escorxava la mare.

En un primer intent de fugir de l'horror, en Mateu es va arraulir acoblant la ronyonada als bonys del matalàs de llana. Uns instants més tard, abandonava el jaç a correcuita i, calçant-se unes sandàlies, sortia al carrer. La xafogor d'aquella nit de juny no ajudava a encalmar el seu neguit. El cant malenconiós dels grills teixia una monodia que se li revelava exasperant. Va accelerar el pas amb l'únic objectiu de cansar el cos fins a caure postrat i, en arribar al convent de Santa Caterina, el prec dels monjos dominics li va sortir a l'encontre. Va fer una pausa. Dos mesos abans, en plena nit, l'esfondrament de la Sala Capitular sobresaltava el veïnat. Deien que, entre les runes d'arcs i capitells, havien trobat el cos d'una dona prenyada. Les males llengües sempre a punt! Els va faltar temps per atribuir la desgràcia a un càstig diví.

Aquesta era la millor manera de sembrar la por i el penediment, de fer llaurar dret i tornar les ovelles escarriades al camí.

En Mateu va seure sobre unes pedres que la darrera torxa del carrer grapejava de manera intermitent. Corprès pels efectes de llum i ombres, va observar com la figura de la dona que havia començat a estimar prenia forma d'aranya, raptada per aquells volums distorsionats i evanescents.

Se li va regirar l'estómac. La imatge inesperada, esperpèntica, li va fer venir basques. La mateixa salivera que als onze anys li havia omplert la boca, congelant-li el crit.

De nou el regust de fel, com cada vegada que l'horror el visitava sota aparences distintes.

Es va fregar els ulls amb la urgència de deixatar els records i fer front als fantasmes. Havia dedicat la seva vida a l'estudi, a la ciència, a apropar-se a la natura, molt especialment als minerals, per extraure'n la saviesa. Volia posar-la al servei dels malalts i desvalguts, anar més enllà de pregàries, herbes i pocions. Potenciar els remeis galènics, sumar-hi tots els sabers i experimentar amb les seves pròpies mans. No tenia totes les respostes, ningú no les tenia, però anar-hi a l'encalç donava sentit a cadascuna de les renúncies que assumia. Havia abraçat aquesta decisió sabent-ne les conseqüències. Havia estudiat el procés de putrefacció per descobrir, sota la foscúria, les forces capaces de provocar el miracle d'un nou naixement.

Mai, però, no s'havia aventurat en el terreny de l'amor. Sempre hi havia una bona excusa per deixar-lo en segon terme. Primer els estudis, que en part van servir per mantenir-li el cap ocupat i no caure en l'agror amb què el suïcidi de l'hereu dels Soler ho havia contaminat tot. Després la fam i els brots de pestilència que van fer enviudar la seva germana i es va endur dos dels seus tres fills. I l'entrega, sense mesura, als malalts i a tot allò que suposés avançar en terrenys envoltats d'un tel de superstcicions, rituals i tabús.

El fill petit del doctor Soler, potser per primera vegada, s'havia aventurat a viure la seva pròpia vida. Aquell malson no podia ser realitat. Es mirés com es mirés, la Beatriu no tenia cap motiu per no ser sincera amb ell. Com i per què hauria de contactar amb la Morlana d'amagat seu? I, si fos així, també hauria estat capaç de trair la confiança de la Guisla? En Mateu es va esforçar a convèncer-se que la por li jugava, de nou, una mala passada.

Era urgent parlar amb ella. Necessitava tenir la certesa que hi podia confiar a ulls clucs.

El miol d'un gat el va retornar a lloc. Durant uns instants, dos ulls brillants, de pupil·les dilatades, van espurnejar de verd la nit. En Mateu va desviar la mirada i es va negar a interpretar-ho com un signe de malastrugança. Va desfer el camí que l'havia allunyat de casa amb l'únic propòsit d'esperar l'albada i anar a la recerca de respostes.

Una estona més tard, assegut sobre el llit, va cercar l'aranya. La teranyina, però, semblava abandonada a la seva sort. Amb un cop de mà va fer desaparèixer el fil de seda i va pronunciar una maledicció en veu baixa.

L'endemà va anar a l'hospital a primera hora. Intentant que ningú, en reconèixer-lo, no pogués reclamar la seva ajuda, va caminar pels passadissos amb el cap cot. En arribar davant la cambra que ocupaven les treballadores, va quedar gairebé immòbil, recolzat a la paret del davant. Ni per un moment va apartar la mirada de la porta.

La primera persona a travessar-la va ser una dona de pell fosca que badallava mostrant unes dents blanquíssimes. De fet, fins que no hi va estar pràcticament a sobre, no va ser conscient d'aquella inesperada presència. Aleshores se'n va apartar fent un salt, talment com si l'haguessin punxada.

—Ho sento, doctor! No us havia vist. Jo...

—Res a disculpar. No pretenia espantar-vos. Entenc que és molt d'hora.

—Anava distreta. Voleu que avisi la Beatriu, potser?

—Us en quedaria molt agraït —va respondre en Mateu, acompanyant les paraules amb una inclinació de cap i un lleu sospir.

La dona va somriure maliciosament i va entrar de nou

a la cambra. Uns instants després la Beatriu sortia esvalotada, lligant-se amb destresa el mocador del cap.

—Mateu! Què hi fas aquí? Passa alguna cosa? Està bé l'Arnau?

La Beatriu li exigia respostes aliena a la urgència que també en Mateu tenia de trobar-ne. Li mirava els ulls amb un moviment nerviós, el mateix que a ell li impedia fondejar-hi. Durant uns segons els dos cors van bategar en solitari.

—Mateu? Va tot bé?

—Sí, és clar.

—Fas mala cara —va afegir, suavitzant el to mentre acostava el palmell de la mà a la seva galta.

El metge, en sentir-ne la tebior, va deixar caure les parpelles amb gest cansat i un sospir petit se li va escapar fregant els llavis.

—He passat mala nit. Volia veure't. Tens una estona?

—Sí, suposo...

En Mateu va forçar un somriure tranquil·litzador convidant-la que el seguís. La parella va anar a la planta baixa. Hi havia poc moviment a aquelles hores i les atxes encara cremaven penjades de les parets. Un home jove i robust preparava el seu instrumental en una habitació de dimensions reduïdes. Sobre la taula de fusta, arrambada a la paret, un llum d'oli permetia veure les peces que arrenglerava amb moviments precisos i cura extrema. Estenalles, dues pinces bec de grua, escarpes i ganivets de diferents mides, tisores planes, fundes d'os per protegir burins i puntals, esperaven que aquelles mans expertes donessin el vistiplau. Hi havia, també, un parell de capses amb ungüents, pomades i remeis, i un tou de draps de lli sobre el qual descansaven una pila de llibres i manuscrits.

—Bon dia tinguis, Jaume —va dir en Mateu des de la porta.

L'home, amb una pedra d'esmolar a les mans, els va mirar visiblement sorprès.

—Anem molt d'hora, doctor.

—Sí, però per molt que matini mai no t'atraparé, oi?

En Jaume va somriure i es va acaronar la barbeta amb gest pensarós.

—Puc ajudar-vos en alguna cosa?

—Si ens permetessis una estona. He de parlar amb...

—No m'heu de donar pas cap explicació, a mi. A disposar. Recullo el material i toco el dos. En tinc prou, de feina, per sort o per desgràcia. Si necessiteu alguna cosa, començaré per la sala de la canalla. He de donar un cop d'ull al braç d'en Tonet.

—Gràcies —va dir en Mateu, tot observant com el barber cirurgià dipositava els estris en una caixa amb nanses que va prémer fort contra el pit.

Quan va sortir l'home, en Mateu es va apressar a tancar la porta. Amb la mateixa celeritat, la Beatriu va prendre la paraula...

—Què hi fem, aquí? Em diràs d'una vegada què està passant?

—Coneixes la Morlana? —va deixar anar sense més preàmbuls i a un pam escàs del seu rostre.

—A qui, dius?

La Beatriu Montells estava avesada a fingir. Ho havia fet en múltiples ocasions per sortir de situacions compromeses. Fingia quan cantava a cor què vols a la porta de casa seva per amortir els crits i els cops que el pare dispensava a tort i a dret. Ho feia igualment quan disfressava de menyspreu la feina portada a terme per la seva difunta mare, o quan s'havia mostrat afligida per no poder entrar al noviciat. Però ara l'havia agafat amb la guàrdia baixa. Encara tenia el cervell mig adormit i li costava pensar amb claredat. Com dimonis havia lligat caps? No feia ni vint-i-quatre hores que havia parlat amb la Morlana!

—Necessito que em diguis la veritat. T'hi has posat en contacte? Beatriu, vas ser tu?

El metge va formular les preguntes amb la mateixa vehemència de qui suplica per la vida. Les seves mans, fetes al treball de laboratori i a l'experimentació, van anar a la recerca de les d'ella, marcides d'infantesa.

—No sé què t'empesques! Es pot saber a què treu cap tot això? De qui em parles?

Durant uns segons en Mateu va tenir la sensació que la veu d'ella es trencava de manera gairebé imperceptible i que el gest de mossegar-se la petita cicatriu de sobre el llavi venia a segellar l'engany. Va aguantar-li la mirada amb l'esperança de foragitar les pors i, poc després, vençut, la va estrènyer entre els seus braços.

Si el cor de cadascú no hagués bategat amb tanta ànsia haurien estat capaços d'escoltar el de l'altre, però la situació no ho permetia. En Mateu li va treure el mocador del cap amb la necessitat de respirar-la tota.

—Perdona'm, Beatriu —va mormolar amb la cara enfonsada entre els seus cabells—. Tot això de la fórmula i la mort d'en Ramon, i en Pau... No sé què pensar, no hauria de dubtar de tu.

Després va deixar que parlessin els llavis en contacte amb la pell. Sol·lícit, li va dipositar un rosari de petons petits al coll i tota ella es va estremir. A intervals, cada cop menys dilatats en el temps, van escampar carícies amb desfici. L'escalfor de cada una de les alenades, omplint-se i buidant-se de desig, va fer la resta. Com si ho haguessin parlat abans, com si complissin un tracte pactat prèviament, van traslladar la taula i la van col·locar perquè obstruís la porta. Aleshores, sobre aquella superfície que havia estat escenari de disseccions, alquímies i quimeres, es va desfermar la follia.

Ell li va descobrir els pits menuts, turgents, d'arèoles clares com les d'una adolescent. Ella va sentir com se li humitejava el sexe i una punxada li va fer empènyer els malucs contra l'home. Suaven. Van assajar per acoblar el ritme de cada contracció ajustant-ne el compàs. Va ser llavors, tot just abans de penetrar-la, que en Mateu, sense cap indici que pogués fer-li predir el resultat, va fer un pas en fals...

—T'estimo, Beatriu.

El gemec de la dona, en acollir aquelles paraules, va recordar el d'una bestiola, i l'esgarip que va acompanyar el gest brusc d'apartar-lo va glaçar la sang d'en Mateu.

—No puc. Em sap greu, de veritat. Però no puc. Deixa'm!

A la Beatriu li hauria agradat córrer escales amunt, travessar estances i passadissos o creuar places, marxar sense pausa per caminois i senderes. Fer-ho sempre en direcció contrària al temps. Hauria volgut descomptar els anys i tenir la certesa que al final del recorregut hi trobaria la mare esperant-la. Hauria donat qualsevol cosa per perdre's entre la seva abraçada, que fos ella qui li eixugués les llàgrimes i, amb un petó al front, li insuflés confiança. Però la realitat era una altra, ben distinta.

Tenia al davant un home al qui havia enganyat i que la mirava amb el rostre desencaixat, la porta era barrada i un sangloteig incontrolable la va fer doblegar-se sobre ella mateixa perdent el control.

—Tranquil·litza't, si us plau. Què tens? No passa res, jo no volia...

—Calla! No vull escoltar ni una paraula més. La dona misteriosa era jo, sí. No soc la persona que et penses, no en saps res de mi. Aparta't! Deixa'm sortir, m'ofego.

35

El desig de la Beatriu per abandonar l'hospital i fer-se fonedissa va tenir un recorregut molt breu. A poques passes de la sortida va ensopegar amb una partera. Era molt jove, gairebé una nena, i s'aferrava a una columna xisclant com si la degollessin. La sang li rajava cames avall i no hi havia manera de calmar-la ni de convèncer-la que el millor era estirar-se a terra, on havien disposat una flassada.

La primera reacció de la Beatriu va ser passar de llarg, prou feina tenia a posar una mica d'ordre a la seva vida! Es va mirar l'escena d'esquitllentes, encara amb les parpelles inflades pel plor. Compadia la sort d'aquelles criatures, la que es dessagnava amb el rostre trasmudat i també la que, amb tota certesa, naixeria morta. Ella no creia formar part de la solució. La seva única dèria era abandonar el recinte, respirar una mica d'aire, buscar un lloc on pensar amb tranquil·litat. Ara que en Mateu estava informat de les circumstàncies, i sens dubte estaria a l'aguait, calia replantejar-se quin era el proper pas a fer, de quina manera podia afectar tot plegat els seus propòsits.

Obrir-se camí entre la gent que maldava per avançar en sentit contrari no era senzill. Atrets per l'espectacle que tenia lloc al pati interior, una munió de curiosos li barrava la sortida. Com si d'un linxament es tractés, les males llengües repetien el que havien sentit a dir o allò que se'ls acudia per embolicar la troca. En el transcurs d'uns minuts, com si un verí invisible s'apoderés dels congregats obligant-los a vomitar fel, les blasfèmies es van fer més grolleres i la compassió més feble.

—També xisclaves així quan t'obries de cames? Desvergonyida!

La veu d'un d'aquells homenots es va clavar al cervell de la Beatriu. De sobte s'adonava que tot aquell eixam de persones eren pitjors que els corbs. Els corbs formaven part sovint dels seus malsons. Els havia descobert de molt petita i des d'aleshores l'esglaiava el seu grallar estrident.

La primera vegada que en tenia memòria eren un bon grup. S'amuntegaven sobre alguna cosa penjada al Portal Nou que només es podia intuir quan un dels ocells abandonava la seva presa amb el botí al bec. La mare la va estirar del braç i li va donar ordre de no aturar-se, però després de la visió d'aquell cap penjat amb les conques dels ulls buides havia passat moltes nits sense conciliar el son. Dels comentaris de la mare, només n'havia tret en clar que era un home dolent i que s'havia guanyat a pols acabar d'aquella manera.

Encara pensava que ningú no mereixia una mort com aquella. La visió dels corbs, el soroll del batec de les seves ales, els crits... li havien enverinat la sang.

I aleshores, en recordar-ho, mentre observava el que estava passant al seu voltant, va saltar com una molla i, després de salvar la curta distància que les separava, li va fer costat...

—Deixeu-la en pau! Torneu a casa vostra o aneu a jaure amb les vostres concubines! Hipòcrites! Pervertits! No m'ho feu repetir, foteu el camp!

—Puc ajudar? —va preguntar-li un home que s'havia fet pas entre la multitud a cops de colze.

—Si us plau, aneu fins a la sala de les criatures i pregunteu per la Guisla. Expliqueu-li la situació, ella sabrà què fer.

Un parell de dones i un jove corpulent es van encarregar de fer fora els curiosos i en un tres i no res la Guisla i un parell d'infermeres van aparèixer amb tot el necessari. Per indicació de la Beatriu, que havia agafat les regnes de la situació, van disposar el cossi amb aigua bullent, tisores, fil i un tou de roba neta al costat d'on ella es trobava.

—Com et dius?

—Ròmia —va dir entre esbufecs, mirant-se la Beatriu sense acabar de refiar-se del tot.

—Crida tant com vulguis, Ròmia. Però, entre crit i crit, respira i fes força quan jo t'ho digui, d'acord?

—No penso...

—Pots quedar-te aquí dreta si ho prefereixes. Jo t'ajudaré. I oblida't d'aquests brètols.

—Vull que vingui la meva mare!

Els crits de la Ròmia van donar pas a un plor descontrolat i persistent que s'interrompia amb gemecs. Es va deixar caure i només va emmudir quan se'n va sentir un altre de més agut, com el miol d'un gat.

—És el teu fill, Ròmia. És un nen i se'l veu sa.

La noia va fer uns ulls com unes taronges. Amb la boca eixuta i una tremolina per tot el cos va intentar incorporar-se.

La Beatriu, després d'embolcallar el nadó, encara amb

el cordó que unia tots dos cossos, el va apropar a la seva mare, que estenia els braços per rebre'l.

Després va fer un pas enrere. Una de les infermeres havia pres el relleu a petició seva. Es va rentar les mans i va dir a la Guisla que havia de sortir, que se li feia tard. Sense donar-li l'oportunitat de formular cap pregunta, es va girar per dirigir-se a la sortida. Però de cop, al seu costat, tan proper que el podia respirar, hi havia en Mateu contemplant-la. El cor de la Beatriu va fer un salt i les cames van trigar uns segons a obeir l'ordre de posar-se en moviment. Ell li va barrar el pas amb els braços.

—Espera! No hem de parlar, si tu no vols, no necessito més explicacions de les que em vulguis donar.

—Mateu, jo...

—Dius que no ets la dona que jo em pensava i parles sense saber. He vist com ajudaves a néixer una criatura, com...

—Has vist el que has volgut veure!

La Beatriu va iniciar una cursa que en Mateu va seguir amb molta cura per no ser descobert. Una estona després, la jove va arribar a la platja. Arran de mar el sol s'havia fet visible unes hores abans i ara feia brillar la superfície líquida i arrissada. La jove es va assegurar de mantenir-se fora de mirades indiscretes i es va desfer del mocador que duia al cap. Un ventijol la va despentinar i a poc a poc va sentir com la revifava.

Quan en Mateu s'hi va acostar, ella va fer el gest d'aixecar-se, però l'home tenia el dit als llavis, per convidar-la a guardar silenci.

S'hi van estar una bona estona sense dir-se cap paraula. La distància entre els seus cossos era curta, per moments inexistent. Ell li va passar el braç per sobre les espatlles i la Beatriu va deixar de banda el neguit. El sol ja queia de ple, les pedres on seien cremaven de debò i la mar resplendia amb reverberacions d'argent.

—Anem? —va demanar en Mateu esperonant-la.

Tots dos coneixien el camí que menava fins a la casa del metge. L'havien fet plegats més d'una vegada i, malgrat tot, a mesura que s'atansaven al seu destí, el cor els bategava amb més força.

No es van buidar de paraules fins que els seus cossos van recuperar l'alè després d'una entrega enfervorida a la pell de l'altre. Més tard, quan en Mateu havia de marxar a l'hospital, la Beatriu va decidir quedar-se estesa en aquell llit que havien omplert de carícies, llàgrimes i fluids.

Va mirar a contrallum com la seva silueta esvelta es movia sense estridències. Quan el metge va tancar la porta rere seu, el raig de claror que s'escolava per la finestra va perdre força per uns instants. La jove Montells es va imaginar algun núvol espars que jugava amb el sol, però aviat se'n va desentendre i va aclucar els ulls abans de perdre's en una respiració profunda. De seguida va començar el seu xiuxiueig...

—T'agradaria, mare. En Mateu t'agradaria, ho sé. L'hi he explicat tot. No ho tenia previst, encara em faig creus que n'hagi estat capaç. Suposo que necessitava desempallegar-me de tot el mal que em corseca. Fa massa temps que arrossego aquest coi de culpa! Li he dit que vaig ser jo qui va desfer-se del pare. Quan ho ha sentit no m'ha apartat de la seva vora, ni tan sols m'ha mirat amb horror. M'ha pres fort entre els seus braços i he tingut la sensació que eren un lloc segur. Com m'agradaria que el poguessis conèixer, mare!

»Saps? He resseguit fil per randa tot el que va succeir aquell dia maleït. Com el pare va arribar a casa i tirava per terra tot el que trobava al seu pas. L'esglai al teu rostre per sentir-te incapaç de protegir la Joana. El seu gest quan te la va prendre del pit mentre l'alletaves i el cop de la nena sobre el terra. No vaig tenir temps d'agafar-la, mare, només tenia sis anys i estava morta de por. Li he dit a en Mateu que el pare et va obligar a obrir-te de cames però que els plors de la meva germana el posaven nerviós i no se'n sortia. Jo no sabia què fer per tranquil·litzar-la; cada cop bramava amb més força i li penjava el bracet com el d'un titella trencat. Quan va sortir de tu, amb la verga enlaire, es va abalançar sobre nosaltres i li vaig clavar l'atiador al coll. No va ser com m'has volgut fer creure sempre, ni com et vas esforçar a explicar a tothom.

»Tinc el moment gravat a foc. No se'l va clavar quan va caure, l'hi vaig clavar jo. Hi vaig posar totes les meves forces, tota la meva ràbia, mare. M'he repetit mil vegades que va ser en defensa pròpia, que la vida de la meva germana i la meva pròpia estaven en joc, però en el fons del meu cor sé que va ser una venjança.

»He parat a explicar-li a en Mateu com el pare, abans de caure definitivament, es va aferrar al meu llavi. Encara recordo el seu baf de vi arran de galta de tan a prop que el tenia. La sang li brollava a dolls de la ferida. Es moria, però es mostrava somrient davant la meva ganyota de dolor mentre em clavava amb força les ungles com si volgués deixar-hi la seva empremta per sempre més. Avui sento que, per primer cop, ja no em cou, mare.

»També hem parlat de la fórmula que vaig empaitant, és clar. De la meva dèria per aconseguir la vida regalada que m'havia de dur a la felicitat. Em pensava que havia trobat la manera, però ja no ho tinc tan clar, mare. En Mateu la vol per guarir malalts sense recursos, la Guisla per salvar el seu fill i perquè la mort del seu marit no hagi estat gratuïta. Saps? L'altre dia estava molt excitada. Diu que de sobte va recordar una cosa que podria ser important. L'amic del seu home, en donar-los el bocí de pergamí, va parlar d'algú de Llívia. No va retenir el nom però, pel que ella va entendre, ben bé en podria ser l'artífex. L'hi he comentat a en Mateu i se li han il·luminat els ulls. Ja ho sé, que faig volar coloms, però per un moment m'he imaginat que hi anàvem plegats. També ens hi acompanyava la Guisla i el nen. Si fos possible deixar aquest neguit enrere! A Llívia podríem continuar treballant. En Mateu diu que els llibres són molt importants, però no són els únics recipients del saber. Ens seria més fàcil aprendre de les velles receptes populars, de la natura, seguir investigant els minerals, tal com a ell li agrada.

»Hem deixat la conversa a mitges perquè el necessitaven a l'hospital. És molt bo, saps? Tothom el respecta i l'estima. Dimecres de la setmana vinent em portarà a la plaça de Sant Jaume a veure la festa de l'elaboració de la triaca. Tu i jo l'hem vista moltes vegades i m'anaves explicant coses que entenia a mitges. Després vaig renegar de tot i de tu. Perdona'm, mare. No podia entendre per què no et van salvar si deien que allò ho curava tot. En Mateu diu que no està bé fer negoci del patiment dels altres i que tampoc no és bo donar-los falses esperances. Pensa que és absurd creure en un Déu que s'apiadarà de nosaltres, que només resant podrem curar els nostres mals.

»Està convençut que mortificar el cos amb penitències no ens servirà de res i que més ens valdria esforçar-nos per assistir els que ho necessiten. Assegura que s'ha avançat molt en medicina i que jo també hi tinc alguna cosa a dir. Li he comentat que t'ajudava amb els ungüents, mare, que havia après de tu l'ofici de portar nens al món i també les propietats de les plantes. Ho he recordat sense recança de les teves ensenyances, mare, fins i tot amb un punt d'orgull, i he plorat sense amargor.

36

Mentre el canonge Serafí Riera va acomodar el cos sadollat dins la roba eclesiàstica, la noia desconeguda gemegava en un racó d'aquella estança humida i bruta propietat del notari Borrell. Era un altre dels motius pels quals li havia agradat tant la relació amb la Caterina; podia disposar d'ella a les seves pròpies dependències de l'hospital, un lloc net i tranquil on hi havia un jaç agradable i ningú no gosaria molestar-lo. S'arriscava, però, que es parlés més del compte sobre els seus desigs, indignes sens dubte d'un frare administrador de la Santa Creu.

Quan l'assaltaven aquella mena de dubtes, el tranquil·litzava pensar que pocs s'atrevirien a jutjar-lo. Si algú era capaç de descobrir-ho, seria perquè ostentava un poder semblant al seu i de cap manera se sentiria lliure a l'hora de llençar la primera pedra. En Riera havia vist moltes coses durant la seva vida, s'havia trobat amb bona gent, temorosa de Déu, però també havia comprovat que el poder portava emparellada la corrupció i que els pecats es feien més inconfessables a mesura que ascendies en l'escala social.

Va donar una altra ullada a la nena intentant recordar el seu nom sense resultats. Es va ajupir, una darrera vegada, i li va passar la mà per l'engonal. Els llavis petits, molsuts i rosats van lliscar sota els seus dits. En Riera li va fregar les cuixes amb aquell fluid, encara tebi, de semen, saliva i sang. Ella, amb els ulls clucs i l'esperança que tot allò acabés com més aviat millor, no s'hi va revoltar. Després va escoltar el dringar d'unes monedes a terra i, en comprovar que el seu botxí abandonava el lloc, va poder distingir el gest de l'home xuclant-se amb delit el palmell de la mà.

Satisfet, va redreçar amb molta cura el seu posat. La segona part de la festa estava a punt de començar. En Borrell l'esperava fora, alliè a l'as que el canonge es guardava a la màniga. Girava al voltant d'una conversa que havia sentit dos dies enrere a l'hospital. Una trobada casual, malgrat la xarxa d'espies que tenia repartits per tot el recinte. Venia d'atendre espiritualment un moribund, un home ja gran que feia massa temps que s'alimentava de l'erari, quan es va aturar a l'entrada de les escales. Molt a la vora, en un dels esglaons protegits per la penombra, se sentia la veu del metge Mateu Soler. Tan sols uns instants després va reconèixer la persona que l'acompanyava. Era aquella dona jove, Beatriu Montells, la que havia arribat tan ben recomanada per l'abadessa de Vallbona. De seguida va entendre que entre ells hi havia alguna cosa més que una relació de feina.

—Li he dit a la Guisla que ens havíem vist. No pensava fer-ho, però quan vaig arribar a l'hospital estava tan feliç que ho hauria cridat al mig de la sala! Espero que no et molesti, no me'n vaig saber estar.

En Riera va baixar un esglaó més, li costava seguir la conversa. La veu de l'un i de l'altra era gairebé xiuxiuejada, pròpia de dues persones enamorades que parlen a cau d'orella. Durant uns segons es va fer el silenci. Potser un bes? Després, el metge va prendre la paraula.

—Amor meu, hem d'anar amb molta cura. Si el que recorda la teva amiga és cert, potser faríem bé marxant a Llívia. Tenim dos fragments de la fórmula i som un blanc fàcil. És qüestió de temps que lliguin caps i vinguin per nosaltres.

—No sé què pensar. A mi també m'agradaria, però no em trec del cap que, aleshores, tot haurà estat inútil. L'home de la Guisla...

—En Ramon.

—Sí, en Ramon era amic teu. Va posar en risc la seva vida, ell també era un estudiós...

—Era més un company d'estudis que un amic, però m'estàs donant la raó, Beatriu! El van matar! No va tenir cap oportunitat!

—Nosaltres, sí! Ningú no ens busca. Podem fer-li justícia!

—Escolta'm. Encara que en Ramon els hagués lliurat el fragment que tenia, la seva sort hauria estat la mateixa. No corren riscos i no volen deixar res a l'atzar. M'ho vas dir tu, que la Guisla havia arribat al convent en estat de xoc.

La Beatriu va assentir amb el cap mentre es traslladava al lloc dels fets.

—Et penses que algú capaç de portar a uns pobres ancians el cap del seu gendre com a trofeu té cap escrúpol? Amb aquesta gent no s'hi juga. Tenen contactes, estan corromputs...

De nou es va fer el silenci i en Riera va valorar la possibilitat d'abandonar el seu lloc d'espieta. Els seus ulls brillaven de cobdícia en la foscor. Fos el que fos el que aquells dos tramaven tenia material suficient per utilitzar-ho com a moneda de canvi amb en Borrell. Quan ja s'arremangava l'hàbit per iniciar l'ascensió, la veu de la Beatriu li va arribar amb nitidesa...

—Passa alguna cosa que jo no sé, veritat?

—Qui més qui menys n'hem patit les conseqüències. A la nostra família també li va arribar...

—Què dius?

—Jo era molt petit quan em vaig trobar el meu germà gran penjat a les golfes de casa. Era l'hereu però mai no va ser un noi brillant i va desestimar seguir amb la professió del pare. Deia que no tenia vocació per ser metge, però va treballar molt dur per aconseguir un lloc d'arxiver dels Llibres de la Taula de Canvi. El seu opositor, fill del metge Granollacs, va fer trampa.

—I què va passar?

—La corrupció ronda les altes esferes. Aquell home pertanyia a la Busca, el partit del govern. Tenia diners. Vuitanta-quatre lliures va ser el preu estipulat per tal que el càrrec anés a parar al seu fill. Els va comprar a tots!

—Malparit!

—El meu germà era un home sense caràcter. Jo, pel que he sentit a dir, penso que només volia agradar al pare, que n'estigués orgullós. Tenia un nen molt petit...

—I què se n'ha fet?

—Ja és tot un home, però escolta'm bé, Beatriu. El fiador, i pare del noi a qui van col·locar al lloc del meu germà, era en Bernat de Granollacs, metge i conseller de Barcelona. El corredor era en Jaume Bruguera, també prohom del consell, i el notari de tot aquell embolic és ara un dels administradors d'aquest hospital, en Francesc Borrell. No hi ha un pam de net! Ho entens, ara? Et penses que jo no he tingut ganes d'engegar-ho tot a pastar fang en més d'una ocasió? Com creus que em sento quan el veig passejar-se com si res, amb els dits coberts d'anells, i fent i desfent sempre en benefici propi?

—No ho entenc! Si, com dius, tot va sortir a la llum, com pot ser que no acabessin a la garjola?

—No és tan senzill. Els que van destapar el cas eren de la Biga i molts pensaven que era una maniobra per atacar els seus oponents. El Consell de Cent s'hi va posar i va inhabilitar-los a tots per exercir cap més càrrec ni formar part de cap consell.

—Però, no dius que el tal Borrell és un dels administradors...

—Massa sovint, quan barreges diners i poder, aquest és el resultat. No et posis en perill, t'ho suplico. No vull pensar-me sense tu, Beatriu.

El canonge Riera feia massa temps que intentava mantenir-se immòbil i les cames començaven a fallar-li. Aquella conversa s'anava endolcint de manera insuportable i ell ja tenia la informació suficient per no haver de posar-se més en risc. Va decidir abandonar el seu amagatall. Si ho havia entès bé, parlaven de tenir dos fragments d'una fórmula que devia ser molt valuosa. Però tant li feia quina en duien de cap, el més interessant era que també parlaven d'en Borrell com a persona implicada i d'una possible fugida a Llívia.

La informació, malgrat que fos incompleta, li atorgava certs avantatges. Per això va acceptar la nena que havien disposat per a ell aquella nit. Pensava parlar amb el notari de la conversa misteriosa de l'hospital, i, si era necessari, posar les cartes de cap per amunt. Tal vegada podrien fer-se rics amb la venda d'allò que tenien d'aquell parell.

—Castells a mig construir... Malgrat que sembli arriscat, acaba sent la posició més segura en aquests temps —va exclamar, distret pels records, quan sortia de la cambra sense mirar enrere.

—Què dieu, Serafí?

El canonge es va sobresaltar. Havia comés un altre cop l'error imperdonable d'expressar els seus pensaments en veu alta. Va posar la seva millor cara de satisfacció abans de dir...

—No era ben bé el que esperava, però confesso que ha estat una estona prou agradable.

—No sempre podem gaudir completament dels nostres desigs, estimat amic. Si fos així, com hauríem de reconèixer el plaer suprem quan ens és donat?

—És una teoria interessant, ho admeto.

En Borrell va acollir complagut aquelles paraules. Tot seguit va exigir al pinxo que els acompanyava que els deixés sols. L'home, inexpressiu, es va incorporar lentament del tamboret, com si li costés obeir l'ordre de l'amo. En Riera, al seu torn, com sempre que es quedava sol en companyia del notari, no les tenia totes. Va fer un cercle caminant al voltant de la taula, fins que li van omplir amb generositat el gerro en què havia begut l'esbirro.

—No fareu fàstics al meu vi?

—No. És clar que no —va respondre el canonge.

—Pagareu ara o voleu també que us anoti el servei? Mireu que aquesta mena de deutes es van fent grans i després... Si no és que... Tal vegada heu trobat alguna altra donació de la qual ens podem aprofitar.

En Riera va sospesar bé aquelles paraules. Era cert que, amb el que semblava un deix sorneguer, el notari sempre deia després de cada trobada que anotava la despesa. Tots dos somreien i l'assumpte no anava més enllà. Li havia fet guanyar molts diners amb les donacions de l'hospital... Era possible que portés encara una llista de despeses a costa seva? Havia arribat el seu torn, el contraatac. Eixugant-se la boca, i com aquell qui no vol la cosa, va deixar caure alguna de les descobertes que, és clar, el comprometien.

Va començar explicant-li per què havia pujat aquell dia unes escales tan perilloses i empinades mentre el notari anava omplint de vi els dos gerros un cop més. Sabia que l'escoltava encara que es feia el desentès.

A mesura que anava desgranant els detalls del relat, l'atenció d'en Borrell augmentava. En aparença encara tenia el seu posat impertorbable, però el canonge havia après a llegir-li el rostre i li coneixia els tics. Es va permetre un somriure abans de continuar.

—Potser seria bo d'investigar-ho. S'ensuma un bon negoci. Hi esteu d'acord?

—Els passos en fals s'acaben pagant molt cars. N'esteu segur, que aquesta tal Beatriu parlava de la vídua d'en Ramon Gras?

—De quina altra, si no?

—I es pot saber d'on han sortit aquestes dones? I què se'ls ha perdut, a Llívia?

Les preguntes que en Borrell deixava en l'aire no haurien estat tan compromeses si el to i l'expressió dels seus ulls no l'haguessin traït. De sobte, connectat amb Llívia, el fantasma d'en Pau Vinyes cobrava vida de nou. Eren massa casualitats.

—Veig que he tocat un tema delicat. Però ja us he dit que em vaig perdre algunes paraules i...

—Per si us ajuda a fer memòria, em complauria obsequiar-vos amb una criatura que, n'estic segur, no us decebrà. Me l'han de portar d'aquí un parell de dies i tinc entès que és cosa fina! Espero, és clar, que no us hagi fet perdre el sentit de l'humor, allò dels deutes...

—És clar que no, amic meu. Des de bon començament ho he considerat una trapelleria! Malgrat tot, entendreu que les dones de les quals us parlo estan sota la meva empara. Me'n faig directament responsable.

—És clar, un bon pastor ha de vetllar per totes i cadascuna de les seves ovelles.

—Això mateix. I us agrairia que, si esteu interessat en alguna d'aquestes criatures de Déu, me'n tingueu al corrent. D'altra banda, tinc una posició, dins l'hospital, i a tots dos ens convé que continuï així...

—Ah, l'Església i els seus homes, sempre tan vanitosos!

—Crec que confoneu la vanitat amb la prevenció.

—Serafí —va respondre en Borrell mentre el canonge sentia com se li regirava l'estómac d'escoltar el seu nom pronunciat per aquells llavis torçuts—. Tot és convenient fins que deixa de ser-ho.

—No seré jo qui us porti la contrària. Diria que se m'ha fet tard i he de despatxar assumptes importants. Sé del cert que investigareu la informació rebuda i que trobareu la manera de treure'n profit. Només us diré que aneu amb compte amb el tal Mateu Soler. És una persona influent dins el seu gremi, no és pas dels que es deixen engalipar. I no oblideu, tampoc, que no m'agrada que facin i desfacin a la meva esquena.

El notari Borrell va somriure àmpliament i el canonge va tenir enveja de la seva posició. Per uns instants va maleir la seva dèria pels brots més tendres de l'ésser humà. Què hauria passat amb la seva vida si no tingués aquelles necessitats inconfessables?

—Marxeu tranquil —va dir en Borrell com si de sobte tingués moltes ganes de desempallegar-se del religiós.

—Quedem en pau, doncs. Pregaré per vós.

—Tal com estan les coses... Potser Déu té altres interlocutors de més prestigi.

—Un cop de mà vingut del cel sempre és ben rebut! —va dir picant-li l'ullet.

—Sobretot si serveix per a empreses més lucratives. No, canonge?

En Serafí Riera va fer una ganyota en veure's vençut per la conversa d'aquell home camaleònic i imprevisible. Ja n'havia sortit escaldat en altres ocasions, però no n'aprenia i, fos com fos, sempre queia en el seu propi parany. La vanitat, sí, pensar que era capaç de controlar qualsevol només amb la seva oratòria. Però, aquesta vegada, si jugava bé les seves cartes, ho tenia tot a favor per guanyar.

37

—Necessito roba de mercader, i millor que sigui usada.

En Francesc Borrell no va deixar passar ni un dia per prendre una decisió. Tiraria pel dret. Era la millor actitud per assumptes com el que l'ocupava. Aquell joc del gat i el ratolí; l'estira-i-arronsa que no va enlloc, estúpid i insuls, l'avorria absolutament. Quan s'hi posava, el notari era un home d'acció, amant de l'eficiència i dels bons resultats.

El seu esclau personal, en Jaume, un noi alt, fort i de pell fosca, el coneixia bé i el sabia capaç de qualsevol cosa. Potser per això no va fer cap gest d'estranyesa en rebre un encàrrec tan poc usual. Ben al contrari, li va respondre amb gest d'acatament...

—El que ordeneu, senyor. Se l'han de posar homes fornits? Us ho pregunto per saber-ne les talles.

—Almenys sis jocs sencers. Un d'ells que sigui ben gran —va afegir mentre obria els braços per corroborar-ne l'amplada—. Els altres, si són de la meva mida, ja ens aniran bé. Que no hi falti un capuç o un mantell amb caperó. Porta'm també una gramalla llarga fins als peus, corretges i sarrons.

—Així ho faré, senyor. Són per avui mateix?

—És clar que sí! Ho necessitem tot per aquest vespre sense falta. Ah! I la vull d'allò més normal. Neta però una mica rebregada. Ja m'entens, que no cridi l'atenció. Les sandàlies i els esclops, assegura't que siguin còmodes. Porta'n un bon grapat per poder escollir-los. Si s'ha de sortir per cames val més fer-ho amb certes garanties. No et sembla?

L'esclau va obrir molt els ulls i unes dents blanquíssimes es van deixar veure entre els llavis molsuts, que es van estirar insinuant un lleuger somriure. Tot plegat va ser com un miratge. Després va fer un pas enrere i, encorbant l'espinada, se li va oferir de nou.

—Maneu alguna cosa més, senyor?

—Fes avisar en Tano i que vingui acompanyat de tres dels nostres millors homes. Els vull aquí a la caiguda del sol. Que siguin prudents i no es deixin veure gaire. Saps com valoro la discreció.

—Serà com voleu.

—Ah! I que vingui també el barber després de dinar, em fa molta falta —va dir amb ironia mentre s'allisava els cabells rinxolats que li tapaven les orelles.

El jove esclau es va dirigir cap a la porta prest a acomplir la voluntat del seu amo. Mentrestant, el notari va pensar que la barba ja li grisejava i que en bona part es devia a la seva ambició sense límits. Ho va deixar córrer, però. Per distraure's d'aquest neguit va observar en Jaume amb cert orgull. Feia divuit anys que havia comprat la Carlota, la seva mare, sense sospitar que estava prenyada. Més d'una vegada s'havia aturat a pensar si l'embaràs no es va produir quan ja era de la seva propietat i si aquella criatura l'hagués pogut concebre ell mateix. No era de la seva incumbència saber quan parien les esclaves i les de raça negra estaven tan acostumades a fer-ho soles que al cap d'un parell de dies ja s'incorporaven de nou a la feina. Les criatures que sobrevivien a situacions tan precàries es criaven fortes. La vida feia la seva selecció natural.

En Borrell no diferenciava les unes de les altres i fugia del trasbals d'escoltar-ne les corredisses. Si els petits creixien sans era un negoci rodó, mà d'obra gratuïta per fer la feina bruta. Si, tal com deia sempre amb sorneguería, es donava el cas d'un excedent de producció, amb moltes femelles o algun esguerrat, es podien canviar alguns exemplars per bestiar o vendre'ls al mercat. Pel que feia a en Jaume —per una vegada havia permès que el bategés la seva mare—, havia estat diferent des de l'inici. L'esclava l'havia alletat amb el fill natural del notari i de la seva dona.

La Carlota va posar molta dedicació a atendre aquella criatura lletosa, filla de l'amo, però el seu propi infant sempre el sobrepassava en pes i en vigor. Tant era així que, engelosida, la dona d'en Borrell la va obligar a deslletar-lo i a encarregar-se en exclusiva de qui no portava la seva sang. L'esclava va obeir sense dir ni piu, però amb el permís de l'amo i després de constatar que la quantitat de llet no es veia compromesa, va continuar donant el pit a en Jaume. Aquell secret els havia unit de manera clandestina i tant la Carlota com el nen van tenir un tracte de favor. No s'havia traduït en cap gest d'afecte als ulls dels altres, però sí que va construir un reducte d'escalf i tendresa, mai confessada, un refugi per al cor empedreït del notari.

A l'estiu els dies són molt llargs però, tard o d'hora, tot arriba. L'un rere l'altre, accedint per la porta principal, les quadres o l'entrada de servei, els convocats van acudir a la cita. Tots i cadascun d'ells es delien per saber el motiu pel qual se'ls havia demanat, però s'esforçaven per no demostrar un especial interès. Durant una bona estona van menjar i beure mentre s'observaven de cua d'ull.

—Aquest faisà recobert amb cansalada és de les coses més bones que he provat i el vi és excel·lent. Molt temo que el preu que haurem de pagar serà força elevat.

En Tano parlava amb la boca plena i es xuclava el greix dels dits mentre deixava anar una llarga riallada que els altres homes van imitar. Durant l'àpat el tema principal van ser les darreres transaccions i la trobada sexual amb alguna meuca caucàsica, les dues darreres incorporacions del bordell La Lleona.

El notari va esperar que l'ambient estigués relaxat i l'alcohol fes el seu efecte per presentar-se i posar sobre la taula el seu pla.

—Deixeu-nos sols —va ordenar al servei.

Després es va fer el silenci. Fins i tot l'eructe del més jove dels esbirros va ser sancionat amb mirades reprovatòries. La veu del notari va sonar greu, gairebé lapidària.

—Demà, al migdia, necessito que m'acompanyeu. Trobareu la roba adequada dins la caixa que hi ha a l'entrada. Heu de posar-vos-la.

—Que hi hem d'anar disfressats? Doncs, que jo sàpiga, la Quaresma ja va passar fa dies —va replicar en Tano mentre es posava dret recolzant-se en la taula per no perdre l'equilibri.

—Això no és cap broma i no permetré cap estirabot. Entesos?

—No n'hi ha per a tant, jo només...

—En aquesta operació m'hi jugo molt —el va interrompre—. A més, en formaré part i, si jo hi poso la pell, vosaltres hi heu de posar els collons. Qui tingui algun problema per disfressar-se pot abandonar ara mateix. El meu esclau l'acompanyarà a la porta. Però si accepteu vull que us poseu bé en el paper i que us ho prengueu seriosament.

—He entès que ens hi acompanyareu? —va demanar un dels convocats. El gest afirmatiu d'en Borrell va provocar, encara, la seva rèplica—. Però, si es tracta d'un assumpte important, no seria més prudent deixar-ho a les nostres mans?

El notari no va respondre de seguida. Les coses prenien un nou rumb després de les noves informacions obtingudes per mitjà d'en Riera. El seu desavantatge enfront del seu oponent era clara. Què en sabia, ell, de Llívia? Per contra, aquella dona semblava tenir-ho tot ben lligat. El notari no es podia permetre negociar amb la Morlana i que el superés al primer assalt. L'havia de ferir en el seu punt més feble i, a hores d'ara, tenia força clar per on entrar a matar. Després d'un somriure irònic, es va mirar els seus homes, un per un, i va exclamar...

—Precisament per això! Què me'n dieu dels reis que capitanegen el seu exèrcit al camp de batalla?

El rostre dels convocats va adoptar un rictus forçat; no entenien ben bé què s'empatollava el notari ni, tampoc, la manera d'oposar-se als seus desitjos. Sense excepció, van fer un pas endavant. En Borrell va indicar al seu esclau que portés la caixa i aquest va anar traient de l'interior la roba de mercader.

—Em sento més segur amb la meva daga a la cintura, però, si aquest és el pla, compteu amb mi —va dir en Tano.

—Sou forts. Podeu portar les armes amagades, aquest cop.

En Borrell va buidar el contingut d'una bossa plena de monedes sobre la taula i va esperar la reacció dels seus homes. Els florins d'or i els croats de plata van dringar en xocar els uns contra els altres.

38

Aquella nit de començaments de juliol va tronar de valent. Però, com si el cel també contingués la seva fúria a l'espera d'un moment més idoni, no va caure ni una sola gota. Els llamps il·luminaven el cel sense estels i la seva resplendor atemoria els habitants de Barcelona.

A la Guisla li havia estat impossible dormir. Hauria necessitat més braços per consolar tota aquella canalla que, com el seu fill, plorava a causa d'un despertar sobtat. També la Beatriu va passar bona part de les hores en vetlla, però, malgrat que el cansament sotjava el seu cos, el seu ànim no defallia. Després de cadascuna de les trobades amb l'home que estimava sentia un no sé què desconegut que l'estremia. Mai fins llavors no havia estat testimoni d'una força que no tingués a veure amb la ràbia i fos capaç de posar-la dempeus amb tanta determinació. L'Antònia, la dona maltractada de qui ella tenia cura personal, la va mirar amb malfiança.

—T'he demanat tres vegades que m'acostis la palangana i encara no m'has engegat. Tu en portes alguna de cap...

Una llum blanca i brillant desentenebria la sala de manera intermitent i va posar de manifest el mig somriure al rostre de la jove alhora que un to rosadenc, com de vergonya, va donar color a les seves galtes sempre pàl·lides.

A la Morlana els trons mai no li havien fet basarda, però aquella nit a més va gaudir de cada espetec. Confiava que els retrunys ajudessin a dotar de ritme les seves accions, de la mateixa manera que marcaven el pas dels soldats i els infonia valor en les batalles. Després de parlar amb en Mateu estava neguitosa i aquella sensació de poc control li resultava insuportable. Potser la pena d'haver perdut el seu amic era més fonda del que volia reconèixer. Poc es podia pensar, mentre comptava el temps que separava el tro del llamp per determinar a quina velocitat s'apropava la tempesta, que una visita inesperada ho posaria tot de l'inrevés.

A casa d'en Borrell en Jaume discutia aferrissadament amb una de les esclaves...

—Com vols que t'ho digui? No li ha de passar res de dolent! El senyor m'acaba d'anunciar que necessita una criatura petita i no sé d'on treure-la. Els carrers són foscos i la canalla dorm a les seves cases.

—És que el meu fill no és cap...

—El teu fill no és res, ni tu tampoc! Cap de nosaltres no té importància, posa-t'ho al cap! Tens un sostre i no et falta menjar ni roba. T'hauria pogut vendre en saber que estaves prenyada, n'hauria tret un bon grapat de monedes i...

—Calla! Mai no has pensat que tenim dret a una mica de dignitat? Ni per una sola vegada has imaginat que es pot viure d'una altra manera, que ja és possible pactar la llibertat?

—No penso perdre el temps en xerrameca! I no tinc cap obligació de donar-te'n més detalls. Qualsevol dona de les que traginen fardells amb els seus fills lligats a l'esquena hauria acceptat encantada a canvi d'unes monedes. Tu tens massa pardals al cap, no sé qui t'hi posa aquestes idees però, creu-me, no et faran cap bé.

L'esclava, amb la barbeta alçada, va obrir la boca per replicar, però en Jaume no li va donar cap opció.

—Demà, a trenc d'alba vinc a buscar-lo. Que no se t'acudeixi fer cap bestiesa, ja saps que sempre s'acaben pagant car. Serà qüestió d'un parell d'hores. Aprofita per dormir, que fas mala cara.

Aquell assumpte va ser el darrer serrell d'un pla perfectament estudiat. A dos quarts de vuit del matí una comitiva organitzada, i amb un únic objectiu, va creuar la porta de l'hospital de la Santa Creu. En Tano i un altre dels esbirros d'en Borrell anaven al davant. El primer coixejava ostentosament i es recolzava a les espatlles del seu company. Duia una cama ensangonada i renegava de la seva mala sort perquè li havia caigut la roda del seu propi carro a sobre. Darrere seu, a només unes passes i amb la caputxa posada, el seguia el notari, acompanyat del seu fidel esclau. Portava un nen de pit en braços. A poca distància, un altre dels seus homes s'introduïa dins el recinte; duia el cap embenat. El cinquè esbirro era qui donava les indicacions oportunes per tal que el seguissin. Ell havia entrat abans amb la intenció d'estudiar el terreny.

D'aquesta manera, localitzar la Guisla immediatament va ser per al notari un joc de criatures. Quan hi estava tan a prop que podia distingir-li el color dels ulls, va fer pressió sobre la vànova, amb la qual duia embolicat el petit, impossibilitant-li la respiració. En Jaume va contemplar atònit l'espetegar inútil d'aquells bracets i cametes, que intentaven alliberar-se de la roba. El plor no va tenir temps de manifestar-se i un to blavós es va apoderar de la pell rosada i tendra del nadó. Els ulls blanquíssims de l'esclau, oberts i immòbils com si estiguessin congelats, es negaven a creure allò que succeïa a tocar seu. Però, malgrat l'horror, en Jaume no va moure ni un sol múscul.

—Per l'amor de Déu, ajudeu-me! Ajudeu el meu fill, us ho prego!

En Borrell, amb els braços estesos i el rostre estrafet, va clamar auxili mentre mostrava a la Guisla el cos del menut.

—Doneu-me'l! —va exclamar ella, deslliurant-lo de l'embolcall de teles.

Després d'una exploració ràpida de la boca per verificar que cap objecte no li provoqués l'ofec, el va subjectar pels peuets i el va posar de cap per avall colpejant-li l'esquena. El nen, malgrat les maniobres desesperades, no va arrencar a plorar. La Guisla, lívida i amb el cor accelerat, va aixecar el cap per demanar ajut però un objecte punxegut li va prémer l'estómac.

—No diguis ni una paraula si no vols que...

La pressió sobre la carn de la jove es va fer més intensa i ella va buscar, amb avidesa, el rostre d'aquell estrany. Durant uns segons va sentir que les cames li feien figa i va creure que es plegaria, aleshores l'home la va aferrar fort pel braç.

—Si fos tu, conservaria la calma. No et convé cridar l'atenció, Guisla.

Quan va sentir el seu nom en llavis d'aquell desconegut, la jove es va recolzar a la taula.

—Sé més de tu del que et penses —va dir amb sornegueria—. Fins i tot sé que el petit i desventurat Arnau és tot just allà, a tocar d'aquella paret.

La Guisla, panteixant i amb la criatura morta als braços, va mirar en la direcció assenyalada. Just al costat del llit del seu fill un home mostrava un parell de dents corcades amb posat fatxenda.

—Com et pots imaginar, no he vingut sol —va dir en Borrell.

Va ser aleshores, responent a una ordre precisa, que l'home va aixecar el braç fent-se evident que el desconegut no parlava debades.

—No li feu mal. Us ho prego. Faré tot allò que em demaneu.

—Així m'agrada. Ningú no acabarà ferit si segueixes fil per randa les meves indicacions. Oi que ens entenem?

La Guisla va mirar d'empassar-se la saliva i va moure el cap afirmativament.

—Bé. Torna a embolicar la criatura amb la roba i segueix-me. Hem de parlar i aquest no és un bon lloc.

—Però jo...

—T'he dit que aquest no és un bon lloc! Som-hi!

—Parlar? De què? Us equivoqueu de persona. Us asseguro que...

—Vols acabar com el teu home, potser? Vols veure el teu fill així? —va demanar referint-se al nadó de l'esclava.

La Guisla, tremolant com una fulla, va moure el cap d'un costat a l'altre, gairebé de manera imperceptible.

—Doncs, fes el que et dic! Vull la fórmula de la nova triaca. I em consta que, no sé per quins set sous, tens almenys dos dels fragments en què la va dividir en Pau Vinyes.

—Això és... veritat. Però no els vaig donar cap importància. De fet, no n'haig de fer res, jo. Si m'ho permeteu, aniré a buscar-los...

—No et moguis. Et creus que soc enze o que vaig néixer ahir? Sé que planeges fotre el camp a Llívia i endur-te'n els pergamins, amb la teva amiga, aquesta tal Beatriu. Hi anirem plegats. Camina davant meu i ni una sola paraula més!

Va ser llavors que la Caterina es va posar al mig. La nena havia estat testimoni de tot el que havia succeït i, descalça, com una ànima en pena, amb la mirada fixa en la criatura, s'havia apropat fins a tenir-los al davant.

—Ha estat ell —va dir, estirant la Guisla de la màniga.

—Caterina, torna al teu llit, si us plau —va suplicar la vídua d'en Ramon Gras.

—He vist com l'ofegava.

—És que aquí tothom fa el que li rota? D'on has sortit, tu? Aparta't d'una vegada i torna per on has vingut si no vols córrer la mateixa sort.

En Borrell parlava amb les dents serrades. I, amb la mateixa força que va imprimir a la mandíbula, va agafar la nena pel braç per deixar-li clar que anava de debò. Però la Caterina no va fer cap gest de dolor, feia molt de temps que n'havia sobrepassat els límits i el seu cervell semblava desconnectat del cos.

—No li feu mal. Ha perdut la raó, no sap el que diu —va suplicar la Guisla.

—L'ha ofegat. He vist com ho feia!

Aquesta vegada la Caterina va cridar abans que l'esclau tingués temps de tapar-li la boca per impedir-ho. La Domenja, que acabava d'entrar a la sala, es va girar en direcció on succeïen els fets. Feia molts dies que ningú no sentia la veu a aquella nena. Un dels homes que ajudaven al trasllat dels malalts també va fer el gest d'apropar-s'hi. En Borrell es va posar nerviós. Cridar l'atenció era el que menys li convenia. Si la reduïa de males maneres, se li llençarien a sobre i no trigarien gaire a descobrir-lo, ell era un dels administradors de l'hospital.

—Hem de marxar, senyor! —li va advertir el seu esclau, protegint-lo d'un home que ja era a tocar—. Aneu cap a la porta, jo me n'encarrego. En Tano ja és a l'aguait.

—Ella ve amb mi.

La veu del notari va sonar com una sentència. Odiava haver de donar la raó als seus homes i de cap manera pensava sortir d'allí amb la cua entre les cames.

De sobte, sense que fos possible discernir exactament l'ordre dels fets, les coses es van complicar. La Caterina va patir una de les seves crisis nervioses i va emetre un xiscle agut que va posar en alerta la resta dels presents a l'enorme sala de l'hospital. El notari la va voler allunyar bruscament mentre tenia la daga a la mà. Algú va replicar al crit de la nena i la Guisla Valençó va girar el cos per resguardar-la. La fulla d'acer es va introduir entre les seves costelles i la Guisla es va anar esllavissant a terra a poc a poc arrapada al cos d'en Borrell.

El notari, quan va parar esment de l'enrenou, envoltat dels seus homes i tement que l'haguessin reconegut, se'n va desfer. En un tres i no res, sense que ningú no s'atrevís a barrar-li el pas, va desaparèixer per la porta principal de la sala. Va ser la Domenja qui va aprofitar la fugida dels assassins per cridar un cirurgià. Poc temps després també en Mateu es personava al lloc dels fets. La Guisla jeia malferida sobre un toll de sang i intentava dir alguna cosa.

—No feu cap esforç, hem d'aturar l'hemorràgia. Necessita aire, feu fora tota aquesta gent!

Mentre la dona era traslladada a la taula on es portaven a terme les intervencions, en Mateu intentava reanimar la criatura que havia deixat de respirar. Aviat el va vèncer l'evidència i li va cobrir el rostre amb un drap. La Caterina, en adonar-se del que havia passat, va perdre el coneixement.

A poca distància i aliena al drama que s'havia desencadenat, la Beatriu va somriure davant la presència d'en Mateu a la sala on treballava. L'alegria, però, va donar pas a un rictus de preocupació en observar com el metge avançava molt lentament cap a ella, sense atendre cap de les veus que el requerien.

—Què passa? —va preguntar, amb el cor a la gola.

—M'has d'acompanyar. Hi ha hagut un accident.

—Un accident? De què parles?

L'home la va prendre amb suavitat per la cintura i la va ajudar a recórrer l'espai que els separava de la sortida. Ja fora de la sala, li va dir...

—La Guisla s'ha trobat immersa en una baralla. No sé exactament què ha passat, però està greu.

La Beatriu, amb la boca oberta, va notar que tota la gola se li assecava. Uns instants després va demanar d'anarla a veure.

—No hi podràs parlar, l'han adormit amb mandràgora i opi per intentar cosir-li la ferida. És molt profunda i no estic segur que...

—Per l'amor de Déu, què li han fet? Qui ha estat el malparit? Per què?

Les preguntes es trepitjaven les unes a les altres sense que en Mateu fos capaç de donar-li cap més resposta que el caliu del seu cos estrenyent-la entre els seus braços.

A mitja tarda la Guisla va recuperar el coneixement. Tots dos eren al seu costat.

—Porteu-me el meu fill. Necessito veure'l —va dir amb un fil de veu.

Ningú no va gosar oposar-se al seu desig. A aquella dona se li escolava la vida. L'Arnau només va estar amb ella el temps suficient perquè li dipositēs un petó al front.

—Agafa'l, Beatriu.

La jove, amb el cor encongit, va obeir l'ordre d'en Mateu sense recança, però la seva mirada no es podia apartar de la Guisla, que intentava amagar-se entre la roba com si hagués vist un escurçó. Davant per davant d'on ella jeia, la figura rabassuda d'en Serafí Riera feia acte de presència. El canonge vestia una capa ornamentada per les vores. Duia una petita caixa a les mans, coberta amb un drap morat. La Beatriu va anar al seu encontre com si fos una fletxa disparada per un arc.

—Què hi foteu, vós, aquí?

—Porto els Sants Olis. Perquè en ser alliberada dels seus pecats el Senyor la salvi i bondadosament l'alleugi de les seves sofrences.

—Ni se us acudeixi posar-li les mans a sobre!

—Filla meva...

—Ni vós sou el meu pare ni jo tinc per què aguantar-vos cap sermó. Per la misericòrdia que prediqueu a qui vol escoltar-vos, deixeu-nos en pau.

En Mateu no va intervenir veient que l'esguard de la Guisla es relaxava i el religiós girava cua.

—Et posaràs bé. Marxarem a Llívia i curarem el teu fill —es va afanyar a dir la Beatriu per treure ferro a aquell episodi.

—Les dues sabem que això no és cert —va respondre la Guisla; la seva sang havia tenyit ja bona part de la màrfega.

—No diguis bestieses...

S'havien situat tan a prop que podien sentir l'escalfor dels seus alens a la cara. Per la galta de la Beatriu lliscava una llàgrima que la Guisla va recollir. Després, posant-li el dit sobre els llavis per indicar-li que callés, va prosseguir...

—No me'n vaig tranquil·la si no m'ho promets.

—Però...

—Sé que no t'agraden les criatures, però aprendràs a estimar-lo. Ell també ho farà. I aneu amb molt de compte perquè aquest home tornarà. Vol la fórmula de la triaca al preu que sigui, la maleïda fórmula...

—T'ha dit qui era? —va demanar en Mateu.

—No. Però ho sabia tot de nosaltres. Està ben informat i sembla embogit, és molt perillós. Es troba bé, la Caterina?

—Sí, sí.

—Algú li ha dit que tenim els pergamins i també m'ha parlat de Llívia.

—De Llívia, dius?

La pregunta d'en Mateu va quedar per respondre. Sense fer més soroll que un petit sospir, i amb la mirada fixa en la Beatriu, que sostenia l'Arnau als seus braços, la Guisla va deixar de respirar.

—No m'ho pots fer, això! Guisla! No pots deixar-me així! No en tens cap dret!

Després de tancar els ulls de la dona, en Mateu va demanar que s'enduguessin l'infant. La Beatriu plorava sense consol. Plorava per la Guisla, per ella, per la mort no plorada de la seva mare i per la pèrdua de tantes pèrdues. Plorava per la desesperança, per estimar i per no fer-ho. Per les paraules dites i totes aquelles que se li havien quedat estroncades a la gola sense atrevir-se a pronunciar-les. Es planyia pel cansament i la ràbia, d'impotència i dolor. Els sanglots sacsejaven el seu cos magre violentament, però no va permetre que ningú s'hi acostés. Era un plor sorollós, inestroncable, que s'estenia per tota la sala i no tractava d'ofegar. Un plor d'origen animal, atàvic.

Quan per fi les forces la van abandonar, tenia les parpelles inflades i la veu estrafeta. Abans de deixar-se lliscar d'esquena a la paret, es va mossegar la cicatriu del llavi i, clavant-se les ungles als palmells, va dir...

—Et juro que això no quedarà sense càstig, estimada Guisla. T'ho juro!

39

El tracte que havia rebut en Serafí Riera quan només pretenia donar l'extremunció a una moribunda no li permetia adormir-se. Encara el perseguien la sorpresa i la ràbia, poc acostumat que es qüestionessin els seus actes. Es va aixecar del llit i va recórrer el passadís de casa seva fins a l'estança on dormia la mare, cada cop més absent.

L'esclava que s'encarregava de cuidar-la a totes hores jeia en una màrfega al seu costat. Era molt jove i el canonge va pensar que podria violar-la allí mateix sense que ningú no l'hi reprotxés. Que potser no era de la seva propietat? No hauria de tenir compte d'ella tal com feia amb els malalts de l'hospital? Totes les ànimes necessitaven un guia, un protector al cel i a la terra. Però i si ja des del seu naixement venien marcades per la impuresa? Aleshores se'ls havia de fer veure que havien d'expiar la seva condemna servint els altres.

Déu no li permetria ser d'aquella manera si no hi estigués d'acord, va pensar en Riera. Feia temps que es volia convèncer de com són d'inevitables els designis divins, de com el Senyor escollia alguns dels seus serfs per escenificar les ensenyances que necessitava transmetre. I ell havia estat cridat a ser la imatge de la depravació per, després, amb la cura espiritual que proporcionava la penitència, ser-ne també l'exemple.

Abans d'abandonar l'estança va donar una darrera ullada a la seva mare, profundament adormida. Cinc anys feia ja que no reconeixia ningú, durant els quals havia protagonitzat episodis molt violents que havien anat minvant com el seu senderi. Al principi se li havia enfrontat i, fins i tot, li havia prohibit que tornés a entrar a casa seva. El canonge fantasiejava amb la idea de fer-la desaparèixer, de portar-la a la pedrera de Montjuïc perquè es convertís de nou en la dona rocosa que sempre havia estat. La malaltia, però, va estalviar-li la molèstia. La vídua d'en Valentí Riera, un comerciant de teles de baixa condició procedent de Vic, va quedar a mans i criteri del seu únic fill, un fill a qui menyspreava pel seu comportament. I, tal vegada per la llei de la compensació, a ell tampoc no li havia costat gens odiar-la.

—Si no haguessis volgut controlar tothom al teu costat, mare. D'aquesta manera no hauries sabut més del que era adient. I mira't ara, tan sols ets una màscara, vulnerable, a la meva mercè.

—Senyor! —va dir l'esclava encara mig adormida, sobresaltada per la presència de l'amo—. Que li passa alguna cosa a...?

—No, només volia veure com es trobava. Torna a dormir, criatura... Dorm en pau.

Ho va dir amb la boca petita. L'últim que volia en Serafí Riera era donar explicacions a una pària, no tenia temps ni ànims després del que havia passat a l'hospital.

La mort de la Guisla Valensó el posava en una situació molt difícil. Havia tingut lloc dins la sala dels nens i no tenia cap dubte que l'endemà el cridarien del bisbat per demanar-li explicacions. A partir d'aleshores trepitjaria un terreny bellugadís si no aconseguia girar la truita dels esdeveniments.

Era cert que tenia a les seves mans resoldre el cas satisfactòriament per a l'Església. Tan sols havia d'assenyalar amb claredat el culpable: en Francesc Borrell, notari i administrador de l'hospital de la Santa Creu, nomenat pel Consell de Cent. No tenia cap dubte que havien estat ell i els seus esbirros els protagonistes del desafortunat episodi. Amb la seva actitud no sols havia comès un acte execrable, també havia deixat en entredit la confiança que hi havia entre tots dos. Podria haver escollit un carreró apartat en lloc de posar fi a la seva vida davant la multitud que hi havia a la sala. Devia ser molt important el que perseguia, aquella fórmula que començava a escampar la seva llavor de maldat abans de curar els innocents.

El canonge va anar fins a la taula i va rosegar un tros de pa. No tenia gana, però necessitava pensar i el neguit el devorava per dins. Assenyalar en Borrell podia resultar-li beneficiós. Es delia per finalitzar d'una vegada per totes una relació que mai no hauria d'haver començat. Si el notari feia servir la informació de la qual disposava, si el bisbe donava crèdit a les seves paraules i, sobretot, si aquestes es pronunciaven públicament, estaria perdut. Havia de ser ell qui prengués la iniciativa. Però no li resultava gaire fàcil, acostumat a transitar per les clavegueres abans de sortir a la superfície.

D'altra banda, tenia un altre problema. La Beatriu i en Mateu Soler també estaven en contra seu, la manera en què ella s'hi havia girat impedint-li dispensar els Sant Olis a la difunta era una declaració de guerra. I en Soler? Devia estar al cas de les enraonaries en contra d'ell?

Es va agafar amb les mans a tots dos costats de la taula. Començava a sentir el vertigen pel que s'esdevenia i calia ser ràpid en la presa de decisions. Estava sol. Altres podien implicar amics, esbirros, aliats, però ell, un cop més, només comptava amb la seva perícia per lluitar contra els adversaris.

En Serafí Riera va passar la nit del lloro i, per molt que ho va intentar, li va resultar impossible agafar el son. De bon matí es va presentar a l'hospital, escabellat i ullerós, amb les parpelles inflades, ocultant uns ulls menuts i verdosos, que en altres temps havien tingut una transparència líquida. L'única conclusió que havia tret després d'hores de debat amb ell mateix era que no podia deixar res a l'atzar. Per aquest motiu, només entrar a l'edifici, havia donat ordre que portessin la Beatriu Montells davant la seva presència.

Durant l'espera va traslladar de lloc alguns documents i d'altres els va posar als prestatges. L'ordre no era el seu fort, però era conscient que es tractava d'una bona mostra d'autoritat i fermesa. Tot seguit va despenjar la tela que cobria el finestró a la seva esquena perquè la dona quedés ben il·luminada, mentre que ell gaudia de la protecció del contrallum.

No les tenia totes, el canonge. La Beatriu potser buscaria alguna excusa per no enfrontar-se directament a les seves preguntes. Estava decidit a fer que la portessin a la força si era necessari. Per executar el pla que havia rumiat al llarg de la nit, un complot enrevessat que l'alliberava de tota culpa, resultava imprescindible conèixer les seves intencions, avançar-se als seus moviments.

Uns cops dèbils a la porta li van anunciar que la monja estava de tornada. Sentia curiositat per saber quin subterfugi s'inventava la Beatriu, però la seva sorpresa va ser majúscula en comprovar que, lluny d'oposar-s'hi, la jove venia acompanyada d'en Mateu Soler. No comptava en Riera de passar comptes amb el metge present. La primera reacció va ser quedar-se mut, assegut davant la seva taula règia, i esperar. Va comprovar molt aviat que l'actitud dels amics de la Guisla no afavoria gens els seus propòsits.

—Vull pensar que un home de la vostra influència té la informació correcta sobre què va passar ahir a la sala dels nens —va etzibar de cop en Mateu, mentre la Beatriu els observava en silenci.

—Si us plau, seieu —va respondre en Riera amb extrema amabilitat per guanyar temps—. He fet venir la Beatriu per un intercanvi d'impressions entre tots dos, però em complau que s'hagi presentat tan ben acompanyada.

—Mentider! Se me'n fot el vostre càrrec i la vostra sotana. Ara i aquí, us faig responsable de la mort de la meva amiga!

Després que la veu timbrada de la Beatriu va ressonar per l'estança, la jove va escopir a terra.

—Com Crist ens va ensenyar a la creu: «Perdona'ls, que no saben el que fan».

—Sereu...?

En Riera va prosseguir sense donar-li cap treva.

—Entenc que esteu trastornada per la seva pèrdua, però això no us dona cap dret a perdre'm el respecte i, molt menys, a difamar-me. Que, potser, ja heu oblidat que fa un parell o tres de mesos, al mateix lloc que ocupeu ara, sol·licitàveu la meva hospitalitat? Què se n'hauria fet de vosaltres si jo no me n'hagués compadit?

—I ho hem pagat amb escreix!

—I pel que fa al trist succés que va posar fi a la vida de la...

—Guisla! Guisla Valensó, aquest era el seu nom! —va exclamar la Beatriu, indignada.

—Sí, sí, Guisla, que Déu la tingui a la seva glòria. És evident que la meva única intenció era ajudar, administrar els Sants Sagraments a una moribunda. Quan va succeir tot, ni tan sols era a la sala... Exigeixo que us retracteu de l'acusació contra la meva persona. És una infàmia! Les meves tasques a l'hospital són merament administratives.

—Deixeu-vos d'excuses —va continuar la Beatriu—. Sabem de la vostra amistat amb en Francesc Borrell. Ens consta que el veieu moltes nits fora d'aquesta casa. No us esforceu a negar-ho, en tenim testimonis.

—Això no prova res! Tots dos som administradors de l'hospital, de vegades queden coses per parlar...

—No ens prengueu el pèl. —La Beatriu anava pel dret—. Sé molt bé amb què negocieu. Canalla!

En Mateu, que s'havia mantingut en un segon terme, va agafar-la pel braç demanant-li que s'asserenés i va prendre la paraula.

—Estem tots molt nerviosos. Estic convençut que no us convé un escàndol d'aquesta naturalesa. Anem a pams. Si, tal com pensem, el notari Borrell és al darrere de tot això, hem d'unir forces per deixar-lo amb el cul a l'aire.

La Beatriu no se sabia avenir d'allò que sentia. La manera de parlar no era pròpia de l'home que estimava, però la intenció que hi havia al darrere de les seves paraules encara li resultava més incomprensible. Atònita, va seguir aquell discurs sense ser capaç de creure's que fos el seu Mateu qui el pronunciava.

—Un cop tinguem acorralat el nostre home, ja tindrem temps per abordar altres assumptes. I no ens avancem, sempre podem arribar a un acord.

—Es pot saber de què m'esteu acusant exactament? —va demanar en Riera amb un deix de dignitat ferida que va sonar falsa.

La Beatriu, amb el rostre desencaixat, va fer l'intent de replicar, però en Mateu la va silenciar amb un gest enèrgic. Tot seguit va anar fins a la porta i la va obrir fins que les figures de la Domenja, la Caterina i una nena a qui tothom deia «la mudeta» van aparèixer al llindar. En Riera es va aixecar de la butaca, el seu semblant estava pàl·lid com la cera.

La Beatriu no es podia creure allò que tenia davant. Com havia convençut la Domenja perquè donés la cara? Quina credibilitat podia tenir la Caterina, si tothom sabia que no hi tocava prou? I la mudeta, què hi podria aportar?

—La decisió és a les vostres mans —va dir en Mateu, marcant molt bé les paraules—. O ens ajudeu a desfer-nos d'en Borrell o ens presentem ara mateix al bisbat amb les nenes. A la Caterina no li calen gaires paraules per reconèixer l'home que va matar la Guisla. D'altra banda, segur que no serà difícil trobar més testimonis. Vós sabeu com d'inconsistent és el silenci i quants n'hi ha al darrere capaços de qualsevol cosa per descavalcar els poderosos. Amb tot el que tenim, ningú no mourà un dit per ajudar-vos. Caureu amb ell.

La Beatriu se sentia confosa. Quan havia demanat a en Mateu que l'acompanyés no tenia ni idea del que estava tramant. Aquell era un pacte contra natura i com més hi pensava més ganes li agafaven de vomitar. Mentre el canonge i el metge es miraven desafiants, ella va abandonar la sala a correcuita. No volia ser partícip del que s'hi acordés. En Serafí Riera va respirar com si s'hagués tret un gran llast de sobre. Qui podia ser el pitjor enemic en aquella petita crisi havia esdevingut un interlocutor raonable, gairebé un aliat.

Els dos homes es van asseure a la taula disposats a escoltar l'altre i trobar un acord satisfactori. En Mateu amagava una mà sota la roba, tenia el puny tancat i les ungles se li clavaven amb força inusitada al palmell.

40

Queia la nit i en Pau Vinyes es va arraulir a l'empara de la capella de Nostra Senyora dels Àngels Vells, fora murades. Tan sols feia uns dies que, a canvi d'un àpat i aigua fresca, ajudava els corders. Aquell era un gremi maleït i estigmatitzat. Els seus homes ni tan sols tenien dret a assistir a les cerimònies religioses amb la resta dels feligresos. Si ho feien, s'havien de mantenir a l'altra banda del llindar de la porta del temple. El cordam tenia moltíssimes utilitats; es destinava tant a tasques marítimes, per abillar les naus i la pesca, com a la terra, on es lligaven garbes, es feien ronsals per als animals i era un element imprescindible per a la construcció o l'ús domèstic. Malgrat això, sempre se'ls relacionava directament amb la soga que es feia servir per arrossegar i enforcar els condemnats.

Al voltant del gremi, doncs, es teixien moltes llegendes negres i s'especulava en relació amb els suborns acceptats per fabricar cordes robustes, encara que només en aparença, que es trenquessin a l'hora de ser utilitzades. Totes aquestes controvèrsies feien que se'ls considerés, talment com als jueus, ciutadans de segona.

En Pau havia pensat, després d'abandonar amb precipitació l'amagatall proporcionat per en Pere Bracons, que ningú no el buscaria entre proscrits. I l'havia encertat de ple. Aquell lloc dels afores era un bon cau mentre el traginer, amb qui ja havia contactat, no partia en direcció a Llívia.

S'havia despertat, però, amb els ronyons baldats. Com que no havia adquirit l'habilitat de tibar i torçar la corda, l'única solució era aguantar la roda on s'anava enrotllant. Per primer cop havia sentit que el seu cos ja no era tan jove, que remenar entre pocions i ungüents amb en Magí Surroca no ajudava a conservar les forces. En caure la tarda va ajudar les dones a transportar la càrrega. Eren elles que baixaven a Barcelona a vendre els productes, tot i que s'esforçaven per tornar abans que es tanquessin les portes de la muralla.

La nit seria molt calorosa, de lluna plena. Els grills cantaven arreu, invisibles, obstinats. Cantaven rere els marges, aliens a qualsevol fet que no fos el seu fregadís d'èlitres. Cantaven, també, sobre el safareig on s'assecava l'espart, amagats entre les maces, els batedors i els pilons, entre ganxos i cavallets de fusta. La salmòdia s'estenia pels canyars i terres de conreu i es perdia en un confí ignot.

En Pau, en escoltar-los, va sentir molt endins les remors de totes les veus de la seva vida a Llívia. Aquelles nits al ras jugant lliure amb els altres nens del poble, així com, ja d'adolescent, quan acaronava per primer cop els pits verges d'una noia sota la protecció dels verns i els freixes que s'alçaven vora la sèquia. Més a prop en el temps, les nits en companyia de l'estimat Magí Surroca, estudiant i debatent sota el rafal, carregat de raïm madur en acabar l'estiu. Aquella fragància enganxosa i el brunzit de les abelles. Els grills sempre presents. Ara, l'escoltava com un humil himne fúnebre, com un lament que perseguia la seva porció d'infinit... I va fer que se sentís foraster.

Sota la seva influència o, potser, per fugir-ne, va decidir marxar. Enfilaria el camí cap a les torres de Canaletes i en trencar el dia, tot just en obrir-se les portes de la ciutat, aniria a trobar-se amb la Morlana. Fins aquell moment no s'havia adonat que necessitava fer-ho per començar de nou. Podia enganyar el món sencer, es podia mentir a ell mateix, però trair una amistat sagrada era un pecat que no cometria.

Les primeres clarors revelaven, a contrallum, el perfil de les cases d'esquena a la mar. Quan en Pau va arribar al xamfrà des d'on s'accedia al carrer del prostíbul va aixecar el cap buscant la finestra de l'últim pis. Li va semblar que encara s'hi podia veure l'espurneig oscil·lant que dibuixava la llum de les espelmes a la finestra. Un parell de coloms parrupejaven sobre l'ampit.

La Noè, la noia que l'havia enganyat i venut, encara voltava insomne per la casa. En Vinyes no va anar al seu encalç, però. Qui era ell per jutjar-la? Ell que havia traït el seu millor amic, l'home més bo que mai havia conegut. Estava cansat de batusses i venjances, necessitava posar-hi punt final per començar de nou.

En Pau coneixia a la perfecció els horaris del local i els costums dels qui l'habitaven. Només li va caldre tenir una mica més de paciència per trobar el moment oportú. Llavors es va fer fonedís escales amunt. Mai com aleshores no havia experimentat amb tanta intensitat la certesa d'una darrera trobada. A cada esglaó sentia retrunyir els records dins el seu cap, l'un rere l'altre, com si el temps no determinés la successió dels fets. I va rememorar corredisses i rialles, adeus apressats i promeses que, abans de pronunciar-se, quedaven silenciades per un bes.

Ja es trobava a unes passes de la porta quan va tancar els ulls encomanant-se a un Déu que li costava imaginar. Tot seguit va fer una respiració profunda i va tustar la fusta amb els artells. Amb tanta suavitat que semblava com si no gosés, amb la por agarrotant-li el braç. Va voler repetir el moviment amb més força, però no va ser capaç de sentir-ne el retruc. Potser la Morlana l'havia convidat a entrar, o potser no, el fort batec del cor a les temples li impedia anar més enllà de l'astorament.

La porta va cedir a la lleu pressió i va deixar anar un grinyol tímid en obrir-se. En Pau va avançar lentament amb la intenció de no trencar el silenci sagrat que regnava a la cambra. Ella, la seva amiga i amant, jeia de costat amb els cabells embullats sobre el llençol. La calor encara no era sufocant a aquelles hores, però amb la transpiració se li havia quedat enganxat un rínxol al rostre. L'home s'hi va apropar fins que va sentir el seu alè, tebi i amb un contrapunt d'alcohol que l'excitava. Uns segons més tard va veure com arronsava les celles i se li agitava el pit. Va prendre distància. Potser un somni inquietant? En retornar a la calma, en Pau va fer el gest de treure-li el ble enganxat a la galta, però els dits li van tremolar. Temia espantar-la, que es trenqués l'encanteri.

Els instants que va estar-se vora seu semblaven fora del temps. Li va resseguir el perfil de l'oval de la cara amb la mirada i després li va repassar el contorn de les espatlles lliscant fins a la cintura. Es va aturar al seu sexe, ara cobert amb una finíssima tela. Va tancar els ulls amb la intenció d'empassar-se aquella fragància que l'embogia, però el xoc de les rodes d'un carro sobre les llambordes del carrer va posar-lo en alerta. El soroll va fer que s'envolessin els coloms de la finestra i ella es va despertar. En reconèixer-lo, es va arraulir contra la paret amb els ulls esbatanats i la boca a punt del crit.

—No t'esveris. Soc jo! No et vull fer cap mal...

En Pau li va parlar amb veu endolcida, però els segons passaven interminables i ella seguia parapetada al racó. Sense donar crèdit a allò que veia, amb les mans agafant-se els genolls que es flexionaven sobre el pit. Després, tot just abans d'arrencar a plorar, quan la dona va saber del cert que no es tractava d'un somni, es van fondre en una abraçada. Es van quedar així, sense dir-se res, fins a compassar els seus batecs en un de sol.

Més serens, en Pau va explicar a la Morlana tot el que havia succeït i ella va donar les gràcies per haver-lo recuperat.

—No m'ho tornis a fer mai més, això!

—Morir-me o ressuscitar?

La dona se li va llençar a sobre i van riure plegats. Ni l'un ni l'altre recordaven la darrera vegada que ho havien fet.

—Hi ha una cosa que no entenc. Per què en Bracons no me'n va dir res?

—L'hi vaig demanar expressament.

—És a mi, a qui deu fidelitat!

—Per res del món et volíem posar en perill.

—No em facis riure! No has fet cap altra cosa des que vas aparèixer a la meva vida!

En Pau Vinyes li va besar els llavis llargament, com una parella que s'acomiada, i ella va percebre que el gest anticipava el comiat. La Morlana li va buscar els ulls, però ell li va esquivar la mirada. Aleshores va fer tots els possibles per no desmuntar-se. Timbrant la veu, va cridar l'esbirro que sempre tenia a prop. Quan aquest es va presentar a les golfes, en Pau, encara alerta, va protegir la seva identitat donant-li l'esquena i guardant les distàncies.

—Busca en Bracons. Digue-li que l'espero, que és urgent.

Però en el temps de baixar i tornar a pujar aquelles escales, el mateix servent va demanar permís per entrar-hi de nou.

—En Mateu Soler ve acompanyat d'aquella jove amb qui vàreu parlar l'altre dia. La recordeu?

—Tots dos? Vull dir, van junts?

—Sí, i demanen per vós.

—Encara no he esmorzat i vaig de sorpresa en sorpresa.

La Morlana es va mirar en Pau que s'arronsava d'espatlles. Després, es va arreglar els cabells i es va rentar la cara amb l'aigua de la palangana.

—Està fastigosament calenta! Mira d'entretenir-los un parell de minuts i, després, fes-los pujar.

Quan la parella va fer acte de presència a la cambra, en Pau Vinyes seguia d'esquena. Se'l van mirar amb malfiança, però cap dels nouvinguts es va atrevir a obrir la boca.

—Espero que sigui alguna cosa important per gosar venir fins a casa meva i treure'm del llit.

La parella va assentir, encara amb la boca closa i sense apartar la mirada d'aquella presència molesta.

—Vosaltres direu!

—No sé si... —va dir, tímidament, en Mateu.

—No saps si parlar mentre ell és aquí, vols dir? Estic segura que no hi posaràs cap objecció.

La Morlana estava expectant al moment en què el metge reconegués el seu vell amic. Només el somriure d'en

Vinyes va tranquil·litzar la Beatriu que observava com el rostre d'en Mateu perdia color i es transfigurava.

—Pau? —va demanar amb els ulls oberts com si el que tingués davant fos una aparició.

Uns instants després els dos homes es reconeixien amb llàgrimes als ulls. La Morlana va fer pujar fruita i uns dolços. De vegades atropelladament, d'altres amb un fil de veu, tots van anar posant sobre la taula fets i punts de vista. La Beatriu, però, mantenia una actitud entre distant i reservada, d'enuig en ocasions. Per molt que l'amfitriona hi va insistir, no va voler tastar res.

—Quan en Mateu va pactar amb el canonge em vaig molestar de debò. No penso deixar passar per alt tot el mal que ha fet aquest malparit!

—No havia tingut temps d'explicar-te el pla, Beatriu. La Domenja em va abordar a la porta de l'hospital per posar-me al dia. Havia d'actuar ràpid, gairebé improvisar. Et vaig donar un cop a la cama, pensava que entendries les meves intencions. Necessitàvem tenir en Riera lligat de peus i mans i amb el compromís ferm de col·laborar. Tots contra en Borrell! Aquest és el crit. Creu-me, no tenir l'Església en contra és important. Per aconseguir-ho, calia llençar-li un ham perquè piqués...

—Se'ns n'està anant de les mans. Tot això no està resultant com jo pensava.

—La vida mai no transcorre per viaranys previsibles, criatura. Ja ho hauries de saber —va intervenir la Morlana amb un toc d'escepticisme.

—Ara mateix de l'únic que estic segura és que l'assassí de la Guisla ho pagarà molt car. No permetré que se'n surti! La seva mort no quedarà sense càstig. En Borrell mai no tindrà la maleïda fórmula i prenc part d'aquesta espècie de complot que heu muntat perquè necessito creure que teniu raó, que no perdreu de vista què és el que perseguim.

—A què et refereixes? —va apuntar en Vinyes.

—Parlo dels motius que considerem cadascú de nosaltres en aquesta venjança. Parlo de justícia —va reblar la Beatriu.

El fet d'anar plegats, encara que les causes divergissin, va enfortir el grup i molt aviat s'hi va sumar en Bracons. Havien d'actuar i havien de fer-ho de pressa. Es van fer i desfer plans descabdellats, de vegades suggerits més des de la rauxa que des del seny. Va haver-hi moments de nervis i també algunes crisis, en què les diferències semblaven insalvables, però cap d'ells no es va donar per vençut. Tenien menys de quaranta-vuit hores per no deixar res a l'atzar. En Vinyes es quedava fora d'escena, aquest fet va ser el que els va portar més temps per consensuar. Ell no es volia quedar a la rereguarda de cap de les maneres. Havia d'admetre, però, que físicament estava molt feble i que la seva alçada el feia blanc de totes les mirades. La balança es va decantar quan en Mateu va donar l'argument més sòlid...

—Dius, amb encert, que és una feina que hem de fer plegats. La teva millor aportació és posar-te fora de perill. En definitiva, només tu disposes de tota la informació i coneixes el teu enllaç a Llívia. Quant de temps creus que podries aguantar les tortures? Hem hagut de curar coses esfereïdores a l'hospital. Tothom acaba confessant, t'ho ben asseguro, i en el sentit que els exigeixen.

—Això no passarà!

—No, Pau, no permetrem que passi i celebrarem plegats la victòria. Però si tot anés de mal borràs et pots protegir i fugir a Llívia. Ningú no et buscarà, pensen que ets mort! Aquest avantatge no el podem pas posar en perill.

—Em demanes que m'amagui com una rata, Mateu? De veritat que és això el que em demanes?

—Estàs confós i no pots pensar amb claredat. No es tracta de la teva vida o de la meva, no es tracta de la vida de cap de nosaltres! Si algun sentiment de revenja ens enterboleix la mirada estem perduts!

Durant uns breus segons, el pes de la ràbia es va concentrar de nou a la boca de l'estómac de la Beatriu. El comentari la interpel·lava directament i va anar de poc que no saltés a la defensiva. Només la va amansir aquell sentiment d'amor desconegut acabat d'estrenar. En Mateu seguia parlant mentre ella, amb els ulls tancats, notava la gota de suor naixent-li al front. Quan els va tornar a obrir el va veure tan bell! Va pensar en la seva mare, en la Joana... Si el poguessin veure i escoltar! Era d'una estirp noble com elles. El darrer que va ser capaç d'atendre anava al voltant de preservar la nova triaca d'aquells que la volien pervertir i fer-ne, únicament, una moneda de canvi.

Quan, per fi, van sortir de La Lleona el sol ja havia perdut força. Aparentment semblaven els mateixos i les formes no havien canviat en excés. La veritat, però, era molt més obstinada i complexa.

41

Com una daga que penetra la carn de través i l'acer es va tacant d'un vermell intens, com el llamp que abans de baixar a la terra s'obre camí entre els núvols, com l'àliga que plana en busca de la seva presa mentre la resta de les aus que participen del festí fugen o són desplaçades pel poder del seu vol. Aquesta és la visió que hauria tingut la Beatriu si hagués ocupat el lloc de la cigonya que tenia cura de les seves cries al més alt de la Casa dels Canonges.

La Beatriu Montells, però, no podia gaudir de la mateixa perspectiva. Avançava entre la munió de gent a pas lleuger. Se sentia neta dins el vestit vermell de la Guisla. Era el que havia escollit per a un dia memorable, durant el qual assistiria a l'elaboració pública de la triaca i, tal vegada, es posaria fi al seu malson. La seva amiga l'havia guardat tot aquell temps entre el garbuix de roba que s'havia emportat del monestir. Ara tenia el convenciment que li estava destinat, que, posant-se'l, li retria homenatge i que cap altre color podia representar amb més precisió el seu estat d'ànim aquell dia de juliol.

El color de la seva roba no sols expressava la passió i l'entusiasme pels fets que havien de succeir. També parlava de la còlera, que es remenava al seu interior com una feristela, i d'un altre sentiment que l'acompanyava amb la mateixa intensitat. Era igual de vermell el record dels petons d'en Mateu, de les seves carícies, del seu front ample i ple de saviesa.

El metge l'esperava. Ho feia en aquella plaça símbol del poder i dels grans esdeveniments, a l'entrada del carrer del Bisbe. Eren com dos amants als quals els uneix no sols el seu amor sinó també la força d'un propòsit.

La cigonya va veure com la seva parella sobrevolava el niu i la va saludar emetent un cloqueig de benvinguda. El mascle portava alguna cosa al bec per alimentar les cries i demanava lloc per instal·lar-se. Si aquella femella de grans dimensions hagués tingut un instant per desentendre's de les tasques difícils que tenia encomanades, potser hauria passat encara més neguit en observar com el guirigall que arribava des de la plaça no sols tenia una traducció sonora.

Al bell mig de la concurrència s'anaven definint dos rotlles voluntàriament tancats. L'un era molt a prop de l'edifici del Consell de Cent i l'integraven una dotzena d'homes ben armats que envoltaven una figura ben vestida, cepada i boteruda. Tothom la mirava amb respecte, una consideració producte de la por que despertava. Conscient del seu poder, en Francesc Borrell va estirar la barbeta ufanós mentre passava la mà per les espatlles del canonge Serafí Riera. Ho havia pensat amb deteniment, el notari, de presentar-se a la cerimònia anual de confecció de la triaca, però dos dies després de la mort de la Guisla ningú no l'havia assenyalat. La Beatriu i en Mateu havien acudit a treballar com si la vida continués sense més entrebancs. D'altra banda, en Riera semblava més proper i més fidel que mai, tal vegada perquè havia entès que hi tenia molt a perdre.

Si la cigonya hagués abandonat per un instant l'atenció dels seus petits, cosa que fins aleshores no havia gosat fer, hauria vist com, desplaçant la mirada cap a l'altra banda de la plaça, en direcció a les portes de l'església de Sant Miquel, es podia observar un altre grup d'homes amb la cara sospitosament tapada per a un dia de juliol. Dins aquest cercle hi havia una dona de mitjana edat amb un barret ample que la protegia del sol i, al seu costat, amb la mà esquerra agafant la daga que duia dins la roba, un jove que guaitava un cop i un altre al seu voltant com si li anés la vida.

—No us allunyeu de nosaltres passi el que passi, senyora —va dir en Pere Bracons, cerimoniós.

—No pensava fer-ho —va respondre la Morlana amb un deix burleta a la veu—. Espero que, de la mateixa manera, cadascú s'hagi après bé el seu paper.

Molt aviat, les coses que succeïen a peu de plaça van esdevenir secundàries. La filera d'homes que van pujar a l'entarimat, incloent-hi els apotecaris, el bisbe i el president del Consell, van centrar tota l'atenció dels presents. Amb pas solemne, un rere l'altre, es van alinear a un costat de l'enorme olla bullent que ocupava el centre. Va ser llavors que el retruny dels timbals ho va ensordir tot; veus, plors i els lladrucs dels gossos que fugien esperitats. La litúrgia que envoltava aquell acte final de l'elaboració de la triaca era plena de pompa i havia de ser acomplerta escrupolosament per obtenir els efectes desitjats. Es basava en la tradició, l'honestedat dels comerciants i l'experiència dels apotecaris més ancians.

La Beatriu i en Mateu ja s'havien trobat i, primer

amb bones maneres i després amb alguna empenta, havien aconseguit un bon lloc a la plaça de Sant Jaume, més a prop del grup d'en Borrell que del de la Morlana. El metge, tot i no ser home d'armes, havia agafat del bagul on desava els seus tresors més preuats l'espasa curta que feia anys li havia regalat el seu pare. I la veritat era que li pesava com si portés a sobre un martell de farga.

L'escenari on es duia a terme la cerimònia de preparació de la triaca era ple de pots i atuells amb els ingredients que s'hi havien disposat. Tots tenien el vistiplau de les autoritats després de dies d'intensa feina. Primer l'apotecari amb més renom havia mixturat els bocins de carn de vibra femella no prenyada amb sal marina i anet. Després, amb les mans untades d'opobàlsam, una resina verda, amarga i olorosa, hi havia afegit farina de garrofer i ceba i els havia reservat. Aleshores es pastaven dues resines diferents. Una procedia d'una planta de Pèrsia, l'altra, el gàlban, s'obtenia a través de la incisió d'una arrel. Un cop acabada l'operació, es molia l'encens amb l'ajuda d'una mica de vi. En uns altres recipients es treballava la mirra, sempre amb molta por de no barrejar-la amb la resta de matèries esmentades.

—Fa molta pudor! —va exclamar una nena de pell clara i trenes rosses com un fil d'or que, pujada a les espatlles del seu pare, es tapava els narius amb dos dits.

—Filla, aquest preparat que fan és capaç d'obrar autèntics miracles! I ens és molt necessari per combatre les pestilències que ens assoten. Només té un problema, és una medecina molt cara.

—La mala olor que sents —va intervenir en Mateu, tot just al costat— és per la secreció de les glàndules anals del castor.

—No ho entenc —va replicar la nena, fent ganyes.

La Beatriu va deixar anar una forta cleca i, dirigint-se a la petita, va dir...

—Jo tampoc!

—És una mena d'oli que aquest animalet fa servir per empolainar el seu pelatge —es va esforçar en Soler en la seva explicació.

—I vós com ho sabeu?

—Soc físic. Estudiem aquestes coses.

A partir d'aleshores les preguntes van succeir-se sense parar i en Mateu va anar posant paraules a tot allò que passava a l'escenari.

—Veus aquells cinc vasos alts?

La criatura va estirar el coll fins a tenir-los localitzats i va moure el cap en senyal d'aprovació.

—Fixa-t'hi bé. Al primer hi col·locaran les pólvores. Al segon, els sucs, la mirra, l'encens, l'oli de castor que t'he dit, el safrà i les gomes. Al tercer, un mineral que es diu calcita, i al quart, fulles d'arbre de trementina i estorac. Per acabar, al cinquè recipient, una bona quantitat de mel sense escuma que s'afegirà a la que està dissolent-se a poc a poc a l'olla.

—Però... i si s'equivoquen? —va demanar la nena, una mica astorada per aquelles paraules que no acabava d'entendre.

—No ho faran, estigues tranquil·la. Ja s'elaborava des de molt abans que existís tot el que veus.

La criatura, amb les galtes enrogides pel sol, va obrir molt els ulls en saber que es tractava d'un preparat tan antic i que s'hi feien servir més de setanta ingredients.

Tot seguit van observar plegats com els apotecaris revisaven amb un zel extrem el procés de dipositar el contingut dels atuells dins l'enorme morter. Calia mantenir un ordre concret i conservar la temperatura justa per tal que s'espesseís de la manera adequada.

La Beatriu no es va perdre cap detall. En Mateu, però, tenia un ull posat en aquella litúrgia mentre l'altre restava a l'aguait de qualsevol senyal que l'informés dels inicis del procediment que ells havien orquestrat.

Quan va arribar un dels punts més àlgids de la representació, tothom esperava l'aparició a l'entarimat de l'encarregat de remoure els elements. Havia de ser un home alt i robust, capaç de fer anar el gran mànec de morter, més gruixut que el seu braç, que s'usava per completar la mixtura amb prestesa i efectivitat.

L'aparició del gegant era el moment en què els reunits a la plaça de Sant Jaume aprofitaven per manifestar les seves passions. Li llençaven tot tipus de floretes i algun retret, li cridaven desigs sexuals, s'exclamaven quan l'escollit feia gala dels seus músculs davant la multitud. El mateix bisbe va haver d'intervenir reconduint l'acte i començant les benediccions. El silenci, aleshores, va omplir la plaça, mentre els guàrdies de la ciutat vigilaven de prop.

Contra el seu costum, potser per si entenia una mica millor el rebombori que arribava des de la plaça, la cigonya es va acostar al ràfec de la teulada. Els grinyols que feia el morter i els esbufecs del seu responsable planaven ara per damunt de la gernació silenciosa. L'au va percebre com el grup que acollia al seu interior la Morlana i en Pere Bracons s'anava desplaçant en direcció a l'altre que era a les portes del Consell de Cent, però no va saber interpretar-ho.

En Mateu Soler, situat darrere la Beatriu, la va agafar amb prevenció de la cintura mentre ella intentava desfer-se de l'abraçada per acostar-se una mica més al lloc on, tot ho indicava, passarien els fets. Havien discutit molt amb la Morlana el seu pla de detenir en Borrell el dia de l'elaboració de la triaca, davant tothom, quan sens dubte se sentiria més protegit de qualsevol atac. El més reticent havia estat en Mateu, però finalment l'havia convençut en Pere Bracons amb la seva idea d'utilitzar el canonge Riera per facilitar les coses i portar el notari davant les autoritats.

En Serafí Riera es trobava al centre de l'huracà. D'ell depenia la correcta execució de tot el que havia de succeir a la plaça de Sant Jaume i no li desagradava sentir-se protagonista. Creia en la paraula d'en Mateu Soler i pensava que el pacte al qual havien arribat s'acompliria, tot i que per moments dubtava que pogués apaivagar la fúria d'aquella dona vinguda del monestir de Vallbona a qui mai no havia d'haver acollit.

El so dels timbals, incorporant-se de nou i acompanyant l'esforç del gegant, era el senyal acordat per començar els moviments que portarien a la detenció d'en Francesc Borrell. Mentre la cigonya es desentenia dels esdeveniments de la plaça, tornava amb la seva parella i cobria les cries amb les seves ales protectores, el canonge Riera va abandonar per uns instants la companyia d'en Borrell, malgrat les advertències d'en Tano i dels altres esbirros.

—També em dec a la meva condició eclesiàstica —va dir perquè li obrissin pas mentre assenyalava l'escenari.

El grup de la Morlana semblava haver-se desfet, però en realitat avançava entre les persones que contemplaven embadalides la cerimònia. No s'havien perdut de vista els uns dels altres i en Pere Bracons anava molt a prop de la seva patrona. Tant era així que ella podia percebre l'olor de mascle jove que ja li havia cridat l'atenció en altres ocasions sense que s'hagués aturat gaire a pensar-hi.

A l'escenari, els apotecaris eren els encarregats d'examinar el color, l'olor i el sabor del preparat i d'anar-hi afegint petites modificacions consensuades fins a arribar a un producte excels als ulls de tothom. Els religiosos elevaven pregàries i benediccions mentre els representants de la societat civil, sense perdre les maneres, però satisfets per com evolucionava la funció, es feien l'orni davant l'escàs paper que els tocava tenir.

En Pere Bracons es va girar un instant per comprovar si la pressió que sentia als malucs era la de les mans de la Morlana. Havien arribat molt a prop del grup del notari i no podien deixar res a l'atzar. El més alt dels esbirros va transmetre que havia vist el capell eclesiàstic d'en Riera acostant-se a l'escenari, però que, abans d'arribar al seu destí, havia girat cua per desfer les seves passes.

—Pensava que pujaríeu a l'escenari, estimat canonge —va dir en Borrell amb veu sorneguera en veure'l de tornada.

—No ho he fet encara perquè m'han donat un missatge del mateix bisbe.

—Caram! I el voleu compartir amb mi?

—Té a veure amb vós! El bisbe m'ha demanat expressament que ens acompanyeu durant aquesta part final de la confecció de la triaca. Què us sembla? —va preguntar en Riera perquè el dubte que havia aflorat als ulls del notari s'esvaís—. És una bona ocasió per mostrar al món que sou intocable.

—Però, la meva seguretat...

—Crec que subestimeu la capacitat de l'Església per protegir-vos —va dir el canonge mentre donava a entendre amb un gest que dos dels homes de la Morlana eren en realitat guardians del bisbe.

En qualsevol cas, l'atractiu d'ocupar un lloc de tanta

rellevància va poder més que la prevenció davant els riscos que se'n derivaven.

—Som-hi, doncs, canonge! Tindrem Barcelona rendida als nostres peus, si tot surt com espero!

El notari va donar algunes instruccions als seus homes i es va disposar a seguir en Serafí Riera. Cada cop era més evident la tensió al rostre del gegant que remenava el morter; els seus braços, inflats i vermells, es movien amb lentitud i la suor havia xopat per complet la seva roba. Però només els situats a les primeres files s'adonaven d'aquella situació extrema. La resta es deixava portar per la passió del moment i, en molts casos, parlaven sense aturador amb els que tenien més a prop.

Per uns instants la cigonya de la Casa dels Canonges va aixecar el cap que descansava sobre els seus petits. Un carruatge havia entrat a la plaça i s'havia encaminat amb grans dificultats en direcció a l'escenari. Al conductor li costava mantenir els cavalls dins el passadís que anaven obrint els guàrdies entre la gentada. Els atuells que transportava, amb la resta d'ingredients per completar la triaca, xocaven de forma atzarosa al seu interior.

En Serafí Riera anava davant seguit de molt a prop pel notari quan es va adonar de l'entrada del carro. Havien estudiat com es desenvolupava l'acte per trobar un senyal, però el desgavell que sempre el presidia, amb els parlaments i oracions que s'allargaven més del compte, les dificultats de l'encarregat de la barreja i els conflictes que es desfermaven a la plaça, els va fer decidir que algú penjaria una tela blanca del campanar de l'església de Sant Miquel.

Només veure-la, en Mateu Soler va aixecar el coll per buscar el birret negre del canonge i va comprovar que era a tocar. Sobresaltat per la revelació, va prémer encara amb més força l'espasa que duia amagada. La Beatriu va percebre la seva angoixa i li va agafar la mà lliure.

—No vull que hi participis, si no és necessari.

—Espero que surti bé. Hi ha massa gent a la plaça!

—Això ja ho teníem previst, ens afavoreix.

Mentre ells parlaven, en Bracons, que anava molt a prop dels dos homes que es dirigien a l'escenari, va treure la daga i va ordenar als esbirros de la Morlana que envoltessin completament en Borrell i el canonge. Tot el que va passar després es va veure marcat per una gran confusió.

La multitud va cridar decebuda perquè el gegant havia caigut de genolls davant l'enorme morter i li costava aixecar-se. Alguns parlaven d'un possible complot o d'un enverinament. El brogit va servir com a senyal definitiu. Els homes de la Morlana que s'havien situat més a prop, tant com els falsos guàrdies del bisbe, van caure sobre el notari sense parar gaire atenció, malgrat les promeses que li havien fet de protegir-lo, a la presència del canonge.

En Pere Bracons es va moure amb més agilitat que els altres. Plantat al davant del notari, el va amenaçar mentre agafava la seva daga. Ningú dels presents no va poder explicar posteriorment què és el que havia fallat. Els sicaris d'en Borrell l'havien seguit i van desfermar una baralla amb els homes de la Morlana. Els crits i les empentes van arribar unes passes més enllà, fins on es trobaven la Beatriu i en Mateu, però la gent estava massa indignada amb el gegant de l'escenari, encara de genolls, per parar-hi esment. Els insults es repetien i tothom hi va veure una ocasió propícia per deixar anar els seus dimonis.

Havia pensat molt aquella nit, en Pere Bracons, de saltar-se el pla i, en lloc de capturar en Borrell, clavar-li directament la finíssima daga. La seva voluntat era acatar els desigs de la Morlana. Així, per uns instants va oblidar que aquell home era capaç de qualsevol cosa. De cop va sentir com l'espasa del notari li travessava el ventre i va reaccionar projectant la seva arma fins a l'engonal del seu oponent. Tots dos van caure desplomats a terra, abraçats com dos vells amics que es reconeixen després de molt de temps.

En Mateu s'havia quedat al marge de la batussa, intentava protegir la Beatriu. La gent ja s'havia adonat que en passava alguna de grossa i a poc a poc van anar fent un cercle al voltant dels contendents. La Morlana va reaccionar estupefacta a la caiguda d'en Bracons i del notari. Tots dos vinclats sobre el terra, brut de vòmits de criatura i pixums. D'altra banda, també en Serafí Riera era més a prop de l'altre món que d'aquest. Assegut amb les cames en una posició estranya, el canonge s'agafava el ventre i preguntava qui l'havia ferit. Mirava captivat la sang que brollava del seu interior i tenyia les llambordes del mateix color que el vestit de la Beatriu.

Els esbirros del notari, que l'havien seguit per expressa ordre seva, van veure que l'amo jeia al mig de la plaça, però van retrocedir en adonar-se que els guàrdies del Consell ja s'acostaven a controlar l'altercat. Quan van arribar, en Pere Bracons i en Francesc Borrell romanien encara abraçats. Molt a prop, el canonge Riera, estès ja del tot al terra, execrava la seva mala sort i s'agafava de la camisa d'en Mateu Soler, que feia tots els possibles per assistir-lo. Diversos cossos ferits o potser morts havien quedat escampats per la plaça. La cridòria anava en augment i no van faltar corredisses i desmais.

Enmig de tot aquell desori, la Beatriu intentava convèncer en Mateu Soler d'abandonar el lloc, no pagava la pena donar explicacions per la vida del canonge, però el metge no l'escoltava, s'entossudia a aturar la sang que brollava d'aquell cos malgirbat i que, després de lliscar per la roba ja embeguda, era absorbida per les escletxes del paviment. La tenacitat del metge formava part del jurament hipocràtic que no li era permès eludir.

Hores més tard, amb el sol tombant i els petits ja adormits, la cigonya va deixar la cura del niu a càrrec de la seva parella. Silent, es va situar de nou al ràfec i va contemplar desconcertada l'extensió de la plaça on, fins feia ben poc, dos captaires es disputaven les deixalles. Sobre la tarima que havia presidit l'acte encara hi quedaven sucs pestilents, herbes, bocins d'arrel i pólvores que tenyien la fusta de colors. Va fer una darrera comprovació al niu i va desplegar les seves blanques i enormes ales fistonejades d'un negre intens. El cel s'anava tornant porpra i, amb el sol lateral del vespre, la silueta de la cigonya, com dues veles òrfenes de nau, es projectava sobre la façana de l'església de Sant Miquel.

Va ser així fins que l'animal va descendir planant per posar-se en aquell espai on la vida i la mort, un cop més, s'havien batut en duel.

42

L'episodi viscut a la plaça de Sant Jaume es va saldar amb quatre morts i set ferits de diversa consideració. Les autoritats no van poder determinar els responsables d'aquella baralla per molt que van interrogar persones suposadament implicades. Tots van respondre que es trobaven a la plaça participant de l'espectacle quan van començar les hostilitats, però ningú no en sabia els motius ni va donar noms.

Alguns van aventurar que la revolta estava orquestrada pels cerers i candelers. Era una bona oportunitat per deixar sentir la seva veu davant les autoritats i els seus rivals, els apotecaris, principals artífexs en la confecció de la triaca. Davant el silenci del rei Joan II, a qui suplicaven des de temps enrere que els atorgués la formació d'un col·legi com a privilegi perpetu, la seva frustració havia anat en augment. Argumentaven que tant els especiers com els apotecaris, a més d'elaborar medecines i agençar les espècies, també obraven i venien cera i això els ofegava els ingressos com a col·lectiu.

En altres esferes, però, es va parlar d'un complot organitzat pels pagesos remences en sentir-se traïts pel seu monarca. No li perdonaven que, després de fer-li costat durant la guerra civil, no acomplís la paraula donada i deixés sense abolir servituds i mals usos. En cap cas, però, s'explicaven com la revolta s'havia quedat circumscrita a una part de la plaça, ni qui havia fet aturar els seus propòsits.

Durant uns dies es van efectuar detencions que apuntaven en un sentit i altre, sense treure'n l'aigua clara. Molts, aleshores, sobtats per la transcendència que la ciutat havia atorgat als fets, recordaven als que s'anaven trobant pel carrer aquell refrany: «En temps de belluga, campi qui puga».

Que entre els morts hi hagués en Serafí Riera i en Borrell resultés tan greument ferit també va donar lloc a hipòtesis estrafolàries que, a mesura que anaven d'una boca a una altra, creixien en malícia i complexitat. Tots dos tenien més enemics que aliats, i aquests últims mantenien sovint una relació de conveniència, subjecta a pactes i intercanvis de favors. Més d'un va esbufegar alleujat o es va fregar les mans pensant que el notari tenia els dies comptats i la seva desaparició els obriria noves possibilitats.

La certesa del que havia passat realment aquell diumenge de juliol a la plaça de Sant Jaume va quedar reservada a un petit grup, insignificant per gairebé tothom, i molt allunyat dels cercles i xafarderies del poder per més que hi estiguessin subtilment connectats. El pecat, doncs, complerts els esmentats estira-i-arronses, va quedar sense càstig. Pocs havien pensat en la Morlana, també dita la Reina del Raval, dipositària de secrets que valia més no remenar; ni havien parat compte en la Beatriu Montells, una antiga aspirant a novícia que havia arribat a Barcelona des del monestir de Vallbona de les Monges amb la intenció de llaurar-se un futur diferent. D'altra banda, qui sabia res d'en Pau Vinyes, un foraster vingut de la llunyana Llívia, un viatger ocasional que repartia fórmules curatives a l'hospital de la Santa Creu? Pel que feia a en Mateu Soler, un metge popular i amb bons contactes, en cap moment s'havia posat en entredit que la seva única raó per trobar-se enmig de la batussa havia estat ajudar el canonge Serafí Riera, ferit de mort per una desgraciada concatenació dels esdeveniments. En Pere Bracons va ser donat per mort des del primer moment i els homes de la Morlana el van transportar al bordell La Lleona. Encara respirava, però ningú, tret de la seva patrona, no li havia parat atenció.

Dos dies més tard el grup es va reunir al mateix lloc on s'havia ordit el complot. Hi havia una certa satisfacció que planava en l'ambient, però l'absència d'en Bracons pesava en l'ànim de tots.

—Ha passat bona nit? No el deixeu morir, us ho prego —va demanar la Morlana.

—Li administrem opi. Tant de bo estigués a les meves mans fer el que sol·liciteu.

—Continuo pensant que el pla era correcte, però tots estàvem exposats que...

En Mateu va interrompre en Pau Vinyes sense acritud. Aquest intentava trobar paraules amables que justifiquessin un resultat que no havien previst.

—L'única sortida era aturar en Borrell. Tots hi estàvem d'acord, amb això. Potser vam pecar d'ingenus perquè arraconar-lo no era la millor opció. En Bracons sabia com se les gastava i, malgrat la seva perícia, en va sortir malparat.

—Però el maleït notari encara espeternega! I el canonge que ens havia d'ajudar a denunciar-lo davant la justícia està més rígid que un bacallà sec —va remugar la Morlana.

—Nosaltres ni entrem ni sortim en la mort d'en Riera. Però diuen que l'infern n'és ple, de canonges depravats.

El metge, a qui unes ulleres fosques i profundes li encerclaven els ulls, s'havia expressat amb veu serena. La Beatriu, asseguda al seu costat, li va agafar les mans entre les seves i les hi va prémer.

—Mai no tindrem la fórmula completa, el bocí que ens falta segueix en possessió del notari —va prosseguir en Mateu, avançant-se a la pregunta que estava en boca de tots—. La bona notícia és que ells tampoc no en podran fer un mal ús.

—Això no curarà l'Arnau —va replicar la Beatriu recordant un cop més la promesa que li havia fet a la seva amiga—. No em penso donar per vençuda. Tinc bones notícies d'una monja de Vallbona.

—Què t'empatolles d'una monja, ara?

La Morlana es va redreçar davant aquella confidència tan imprevista mentre buscava més informació als ulls inquiets de la jove.

—Pau, explica'ls-ho tu. Avui he rebut carta de la Joana. Em diu que hi has de tornar. De fet, t'esperen amb candeletes —va dir amb un somriure ampli—. Sor Serena, la germana de l'abadessa, està molt recuperada.

—Les vibres! —va exclamar en Vinyes, donant-se un cop al front amb el palmell de la mà.

La Morlana i en Mateu es van mirar sense entendre res. Atesa l'expectació, en Pau Vinyes els en va fer cinc cèntims i la Beatriu ho va aprofitar...

—D'acord. El nostre pla no ha anat com el vam preveure, malgrat tot ara sabem més sobre el poder de curació de la triaca. Hi ha molts malalts que se'n podrien beneficiar. Tu m'ho vas fer creure, Mateu! I tu també hi confies, Pau! La Joana diu que és un miracle. No vull perdre temps discutint quin nom té el Déu que l'ha obrat, però se'ns ha girat feina i jo no soc de les que s'arronsen.

La Beatriu es va arremangar les mànigues i, a peu dret, els va fitar un a un als ulls. La primogènita dels Montells semblava una persona diferent. Quedava lluny aquella jove esquiva i desconfiada que intentava salvar la pell sense parar compte del que passava al seu voltant. En Mateu se la va mirar amb devoció manifesta. La seva eloqüència i la seva fermesa l'havien deixat astorat i en aquell precís instant va decidir que res no el faria canviar d'opinió. Volia passar amb ella la resta dels seus dies.

—Si us plau, acompanyeu-me a Llívia!

En Pau Vinyes havia parlat fort i clar adreçant-se a la parella; després els va mirar alternativament, confiant que accedissin a la seva proposta.

—Veniu amb mi —va repetir, gairebé com un prec—. Us posaré en contacte amb en Magí Surroca, a la Morlana ja li he parlat d'ell en moltes ocasions. No hem de lliurar cap més batalla per posseir la fórmula. Ell té la recepta original i estic convençut que voldrà compartir-la amb vosaltres. De tota manera us avanço que, segons la seva opinió, no hi ha una solució única per a tantes malalties com hi ha al món, no hi ha miracles que vinguin de fora. La triaca, a les seves mans, sempre està en perpètua transformació. No es pot fer guarir la gent tenint en compte només els símptomes; nosaltres som cos, però també ànima. Som iguals, però diferents. Si algú pot ajudar l'Arnau, en Surroca és aquesta persona, no en tinc cap dubte.

Després, es va escurar el coll i va afegir amb una veu més greu encara...

—Llívia està en una situació molt fràgil. M'han arribat notícies d'un setge imminent. Si es produeix l'atac al castell hi haurà moltes baixes. La meva família i el meu amic són allà, i sé que em necessiten. No puc demorar per més temps la meva partença. Heu de decidir-ho ara, doncs.

Durant una bona estona, en Pau es va sincerar amb aquell grup de persones que cada minut considerava més proper. Va confessar que un cop va tenir la nova triaca a les mans havia decidit efectuar la venda de manera unilateral. La llépola proposta d'en Borrell l'havia encegat i, després d'adquirir el compromís, fer-se enrere havia resultat dificultós en extrem. Amb la veu trencada i un nus a la gola, els va demanar perdó per arrossegar-los a aquella quimera.

La nit els va sorprendre conversant al voltant de tantes batalles lliurades per la humanitat amb l'objectiu de vèncer la malaltia, la decrepitud i, fins i tot, la mort. N'havia parlat sovint amb en Magí Surroca i els seus coneixements despertaven admiració entre els reunits.

La Beatriu també l'escoltava embadalida. Aquell home posava paraules a molts dels conceptes en els quals havia volgut aprofundir la seva mare. Va recordar les llargues lectures en veu alta quan, després d'un dia esgotador de treball, destil·lava herbes, preparava beuratges o confegia pomades. En Mateu també va dir la seva al voltant de les teories aristotèliques i de com hi havia una altra interpretació possible que s'estava portant a terme en diverses universitats. Van posar en solfa la combinació de dos parells de propietats oposades: fred i calor, humitat i sequedat.

La Morlana els va mirar amb tendresa infinita i una emoció fonda. Ho va fer com ho faria un infant contemplant allò que el corprèn sense arribar a entendre-ho.

Una glopada d'enyorança li va pujar gola amunt. Molts anys enrere, en Pau també la feia partícip de reflexions al voltant de l'alquímia de la vida, sobre el camí que s'havia d'emprendre i la necessitat de mantenir-se sempre com un viatger amatent... Potser va ser la llum dels seus ulls en parlar de l'essència de la felicitat i de la responsabilitat intransferible d'anar al seu encalç allò que l'havia enamorat, passant per alt diferències i complexitats. Aquell vespre, mirant-lo detingudament, malgrat que el cabell a les temples ja li blanquejava i el cos se li havia fet una mica més feixuc, li va recordat el seu esperit més jovenívol, quan encara no havia perdut la fe en ell mateix i en la humanitat sencera.

Les campanes del convent del Carme van anunciar la mitjanit i la Morlana va percebre el seu repic més alegre que de costum, com si els tocs fossin més vius i retornessin al cor una joia perduda.

El grup seguia aliè a tot el que no fos uns plans de futur que anaven prenent forma en l'esdevenir de les hores. L'ambient, enfervorit, va anar pujant de to i desfent, un a un, els nusos que travaven un destí comú. Quan la Morlana va entendre que la partida era imminent una punxada d'inquietud la va remoure per dins. Instants després, amb els ulls negats pel plor, va sentir que l'havia de deixar volar. Aquell comiat, que intuïa definitiu, seria sense recances, ni rastre de por ni de dependències mútues; en Pau deixaria de tenir una part del seu cor a Barcelona i no pensava fer-n'hi cap retret.

La Reina del Raval també va decidir iniciar el seu propi aprenentatge. La desfeta d'en Borrell suposava una fantàstica oportunitat per estendre les ales i assolir la millor versió d'ella mateixa. La gent que havia estat sota el seu poder, aquella Barcelona oculta que amagava tantes possibilitats, esdevenia un gegant escapçat i la Morlana era lliure d'expandir el seu territori. Fins aleshores, el notari havia fet servir la por per controlar-ho tot i la ciutat necessitava algú que se n'ocupés d'una altra manera. D'altra banda, sabia que hi hauria molts aspirants i no estava disposada a continuar novament sota el jou d'un altre tirà.

La llumeneta d'oli que penjava d'un clau a la paret parpellejava sobre les pells suades, vives, amatents. La Morlana va sentir una fiblada a la boca de l'estómac. Era l'aparició d'un enyor no anunciat que duia el nom d'en Pere Bracons, el seu fidel i dispost esbirro. De sobte es va descobrir pensant que se'n sortiria, com si volgués tornar-li una mica de tot l'afecte i entrega que ell li havia dispensat. Va decidir que en despuntar el dia aniria a veure'l a l'hospital de la Santa Creu i, de seguida que fos possible el trasllat, se l'enduria a casa.

Si se li presentava l'ocasió, també podria deixar clar a alguns dels col·laboradors d'en Borrell que els nous temps havien arribat i que la Reina del Raval ja no estava disposada a suportar cap rei al seu costat que li fes ombra. Que la triaca tingués una oportunitat a l'hospital de la Santa Creu de Barcelona quedava sota la seva responsabilitat.

43

Estimada germana,

Quina alegria rebre la teva carta! L'he llegida amb golafreria, no saps com l'esperava! Després hi tornaré i m'aturaré a cada paraula. La portaré a sobre per gaudir-ne sovint, però ara m'afanyo a respondre't. Els pares d'una nova postulant s'han ofert a lliurar-te-la a Barcelona. Partiran de bon matí.

La cerimònia de la seva filla ha estat molt emotiva. Tota la comunitat ha sortit a rebre-la a l'entrada principal i, abans d'ingressar a clausura, cadascuna de les monges li ha fet una abraçada. A ella se li ha escapat una llàgrima.

Confio que llegeixis aquestes línies abans d'emprendre la marxa cap a Llívia, tal com m'expliques.

Tot i que m'assegures que no correràs perill, les informacions que ens arriben al convent no apunten en aquesta direcció. Et tinc present en les meves pregàries, però no ho deixis tot a la protecció de la Verge, posa-hi de la teva part i sigues prudent, Beatriu.

Com lamento la mort de la Guisla! Que Déu la tingui a la seva glòria. No em dius res de com va succeir, potser unes febres? A l'hospital esteu en contacte amb moltes malalties; cuida't molt i recorda el que li deies a la mare... Per descomptat que la tindré present en les meves oracions.

Quina sort per al petit Arnau que te n'hagis volgut fer càrrec! Per molt que t'esforcis a demostrar el contrari conec la noblesa del teu cor. Un cor que, per la manera com em parles d'aquest metge a qui has conegut, està enamorat. M'equivoco? No tinguis por d'estimar, l'amor ens fa millors, l'amor en totes les seves accepcions, sempre!

Ai, Beatriu! Tant de fugir de tot el relacionat amb la curació i d'intentar alleugerir la càrrega dels que pateixen i ara, pel que dedueixo, la vida t'hi fa convergir de nou. Aquesta força que tot just estrenes t'ajudarà a perdonar, podràs trobar la pau que ansieges. La mare estaria orgullosa de tu, no en tinguis cap dubte.

D'altra banda jo també tinc excel·lents notícies! Sor Serena ja passa estones incorporada i ahir, per primer cop, recolzada del braç de l'abadessa, va fer un breu passeig pel claustre i va oir missa amb la comunitat. L'home que havia vingut a buscar vibres, un tal Vinyes, va portar un remei nou. Ara que hi penso, podria ser el mateix que us acompanyarà a Llívia? Que Déu sigui lloat!

Em preguntes si soc feliç i he de confessar-te que sí, amb tot el cor. Compto els dies que em falten per ser admesa com a postulant. Entretant m'esforço per fer-me'n mereixedora. M'has de prometre que seràs amb mi quan prengui l'hàbit. No vull imaginar un dia tan important sense tenir-te al costat.

He entrat a formar part del cor, rebo classes de cant i diuen que ho faig d'allò més bé. Qui ho havia de dir! D'altra banda, ensenyo a llegir a quatre criatures, filles del servei. Tinc un pergamí encolat sobre una fusta amb l'alfabet, però la Càndida ja va molt avançada i amb ella compartim fragments del nostre breviari. Recordo quan t'hi escarrassaves amb la volun-

tat que n'aprengués. Conservo vius en la memòria els trets del teu rostre cansat, el cos vinclat, cruixit de traginar aigua, i la son que a estones semblava guanyar-te la partida. Però també em ve a la memòria, amb més força encara, la teva tossuderia, la constància de qui sap que no pot abandonar perquè porta entre mans alguna cosa molt important. Segurament el mandat de l'amor i ensenyar-nos de lletra van ser els millors llegats de la mare. Uns llegats dels quals em vas fer hereva i que ara jo tinc l'oportunitat de traspassar a aquestes criatures.

Però no tot són cants, resos i lectures! Hem comprat planter amb els diners que guanyem de les sàrries i els cistells. T'agrada el que t'he fet arribar? Aquest és menut, però també fem paneres i cabassos per dur al mercat. Mentre passem el rosari no cal tenir les mans quietes! La dona del ferrer ens ajuda, n'és una experta, vet-ho aquí! Quan em va veure traginant les canyes des de la riera de Marganell em va dir que me n'ensenyaria i aniríem a mitges amb la Musieta. La pobra dona té moltes boques per alimentar i nosaltres portem verdura fresca a les famílies més necessitades. He anat un parell de cops a Rocallaura per visitar els pares de la Guisla, es troben molt justets. Em temo que, quan els comuniquin la trista notícia, no seran capaços de sobreposar-se.

A més de tot això, aquí, ja ho saps, el temps litúrgic i el de les collites marca les hores. Aquest cicle pausat, previsible, em dona calma. Hem celebrat la festivitat del Corpus Christi i amb la Musieta i la Càndida hem anat fins a Llorenç de Roquefort per veure la processó. No hi havia abanderats ni pendonistes com a Barcelona però han fet un petit entremès dramatitzat on ha intervingut mig poble, ens ho hem passat bé! Això sí, una glopada d'enyor m'ha portat a la catedral de la mà de la mare. Aquell ou ballant damunt el brollador, la peanya guarnida de flors i plantes... Em tenia hipnotitzada i tu te'n reies a cor què vols. Te'n recordes?

Aquí, els camps ja estan a punt per llaurar. El mes passat van segar l'ordi i la civada i fa quinze dies ha estat el torn del blat. Els colors muden del groc al marró, però creixen roselles arreu. Quan plou, la terra s'empassa l'aigua, goluda, i tot brilla com d'estrena.

Et trobo a faltar.

Sor Paula sovint em busca per demanar-me si tinc notícies teves i em pregunta si estic bé. Segueix riallera i, quan corre, no sembla que toqui de peus a terra, de vegades penso que el sobrevola! Si no te n'haguessis de riure, et diria que potser és un àngel, sempre té una paraula amable amb tothom i és tota llum. La mare Violant de Sestorres també sembla més jove i feliç. I sor Lluïsa... No soc ningú per jutjar-la.

No triguis gaire a escriure'm i envia'm la nova adreça de Llívia. No oblidis que t'estimo. Cuida't molt.

Una forta abraçada.

JOANA

44

En Tano va repetir per enèsima vegada als homes de la porta que no descuidessin la vigilància i va entrar a la casa ben emprenyat. El treien de polleguera aquelles discussions amb els pinxos que ara tenia al seu càrrec i, malgrat tots els esforços, no aconseguia dominar. L'organització d'en Francesc Borrell feia anys que depenia dels seus rampells; només ell, com a amo i senyor, marcava les passes a seguir i coneixia com ningú les dèries i els punts febles dels seus enemics. El fet era que durant un temps s'havia debatut entre la vida i la mort i els seus negocis s'estaven ressentint.

La Reina del Raval no havia dubtat a l'hora d'aprofitar la situació. Li havia costat poc establir noves aliances conquerint el terreny d'en Borrell i, en molts dels casos, els afectats li agraïen personalment que se'n fes càrrec. Les maneres del notari havien deixat un gran nombre d'afectats que, creient-lo a les acaballes, li tornaven els greuges amb un gran plaer.

L'esbirro va mirar en direcció al fons de la cambra, on havien instal·lat en Borrell amb totes les comoditats.

Millorava, sí, però estava d'un humor pèssim. Es defecava a sobre i no consentia que ningú, tret d'en Tano, l'assistís. A aquest, les nits en vetlla i un fàstic profund començaven a passar-li factura.

—Entra i tanca la porta.

L'home va arrufar el nas i va dubtar de portar a terme l'ordre del seu senyor.

—Què passa? Que potser t'has tornat del morro fi, ara? No t'ho penses tant quan et poses dins la bossa les monedes amb què et pago generosament. Fa hores que porto la femta enganxada al cul. No vull veure ningú, ni que tampoc ningú em vegi! És tan difícil de comprendre?

En Tano va demanar una palangana amb aigua i va procedir mentre el notari feia una ganyota difícil d'interpretar. En acabat, una dona va encarregar-se de la neteja i es va endur tota la merda, deixant un rastre pestilent.

—Quin espectacle! Sembla ben bé la vetlla d'un mort. És que no podeu encendre més llums? —va demanar en Borrell, incorporant-se.

—Donaré ordre que en portin més.

—No facis servir aquesta paraula en la meva presència. Les ordres, les dono jo!

—No he volgut...

—Pitjor m'ho poses si em dius que no te n'adones! Començo a pensar que tothom fa la seva, com si ja l'hagués palmat, i això està molt lluny de passar!

En Tano va témer que a l'amo li sobrevingués un altre episodi d'enuig i deliri. Quan es va assabentar que en Pau Vinyes continuava viu, va tenir una crisi que el feia renegar de dia i els malsons el despertaven de nit. L'avís dels guardians va interrompre el reguitzell de queixes.

—És la Noè i el vol veure. Diu que és important.

L'anunci d'aquella visita va provocar un gran neguit al notari. Va moure els braços ostensiblement, com si en fer-ho pogués renovar l'aire pudent de la cambra.

—Cremeu una mica de romaní, ràpid!

Abans, però, que l'home pogués obeir l'ordre, la Noè se li va plantar davant per davant i va començar la seva xerrameca...

—Per fi! Ja pensava que no em deixarien entrar! Caram, teniu més bon aspecte del que alguns voldrien, sí senyor! No sabeu com m'alegra! Temo, però, que no soc portadora de bones notícies.

—Ara que ja m'has preparat per escoltar-les, buida el pap!

—És per en Vinyes, fot el camp!

—Malparit! Marxa sol, però?

—L'acompanyaran la Beatriu i el metge... aquest que...

—Soler, es diu Mateu Soler.

—No la tornis a interrompre, Tano. M'ho imagino, però sabem on es dirigeixen?

—Pel que he pogut escoltar, sembla que a un poblet dels Pirineus. He vingut per advertir-vos! «Lívia» o alguna cosa així...

—Et costa pronunciar la «ll», Noè. Es diu Llívia! —se'n va burlar l'esbirro.

—T'he dit que mantinguis la boca tancada, Tano! Quan? Quan marxen?

—No ho sé del cert, però ja ho tenen tot enllestit. Diria que la seva partida és immediata! No sé si puc servos d'alguna ajuda... No se m'acut com podria impedir-ho.

—I què vols fer, criatura? Ja veus en quina situació estic —va dir en Borrell mentre assenyalava els peus del llit.

—Si voleu, jo me n'encarrego.

—Tu, Tano? Pobre diable! Tu, ara, tampoc no hi pots fer res.

—Us he fet serveis de molta consideració. No sé per què aquesta desconfiança!

—Escolta'm bé, hi ha una cosa que ja devies haver après. La venjança és un plat que s'ha de servir fred. D'altra banda, la seva partida serà molt adient. Debilitarà la Morlana. Ha perdut en Bracons, el seu home de confiança i, tal com van les coses, tampoc no pot comptar amb aquest poll ressuscitat. Deixeu-los marxar i que vagin obrint el camí!

Tant la Noè com en Tano es van quedar parats. Que la venjança fos un menjar no ho havien sentit mai i que els fugitius fossin d'alguna ajuda lluny de Barcelona tampoc no els semblava entenedor.

—Pots marxar, Noè! —va exclamar de sobte en Borrell mentre ella feia mala cara—. I dona-li unes monedes, Tano, que se'n vagi contenta.

La retirada de la prostituta, tot i que no va fer fàstics a les monedes, no va ser gens amable. Es va girar sense dir ni una paraula i va llençar un rosari d'insults als guardians que, al seu pas, li van grapejar el cul. Mentre un es netejava de la roba una escopinada de la dona, el notari va esclatar en una sonora riallada.

—Aquesta femella té caràcter, eh? Ensenyeu-li qui porta els pantalons!

En Borrell va agafar la bossa de monedes que sempre tenia al seu abast i en va escampar un bon grapat als peus dels seus homes.

—En caure el dia, aneu a La Lleona i l'hi claveu ben endins, a aquesta insolent! I tu, Tano, què? Per la cara que fas et deus pensar que desvariejo, oi?

—Doncs la veritat...

—No diguis res ara que estic de més bon humor. És clar que vull venjar-me dels que m'han causat aquesta desgràcia, però ho faré robant-los la seva fórmula. Et juro que res ni ningú m'aturarà fins a aconseguir-ho, i tu seràs amb mi per veure-ho. Ens farà molt rics, més rics del que ets capaç d'imaginar!

L'esbirro va fer un gest d'assentiment, un cop més va pensar si delirava. Massa amabilitat, la que sortia de les paraules del notari. I ja havia après amb el temps que aquella manera de fer no era el preludi de res de bo.

—No és el moment de marxar a Llívia. Encara no estic prou recuperat i es diu que el rei francès pretén la vila, que hi posarà setge. Però farem una altra cosa. Enviarem tres homes perquè els vigilin de prop. Això farem! I en Vinyes, en Soler i la tal Beatriu seran els nostres comissaris —va reblar amb una gran rialla que reprimia de seguida per la tibantor dels punts en el trau que li travessava des de l'engonal fins al ventre.

—Esteu parlant de protegir-los?

—Exactament. Ells ens conduiran fins a la persona que ha elaborat aquesta nova triaca. Raptar-la serà bufar i fer ampolles, si esperem el moment oportú i no aixequem sospites. Hem d'aconseguir que es creguin fora de perill. T'ha quedat clar?

—Jo mateix me'n faré càrrec!

—No ho faràs, et necessito al meu costat! Ja t'he dit que et compensaré. Ara tens una tasca igualment important. Pensa molt bé quins poden ser aquests tres homes, en seràs directament responsable.

En Tano va sortir de la casa capficat. Aquell nou gir que prenia l'assumpte que es duien entre mans no li acabava de fer el pes. Ni li passava pel cap, però, desobeir les ordres de l'amo. Coneixia tres pinxos que passaven moltes penúries i que serien capaços de qualsevol cosa si els assegurava que s'ocuparien de les seves famílies i que la recompensa seria generosa. El notari ho havia deixat ben clar...

—Els has de dir, molt seriosament, que fracassar no és una opció!

45

El mercader va aixecar el braç i els va mostrar el camí que havien de seguir per arribar a la vila de Llívia. La situació elevada de Puigcerdà, on havien passat l'últim dia descansant d'unes jornades esgotadores, els permetia controlar aquella vall enorme que, més enllà de les masies i els horts, donava pas a verdes i frondoses arbredes. Al bell mig de l'extensió que tenien davant els ulls hi havia una franja de terra que amb la llunyania s'anava fent molt més prima fins a desaparèixer. Les muntanyes al fons eren gegantines i a la Beatriu li costava deslliurar-se de la seva influència.

—Cap al final de la vall, al peu d'un turó on s'aixeca el castell, hi trobareu el vostre destí —va dir el mercader poc abans de girar cua, obviant que un dels viatgers era del territori; potser pensava que ja n'havia fet prou, per aquells intrèpids caminants, i només li quedava indicar-los el camí a seguir.

La Beatriu, en Mateu i en Pau havien arribat a la Cerdanya en companyia d'un grup de comerciants que feien una ruta cap a França amb diferents escales. Tenien la intenció de dirigir-se a la petita vila de Pontac i adquirir les preuades capes biarneses. Per efectuar la negociació, duien barrets de tota mena, tabac, oli, esquelles i un garbuix de productes, tots molt pintorescos.

Des del primer dia els havien deixat les coses molt clares; seria difícil que els acompanyessin fins a Llívia, atesa la situació de setge a què es veia sotmesa la vila. El comiat era inevitable i a partir d'aleshores haurien de comptar amb les seves pròpies forces.

La primera idea havia estat acceptar l'oferiment de la Morlana i viatjar a cavall, però en Mateu s'havia negat a deixar enrere molts dels seus estris i la presència de l'Arnau, encara que hi hagués altres carruatges a la caravana per acollir-lo, va ser determinant. Quan van enfilar el camí de Llívia, en Pau Vinyes era l'únic que viatjava a lloms del Fugaç, per fi recuperat d'aquells estables de Barcelona, i la Beatriu i en Mateu s'asseien al pescant del carro, tirat per dues eugues. El nen dormia a l'interior, ben a prop de tots dos, però sospitaven que amb tants sotracs i batzegades s'acabaria despertant.

L'aventura del viatge, travessant territoris que cap dels acompanyants d'en Pau havia trepitjat mai, s'havia vist enfosquida per la incertesa de l'escenari al qual es dirigien. A la Beatriu, però, la impulsava l'esperança d'aconseguir un remei per a la malaltia de l'Arnau i complir la promesa que havia fet a la seva amiga. En Mateu se sentia feliç de viatjar en la seva companyia. Malgrat la sorpresa constant dels paisatges que anaven explorant, concentrava en ella la seva atenció; de vegades observant-la d'esquitllentes i d'altres amb una mirada franca que traspuava amor i desig a parts iguals. De cap manera es penedia per haver pres aquella decisió.

La fam de conèixer un savi com en Magí Surroca el

tenia excitat. La seva ment bullia de preguntes. Aquella esperada trobada, un nou repte, la vida al costat de la persona que estimava, n'estava segur, marcarien un abans i un després en la seva visió del món.

Per contra, en Pau Vinyes era la viva imatge del neguit. Anava amunt i avall mentre seguia la comitiva com si, amb el seu esforç, li fos donada la capacitat d'empassar-se les iardes que els separaven de casa. Cada cop que aquella paraula li venia al pensament, es posava dret als estreps del cavall, amb l'afany de distingir algun punt llunyà del camí que li anunciés la immediata arribada.

Tan sols les acampades a la vora dels rius i la companyia de la lluna plena havien fet suportable el ritme infringit a la marxa pels mercaders. La comitiva evitava les poblacions sempre que els era possible; les notícies en relació amb la presència propera de les tropes del rei francès eren contradictòries. Quan, per fi, van enfilar tots quatre la darrera part del recorregut, dubtaven si en acabar aquella planúria extensa hi hauria realment algú esperant-los.

No gaire temps després van creure contemplar el pujol del qual els havia parlat en Pau Vinyes, i aquest els va mirar confirmant que eren molt a prop del seu destí. Una primera línia de muralles es mostrava orgullosa a la meitat del turó i més amunt sobresortien les torres d'un castell imponent. De seguida hi van entreveure el nucli de la vila assentat a la falda i com ascendia amb timidesa pel vessant fins a l'indret on se situava l'església.

Mentre els altres se sentien alleujats, la Beatriu va observar amb desconfiança aquelles cases. S'havia fet a la vida del camí, a tenir com a primer objectiu trobar un lloc on passar la nit, que entre ells i el cel tan sols hi hagués una fina flassada o el sostre del carro. També a tenir en Mateu per a ella sola, a sentir els seus braços rodejant-li la cintura, a notar el seu alè tebi al coll, a respirar-lo ben endins, fins al mareig. Era conscient que la nova realitat ho posaria tot de potes enlaire, que l'hauria de compartir amb malalts i urgències, amb estudis, experiments i debats. La Beatriu ja hi estava avesada, als horitzons oberts. En més d'una ocasió, en companyia de la Joana, s'havien buscat la vida lluny dels nuclis habitats, a recer de les ombres i les runes; temoroses que les pogués reconèixer alguna víctima dels seus petits robatoris.

El viatge també li havia servit per prendre consciència del que suposava la mort de la Guisla. La Beatriu, que havia enyorat la seva germana durant un temps, després s'havia sentit lliure per primera vegada, sense cap càrrega que li impedís construir el seu destí. Ara, però, era responsable de l'Arnau. De cop i volta s'havia trobat amb un fill que no esperava, amb una criatura que no tenia ningú més per protegir-la de la seva malaltia, d'un món que podia esdevenir tan hostil.

En Mateu no semblava viure-ho de la mateixa manera. Passava el dia jugant amb el nen i l'entendria tenir-lo als seus braços. Tant era així que la Beatriu havia portat amb molta més freqüència les regnes del carro i es volia convèncer que els feia un bé, atesa l'estima que es demostraven.

Cada cop eren més a prop de les cases i en Pau els va assenyalar el perfil llunyà d'una ermita a la seva dreta. Tot seguit va apuntar que era la de Sant Guillem i que ell hi havia jugat molt pels seus voltants quan era petit.

—Se sent també la remor d'aigua i, per la seva força, no sembla un rierol qualsevol —va dir la Beatriu mentre deixava de banda les seves cabòries.

—Deuen ser les aigües del Segre. Hi ha molta neu

a les muntanyes i nombrosos torrents acaben en aquest riu —va respondre en Pau mentre observava encuriosit un nen que venia dels camps propers i aixecava els braços per cridar la seva atenció.

Quan es va aturar davant d'ells, van entendre que passava alguna cosa. No devia tenir més de nou anys, panteixava i anava molt brut, una combinació de suor i llàgrimes li regalimava cara avall. Ja més calmat els va explicar que el seu avi havia tingut un accident, la maleïda mula, repetia, i que es trobava malferit.

—Jo hi aniré —va dir en Mateu quan en Pau ja es disposava a baixar de la seva muntura.

—I si necessites ajuda? —li va demanar la Beatriu—. Potser és greu...

—Podeu anar tranquils, el poble és aquí mateix i l'Arnau fa temps que té gana i li aniria bé un bon bany. La pols no hi ajuda... I mira en Pau, està desitjant trobar-se amb la seva família. Continueu, que jo vindré de seguida.

Mentre en Pau Vinyes li donava les gràcies amb un gest, el metge va agafar l'embalum on desava alguns dels seus estris i va seguir el noi a través dels camps.

La petita comitiva es va endinsar a la vila. En contra del que era habitual a aquelles hores, les portes estaven tancades i barrades i els corrals semblaven buits. Una dona gran els va mirar de lluny, però va desaparèixer dins de casa seva. La Beatriu va assenyalar una altra figura al final del pendent que feia el camí.

—Si no m'enganyo, és l'Agnès, està al nostre servei de fa molts anys —va dir mentre aixecava la mà per saludar-la i ella se'n desentenia i desapareixia poc després del seu camp de visió.

L'Arsenda era a prop i mirava per la finestra, amatent. La seva esclava li havia assegurat que l'amo tornava en companyia d'una jove amb un nen petit als braços. Durant uns instants li va semblar que la sang no li arribava al cap i que corria el risc de perdre el coneixement. Moltes vegades havia considerat la possibilitat que el seu home tingués una amant a Barcelona; no havia deixat d'anar-hi mai des que estaven junts, ni tan sols quan havia nascut la Maria i s'havia mostrat tan satisfet.

Després d'un temps de basarda havia renunciat a buscar rastres que confirmessin les seves sospites. Portava diners a casa, li havia donat una bona vida i dos fills sans. Què més podia esperar? Potser la vida era alguna cosa diferent? Al capdavall, el fet que jagués amb altres dones alleujava els seus deures matrimonials. Però com tenia la barra d'emportar-se-la a casa, a ella i el seu bastard? Això ja eren figues d'un altre paner!

Per fortuna, la situació que travessava Llívia era tan caòtica que la presència dels nouvinguts passaria desapercebuda. No les tenia totes, però. Les males llengües no descansaven ni al mateix infern i feia falta ben poc per omplir la boca de tots els confinats al castell. Ser la riota de les harpies de la vila, mortes de gana i envejoses de la seva posició, l'enrabiava profundament.

Amb el cor bategant-li a les temples, l'Arsenda va ordenar als fills que anessin a les golfes i no en sortissin per cap pretext. Era l'únic que se li va acudir per mostrar la seva desaprovació. Un servent es quedaria amb ells i es faria responsable d'acomplir l'ordre. Després es va allisar la faldilla i va alliberar els cabells del mocador que els cobria. De cap de les maneres pensava permetre una humiliació com aquella. Estava decidida a no cedir ni un pam. Si li imposava la presència d'aquella desconeguda i el seu fill, haurien d'anar a raure als estables.

Aquest pensament la va mantenir hieràtica i amb la

barbeta alta mentre el seu marit es feia present a la porta del pati. L'Arsenda va sentir el soroll del forrellat i el grinyol de la fusta en obrir-se. Va veure que no tenia bon aspecte. Duia els pantalons lligats amb un cordill que li donava dues voltes i el cabell molt curt; com quan rapaven la canalla per treure'ls els polls. El seu posat denotava cansament, però davant la seva presència va esbossar un mig somriure. Ella no va moure ni un sol múscul, ni tan sols quan en Pau, ja a l'altura del pou, va estendre els braços per anar al seu encontre.

—Atura't! —va dir l'Arsenda amb el cor desbocat.

L'home va fer el que ella li ordenava tot i trobar-se ja a dues passes de poder-la abraçar.

—Què tens, Arsenda? Que potser no vas rebre l'avís on et deia que... Aquests mercaders! No s'hi pot confiar! On són els meus fills?

En Pau se la va mirar de dalt a baix buscant un motiu que justifiqués aquella inesperada reacció. Per un moment va torturar-lo el fet que un brot de la tan temuda pestilència hagués colpejat els seus mentre era fora. Amb els ulls esbatanats i les mans suades, es va situar al davant i va repassar la pell de la seva dona.

—Com t'atreveixes? —va demanar ella, fent un pas enrere.

En Vinyes va observar l'espai que els envoltava buscant respostes que expliquessin un comportament tan estrany. Potser havia perdut el seny?

—Robert, Clara! On sou? Agnès!

—No cridis. No vindran.

La veu de l'Arsenda tenia el to irritat d'algú a qui han fet un tort i defensa la seva posició abans que sigui trepitjada.

—No sé què t'empatolles. De veritat que no sé...

A en Pau se li van quedar les paraules glaçades a la gola, mentre les d'ella seguien surant per l'aire pesant i calent del juliol. Esgotat i amb el cap cot, es va deixar caure sobre el banc a tocar de la porta. La seva dona, però, va seguir vomitant fel...

—No permetré que dormi sota el mateix sostre que nosaltres. I... si m'hi obligues, marxaré amb els nens quan menys t'ho esperis. No ens veuràs mai més!

Llavors, va girar cua.

—Espera! Per l'amor de Déu! Tot això és per la Beatriu? Digues! És per ella?

—Ni el sé ni m'importa, el nom d'aquesta...

Potser va ser per aquell silenci carregat de ràbia i despit o, tal vegada, per l'excessiva, i desconeguda, vehemència en el seu discurs. Fos com fos, com si un llampec vingués de sobte a posar llum a la nit, en Pau Vinyes va lligar caps.

L'Arsenda, avergonyida, va escoltar com havien transcorregut els fets a Barcelona, la urgència de trobar un tractament per a l'Arnau i el dolor que suportava la Beatriu.

—Em sap molt de greu, jo... Mai no vaig rebre el teu avís. Les coses aquí no han anat gaire millor. Ens han ordenat de pujar al castell, però alguns ens hi hem resistit. Significa deixar-ho tot! Ells asseguren que només així ens podran protegir, però estan massa ocupats adequant el recinte per obligar-nos-hi. Si es pensen que abandonaré a mans dels francesos tot el que hem aconseguit amb tant d'esforç, van molt equivocats. Abans li foto foc a la casa, abans...

Ni tan sols durant l'enterrament de la seva segona criatura, que havia nascut morta, l'Arsenda s'havia deixat anar d'aquella manera. Aferrada al coll d'en Pau, va plorar per tot el que havia pensat i no era i, també, pel que era i no tenia remei. Va plorar per foragitar la por que la tenallava, la que l'havia dut a refugiar-se en el petit i confortable món que ara veia perillar.

Les llàgrimes també van fer acte de presència en la trobada d'en Pau Vinyes amb els seus fills. Ell es va adonar que enyorava aquelles abraçades, que podia marxar mil cops de la vila, però sempre hi acabaria tornant. Va passar una estona abans que sortissin tots plegats per buscar la Beatriu. Mentrestant, l'Agnès, la seva serventa més veterana, preparava un bany amb olis essencials per a l'Arnau. La pols del camí se li havia aferrat a la pell com una nova crosta.

En Mateu va arribar al migdia. La Beatriu havia preguntat tantes vegades per ell que l'amo de la casa ja es disposava a anar al seu encontre. Es van asseure al voltant d'una taula molt completa, amb viandes fresques de l'hort i un parell de pollastres que l'Arsenda havia fet matar.

—Mentre atenia aquell pobre vell li he sentit a dir que l'exèrcit del rei Lluís ha demorat el seu avanç, però no en sé els motius —va dir en Mateu amb un got de vi a la mà.

—Sí, això es comenta —va respondre en Pau—. En qualsevol cas, és qüestió de dies que els tinguem aquí. Són homes del rei i van ben armats. Ja sabem com les gasten.

En Pau Vinyes va explicar-los la feresa amb què, quatre anys enrere, aquell mateix exèrcit havia ocupat el Rosselló i la Cerdanya, assetjant Perpinyà i violant tots els tractats...

—Va haver-hi supervivents, sí, però mai més no seran els mateixos. Els van portar a situacions esgarrifoses. Fins i tot diuen que les dones i els nens anaven pels carrers amb cordes caçant gats, gossos, rates... Quan ja no quedava cap animal que posar-se a la boca, es van menjar els cossos dels francesos morts.

—Estàs espantant la canalla —va dir l'Arsenda.

En Pau Vinyes va mirar els nens i va revoltar el cabell al seu primogènit.

—Però nosaltres no serem aquí quan arribin! —va dir amb posat victoriós.

—Anirem al castell? Podrem anar-hi amb els altres nens? —va dir en Robert, que, de sobte, s'havia atrevit a preguntar-ho.

—Ho hem d'acabar de decidir amb la teva mare. Ara, aneu a jugar.

—Pare, si us plau, ja no soc cap criatura... —va remugar en Robert.

—No se'n parli més! Tingues compte de la teva germana. Tenim moltes coses per decidir. Després us farem cridar. Ajudeu l'Agnès a munyir la cabra, aquesta criatura necessita llet i prepararem un bon mató. T'agrada el mató, Beatriu?

La jove va somriure agraïda. Malgrat el posat adust de l'Arsenda i la seva parquedat amb les paraules, aquella dona li queia bé. Et mirava als ulls mentre parlava i no feia compliments innecessaris.

En Pau no va necessitar grans esforços perquè acceptessin la idea de pujar al castell, a l'empara de la fortalesa defensada pels homes d'en Damià Descatllar. Calia afanyar-se i preparar tot el que es pogués traslladar amb els carros, les dues mules i l'ase. Farien dos viatges o tres, els que fossin necessaris, però en Pau volia començar l'endemà mateix. A més, també tenien el carro que havien portat des de Barcelona. El més urgent era posar a recer les dones i la canalla; després ja tornarien al poble per recollir en Mateu i la resta de les coses; s'havia entestat a visitar l'home a qui al matí havia hagut d'amputar la cama.

Aquella nit, la primera des del seu retorn a Llívia, l'aire calent no duia l'olor seca i penetrant de la palla. No hi havia pagesos batent-la en cap era. Ni palla, ni pagesos, ni tampoc rotlles de dones xerrant a la fresca. En Pau va sortir a l'exterior a la recerca d'una aroma que el fes sentir-se a casa. Els fruits de la figuera tampoc no eren madurs, encara. Un petit rastre de fum el va posar en alerta. Va fer més evident que totes les xemeneies del poble es retallaven contra el cel sense delatar cap mena d'activitat als fogons. En Pau va anar més enllà del marge i del gran xiprer de l'entrada. D'allí estant va advertir la petita foguera del pastor que cuinava alguna cosa per distreure la gana.

No s'hi va apropar, li feia mandra encetar una conversa. Li faltaven ulls per recórrer els perfils d'aquelles muntanyes que semblaven protegir el petit turó on s'assentava el castell. Després es va imaginar en Magí Surroca compartint la visió del mateix cel i els ulls se li van humitejar. El primer grill li va donar la benvinguda. Més tard, al llit, mentre acoblava el seu cos amb les rodoneses del de la seva dona, un llop va udolar.

L'Arsenda es va sobresaltar i li va clavar les ungles a la cama. Segons els ancians, era un mal presagi, l'anunci d'una mort imminent.

—No n'has de témer res. Sé el que penses i, creu-me, això només són contes per espantar la canalla.

—Parles igual que el Bruixot —va respondre la dona, encara amb la pell de gallina.

—Aquest Bruixot, com tu l'anomenes, és l'home més savi i respectable que he conegut i et puc assegurar que no diu ximpleries.

En Pau li va relatar que, de vegades, la manada de llops es veia obligada a abandonar el seu territori per situacions adverses, com durant les sequeres que feien marxar les seves preses. En aquell viatge de supervivència, els cadells i els llops més ancians podien ressagar-se i perdre el contacte amb la resta del grup que emigrava. Era aleshores que, com en un crit d'auxili, udolaven reclamant l'ajuda dels altres.

—Ara no som en temps de sequera —va respondre la dona, fonent-se encara més amb el cos d'en Pau.

—En tot cas, aquest udol no és tan diferent del sanglot de la Maria quan reclama el teu escalf, oi? I no queda tan lluny de la realitat que ens ha tocat viure, Arsenda. Nosaltres mateixos som llops que hem perdut el compàs, llobatons solitaris que cerquen la fortalesa de la manada.

46

De bon matí, abans que el sol despertés la vall i convertís la llenca del riu en un fil d'argent, en Mateu va sortir de casa d'en Pau Vinyes amb un dels criats en direcció a l'entrada de la vila. Van anar fins al lloc on els havia sortit el nen el dia anterior i, després de deixar el carro a la vora del camí, van fer la resta del recorregut a peu. Duien un sac petit amb tot el necessari per a una cura d'emergència i, entre tots dos, transportaven una llitera feixuga.

L'havien construïda la nit anterior, amb dues posts paral·leles i una taula transversal. No es podien permetre deixar aquell home a la seva sort sota l'empara del seu net. En Mateu es penedia d'haver marxat, per molt que el vell s'hagués emborratxat amb l'aiguardent que duia per a aquestes ocasions. Només si el pujaven al castell estarien en condicions de vigilar com avançava la curació de la cama i tractar-li les possibles infeccions.

L'ancià els va atendre amb un somriure trist, encara se li notaven els efectes de l'alcohol als ulls i li costava parlar. Per contra, el Sutge, el mateix gos llanut i gris d'ulls foscos que tanta bondat havia fet durant l'amputació, va rebre amb alegria el metge i el seu acompanyant.

—Us ha reconegut —va dir l'home mentre feia indicacions a l'animal perquè no molestés les visites.

El seu net també tenia els ulls negres. S'estava a la vora de la màrfega i devia haver passat bona part de la nit despert perquè ara dormitava. En percebre la presència dels nouvinguts, els va obrir de bat a bat. Potser no es creia que aquell home de la ciutat acomplís la seva promesa de tornar-hi. Sobre la taula de fusta hi havia un fardell, un càntir amb aigua fresca i un plat de terrissa cobert per un drap. La casa, molt a prop del riu Segre, feia olor d'humitat i una bona capa de verdet cobria les parets.

—Noi, avui fas goig de debò. Per cert, com et diuen?

—Ramonet, per servir-vos.

—Veig que t'has fet una bona rentada al pou.

—Volia estar despert per cuidar l'avi —va respondre el nen mentre reia i mostrava unes dents irregulars.

—Molt intel·ligent! —En Mateu, complagut, li va desgrenyar els cabells mullats, que li van caure, displicents, sobre els ulls.

—I a vós, mestre, us ha deixat dormir aquesta cama?

—El que en queda, voleu dir?

—A l'hospital m'he trobat amb persones que, després d'una operació semblant, asseguraven notar-se-la durant força temps. Però, deixeu-me veure quin aspecte té. Ens espera un recorregut llarg fins a arribar al castell, tenim el carro a...

—Jo no em moc d'aquí —el va interrompre amb veu ferma i serena, però els ulls el delataven.

—Això no és possible! Ja gairebé no queda ningú al poble i en el vostre estat...

—Tots hem de morir algun dia. Si aquesta és la voluntat de Déu Nostre Senyor, hi estic preparat.

—Déu no hi té res a veure! No cal cridar el mal temps abans d'hora. En tot cas, era ell qui deia que el cos és un temple sagrat, que l'havíem d'honorar i tenir-ne cura, oi?

—No em vingueu amb xerrameques de mossèn. Estic a punt de fer seixanta anys, he viscut més que la meva dona, al cel sia, i això que n'hi portava vint! Si he de ser-vos sincer, no li vaig donar una bona vida.

En Mateu va sospesar amb cura aquelles paraules. No li portaria la contrària, però hauria assegurat que els solcs profunds del seu rostre dibuixaven significats diferents. Els raigs del sol podien arribar a ser molt durs per als pagesos.

—Mireu, deveu tenir unes altres feines; vull dir que no us cal perdre el temps escoltant un individu com jo. I, la veritat, a mi tampoc no em satisfà enfilar un rosari d'excuses. Només sé que vull morir-me a casa. La meva dona està enterrada a prop, vora l'àlber més ufà del terme. Si torneu per aquí i voleu fer-me el favor, m'agradaria descansar al mateix lloc. En Ramonet sap on és i el clot ja està fet.

—Home de Déu...

—Escolteu-me. No hem de fer-ne un drama, de tot plegat. A més a més, qualsevol dia es presentarà la mare d'en Ramonet. Està servint a Puigcerdà, a casa d'uns senyors que es guanyen molt bé la vida. Les males llengües diuen que fan contraban, però en terra de frontera qui estigui lliure de culpa que llanci la primera pedra. Bé, no sé per què us explico tot això. Veieu? Ja repapiejo.

—Tal com jo ho veig, l'exèrcit del rei Lluís no permetrà la lliure circulació de les persones. Ens enfrontarem a un assetjament molt dur. Podria durar mesos! Heu de venir amb nosaltres!

En Mateu va fer un gest al nen perquè recollís el fardell i es posés en camí. Aquest el va obeir, sempre mirant-se de reüll el seu avi. Un instant després el criat va acostar la llitera. En adonar-se'n, l'amo de la casa es va treure de sota la roba el ganivet de punta esmolada que feia servir per matar les gallines. El va brandar com qui enlaira una espasa i amb una expiració sorollosa, fruit del seu atabalament, va repetir amb més força encara...

—He dit que no em mouré d'aquí i ningú no m'ho ha d'impedir. Endueu-vos el nen! Us farà servei. Està avesat a fer de tot i és llest com una fura.

En Ramonet va fer el gest d'obrir la boca i apropar-se al seu avi, però aquest no l'hi va permetre.

—Ja n'hem parlat, d'això, i hem quedat entesos. No vull que et caigui ni una llàgrima. Ves-te'n!

El criat, complint les ordres del metge, va seguir les passes del nen, que, després d'agafar el fardell d'una revolada, va córrer en direcció al camí. El Sutge li va anar al darrere.

—Què fas? —va dir en Ramonet girant-se—. Vull que et quedis amb l'avi i te'n cuidis. No el deixis sol. Si us plau!

El gos es va aturar en sec i es va quedar mirant com el nen pujava al carro. Després va desfer lentament les seves passes en direcció a la casa. A dins, l'ancià havia permès a en Mateu que li curés la ferida; vint-i-quatre hores abans l'hi havia cauteritzat amb oli bullent. Durant l'estona que va invertir en aquesta tasca amb prou feines van creuar mitja dotzena de paraules. L'home va emetre un primer renec, després va deslligar-se un mocador que sempre duia al coll i el va mossegar amb força tota l'estona. El comiat també va ser auster. En Ramonet havia obeït l'ordre del seu avi sense respondre, però lluïa una llàgrima a la galta, com si se li hagués quedat congelada a meitat de camí.

En Guillem feia dos dies que era dalt del puig i encara no havia tingut temps de buscar en Magí Surroca. Després de moltes dificultats per traslladar els animals fins al recinte emmurallat, havien sorgit problemes per encabir tot el que necessitaven. Els pares no pensaven renunciar a les seves activitats, convençuts també que el setge anava per llarg i la llet i els formatges serien de molta ajuda. L'espai assignat era del tot insuficient. Les queixes als homes del castlà no havien servit de res i les vaques convivien ara amb els porcs mentre les gallines es passejaven per les edificacions adjacents.

Quan es disposaven a reprendre la feina, en Miquel va advertir que una bona quantitat de quall, a punt per al seu ús, havia quedat a la vila. Els crits del pare devien arribar al castell per com ressonaven a la volta de l'habitacle.

—Podríem utilitzar-lo per elaborar una bona quantitat de formatges!

—Ho sé, pare. No em costa gens d'anar a buscar-lo.

—Et necessito aquí dalt, encara no sabem on anirà l'obrador.

En Guillem va veure que era la seva oportunitat. Es va oferir a baixar fins a la vila i portar el quall al castell. Sabia en quina olla l'havien preparat i no seria gaire dificultós; era un noi fort, acostumat a més a més a córrer pels camins.

—D'acord. Pots emportar-te el carretó, si vols, o ensellar l'euga, però no t'encantis, que et conec —va apuntar el pare.

—Amb el carretó aniré més a poc a poc i, si agafo l'euga, perdré la meitat del quall pel camí. Em duré un bon drap, això sí, per carregar l'olla a l'espatlla.

Massa enfeinats per posar-hi objeccions, van deixar de parar atenció a en Guillem. Aquest va agafar la seva fona i unes quantes pedres del terra abans de començar a córrer turó avall seguint la muralla. Els homes del castlà patrullaven amb intensitat l'indret i anaven preguntant als vigies de garita en garita si tot estava bé.

Quan en Guillem va arribar a la porta d'accés al recinte, en lloc de sortir en direcció a la vila, va girar a l'esquerra pel pendent que menava al castell. Alguns pagesos s'hi havien instal·lat i ja treien el pedruscall i les males herbes per condicionar una zona d'horts. Va veure també un forn que treballava a ple rendiment i el ferrer, un home gran de braços com pernils, que es queixava de la concentració de fum en aquell cau infecte que li havia tocat. Hi havia molts nens i nenes que jugaven a empaitar-se; amb branques de pi, cordes i pals construïen ballestes, imitant les dels soldats.

Es va aturar mentre observava el vessant que descendia fins a la muralla exterior. Era la zona més accidentada del recinte i unes poques famílies maldaven per establir-s'hi entre sortints de pedra i matolls. Les mules no volien treballar amb tants obstacles i els seus amos, sense acceptar les renúncies, feien servir la vara per castigar-les. Des de la base del castell, tota aquella gentada eren com una munió de talps fent tentines a la superfície.

Entre la gent es rumorejava que el Bruixot havia anat al puig seguint les ordres del mateix Descatllar i en Guillem pensava que no podien haver-lo instal·lat gaire lluny de la fortalesa. Quan es va plantar al davant del pont llevadís, tot i que algun cop havia voltat prop d'aquell fossat, es va quedar astorat. Per molt que creixés i es convertís en un home, els enormes murs d'aquella mola li semblarien sempre una barrera inabastable.

Una empenta va fer que estigués a punt de caure de morros. Els soldats transportaven les estaques per construir una trampa mortal dins el fossat; eren troncs de deu pams de llarg amb una punta temible a l'extrem. Aleshores va veure al costat de la torre del sud-est les restes de l'antiga església. Havia estat una vegada a l'interior, però feia anys, quan començaven les seves sortides en solitari. Tan sols era un espai rectangular amb volta i un altar de pedra al fons. La porta de fusta, molt règia i amb reforços de ferro, era l'únic que li havia cridat l'atenció.

Aquell record va fer que pensés en el mossèn. Si algú podia saber on parava en Magí era ell, de fet sempre estava al corrent del més petit fet que passés a Llívia. En Guillem va esquivar els troncs que havien amuntegat el soldats i va seguir el mur del castell fins a arribar a l'església; el sol queia a plom i les cigales havien iniciat el seu xiscle estrident. Mossèn Tort lluitava per baixar una imatge de la Verge d'un carro petit i el noi es va precipitar per ajudar-lo.

—Gràcies! Ets un bon noi. Sempre l'hi dic al teu pare; i això malgrat les estranyes amistats que freqüentes.

El noiet va fer una mitja rialla per treure importància a aquells retrets. No els esperava d'entrada. Insistir en el tema i preguntar-li per en Magí era com furgar la ferida.

—Ja saps les meves reticències amb els mètodes que aquest bruixot fa servir per retornar la salut als malalts. És facultat de Déu Nostre Senyor fer-ho, però... No em vull fer mala sang, que se'ns gira feina! Almenys el castlà ha tingut dos dits de seny i l'ha deixat fora del castell, a la part més agresta, que és on ha d'estar, amb les cabres...

En Guillem, en veure que el mossèn responia a la seva pregunta sense que ni tan sols hagués arribat a formular-la, va pensar que era un bon home i menys estricte del que volia fer creure. Després de creuar una mirada còmplice i haver dipositat la verge dins la fornícula de la paret lateral, el noiet va sortir corrents. A l'exterior, va continuar envoltant els murs fins a la torre nord i hi va trobar les cabanes de pedra que recordava. L'Avra, en advertir la seva presència, va fer un bot, després s'hi va acostar amb parsimònia. El noi li va posar la mà al morro i la va retirar de seguida. No tenia constància que fossin amics.

—Llàstima que no parlis, Avra —va dir en comprovar que en Magí no era enlloc.

—Ella no parla, però jo sí.

La veu era d'una dona gran que de vegades havia vist pel poble traginant andròmines amunt i avall. En Guillem va fer un pas enrere. Ja de ben petit se sentia inquiet davant aquella mirada estranya que semblava llegir-te les intencions...

—El castlà l'ha fet cridar.

—Gràcies! Tornaré en un altre moment. El meu pare m'ha enviat de nou a la vila per recollir les últimes coses.

—A la vila, dius? Doncs, no t'hi veig gaire ben encaminat —va dir amb un somriure burleta als llavis.

En Guillem es va maleir per ser tan bocamoll. Sempre parlava més del compte i la mare li recordava sovint que la discreció era una virtut a conquerir. Començava a penedir-se de no haver sortit directament del recinte per complir amb la seva comesa. Sense atendre al que succeïa al seu voltant, va apressar-se fins al camí que conduïa a la vila i després va enfilar una de les dreceres que coneixia a través del vessant del turó. Li agradava baixar corrents, esquivant els rocs i els esbarzers. Era una sensació que el feia sentir lliure, potser la que s'assemblava més a volar.

47

Un cop confirmades les bones sensacions de l'arribada, sobretot des del moment en què l'Arsenda va entendre que la Beatriu Montells no era un obstacle per a l'amor que sentia pel seu marit, els nouvinguts van començar a patir la greu situació que es vivia a Llívia.

Abans de donar ordres als seus criats perquè es preparessin, en Pau Vinyes es va expressar amb molta contundència. Els va recordar que no estava disposat a quedar-se enrere i oferir la seva família a la fúria dels francesos. Era urgent traslladar-se al recinte emmurallat del puig. El fet que conegués en Damià Descatllar des que eren uns infants no va ajudar que es prengués les coses amb més calma. Ja aleshores, tant feia si als jocs o en l'amistat, el castlà era un nen voluble, capaç de trair qualsevol, per molt proper que fos, si d'aquesta manera se sortia amb la seva.

La Beatriu i en Mateu, que es consideraven uns convidats, van fer tots els possibles per no ser vistos com un problema. L'Arnau passava bona part del dia dormint i només quan li tocava menjar es convertia en un nen difícil. Els inconvenients per trobar llet durant el viatge no havien ajudat gens ni mica a regularitzar les seves deposicions i el canvi de la llet materna a la de vaca, ovella o cabra, segons la disponibilitat, li va produir vòmits i més descamació a la pell. Va ser l'Arsenda que, en adonar-se de la situació, els va preguntar si seria un problema que ella ho intentés. La seva filla Maria, de dos anys, encara se li aferrava als pits abans d'anar a dormir i cada cop que alguna cosa la feia plorar. Estava segura que l'Arnau s'hi podria enganxar amb facilitat.

—És molt generós per part teva —va respondre la Beatriu mentre li passava el nen i en Pau se les mirava complagut.

Els tres criats, amb la inestimable col·laboració de l'Agnès, que havia estat tota la vida al servei de la família, van enllestir el primer carro amb una gran prestesa. El problema més gran eren els animals. Les cabres i els porcs serien més fàcils de controlar, però les oques sempre es resistien a qualsevol ordre; més d'una acabava perduda cada cop que abandonaven la casa. Caldria engabiar-les o renunciar-hi. L'Arsenda no hi estava disposada, no tant perquè pensés que la seva carn o els seus ous podrien fer servei en cas de prolongar-se el temps que havien de passar al castell, sinó perquè no suportava la idea que uns invasors en poguessin fruir.

Després de moltes gestions i de fer servir el nom de la seva família, en Pau Vinyes havia aconseguit que li assignessin una de les cases de pedra del recinte. Encara tenia el respecte dels vilatans, tot i que li venia més per herència que per mèrits propis. Havia descuidat els camps i el seu patrimoni s'anava ressentint dia rere dia; els guanys dels seus viatges a Barcelona no eren suficients per mantenir la casa familiar i, amb molta freqüència, els invertia en productes vinguts de lluny per perseguir nous somnis en companyia d'en Magí Surroca.

Quan van omplir el segon carro de què disposaven, la Beatriu es va oferir a conduir-lo i en Pau va donar la seva aprovació mentre els criats es miraven entre ells. En Mateu Soler intentava que en Ramonet es mantingués ocupat, li dolia haver deixat el seu avi sol en aquella casa, i ensenyava al vailet la millor manera de portar a terme el trasllat. La seva perícia a l'hora de col·locar les màrfegues, els estris de cuina o de llaurar i els embalums diversos va ser de molta ajuda. La més reticent a buscar la protecció del castell era l'Arsenda. Repassava cada estança amb molta cura i els ulls se li humitejaven cada cop que algú se li adreçava.

Només travessar la porta del recinte emmurallat, la Beatriu va prendre plena consciència de la situació en què es trobaven. Soldats, pagesos, cavallers, nens, animals... Tots anaven i venien, però només el propòsit dels soldats era clar. La població civil es movia desorientada, entre esporuguida i recelosa. S'havien de cobrir les necessitats bàsiques de centenars de persones i al puig resultava molt més difícil. Amb les reserves de l'aigua de la cisterna del castell no n'hi havia prou, per a persones i animals, i es treballava a marxes forçades per reomplir-la. El riu Estauja i les fonts del camí de Cereja estaven més a prop, però l'única ruta transitable pels carros era la de la vila i llavors sortia més a compte acostar-se fins al Segre.

D'altra banda, l'organització dels animals havia resultat un problema des del començament. El castlà els volia reunir prop del castell, però els vilatans s'hi havien resistit amb tanta força que la renúncia temporal havia estat l'única opció. A més a més, el sorprenia la voluntat amb què la gent s'aferrava a les coses més inversemblants en lloc d'acumular armes per a la defensa. Suportar un setge en companyia de persones tan poc avesades a la lluita afegia complexitat a una situació que ja de per si ho era, de complexa. Només la visió dels seus homes, bona part d'ells mercenaris forjats en mil batalles, aconseguia tornar-li la moral de victòria.

La Beatriu va haver de lluitar contra el mal estat dels camins interiors del recinte. Les roderes eren profundes en algunes zones i s'havien accentuat a causa de les pluges de la setmana anterior; que la gent creués contínuament per davant de la mula tampoc no ajudava. Seguia el segon carro conduït per en Pau i gairebé van trigar més temps a trobar la casa que els havien assignat que a recórrer el camí des de la vila.

Sí, era de pedra. Es podria assegurar que es tractava de quatre parets al voltant d'un rectangle terrós i ple d'esbarzers, però el seu estat era lamentable. Tan sols la quadra adjunta, no gaire gran però ben coberta i de construcció recent, alleujava una mica el desencís. En Pau Vinyes va donar ordres al criat que havia vingut amb ells perquè anés buidant els carros mentre es quedava mirant la Beatriu...

—Era l'única casa que quedava. Hem reaccionat massa tard...

—Costarà, però estarem bé —va respondre la Beatriu mentre intentava contenir les ganes d'agafar en Mateu i l'Arnau per allunyar-se ràpidament de tot aquell desori.

En Pau no va dir res després del seu comentari. De sobte s'havia quedat quiet a la vora del carro, mirava cap al castell amb els ulls esbalaïts, però amarat d'una certa tendresa. La Beatriu es va girar en la mateixa direcció i se li va fer evident quin era el motiu de l'estupor que s'havia apoderat del seu amic.

A vint passes de distància hi havia un home alt i de figura poderosa; tenia les dues mans aixecades i enlairava el seu bàcul. El darrer sol del dia li donava de ple, fent encara més blanca la seva barba, llarga i rinxolada. La jove hauria jurat que, malgrat la llunyania, podia albirar uns ulls petits i clars. Si alguna vegada li haguessin preguntat com s'imaginava un mag, sens dubte n'hauria descrit una persona semblant. Després de la sorpresa inicial, en Pau va aixecar els braços al seu torn i va emprendre una veloç corredissa saltant entre roques i matolls. Quan va arribar a la seva altura, tots dos amics es van fondre en una llarga abraçada.

La Beatriu va entendre de seguida els retrets que la gent de Llívia li feia a en Pau Vinyes. Mostrar públicament la seva amistat amb qui molts anomenaven el Bruixot no podia caure bé entre els seus veïns més càndids, sempre disposats a creure en malediccions i superxeries.

També ella hauria volgut córrer en direcció a en Magí Surroca, agafar-se les faldilles i demostrar que era capaç d'arribar al seu costat en quatre gambades. Havia desitjat molt aquell instant. Però davant la situació, s'imposava l'altra Beatriu, la que sabia esperar i entenia que cada cosa tenia el seu temps. Quan va ser reclamada al costat dels dos homes, va donar per bones totes les penúries que haguessin de venir.

Malgrat aquesta primera coneixença, no va ser fins a cinc dies després que la Beatriu va poder parlar extensament amb en Magí. Aquell vespre, en acostar-s'hi per indicacions d'en Pau, la va envair una certa decepció. De prop, el Bruixot perdia la majestuositat i se'l veia gran i cansat. Només n'havia tret un somriure amable i la promesa que es tornarien a veure al més aviat possible.

L'enorme treball que havia suposat el trasllat va impedir per uns dies aquell retrobament. Havien condicionat entre tots l'interior de la casa i els animals s'havien fet ràpidament al nou espai, però a l'Arsenda l'obsessionaven les oques. Ja havia advertit que més d'un home del castlà se les mirava amb gola manifesta. Una altra qüestió era que ja no posaven tants ous com a la casa de la vila, o ningú no era capaç de trobar-los. De vegades, quan la tragèdia que vius esdevé inabastable, aferrar-te a les coses intranscendents i convertir-les en el teu univers, és, també, una manera lícita de resistir. Ho pensava la Beatriu, contemplant el desfici de la dona, que no tenia aturador.

Durant aquests dies havia buscat en Magí en diverses ocasions, però sempre que el veia estava immers en alguna qüestió que a la Beatriu li havia semblat més important, com ara quan l'havia descobert a la porta del castell, en companyia d'en Damià Descatllar, mentre tots dos discutien assenyalant les muralles exteriors. En Pau, una vegada més, va interpretar els seus desigs de requerir en Surroca per sopar plegats sota les estrelles.

Quan ja la nit d'estiu envoltava el recinte, l'Arsenda es va emportar la Maria, l'Arnau i en Ramonet, a qui s'havien afillat provisionalment, a l'interior de la casa i la Beatriu va entendre que era el moment esperat. No va passar gaire temps buscant les paraules, feia molt que les anava repetint dins el seu cap. En Magí Surroca feia una bona estona que estava amb ells i en Pau ja havia parlat a bastament de tot el que els havia passat a Barcelona.

—Molta gent ha posat en joc la seva pròpia vida i la resposta era ben senzilla —va intervenir de sobte la Beatriu—. Vós teniu la fórmula de la nova triaca i l'Arnau, com ja heu pogut comprovar, la necessita!

En Magí va trigar uns instants a respondre. L'entusiasme de la Beatriu era tan evident que no la volia decebre. Va mirar en Mateu i va estendre el got perquè li servís una mica més d'aiguardent.

—He vist que el teu nen té pell de papallona i, de fet, en Pau ja me n'havia parlat. La triaca no és un problema, ja que en conservo un parell de flascons, però, en aquest cas, no posaria la mà al foc per la seva efectivitat.

—Voleu dir que en dubteu? Han mort persones intentant aconseguir la vostra fórmula; en Pau mateix va estar a punt de ser assassinat! —va respondre la Beatriu; veia en Magí Surroca com el seu últim recurs per acomplir la promesa que havia fet a la Guisla.

—Entenc molt bé com et sents i res més lluny de la meva intenció que abocar-te a la desesperança. Crec que l'estudi dels elements per elaborar la triaca va tenir els resultats que tant en Vinyes com jo mateix esperàvem, però dubto que se la pugui considerar una panacea capaç de curar-ho tot.

En Mateu Soler tenia moltes ganes d'intervenir en aquella conversa, però s'havia proposat mossegar-se la llengua fins que la dona que estimava trobés alguna resposta en les paraules del Bruixot. Es van sentir els plors de l'Arnau a l'interior de la casa, però van callar de seguida. Tots estaven molt pendents de les explicacions d'en Magí, sobretot en Pau, que després de passar-se tant de temps elogiant la fórmula se sentia negat pel seu mestre.

—M'han dit que la teva mare entenia de remeis naturals, i que tu mateixa has treballat en receptes i decoccions. Mira, Beatriu, l'ésser humà fa segles que busca la manera de combatre la malaltia, la decrepitud, fins i tot la mort, però sovint la busca en la direcció equivocada. La triaca va néixer al món antic, quan un rei que tenia por dels enverinaments va donar ordre de trobar un antídot que el pogués protegir. El concepte que la dosi fa el verí és important i s'ha passat per alt massa sovint.

—Potser no són verins els que s'apoderen del nostre cos i ens fan emmalaltir? —va atrevir-se a exposar en Mateu.

—Ben vist! No crec que vagis desencaminat, però deixeu-me que us expliqui la naturalesa dels meus dubtes. La fórmula de la triaca va ser recollida per un gran metge de l'antiguitat, Celso, i, des d'aleshores, no ha sofert grans canvis, sobretot en l'essencial, pel que fa a la seva filosofia.

—Parles ara de les teves investigacions alquímiques? —va preguntar en Pau Vinyes, que, tot i entendre el que estava exposant en Surroca perquè n'havien discutit amb escreix, cada cop veia menys esperançadores les seves paraules.

—Exacte! Però deixeu-me acabar. La triaca és una barreja d'elements que tenen noms diversos. Però n'hi ha d'altres sense nom, ni matèria, invisibles, però que provoquen una acció. L'univers sencer, el cosmos, exerceix la seva influència sobre nosaltres i les plantes, pregunteu-ho als pagesos! La natura és la veritable mestra però ens cal aprendre a interpretar les seves lliçons. Penseu-hi! Focalitzem en la malaltia i hauríem de fer-ho en les causes que la provoquen. No hi ha una triaca, el món n'està ple! Déu les ha creades. La nostra missió és buscar-les i estudiar-les fins a ser capaços de conèixer-les i aplicar-les.

—No ho entenc —va intervenir la Beatriu; s'estava perdent en aquella dissertació i no arribava a comprendre si aquell home podia o no ajudar l'Arnau—. Segons el que dieu, podria haver-hi una manera de tractar només la seva malaltia?

—Hi és, confia! No serà d'avui per demà, però buscarem les arrels de la seva malaltia i el medicament que hi actuï en contra. Estic experimentant amb una mena de grosella que tinc plantada a la muntanya. Li diuen *Ribes nigrum*, i quan vaig estar a la universitat de Heidelberg la feien servir contra les inflamacions. De moment pot ajudar-lo a alleugerir el seu mal.

—Som a les vostres mans, mestre —va dir en Mateu, però només era el preàmbul de la seva intervenció—. Però si us malfieu de la triaca, per què li heu dedicat tant de temps com ens ha explicat en Pau? Jo mateix en tinc molts dubtes, també, però, com molt bé heu dit, s'ha fet servir durant segles i hi ha exemples de curacions miraculoses.

—Vet-ho aquí! Curacions fins ara impensables! Curacions basades en el bàlsam intern o el poder de la vida propi de la carn. Curacions que han vingut donades per evitar, en la mesura que fos possible, les serres, el ferro, el fum sufocant, les debilitadores sagnies... Veig més efectius la neteja, el menjar i el beure amb moderació.

—Però...

—No us deixeu portar per cants de sirenes. Beatriu, dius que la vostra vida s'ha vist compromesa i que amics vostres l'han perduda en la recerca de la fórmula ansiejada. Les males persones juguen amb això! Mireu, us en posaré un exemple.

Els ulls expectants de la jove i els seus dos acompanyants ni tan sols parpellejaven. En Surroca va prosseguir...

—Un dels ingredients de la triaca magna, la que té el beneplàcit de les autoritats que en controlen l'elaboració i la venda, és la *mumia*. Des d'Egipte es distribueix als apotecaris de tot Europa.

—Sí. Ells són els encarregats de diluir-la dins el vi, la mel o l'aigua. També la venen en pols o... —va afegir en Pau Vinyes.

—Potser sabeu que va ser Plini qui va assegurar que aquest producte tenia un altíssim poder curatiu i propietats miraculoses. Segons ell, era capaç de fer cicatritzar ferides, curar el mal de queixal o alleugerir la fatiga quan es respira, entre moltes altres afeccions. Doncs bé, això ha donat lloc a una veritable cacera de mòmies. Sé del cert que en exhaurir-les s'han suplantat per cadàvers recents! Fins i tot m'han assegurat que, en ocasions, la substitueixen per aus farcides amb espècies i, tot seguit, polvoritzades.

—Però això que expliqueu és terrible! No acabo d'entendre com pot ajudar a sanar la pols de...

—Ai, filla! Pel vigor de la carn de la qual s'ha tret, que encarna el poder de la vida. La idea primigènia era que les mòmies més efectives eren les d'un sant o la d'una persona sana i jove que hagués estat víctima d'una caiguda, els morts a la forca o els rebels decapitats.

—Què tenen a veure els uns amb els altres? Tot plegat em sembla una bogeria! —va exclamar la jove.

—Asseguren que les relíquies d'un sant deuen el seu poder curatiu al fet que les seves mòmies continuen irradiant la fortalesa originària. Però és molt pitjor del que et penses, Beatriu. L'engany ve de més lluny, i ningú no fa res per corregir-lo. És una errada de traducció! Plini, quan parlava de la *mumia*, no es referia a la pols aconseguida després de triturar els cossos momificats. En realitat, *mumia* s'hauria hagut de traduir per *betum*, un valuós producte persa, negre, d'origen mineral, que es feia servir per cobrir les mòmies egípcies!

Durant l'estona en què en Surroca va tenir la paraula, el temps es va congelar. Després de la darrera intervenció ningú no va gosar afegir-hi res més. La Beatriu tenia la mirada fixa al terra i en remenava la superfície amb un pal. Si ho pensava bé, ella també dubtava que existissin els miracles, res del que li havia passat en la vida apuntava en aquella direcció. De sobte es va sentir exhausta. Les llàgrimes, però, no li van arribar als ulls. Va pensar en com s'havia gestat la seva sort. Feia ben poc volia ser lliure i havia escollit la gran ciutat per passar desapercebuda mentre projectava la seva vida. També havia descobert l'amor, però es trobava tancada entre els murs d'un recinte que, tot ho indicava, seria assetjat pels soldats del rei francès, i el futur era més incert que mai. D'altra banda, malgrat que ningú no gosava parlar-ne, en Borrell no renunciaria a allò que considerava la gallina dels ous d'or. Tard o d'hora acabaria trobant-los i... Començava a penedir-se d'haver arrossegat en Mateu fins a aquell indret i d'haver acceptat fer-se càrrec d'un nen que potser tenia els dies comptats.

Ni tan sols aleshores, al costat d'un savi com en Magí Surroca, podia creure en els miracles?

48

Els soldats de l'exèrcit francès van arribar sense fer soroll. No va succeir com alguns esperaven i cap tropa es va anunciar amb unitats de corns i tambors. Va esdevenir un degoteig lent que s'anava assentant sobre el territori a mesura que el reconeixia. La descoberta de la primera taca de color de l'uniforme enemic, el desconcertant renill d'un cavall fora del recinte o la llampada de sol contra els escuts forans van atemorir els homes i les dones a recer de la fortificació. Amb el pas dels dies, que es convertiren en llargues setmanes, els nervis es van anar esvaint.

L'activitat fora muralles es va convertir en motiu de conversa de la gent més gran, de la mateixa manera que, temps enrere, ho havien estat les collites o les prediccions al voltant del temps.

La canalla, sota la vigilància estreta dels seus progenitors, gaudia de certa llibertat i s'enfilaven a qualsevol lloc elevat amb la intenció de fer algun descobriment important. Els soldats del castlà ocupaven les seves posicions en torns de dia i nit i informaven dels moviments que es duien a terme a l'exterior, uns paratges dels quals ells coneixien tots els racons. Molt aviat es van fer observadors experts i van aprendre a interpretar senyals que parlaven dels moviments enemics. Si la pols formava núvols dispersos era que els francesos recollien llenya; si els mateixos núvols es movien d'un costat a l'altre, volia dir que instal·laven nous campaments.

Allò que al començament es reduïa a poc més d'un centenar d'homes que no donaven cap senyal de voler atacar, i fins i tot semblaven inofensius, al cap de dos mesos es va triplicar en nombre i el terror es va apoderar de la població assetjada.

—Senyor, han començat a tallar arbres, a cavar trinxeres i aixecar murs. L'activitat és frenètica. Els primers que arriben actuen de cap de llança. Són bons estrategs i ho tenen tot ben estudiat. Davant els turons acampen a la solana, deixant les elevacions a la dreta o al darrere per aprofitar els avantatges del terreny.

—Em dieu que els hem subestimat?

—No em correspon a mi...

—D'acord, d'acord! No estic per discursos protocol·laris. Digueu-me, de què disposen? —va demanar el castlà, caminant d'un costat a l'altre de l'estança amb les mans enlaire i el cap abaixat.

—No ho sabem del cert. Han arribat més arquers i homes d'armes muntats a cavall amb els seus escuders, que els porten el casc, la llança i l'escut. També hem pogut albirar unes quantes impedimentes.

—A què us referiu?

—No hi ha manera de saber-ho, senyor. Les porten cobertes amb lones i semblen pesants perquè necessiten la participació de molts homes per moure-les.

—Canons, potser?

—No m'estranyaria. Estan molt organitzats. Uns talen els arbres, uns altres prenen mides, serren i claven. Res no sembla fruit de l'atzar. Jo diria que compten amb fusters i...

—Ja en tinc prou de suposicions. Envieu a buscar en Magí Surroca i seguiu informant-me puntualment. Entesos?

L'anomenat Bruixot, temut i admirat a parts iguals, també s'estava condicionant un cau amb moltes dependències. Ajudat per homes que el seguien i li mostraven respecte i gratitud a causa dels molts favors que li devien després d'haver ajudat els seus avis, els nens o les seves parelles, en Surroca sabia del cert que aquell període de calma només podia anticipar una gran tempesta.

Interpretava els senyals en silenci i condicionava el terreny de la mateixa manera que, fora del recinte fortificat, ho feien els soldats enemics. Necessitava un accés lliure d'obstacles per transportar els ferits, que de ben segur arribarien en nombre elevat. Calia construir coberts on disposar tres peus sobre els quals col·locarien grans olles per bullir aigua. En Magí deia que era fonamental que tot estigués net. Estris, roba, ferides. Aigua, força aigua neta i sovint! Això li sentien dir els seus ajudants.

Calia tenir-ho tot a disposició: un bufador i molta llenya apilada segons la seva mida. També s'havia de pensar en un espai per instal·lar una caldera més grossa i taulons d'obra sobre els quals es pogués treballar amb les barreges. Era bàsic construir uns tendals per salvaguardar els preparats i la resta dels ingredients del sol i la pluja, a més d'uns altres que es poguessin desplegar per acollir els ferits.

La triaca, l'opi, l'alcohol, la tintura de safrà i essències de canyella i clau, amb les quals arranjava un beuratge per fer més tolerable el dolor, havien de tenir un lloc de privilegi. I, el més important, tothom havia de saber l'ordre amb què s'havia de procedir. El caos només provocava més caos.

Aquella manera de fer d'en Magí Surroca no era fruit d'estranyes visions, d'un vaticini portat a terme amb mètodes sospitosos o del que alguns anomenarien males arts. Era fruit de l'experiència, de l'estudi, també del seu pas per la universitat, dels seus viatges i amistat amb grans estrategs i mestres en diferents disciplines. Per això, el castlà, que n'estava ben informat, tenia en compte les seves observacions malgrat que l'havia desterrat darrere la fortificació per evitar enraonies.

Els soldats, seguint les ordres del senyor del castell, el van acompanyar fins a conduir-lo a la torre de l'homenatge. Mentre passava per davant els espais d'aquarterament, va sentir que dos homes xiuxiuejaven al seu pas i en feien burla. Es va aturar davant el més escardalenc i el va mirar amb intensitat als ulls.

—M'alegra veure que t'has convertit en un bon fadrí. De petit ningú no apostava un ral per tu. Tinc entès que vas donar molta feina als teus pares!

—Perdoneu. Parleu amb mi?

—Amb qui, si no? No ets el fill de la Valentina, la dona de...

—Sí, bé... No era la meva intenció molestar-vos —va interrompre el jove amb la intenció de no deixar-lo avançar en la conversa.

—No ho has fet. No podries, encara que t'hi esforcessis.

—Què dieu? No us entenc...

—Doncs para l'orella i rumia-t'ho bé, només tu pots atribuir poder a l'ofensa que et fa un altre.

El soldat va arronsar-se d'espatlles en l'intent de retenir les inesperades paraules d'aquell home estrafolari. En Surroca, però, va reprendre el pas sense donar-li cap opció a una nova pregunta. No tenia el costum de fer-ho, això d'intervenir gratuïtament en una conversa o donar la seva opinió si no se li demanava, però de tant en tant practicava aquestes petites entremaliadures que el feien somriure i, tal com estaven les coses, aquest era un bé molt preuat.

Finalment, després de recórrer interiors llòbrecs i salvar empinades escales, va arribar a la sala on l'esperava en Damià Descatllar. Unes passes abans de fer acte de presència va donar un cop d'ull al seu voltant. Les catifes, que en altres moments haurien cobert el terra, s'amuntegaven enrotllades en un racó. A les parets hi penjaven armes, escuts heràldics, estendards vermells i torxes falcades en suports de ferro forjat. Prop del sostre, dues finestres estretes i enfrontades deixaven entrar una claror evanescent. L'orientada a l'est lluïa més intensa en aquella hora del dia. En Surroca va sucumbir a l'espectacle de milers de partícules de pols en suspensió que dibuixaven una banda tornassolada fins a tocar el terra nu.

Aquella experiència de trobar la bellesa en un lloc per a ell hostil el va commoure profundament. De sobte van acudir a la seva memòria moments de contemplació plena a la catedral de Sant Pere de Montpeller, ciutat on havia viscut i estudiat durant la seva joventut. S'hi havia passat hores abduït per l'espectacle de la llum, la subtilesa dels matisos, les diferents tonalitats que adquiria en apropar-se la posta. Va pensar que el plaer físic podia ser el més valuós quan no s'havia viscut l'experiència de la bellesa, però si l'ésser humà aconseguia transcendir-lo acabava sent una trista caricatura.

L'home d'armes que acompanyava en Magí va començar a impacientar-se per aquella immobilitat que no comprenia. Abans de reprendre'l directament, es va escurar la gola en un intent d'atraure la seva atenció. En Surroca es va excusar i va fer un pas endavant.

A la paret del fons, enfront d'ell, una llar de foc esperava el transcórrer dels mesos per tornar a la vida. El centre de la sala l'ocupava una taula on s'havien estès els plànols del castell i els seus voltants. En Damià Descatllar, amo i senyor de la fortalesa, se'ls mirava amb cert escepticisme. Quan es va adonar que el soldat anunciava la presència d'en Surroca, va deixar-ho tot per anar al seu encontre amb gest impacient.

—Necessitem la vostra il·luminació, la vostra saviesa.

—Em temo que són coses ben diferents. No em tinc per un il·luminat; mai no he tingut visions celestials, ni m'ha estat revelat el futur en cap ritu ni per cap poder ocult. De la saviesa, jo en dic vida viscuda. Tinc un grapat d'anys més que vós i l'experiència... L'experiència em ve donada per la gosadia d'haver-me capbussat en situacions desconegudes i deixar-me portar per aprendre. Però no em feu cas! Tan sols pensava en veu alta i no crec que aquest sigui el tema que ens ocupa, ni el més preocupant. Digueu-me, en què us pot servir un home humil com jo?

—Estimat Surroca, corregiu-me si erro, però no era el gran Cecili qui va dir que «sovint la saviesa es troba també sota una roba sòrdida»?

En Magí va quedar complagut davant la resposta inesperada del castlà. Se'l va mirar amb deteniment mentre s'esforçava per veure més enllà d'aquella façana d'home poderós, abillat amb la cota de malla, perpunt enconxat i capmall.

—No us equivoqueu gens. És ben cert que massa sovint ens encega la forma i no ens deixa veure el fons. Però sospito que no heu reclamat la meva presència per parlar de filosofia.

Els dos homes van passar molta estona conversant. En Magí Surroca parlava de debilitats i fortaleses i el castlà ho traduïa en operacions sobre el terreny. El savi parlava de coses que semblaven òbvies, però venint dels seus llavis adquirien una nova dimensió.

—Els francesos han tingut ocasió d'estudiar-nos. Ells han acampat en llibertat i nosaltres estem reclosos dins aquests murs. Em temo que es tracta d'un pensament que pot minar els ànims dels vilatans. Fa molt de temps que són fora de casa i poden arribar a sentir-se engabiats. Em fa l'efecte que els crema per dins pensar que l'enemic pot dormir als seus jaços, aprofitar la llenya que van recollir per passar l'hivern, fer servir la palla dels seus estables.

—I aleshores, què em recomaneu?

—Parleu directament amb tothom. Doneu la volta a la truita. Infoneu-los confiança. Serem més forts si ens mantenim units, si la victòria passa a ser cosa de tots, no únicament dels vostres homes. Feu-los sentir valuosos i necessaris. No us oblideu de les dones. La força té nom de dona! Potser no tant la física, però creieu-me si us dic que el seu paper va molt més enllà de parir criatures, tenir-ne cura i cobrir les necessitats dels seus esposos. Aprofiteu les seves ciències; la capacitat de treball i sacrifici en benefici del bé comú ha estat fonamental en molts moments de la història. Mentre els homes anaven a guerrejar, qui tirava endavant els clans, les societats?

—Però elles no estan preparades...

—Us sorprendrien! Doneu-los l'oportunitat i no us en penedireu. Feu que es formin segons les seves aptituds, com a infermeres o cuineres, que s'organitzin per tenir cura dels petits. Tampoc no les desestimeu com a estrategues, estan avesades a fer moltes coses al mateix temps i malgrat que, desafortunadament, no se'ls demana opinió han estat presents en moltes converses on es debatien punts de vista diferents. Són capaces de mostrar més mà esquerra i tenen un instint natural.

En Damià Descatllar l'escoltava amb atenció. Dins el seu cap prenien forma noves idees. Aleshores la conversa es va centrar a discutir de tàctiques i estratègies. Quan el castlà va demanar que s'afegissin a la discussió dos dels homes més avesats en conteses militars, en Surroca va constatar la sorpresa i la incredulitat als rostres. No va fer falta gaire estona per tal que el Bruixot es guanyés el seu respecte i una escolta atenta.

—Pensem, doncs. Nosaltres sabem la disposició de les forces de l'enemic, però l'enemic no ho té fàcil per conèixer el nombre dels nostres efectius ni els nostres moviments, amb els murs del recinte pel mig. Això ens dona certs avantatges. Podem fer-los servir i atacar per sorpresa. Ells, però, tenen les seves forces disperses al llarg del puig. De ben segur que dubten sobre quins són els punts febles de la fortalesa.

—Com a supòsit funciona, però... —va respondre un dels homes d'armes.

—Un moment —va interrompre en Surroca per avançar en la seva dissertació—. Estem d'acord, doncs, que si tenim les nostres forces concentrades i els francesos es divideixen, posem per cas, en deu parts, el nostre atac tindrà la força de deu a u?

—Aquesta manera de veure-ho tindria força lògica si estiguéssim parlant d'una batalla a camp obert —va increpar l'home que abans havia pres la paraula—, però, vistes les circumstàncies, les nostres posicions són fixes i queden determinades per les fortificacions. Ens hi hem de fer forts per aguantar l'escomesa.

—No us falta raó a cap dels dos —va intervenir en Damià Descatllar—. I si, sense renunciar a les nostres fortaleses, provéssim de desorientar l'enemic? Si li féssim creure coses que no són, si li poséssim un cep...

En Magí Surroca va somriure subtilment i els va deixar fer. Les seves aportacions, a partir d'aleshores, van ser molt comptades. Silencis prenyats de contingut, mirades de complicitat, somriures d'agraïment. D'alguna manera, quan va abandonar aquella sala, va tenir la sensació que s'havia posat la primera pedra per formar una veritable comunitat basada en la confiança i, per aquest motiu, es podrien delegar responsabilitats sense intentar controlar-ho tot i a tots. No seria una feina fàcil, potser somiava truites, però era un inici.

49

Les recomanacions del Bruixot es van fer evidents durant les setmanes posteriors. La dona del ferrer mai no havia mantingut una conversa amb l'Arsenda que anés més enllà d'encarregar-li uns ous d'oca que pagava per avançat i casos semblants es van repetir per tot el recinte. Van ser les dones les que van acollir el nou plantejament amb més entusiasme i, després de mitigar les asprors, van construir un exèrcit tan poderós com aquell altre que es vantava des de l'altre costat dels murs mostrant els canons, les llances i els escuts. La Beatriu va formar part del grup sense cap reticència, més aviat al contrari. De forma natural, va tenir la consideració de líder. Ella, aliena a les baralles que pogués haver-hi entre unes i altres i poc contaminada per enraonaries, va saber treure el millor de cadascuna i, en més d'una ocasió, es van sorprendre elles mateixes pel potencial bandejat fins aleshores.

A la tercera setmana, però, el temps de treva es va esgotar. Era diumenge i el mossèn, ateses les petites dimensions de l'església, feia missa de bon matí a camp obert.

Gairebé tots els habitants de Llívia s'hi trobaven reunits quan, de sobte, just al moment de la consagració, es va sentir el corn. L'escena de l'ofici que tenia lloc a l'esplanada es va congelar, com si una paràlisi contagiosa s'hagués apoderat de petits i grans. Dos tocs curts i el tercer més llarg, interminable, van ressonar per tota la vall. Des de la torre de l'homenatge s'anunciava l'episodi més temut. Els francesos havien decidit passar a l'acció!

Després d'uns instants de desgavell, on crits, resos, renecs i plors van esdevenir un clam confús, els soldats del castlà van donar les ordres precises. Les havien escoltat desenes de vegades, fins a saber-se-les de memòria, però el terror era capaç d'anul·lar la raó i et jugava males passades. La Beatriu, amb l'Arnau als braços, es va acostar més a en Mateu i li va buscar els llavis. Només feien falta uns segons perquè aquella carícia humida esdevingués la millor protecció contra la por. Tot seguit es van mirar als ulls per infondre's força i cadascú va ocupar el lloc que tenia assignat. Aleshores, la Beatriu va buscar l'Arsenda per demanar-li que es refugiés a la casa que havien condicionat per a la canalla més petita, els tolits i els ancians.

—No us mogueu passi el que passi! Aquesta zona està menys exposada als canons dels francesos. Us portarem aigua i menjar, però que ningú no surti fins que cessin els atacs. Entesos?

Als nois més grans de tretze anys ja se'ls considerava aptes per ajudar en la batalla i eren els encarregats de transportar armes i provisions. La dona del forner, que era coixa però tenia una veu potent i el geni com la pólvora, va complir amb la seva funció d'acomodar la canalla i després es va quedar amb l'Arsenda.

Mentrestant, es carregaven les catapultes amb les pedres que havien preparat durant tot el temps de confinament. Un dels mercenaris de confiança d'en Damià Descatllar orquestrava els llançaments contra l'exèrcit francès, que es movia a les ordres del seu capità. Ho feien com si fossin un sol home, com si sota les malles no s'hi arrapés la por, com si només aixecant l'espasa i brandant-la enlaire la força d'un déu invisible descendís sobre ells per atorgar-los valor.

Al bell mig de la gatzara, fileres d'arquers es repartien per diversos punts del recinte, disposats per entrar en acció si els francesos s'atrevien a assaltar les defenses. Els homes del castlà se sentien fora de perill. Rere els murs obtenien la protecció necessària per disparar les seves fletxes i eren una força essencial que tenia ordres de no exposar-se gaire. Buscaven la màxima efectivitat, l'instant en què realment podien fer mal a l'enemic.

En Magí Surroca, tot i haver sol·licitat quedar-se a l'hospital i atendre els ferits, acompanyava el castlà al més alt de la torre. D'allí estant observaven les maniobres de les dues faccions i discutien sobre la manera de prendre algun avantatge. Mentrestant, la Beatriu i en Mateu el substituïen en les seves funcions.

—Les dones ja tenen preparada l'aigua en diversos punts, per si hi ha algun incendi, i els més joves han tret les lones que cobrien el nostre canó principal. Esperen que els francesos facin el primer moviment, per sort els murs que envolten el recinte són massa alts per atacar-los sense escales.

—Primer els hauran d'enderrocar —va indicar el castlà mentre es girava en direcció al subordinat que els acompanyava—. Vull els millors homes apuntant els responsables d'aquests artefactes amb què ens desafien, que no tinguin fàcil carregar els canons.

Però, abans que l'ordre fos transmesa, abans fins i tot que el subaltern tingués temps d'abandonar la sala, el ronc greu d'aquelles boques infernals va vomitar amb prou força per impactar contra els murs exteriors. Columnes de fum es van alçar davant els ulls esbatanats dels dos homes. Des de la seva talaia no podien distingir que no sols es tractava de terra i pols el que estava en suspensió; hi havia branques que els projectils arrencaven al seu pas, restes de cossos, fragments de muralla que volaven en totes les direccions.

En Surroca va córrer cap a l'hospital de campanya, on no trigarien a arribar els primers ferits. Tal com van suposar, l'enemic llençava fletxes incendiàries amb la intenció d'ocupar els homes del castlà en les tasques d'extingir el foc, però no van obtenir cap resultat que els donés un avantatge clar. Mitjançant diverses politges que s'havien instal·lat sobre arquitectures lleugeres de fusta, proveïdes de rodes per fer més fàcil el desplaçament, homes i dones decantaven bidons d'aigua sense que els soldats abandonessin les seves posicions.

Quan els primers genets que portaven informació entre els atacants es van retallar en l'horitzó, els homes del castlà van agafar les ballestes. Per a ells no era cap obstacle la seva escassa maniobrabilitat, atès que tenien on recolzar-se. L'únic inconvenient era que la cadència de tir era lenta, però també ho havien previst i els homes se sincronitzaven a la perfecció tornant a carregar-les. Alguns dels genets enemics van resultar travessats sense que l'escut ni les cotes els poguessin protegir de la potència d'aquella arma.

A l'interior de la fortificació també hi havia baixes. La bala d'un canó havia impactat sobre una de les cases més allunyades de la primera línia de foc; era a tocar de la que protegia la canalla. En aquesta, l'enfonsament de la teulada va causar un gran estrèpit i les pedres van fer tremolar el terra. Una polseguera densa es va estendre per les proximitats. Instants més tard, els que s'hi havien refugiat van començar a empassar-se-la; tossien i ploraven desconsolats. Des de fora, la visió es reduïa a un núvol blanquinós que mostrava i amagava contorns provocant incertesa i temor. L'Arsenda es va ajupir en un racó protegint amb el seu cos el petit Arnau i abraçant la Maria amb totes les seves forces. De cop s'havia instal·lat entre els presents la idea de la mort i la bèstia que portaven dins començava a manifestar-se.

—Morirem enterrats! —va cridar la dona del forner.

A partir d'aleshores, molts es van abalançar a les palpentes per buscar la sortida. Els més petits cridaven a les seves mares fins a esgargamellar-se i alguns dels vailets més grans buscaven els germans repetint el seu nom amb desesperació. Els crits dels uns i dels altres, barrejats amb els sorolls que se sumaven des de l'exterior, esdevenien un lament sord que es precipitava en l'abisme.

La Beatriu va ser testimoni de l'espetec i es va témer el pitjor. Deixant sobre la màrfega el cap del ferit a qui assistia, va voler córrer però el cervell no va transmetre l'ordre. En Mateu, que treballava a la vora, la va agafar per les espatlles.

—Estaran bé. Ja han anat a comprovar-ho... Beatriu, que m'escoltes? —va insistir mentre la sacsejava.

Ella havia entrat en xoc. Les mans li tremolaven i, malgrat que veia com els llavis d'en Mateu es movien a molt poca distància i el seu esguard li volia comunicar alguna cosa, no era capaç de desxifrar-ne el sentit.

—L'Arnau —va mussitar dèbilment, com si el fet de dir aquell nom en veu alta tingués el poder d'inscriure en l'aire un fatal epitafi.

—No et moguis d'aquí, ja hi vaig jo! —va exclamar en Mateu, conscient que les pitjors prediccions podrien ser certes.

La Beatriu Montells estava molt poc acostumada a rebre ordres de ningú. Només li van fer falta uns instants per sentir de nou com la sang calenta li corria per les venes i les cames semblaven obligades a anar on li dictava el cor. En arribar-hi, la van fer aturar abans de poder creuar la porta. Tres soldats del castlà barraven el pas a un grup de dones que volien recuperar els seus fills, mentre que alguns homes portaven a terme el rescat.

—Aparteu-vos! Deixeu-nos treballar!

La dona del forner va sortir ranquejant amb una petita en braços. Tenia un trep al cap i la nena, aferrada al coll, somicava. A la Beatriu li faltaven ulls. Cada cop que un dels homes treia una criatura el cor li feia un tomb.

—Mare, si és veritat que hi ha una vida després d'aquesta, si ets capaç d'escoltar-me, no permetis que li passi res. Joana, tu que estàs més propera a Déu, demana que intercedeixi per l'Arnau. Vaig prometre a la Guisla que me'n faria càrrec. No em perdonaria que...

—Arnau!

La Beatriu va abandonar aquella súplica en veure com en Mateu Soler l'enlairava per sobre dels caps. L'Arnau era viu, ben viu, i en veure-la el plor se li va estroncar a la gola. La dona el va abraçar fins a fondre-s'hi, potser per primera vegada.

—Gràcies, gràcies... —va repetir mirant al cel, que ja es tenyia de matisos porpres.

Just després va trobar a faltar l'Arsenda. On era? I la Maria? On era la Maria?

En un primer moment, no va ser capaç de reconèixer-li el xiscle, a l'esposa d'en Pau Vinyes. Hauria dit que ni tan sols era humà. Quan va veure el cos que els soldats arrossegaven a l'exterior, la pols i els cabells li tapaven part del rostre. L'Arsenda lluitava com si li anés la vida i s'aferrava a qualsevol sortint cridant el nom de la petita. Poc després, la treien sense vida. S'havia ofegat amb el tumult i la pols. Dos nens més i una anciana també havien perdut la vida per l'esfondrament.

En Pau Vinyes se la va endur a casa. A en Robert les llàgrimes li cremaven a la gola i se les empassava com qui s'empassa un licor convertit en una ràbia àcida, era una sensació nova que ni podia ni volia domar. Una ràbia que tenia set de venjança, que clamava justícia en un cos que tot just despertava a la pubertat.

Quan es va fer de nit la veu ronca dels canons va emmudir a una banda i altra. Els francesos es van retirar a posicions segures amb més baixes de les que havien previst. A l'hospital de campanya del castell l'activitat era frenètica. Els homes del castlà retiraven els morts mentre en Surroca, en Mateu i la Beatriu atenien més de dues dotzenes de ferits de diversa consideració. Tres dones del poble ajudaven embenant i uns altres transportaven aigua que repartien a dojo. De les lluites cos a cos amb els pocs francesos que havien aconseguit travessar la muralla exterior hi havia fractures i talls fondos per l'impacte d'espases, però la majoria de traus havien estat provocats per rocs, aixafaments i fletxes. En Magí va demanar que no apliquessin oli calent per cauteritzar-los i que els netegessin a fons amb freqüència. En Mateu dubtava, però la Beatriu semblava més capaç i resolta que mai.

Finalment van decidir que farien una treva per torns, per descansar i menjar una mica de pa i formatge que ja era festí de les formigues. El fum de tres fogueres cremava a la vall en direcció a la vila. El castlà i els seus homes haurien d'esbrinar si havien estat provocades pels seus propis canons o eren intencionades per fer minvar els ànims dels vilatans. També, va apuntar en Surroca, hi havia la possibilitat que cremessin part del bosc per fer més fàcil el transport de canons de més capacitat. Fos com fos, l'espectacle era tan estrany com irreal. La llum de la lluna banyava amb la mateixa intensitat les posicions dels uns i dels altres; àdhuc els ferits i els cadàvers, sense importar la bandera sota la qual combatien. La por s'estenia com una capa fina de pols que no els permetia veure-hi clar. Els records d'altres temps viatjaven en silenci filtrant-se per les escletxes de la memòria.

Era l'hora de les pregàries de matines quan la Beatriu va ser capaç d'aclucar els ulls recolzada a la falda d'en Mateu. Un moment abans d'abandonar-se al son, la Joana se li va fer present...

—Prega per nosaltres, germana meva. Demano al teu Déu que faci possible una nova trobada.

La claror de l'alba va escombrar la nit i alguns dels seus malsons. Els grills emmudien per donar pas al refilet dels ocells. El castell de Llívia despertava a un nou dia.

50

Els dies es van fer més curts mentre el groc de la ginesta abandonava les branques i les fulles seques dels roures prenien un color tardorenc. Homes i dones van estovar la terra per distribuir el planter que havien dut de la vall. Era el temps de les agrelles, els apis i els naps, amb els quals farien un bon caldo en arribar el fred. Les bledes, sembrades a finals d'estiu a la solana, ja començaven a treure el nas.

La gent de la vila es movia com l'engranatge d'una màquina, on totes i cadascuna de les peces esdevenia fonamental. De vegades, però, el dolor, la ràbia o la incertesa desestabilitzaven el conjunt i l'equilibri es perdia de manera irremeiable.

Segons l'opinió d'en Pau Vinyes, el rei Lluís volia recordar als habitants de Llívia que era ell qui tenia el poder de respectar o prendre'ls la vida. Per aquest motiu els seus canons els desafiaven obertament amb la intenció de fer-los sentir desprotegits. S'explicava que havia estat respectuós amb els homes i dones que continuaven a la vila; persones grans en bona part. Però, tal com estaven les coses, ningú no podia verificar que fos cert. Mentrestant, en Magí Surroca s'havia convertit en l'home més important de la fortificació. Tots el consultaven o volien tenir-lo a la vora, com si la seva presència els garantís la immortalitat.

Aquell bruixot, que molts defugien mesos enrere, s'havia guanyat el seu respecte i admiració. Ja no el veien com l'home gran, mig sonat, i una mica lent. Amb les forces renovades, anava amunt i avall sempre que el sol·licitaven. Tant hi feia si era un nen qui li preguntava o la consulta provenia del mateix castlà. En Guillem i en Ramonet eren com la seva ombra. El primer ajudava en cures i trasllats, donava menjar o extreia cossos estranys de les carns tumefactes. El segon feia de missatger i estava sempre a punt per realitzar qualsevol encàrrec, per complicat que fos.

La Beatriu era qui, si més no en aparença, vivia la situació amb més contradiccions. Li costava pair que els éssers humans poguessin arribar a aquells extrems, i era incapaç d'imaginar els nivells de vanitat necessaris per posar en perill tanta gent innocent.

D'altra banda, se sentia orgullosa i molt afortunada de lluitar colze a colze amb en Mateu. Combatre la mort al seu costat i sentir que tots dos eren més forts i millors tan sols pel fet d'estar junts. S'estava molt de temps a la casa d'en Magí, elaborant pomades i ungüents, cataplasmes i emplastres per pal·liar les terribles ferides d'aquella gent a la qual no coneixia però que, de cop i volta, havien passat a ser els seus germans i germanes. Tothora pensava en la seva mare i la confortava la idea que, on fos que descansés, si podia veure-la, estaria molt orgullosa.

L'Arsenda, els dies posteriors a la mort de la Maria, havia anat com una somnàmbula amunt i avall del recinte.

Cada cop que veia un nen corria al seu costat per protegir-lo i només quan venien els seus pares a rescatar-lo desapareixia del seu rostre aquella expressió d'espant. En altres ocasions, però, el dolor era tan intens que es transformava en ràbia, enveja i recança. Es preguntava quin dret tenien pares i fills a seguir rient com si res no hagués passat, tenint en compte que ella havia perdut la seva Maria! De vegades era el petit Arnau qui li despertava aquest odi profund i salvatge, desconegut fins aleshores. El culpabilitzava en silenci d'haver ocupat el lloc que, de manera natural, era patrimoni de la seva filla. Si no s'hagués arrupit per protegir-lo amb el seu propi cos, la Maria potser seguiria amb ells. Aquell fet terrible, que la despertava les poques nits en què aconseguia atrapar el son, va fer que se li retirés la llet. L'Arnau hauria de tornar a la llet d'ovella o buscar-se una altra dida.

No va ser fins a unes setmanes després que, en l'intent de fer les paus amb ella mateixa, es va acostar de nou a aquella criatura òrfena que sempre reia en sentir-la a prop. La Beatriu havia quedat a càrrec del petit quan en Mateu va reclamar la seva presència a la farmàcia. El metge deia que era important i que en Surroca la necessitava. La jove es va posar en marxa sense dubtar-ho ni un segon, duia el nen als braços. La dona d'en Pau Vinyes li va sortir a l'encontre i, amb delicadesa, li va prendre el petit i la va animar a marxar sola...

—N'estàs segura?

—Deixa'm fer. M'anirà bé...

El fill de la Guisla semblava no queixar-se tant d'ençà que l'untaven cada dia amb un pomada d'aiguardent de lliri, flors d'hipèric, oli essencial de murta, farigola i ginebró. Tanmateix, en Surroca havia modificat la fórmula de la triaca substituint elements i les seves proporcions. L'Arsenda comprovava cada dia l'evolució en la descamació de la pell i l'estat general del petit.

El crit d'alerta el va donar la Beatriu. Les provisions d'algunes plantes estaven sota mínims. Ja no quedava farigola per desinfectar les ferides, ni calèndula per a les cremades, ni camamilla per calmar el dolor. Tampoc no tenia sàlvia per ajudar a la cicatrització, ni valeriana que actués de base en la sedació per als que presentaven un pitjor pronòstic. Molts d'aquells remeis els havia après de la seva mare, però d'altres, com era el cas del preparat de valeriana, l'havia llegit al *Dioscòrides*. El Bruixot havia tingut el bon criteri d'incloure'l entre les coses que havia traslladat al puig.

—Hi ha plantes que podem trobar als camps que ens envolten, però necessitaria ruda per tractar els ulls de dos soldats i, si en tingués, podria alleugerir la tos de dos ancians que tenen el pit molt carregat.

—No sé què dir-te... —va respondre en Mateu, visiblement atabalat, quan la Beatriu li va exposar el problema.

—Hem de parlar ràpidament amb en Magí.

—Però no l'ha vist ningú des d'ahir, deu ser al castell. En Descatllar es pensa que és de la seva propietat!

—N'ha sortit ara mateix —va apuntar en Guillem, sempre a l'aguait—. He vist com s'acostava pel camí.

En Surroca va aparèixer poc després. Se'l veia insegur, com si patís un gran cansament o no hagués dormit prou. I totes dues coses eren possibles. En Guillem li va lliurar un gerro amb aigua, però ell va demanar aiguardent. En beure'n, els va adreçar un somriure, sense que el gest amagués el seu estat.

La defallença del Bruixot no va afectar la fermesa de la Beatriu. Amb veu apressada, però decidida, va fer una relació dels elements que mancaven a la farmàcia de l'hospital mentre ell l'escoltava amatent. Tot seguit va dir...

—D'algunes plantes encara tinc provisió a casa meva, però d'altres caldria recollir-les del camp. Sé on creixen i hauríem d'aprofitar que no fa gaire fred.

—Tot allò que no sigui dins les muralles queda lluny del nostre abast. Deixar l'empara del castell seria un suïcidi! —va exclamar en Mateu, penedit de seguida per ser el transmissor de tan mals auguris.

En Magí es va quedar callat mentre la Beatriu se situava al darrere perquè pogués descansar l'esquena sobre ella. Ningú no havia parat atenció a la presència d'en Ramonet, però aquest es va deixar sentir...

—Jo puc escapar-me del recinte sense que em vegin!

Tots els presents es van girar en direcció a aquell nen que no s'havia queixat ni un sol dia de la seva sort. Mentrestant, en Guillem havia emmudit davant unes paraules que li hauria agradat dir ell mateix.

—Com és, això? —va demanar en Mateu per trencar el silenci.

—Conec un passadís secret que porta fins al peu del turó. Deixeu-m'hi anar! Ningú no ho ha de saber!

—Quin és aquest passadís? No n'he sentit a parlar mai —va dir en Magí.

—Surt des d'un lateral de la cisterna del castell, però fa molts anys que l'han oblidat i està ocult per uns esbarzers. Segons el meu avi, es va acabar d'obrir per preveure una situació com aquesta. Em va explicar que abans de poblar la vall es vivia a recer del castell! I el vam recórrer un parell de vegades plegats, però entrant des de la plana. Quan començaven els tolls sempre fèiem mitja volta, però no seran un problema...

—Els tolls?

—Sí, els provoquen cursos d'aigua subterranis que han anat perforant la muntanya, la part més propera al castell és la que van excavar. Això deia l'avi...

Tots es van mirar el nen i un bri d'esperança va creuar els seus rostres. Era una possibilitat, tal vegada l'única que tenien per aconseguir les provisions que necessitaven.

—Anem per parts —va dir en Magí, atraient totes les mirades—. Em sembla bé el teu pla, però s'haurà de comprovar si és viable. Potser hi ha hagut algun despreniment i no es pot avançar. També n'hem de donar part al castlà. En qualsevol cas, no és una bona idea que hi vagis sol. Si el seu pare hi està d'acord, en Guillem t'acompanyarà; coneix bé casa meva i necessitaràs ajuda per transportar les plantes. Si poguéssiu, ens anirien bé un parell de morters i algunes altres coses. Només em preocupen les patrulles dels francesos, segur que el rei Lluís no ha deixat cap racó sense vigilància. Si us descobrissin, si els nostres enemics tinguessin accés al passadís, seria molt perillós per a tots.

—Podem fer-ho al final del dia —va dir en Guillem, que feia estona que desitjava intervenir en la conversa—. Suposo que necessitarem unes torxes per al passadís, a l'exterior n'hi haurà prou amb la llum del sol tombant. He vist que és el moment en què els francesos abaixen la guàrdia i es reuneixen per menjar i beure. Ara, pel que fa als meus pares, és molt millor que no ho sàpiguen.

—Jo parlaré amb ells. Entendran perfectament que la sort dels nostres ferits depèn en gran part d'aquesta missió.

—Però de què esteu parlant? Amb el permís dels pares o sense... —es va queixar la Beatriu—. Crec que els hauria d'acompanyar un adult, només són criatures.

—Per això tenim més possibilitats! —va exclamar en

Guillem, ufanós, com si de sobte hagués recuperat l'orgull—. Ens movem més ràpid! Si ens veuen, ens confondran amb algun animal i ens podem amagar en qualsevol forat! A tots vosaltres us necessiten aquí!

—No tenim més opcions. —En Surroca va mirar la Beatriu com si li demanés permís per dur a terme el pla i aquesta va girar el cap—. Bé, sí que hi ha una opció i és assumir que et quedaràs sense tot això que necessites i sense els minerals.

—Minerals? —va demanar la Beatriu.

—Hem d'introduir-los. Us he de parlar de les seves possibilitats. Ara, però, no és el moment.

Semblava que aquella proposta era l'única solució possible, i en Pau Vinyes va acabar de decantar la balança.

—El meu fill també hi anirà. És fort i, si els agafen els guàrdies, encara semblarà més una entremaliadura. Doneu-me fins demà al vespre perquè ho organitzi tot.

—No ens estem precipitant, Pau? —va dir en Mateu quan ja semblava tot acordat—. Quan el castlà tingui notícia d'aquest passadís, voldrà enviar-hi els seus homes.

—I podrà fer-ho més tard, però aquesta incursió és cosa nostra. Segur que, si el setge dura molt de temps, en Descatllar li trobarà altres utilitats. Dubto molt que un escamot de mercenaris pugui ser més efectiu que tres vailets que corren com dimonis. No és cert, Guillem?

—Molt cert, mestre. Confieu en nosaltres!

Era el primer cop que en Guillem s'adreçava així a aquell home de qui tant havia après. Una punxada al pit va fer tancar els ulls d'en Magí Surroca. La Beatriu es va mossegar la cicatriu del llavi. De cap manera es malfiava de la perícia i la determinació dels nens, però la plana era a vessar de soldats francesos que serien feliços de presentar-se davant del seu rei amb els responsables d'una incursió enemiga, fins i tot els podrien utilitzar com a moneda de canvi, fer-los presoners, torturar-los... No podia aturar els seus pensaments, que es disparaven sempre en la direcció més tràgica. A més a més, quan en Pau comuniqués a la seva dona que en Robert també formaria part del pla, l'Arsenda no ho permetria. Tan sols el record dels ferits va aconseguir que aixequés el cap i tornés a prendre contacte amb la realitat.

—Potser aneu encertats. La capacitat d'arriscar-nos és de les poques coses que ens queden en aquests moments —va dir mentre la resta dels reunits es quedava mirant-la.

51

El dia que havia demanat en Pau Vinyes va resultar insuficient, però dues nits després els tres nens estaven preparats per abandonar el recer del turó i intentar satisfer les necessitats del petit hospital. En Guillem era el cap d'aquell escamot tan particular, però a la vista de l'activitat incansable d'en Ramonet potser algú hauria pensat el contrari. Aquest últim havia confeccionat amb molta cura les torxes que portarien; els mànecs eren de fusta de noguera i la brea havia estat treta de l'escorça del bedoll. També havia pres la iniciativa mentre exploraven el corredor subterrani en companyia d'en Mateu Soler. En Robert era el més silenciós, com si dubtés d'aquella empresa que el seu pare li havia adjudicat.

En Damià Descatllar va fer cara de circumstàncies quan en Surroca li va descobrir l'existència del passadís. Tot seguit va llançar una mirada de retret als seus col·laboradors i aquests només van poder fer un pas enrere a la petita sala de la torre de l'homenatge on s'havien reunit. La seva voluntat, però, hauria estat desaparèixer. L'eloqüència del Bruixot va convèncer un cop més el castlà que no havia de ficar cullerada en la incursió que havien projectat, que més tard podria pensar quins avantatges li procurava aquella descoberta.

Els francesos feia uns dies que estaven tranquils. Tot indicava que després dels escassos resultats dels primers intents per trencar les defenses havien dissenyat una altra estratègia. Esperaven que la resistència anés minvant amb la fam, la manca d'aigua, les malalties... No obstant això, de tant en tant, a manera de recordatori, el seu canó encara bombardejava els murs del recinte. Per aquest motiu, alguns vilatans abandonaven els espais que havien condicionat i es replegaven a recer del castell. L'enrenou més gran, però, va tenir lloc a causa d'una nova maniobra de l'enemic. Quan els cadàvers de dos homes consumits per la lepra van ser llençats per les catapultes, la por a l'epidèmia va fer estralls en l'ànim de tots. El pànic al contagi va desarticular la resistència i la desconfiança hauria esdevingut el pitjor enemic si tant en Magí com en Mateu no haguessin actuat amb rapidesa. El castlà, seguint el seu consell, es va dirigir a aquell poble que tenia sota la seva protecció...

—Ara s'acordonarà el perímetre on han impactat els cossos. Que ningú, ni home ni dona, trepitgi aquest senyal. Que tampoc no ho faci cap criatura, ni animal. Ens en farem càrrec i els cadàvers seran enterrats cristianament. Serà una litúrgia privada. Pregueu per les seves ànimes i per tots nosaltres. És molt important que acompanyeu les oracions de bones pràctiques i que, en tot moment, seguiu les instruccions d'aquests homes que vetllen per la nostra vida. No afegiu més por que us pugui debilitar i abandoneu els retrets dels uns contra els altres, l'enemic és un de sol i el tenim a l'altre costat de les muralles!

En relació amb el passadís, el castlà va donar ordres precises de guardar silenci. En arribar el moment de la partida, només hi havia un petit grup de persones al costat de la cisterna. Tret d'alguns de la seva confiança, la resta havien estat enviats a les proteccions exteriors, sota l'amenaça inventada d'un possible atac. En Descatllar, malgrat entendre i donar suport a la iniciativa, començava a veure com una rèmora aquella estranya aliança del Bruixot amb en Vinyes i la parella de nouvinguts que formaven la Beatriu i en Mateu.

En Ramonet va repartir dues torxes per a cada un i tot seguit es va introduir el primer per aquell forat a les roques. El tram era molt estret i en Mateu havia renunciat a continuar dos dies enrere, quan l'exploraven, però poc després s'obria a una cova subterrània gran com dues cisternes i de l'altura de tres homes. La paret de la dreta vessava aigua, formant una bassa. Els nens la van rodejar i es van arrapar a la part contrària.

—No és gaire gran, però podria ser profunda, aquesta bassa —va dir en Robert, mirant-se-la amb recança.

—És bo saber on venir a buscar aigua en cas que ens en falti —va apuntar en Guillem, intentant treure ferro a la situació.

—Hem de seguir —va apuntar en Ramonet—. Si ens encantem, quan sortirem a la vall serà nit tancada.

—No pateixis. Conec bé els camins i la lluna gairebé és plena. Hi haurà prou llum —va replicar en Guillem, poc disposat a deixar-se sermonejar per aquell brivall.

El corredor seguia més enllà de la sala, ja no feia la sensació que hagués estat obert a cop de pic. Hi van trobar encara dues estances més mentre seguien el rierol d'aigua que baixava a la seva dreta. Després el camí iniciava el descens fent més perillós l'avanç. Superant algun que altre ensurt, van decidir baixar d'esquena agafant-se a les roques cada cop més humides. Nous cursos d'aigua van fer pujar el nivell; a en Guillem li arribava als genolls i a en Robert li pujava un pam més amunt. En Ramonet, en alguns trams, quedava submergit fins a la cintura.

Quan el terra es va fer més pla i van veure al fons la tènue llum del capvespre, en Robert va avortar un crit davant el rostre seriós d'en Guillem.

—Ara comença el més difícil —va dir mentre en Ramonet, que ja havia arribat a la sortida, lluitava contra els esbarzers que l'ocultaven.

Els tres es van mirar amb la mateixa intensitat que ho farien uns guerrers disposats a donar la vida per salvar els seus. Van entrellaçar les mans sense necessitat d'afegir-hi cap paraula, després van guaitar al defora. El sol davallava sobre la vall dibuixant ombres allargassades que la foscor s'empassaria a poc a poc. Disposaven d'una hora de llum a tot estirar.

—He pensat que podríem repartir-nos la feina i veure'ns de nou en aquest punt, a l'entrada del passadís...

—Això no és el que havíem parlat! No crec que sigui una bona idea dividir-nos, Ramonet.

—El sol està més baix del que pensàvem. Hem trigat molt a travessar el passadís... I ja ho veus, la lluna no serveix de gran cosa. Aquests núvols ens ho compliquen. Guillem, si anem tots a casa del Bruixot i després al riu se'ns farà de nit.

—No perdem més temps en xerrameca, doncs —va intervenir en Robert, gens entusiasmat amb la perspectiva que la foscor els caigués a sobre.

—Tu pots anar a buscar les herbes i els minerals que en Surroca desa a casa seva i en Robert i jo ens acostarem fins al riu per recollir la valeriana, la farigola...

—Sabràs arribar-hi? Recorda-ho, s'ha de baixar pel costat del Segre fins a l'ermita de Sant Guillem i girar cap a la falda de la muntanya. Hi ha un torrentol amb un pont de pedra; molt a la vora hi trobareu els camps de què tenia cura en Magí.

—Ho hem repassat una dotzena de vegades i ja t'he dit que conec bé la zona, que el meu avi m'hi portava i de vegades pescàvem al riu. Pots anar-hi tranquil.

En Ramonet ja s'havia posat en camí quan en Guillem va exclamar amb autoritat...

—Espera! No et deu haver passat pel cap d'anar a casa teva? El teu avi no crec que hagi sobreviscut. A més, ens posaries en perill i ens faries perdre molt de temps.

Els ulls grossos i negres del nen van brillar com una lluerna. Va respondre després que el seu rostre adquirís una gravetat desconeguda...

—Quan decideixi anar-hi, no em caldrà la teva ajuda!

—No volia molestar-te. Veuràs, jo...

—Deixem-ho córrer! —va afegir, prement els punys.

En Guillem va témer que el desacord anés a més.

—Marxeu, Robert! Camineu amagats i, si no és necessari, no sortiu al camí. Mireu molt bé on trepitgeu. Si els francesos ens descobreixen, estarem perduts!

La vall ja mostrava una tonalitat taronja i semblava tranquil·la, però en Guillem no les tenia totes. Estava convençut que el rei Lluís no deixaria sense vigilància els camins. Va córrer en paral·lel al turó fins que el terreny va fer pujada i l'església va aparèixer davant seu. Les llances i els cascos dels soldats francesos lluïen amb els darrers raigs del sol. Una parella guardava aquell punt més elevat i el noi va haver d'envoltar-los amagat entre els esbarzers dels primers estreps. Quan va arribar al camí de Cereja i va veure la casa del Bruixot al fons, un somriure va aflorar als seus llavis.

També en Ramonet i en Robert es van trobar una patrulla de soldats al camí de Puigcerdà, però quedaven molt lluny i ells anaven d'arbre en arbre com fletxes disparades per tiradors experts. Els voltants del riu eren molt més segurs. El van creuar per un pont construït feia pocs anys i de seguida es van trobar als horts d'en Magí Surroca. Estaven disseminats en petits bancals agrupats aquí i allà atenent les necessitats de cada planta. En Robert va tenir la temptació de passar la mà per les puntes d'aquelles fulles il·luminades per l'últim sol mentre el terra s'anava enfosquint. Com era possible que fossin tan valuoses i ajudessin a restablir la salut als malalts?

—Fes via! No tenim gaire temps! Allò d'allà és valeriana... Treu el sac i no t'aturis fins que estigui a vessar, que jo agafaré tota la serverola, l'hisop i la calèndula que pugui.

—Ja sé que això és valeriana —va mentir en Robert, més acostumat als estables que al camp, però va obeir les indicacions d'en Ramonet, que saltironejava com un pardal.

Mentrestant, el cos d'en Guillem es va tensar de tal manera que una fiblada li va recórrer els músculs de les cames. Com era possible que hi hagués una llum parpellejant a l'interior de la casa d'en Magí Surroca? Tot d'una, la boca li va quedar seca i els palmells de les mans, humits. El primer que li va venir al cap va ser que els francesos l'haguessin ocupada, però se li feia estrany. Tenien on escollir i aquell no era, ni de bon tros, un espai confortable. Tal vegada hi havien enviat un petit grup per vigilar els afores del poble. I si fossin lladres? Havia sentit a dir que en temps de guerra passavolants i bandolers aprofitaven per saquejar i robar tot allò que trobaven al seu pas. Però... què podria desar en Magí Surroca que aquells homes cobegessin?

Fos com fos, el que no es podia permetre de cap de les maneres era que la missió se n'anés en orris per no acomplir la seva part. Amb el cor colpejant-li les temples, va traspassar la tanca de fusta i, de puntetes, es va anar apropant a l'entrada. La porta estava entreoberta. Durant un instant va tenir la certesa que un dels desconeguts l'havia descobert. Hauria sortit corrents, però les cames no van obeir la seva ordre i la immobilitat va ser l'única resposta que li va permetre el cervell. Potser anava errat, com, si no, es podia explicar que no els tingués ja a sobre? Quan l'ombra va desaparèixer del llindar, en Guillem va seguir avançant de quatre grapes. En arribar a la paret, no li va caldre parar l'orella. Tres veus d'home, que es trepitjaven l'una a l'altra, se sentien amb claredat.

—Seguiu vosaltres dos. Estic cansat de fugir i ja no em queda cap motiu per viure. Si us plau, deixeu-me aquí i poseu-vos fora de perill.

—No diguis bestieses! Saps que no ho farem.

—Us he dit que ja en tinc prou. Tant costa d'entendre?

—Si ens quedem aquí ens donaran caça com als conills —va dir una veu que semblava més jove—. Has perdut massa sang. Necessitem ajuda.

—Us ho torno a dir, això és el final. Feu-me un darrer favor. Torneu al poble i doneu sepultura al meu fill. Quedeu-vos-hi. Quan els soldats es cansin de la Joaneta, la deixaran venir a casa. No podrà tirar endavant sola amb tant d'horror.

En Guillem feia un esforç per entendre què estava passant. Els forasters parlaven la mateixa llengua, però tenien un deix estrany. De sobte, el silenci va planar per sobre el seu cap. Durant el temps en què es resa una avemaria no es va produir cap moviment, cap soroll que no fos el cant dels grills o el lladruc d'un gos en la llunyania.

Després algú, emparat per la foscúria, li va saltar a sobre, el va agafar pel darrere i, amb la fulla de l'espasa al coll, va demanar...

—No moguis ni un dit. Es pot saber d'on has sortit, tu?

—Jo... soc en Guillem, els meus pares tenen una granja a prop d'aquí. Només he vingut a buscar unes coses.

El desconegut el va arrossegar dins la casa, sense deixar de mirar enrere per si el visitant anava acompanyat.

—Però si només ets un marrec! Es pot saber què hi fas tot sol?

Les preguntes es van anar sumant a l'espera d'una resposta que no acabava d'arribar. El nerviosisme es traduïa en anades i vingudes a l'aguait d'algun moviment sospitós a l'exterior. En Guillem els observava aterrit. L'home que l'havia amenaçat amb l'espasa era jove i tenia els ulls foscos com de tempesta, l'altre duia una barba espessa que li conferia un aspecte ferotge i el tercer jeia fora de la influència de les quatre espelmes que cremaven sobre la taula. D'aquesta manera, des de la penombra i amb veu temperada es va dirigir al noi ...

—Has dit que venies a buscar alguna cosa?

—Sí, senyor.

—Tranquil·litza't, no et volem fer cap mal. Però entendràs que això que dius se'ns faci estrany, oi? T'envien els francesos, potser?

—No! Jo vinc de...

En Guillem va dubtar de la conveniència de donar gaires explicacions. Havien treballat en molts supòsits possibles, però aquella situació ningú no l'havia prevista i se sentia confós. Va ser llavors que l'home de la barba el va agafar pel coll.

—Se m'acaba la paciència. Parla d'una vegada!

—Controla els teus nervis, l'estàs espantant. I treu-li les grapes de sobre. Deixem que s'expliqui —va dir el més jove, interposant-se per protegir-lo—. El meu nom és Valentí.

Com que en Guillem seguia sense badar boca, va afegir...

—Vols una mica d'aigua? Et convidaríem a aiguardent, però ens en queda poc i el necessita el nostre company. Té una ferida molt lletja. I a aquest... —va dir en veu baixa i apuntant amb la barbeta directament al seu company barbut—. No li facis cas. Perd la força per la boca.

—Jo no en vull, de problemes. Ni en vull ni en busco. Si em permetéssiu agafar el que he vingut a prendre... No puc tornar sense les coses del meu mestre. La vida de moltes persones està en joc.

—Vaja, vaja! Si tenim davant nostre un milhomes! —se'n va fotre el barbut.

—Calla d'una vegada! Com vols que t'ho digui!

Aquella ordre es va rebre amb malfiança, però, quan ja semblava que els dos individus acabarien enxarxats en una bona baralla, en Valentí va demanar a en Guillem que s'afanyés a buscar el que li feia falta.

—Segur? —va dubtar el noi encara plantat i atemorit.

—Deixa-me'ls a mi. Agafa l'espelma i arreplega el que necessitis, si ets capaç de trobar alguna cosa que sigui d'utilitat. Ja et pots imaginar que tot està de cap per avall.

El noi va fer el que se li ordenava i, a mesura que prenia distància del petit grup, les paraules li arribaven com un xiuxiueig. Amb prou feines s'havia fet pas entre el desordre que el jove Valentí es va presentar davant seu amb una altra espelma.

—Ja veus que els francesos no han deixat branca verda.

—Què diu?

—Ah! És una expressió que fem anar a... —El jove es va quedar amb la boca oberta sense saber com continuar. Un instant després canviava de tema—. No et vull entretenir. Has dit que tenies pressa. Hi ha algú que t'espera, potser?

En Guillem se'l va mirar directament als ulls. Li hauria agradat confiar-s'hi, però sabia que era perillós. Va desviar la mirada i, apartant amb els peus els fragments de terrissa escampats arreu, va seguir amb la recerca.

—Fas bé de malfiar-te'n —va dir-li, descansant la mà sobre la seva espatlla—. Apa, va! Si em dius què busques, t'hi puc ajudar.

—Gràcies, però no és fàcil d'explicar. Si m'agafeu l'espelma, enllestiré abans.

Sota l'atenta mirada d'aquell desconegut, en Guillem es va afanyar en la seva recerca. Res no era on ho havien deixat. Amb més nervis que traça, va comprovar que els petits sacs amb herbes que desava al rebost, malgrat haver-los obert per comprovar què contenien, no havien interessat a ningú. Els va comprimir al màxim i després els va lligar per les puntes per penjar-se'ls al coll. També va arreplegar les llavors de ruda i les va posar dins el sarró, amb les tres pedres de mercuri, arsènic i antimoni que encara hi havia amagades a la xemeneia. La pedra d'esmolar havia desaparegut, igual que unes tenalles que en Magí Surroca sempre guardava en un calaix.

—Perdona. No n'he de fer res, ho sé, però... És per a la teva mare, tot això? És guaridora, potser?

—No, no, i ara! La mare sap molt d'oques i fa uns dolços de mel boníssims, però una gota de sang la mareja.

—Aleshores?

—He de marxar —va respondre en Guillem, arrambant-se a la paret amb la intenció de posar-se fora de perill.

—Aquest home que has vist malferit podria ser el teu pare. No li queda ningú i si no hi posem remei no passarà la nit. No et retindré per la força, però si hi ha alguna cosa que poguessis fer per salvar-li la vida...

—No ho enteneu? Els francesos vigilen arreu. És molt perillós, fins i tot per a nosaltres. Ell està dèbil, si les coses van mal dades...

—Ara no té cap oportunitat! Podràs viure amb aquest càrrec de consciència? Digue'm si has trobat la manera d'entrar i sortir del castell. T'ho demano per allò que més estimis, deixa'ns acompanyar-te. Nosaltres dos som forts i podem ajudar-vos un cop protegits. Ell és un bon home que no ha pogut fer res per salvar el seu fill i ha presenciat com violaven la seva dona i se l'enduien. Està destrossat, no es mereix morir abandonat com un gos.

El cor d'en Guillem bategava tan fort que no li permetia concentrar-se per pensar. Aquells ulls de tempesta se li clavaven a sobre amb una intensitat aclaparadora.

—Me'n penediré!

—No ho faràs!

—D'acord. Posem-nos en camí abans que sigui negra nit.

—Que Déu et beneeixi, ets un bon noi. De ben segur que el teu pare deu estar molt orgullós de tu. Gràcies! Vaig a dir-los que es preparin.

En Guillem dubtava d'haver fet el més correcte, ni tan sols sabia si cap opció ho era, però no tenia temps per sospesar-ho. Aquells tres individus semblaven tan contents i agraïts! En Valentí es va oferir per transportar dos morters i unes balances que el noi havia desestimat per córrer més lleuger. Plegats, anaven unes passes endavant. L'home de la barba i el ferit avançaven al senyal que cap obstacle els barrava el pas.

Quan la petita comitiva va passar pel darrere dels guàrdies que vigilaven la vall, el sol ja no incidia sobre les seves llances i una franja d'obscuritat començava a cobrir la plana. Però tot això en Guillem ho recordaria més tard. Aleshores estava massa espantat per aturar-se a pensar-hi.

En Robert i en Ramonet esperaven a l'entrada del passadís i, en veure que en Guillem no arribava sol, van emmudir.

—No patiu, són amics —va dir el noi—. Si ja ho teniu tot, tornem.

El desconcert planava, però, en totes dues direccions. L'home de la barba va apartar la mà de la daga que duia a la cintura i va deixar anar una riallada que en Valentí va intentar aturar amb un cop de colze.

—Valga'm Déu! Es pot saber d'on heu sortit, vosaltres? —va dir finalment.

—Deixem-nos de xerrameca i fem el que ell ens digui —va intervenir l'home més jove.

Les mirades de desconfiança s'ocultaven en la foscor, però pesaven en l'ànim de tots. Sense cap més explicació, es van preparar per endinsar-se al passadís. En Ramonet i en Robert tancaven el petit seguici. Amb prou feines havien avançat unes passes quan el lladruc d'un gos els va fer aturar de nou. Entre els esbarzers, intentava fer-se pas una figura escanyolida que movia la cua amb desesper.

—Sutge! —va exclamar en Ramonet mentre corria al seu encontre.

—On vas?

—És el meu gos, Robert! Oh! Què hi fas, aquí? Què tens, petit? —li va demanar mentre l'agafava.

L'animaló li va llepar la cara amb desfici, però un grinyol de dolor li feia aclucar els ulls cada cop que el seu amo li tocava la pota del darrere.

—Ramonet, ho sento, no ens el podem emportar. Està ferit, ens faria perdre temps.

—No penso seguir sense ell! Deu fer molt que camina perdut per la vall. Em deu haver ensumat. Que anem amb retard no és pas culpa seva —va afegir, mirant-se amb ràbia els nouvinguts.

—Jo el portaré. Marxem! —es va avançar a respondre en Valentí quan va notar que els ànims s'escalfaven en excés—. Un moment, què és això que du a la boca?

En Ramonet ho va intuir de bon començament. El va abraçar i amb molt de compte li va treure un drap, que va prémer contra el seu pit.

—És el mocador que sempre duia al coll el meu avi.

Un silenci dens va planar entre ells. En Ramonet va empassar-se la saliva amb desfici per barrar el plor.

—Segur que ha estat al seu costat tot aquest temps. Hauria d'anar fins a casa meva, jo. Potser és un senyal...

—Pensa! —va exclamar en Guillem—. El teu avi deu fer molt que és mort.

—Potser sí, però necessito estar-ne segur.

—Tu mateix ho has dit abans. Si fos viu, el Sutge no s'hauria mogut del seu costat.

—No voldria interrompre aquesta escena tan tendra —va dir l'home de la barba serrada—, però això només és un sac d'ossos i un niu de puces. Jo penso que...

—A tu ningú no t'ha demanat opinió. Camina i calla! He dit que el duré a coll!

La veu d'en Valentí es va imposar amb autoritat, però

no va poder neutralitzar l'impacte que aquelles paraules havien tingut sobre els nois. En Ramonet va dubtar un moment encara. El record de la veu del seu avi dient-li que no es deixés guiar pels impulsos, que calia ser assenyat, el va rescatar del dilema. Va ser el primer a endinsar-se a la cova. El seu cor li deia que ningú no mor del tot mentre se'l recorda, i ell no estava disposat a oblidar.

—Anem! Tenim una missió molt important entre mans, hi ha molt en joc! —va exclamar decidit, imitant expressions que havia sentit a dir als soldats del castlà.

La tranquil·litat va tornar al rostre dels nois i van encendre les atxes. En Robert va donar una darrera llambregada a l'exterior per assegurar-se que ningú no els havia seguit. Després, mirant-se als ulls, van repetir el gest d'entrellaçar les mans tal com havien fet en iniciar la travessa. Els tres desconeguts els fitaven d'esquitllentes. A mesura que s'hi anaven endinsant, s'esvaïa la claror que indicava la sortida a la vall. En Ramonet, amb el mocador lligat al canell, premia els punys amb força.

52

A la sortida de la gruta hi havia molta expectació, el retard segons el pla previst s'havia viscut amb angoixa continguda. El primer a treure el cap fora d'aquell passadís va ser en Guillem però, lluny de mostrar-se satisfet, un rictus de preocupació se li marcava al rostre. La presència dels desconeguts va posar tothom en alerta. Després de portar el ferit a la infermeria, perquè en Surroca li practiqués una primera cura, van ser conduïts a presència del castlà.

L'interrogatori no va revelar que hi hagués res a témer. A l'home ferit amb prou feines li van treure una dotzena de paraules. Repetia que només tenia sentit seguir amb vida per venjar el que els francesos havien fet a la seva família. El de la barba serrada era un poca-solta i curt de gambals que desbarrava sovint, i en Valentí, el més jove, va explicar la seva història amb coherència i es va desfer en elogis pels nens i es va posar a disposició del castlà. El dia a dia ja era tan difícil, i les incerteses tan grans, que es va donar per tancat aquell assumpte. Només en Ramonet va seguir amb la mosca rere l'orella.

Després de portar a terme diversos atacs amb conseqüències molt dures per als dos bàndols, el rei francès va dubtar de les seves forces. La situació demanava canons més grans dels que tenia sobre el terreny i havia d'estar disposat a perdre una bona part dels seus homes en l'intent. Aquest esforç suplementari no garantia la victòria; el castell de Llívia era una fortalesa magnífica i cap estrateg li podia assegurar que els resultats serien favorables.

Amb el pas del temps, els dos contendents es van preparar per a un setge de molts mesos. En Damià Descatllar i la població concentrada dins el recinte tenien, però, un avantatge que el rei Lluís no va ser capaç de descobrir. El passadís subterrani que havien transitat amb èxit els tres nens va resultar fonamental en la defensa. Les reserves d'aigua van esdevenir il·limitades, les coves interiors eren una bona nevera per als aliments difícils de conservar i va fer possible les ràtzies a la vall per aconseguir provisions. Tan sols una vegada no es va saber res dels enviats, però no es va poder esbrinar si els havien apressat o si havien decidit desertar. Aquesta darrera era una hipòtesi més creïble; els francesos s'havien preocupat més de guardar el camí a Puigcerdà o els passos de les muntanyes que no pas els voltants de la vila.

En Ramonet es va instaurar com el guia imprescindible de les incursions i un dia, amb la col·laboració de tres homes d'en Descatllar, va donar sepultura al seu avi, sota l'àlber, al costat de la tomba de la seva àvia. Amb prou feines la recordava, però encara tenia imatges fugisseres i una remor de fons com quan se li parla a un nadó.

Els ferits de l'hospital es van convertir en la principal ocupació d'en Magí Surroca i els seus col·laboradors. Els més implicats eren la Beatriu i en Mateu, i se'ls havia d'obligar a prendre un descans perquè ells estaven disposats a treballar sense aturador. Mentre tenien cura dels nafrats, dels cecs, dels que semblaven haver perdut el senderi, hi havia poc temps per a altres coses.

En Surroca mai no havia tingut l'oportunitat de marcar tan de prop el rumb de les operacions i els tractaments que havien de seguir els ferits. Era cert que havia estat en altres batalles, però les seves intervencions es limitaven a amputacions sobre el terreny o a cosir treps i consolar homes que es morien als seus braços. Arran d'aquests episodis, havia estudiat amb deteniment la *Chirurgia Magna*, de Guiu de Chaulhac, un metge occità de la seva mateixa universitat, la de Montpeller, que havia escrit aquell tractat més de cent anys enrere. No pensava que arribaria a seguir les seves recomanacions, ni que tingués ocasió d'atendre durant tant de temps l'evolució dels malalts. Però no s'hi hauria pogut dedicar amb la mateixa intensitat sense que la Beatriu Montells prengués les regnes de la farmàcia.

L'ajudant inesperada consumia bona part dels seus dies a l'obrador que havien muntat a casa d'aquell savi. Al principi es va fer tot des de la improvisació, però, a mesura que s'allargava el setge, les elaboracions van seguir un ordre que tenia a veure amb les necessitats de l'hospital, alhora que deixava lloc a la recerca de nous medicaments. Totes les seves passes comptaven amb la supervisió d'en Surroca. El Bruixot insistia que les ferides podien curar-se soles i que, per aconseguir-ho, s'havia d'aprofundir en fórmules per mantenir-les netes. Cada dia dubtava més de la cauterització, que veia com una pràctica salvatge, i posava en qüestió certs elements que es feien servir en emplastres i ungüents. Déu s'expressava a través de la natura i la tasca dels metges era dirigir-la, tenir-ne una cura extrema per no cometre errors ni que les coses es torcessin de manera accidental.

Aquests pensaments anaven en contra de l'establert. La ciència mèdica estava ben marcada i estructurada des de feia segles; oposar-s'hi semblava una bogeria i encara més quan es feia seguint autors i procediments que s'havien rebutjat. En Surroca discutia molt aquestes qüestions amb la Beatriu i en Mateu; tots tres intentaven convertir els greixos i les immundícies que s'aplicaven a les ferides, amb el resultat d'una sèpsia segura, en una eina per a la neteja del cos i de l'ànima. Així, van substituir molts ingredients dels emplastres per preparats fets amb plantes que prevenien les infeccions o ajudaven a tancar bé les ferides i afavorir-ne la cicatrització, com ara sàlvia o milfulles.

En Mateu Soler discutia sovint amb en Surroca, arran de les cures diàries que es practicaven als ferits. Aquelles disputes eren plenes de matisos que només ells entenien, però la Beatriu tenia la certesa que estaven d'acord en el més bàsic. L'experimentació era més important que l'estudi o, en tot cas, aquest no servia de res mentre no s'utilitzaven els aprenentatges d'una manera pràctica. En Guillem, cada vegada amb més freqüència, participava en les cures i prenia nota de tot.

En Surroca n'estava orgullós i li obria els ulls cap als procediments d'extracció, fixació i calcinació dels minerals.

—No ho oblidis, Guillem, l'ésser humà procedeix de la matèria. Si aconseguim descobrir-ne l'essència, aquesta tindrà propietats curatives. Jo ja soc vell i a tu et queda un llarg camí d'aprenentatge. No et venguis a qualsevol preu.

—No ho faré, mestre.

—Has d'anar a l'encalç de la substància primigènia de la vida. Aquesta és la clau per resoldre qualsevol malaltia.

Amb l'Arnau havien treballat en aquesta direcció. La serverola i el *Ribes nigrum* eren dos ingredients que seguien estudiant. Tanmateix, havien avançat en una combinació d'olis, d'oliva i d'ametlla, amb argila blanca i rosa mosqueta, que la Beatriu li aplicava cada matí per tot el cos. El nen reaccionava bé i en Surroca es debatia entre la sorpresa i la complaença.

Malgrat els esforços i el cansament que es derivaven de les seves jornades a l'hospital, després sempre trobaven un moment de descans compartit. En Guillem ajudava la Beatriu a subministrar als ferits una infusió de melissa, valeriana i flor de la passió, amb un raig de llimona, per ajudar-los a dormir. Aleshores es reunien a la bancada llarga de la paret nord de l'església i escoltaven amb avidesa els descobriments que cadascú havia fet al llarg del dia, les dificultats amb què s'havien trobat, les possibles solucions...

A en Mateu Soler el sorprenia reconèixer que tot el que havia après aquells darrers mesos anava fent solatge i que, només situant-se al mateix centre del dolor, ho havia fet possible. Aquesta circumstància, tot i l'aflicció que portava afegida, desfermava encara més les seves ànsies de saber.

—No vull dir que no tractés casos greus a Barcelona. Hem tingut episodis terribles de pestilència i ens han arribat homes i dones al límit de la seva vida, després d'una baralla o un robatori, però sempre hi havia filtres; les infermeres, les monges, la direcció de l'hospital que els traslladava amunt i avall.

—La lluita que portem a terme ara, pràcticament sense mitjans, és a vida o mort, i el resultat és a les nostres mans —va replicar en Pau Vinyes mentre li passava un gerro amb vi del que en Ramonet havia portat com a trofeu de la seva darrera ràtzia a la vall.

—Sé que els joves aneu cada cop més en aquesta direcció —va saltar en Magí Surroca—. Jo ho diria d'una altra manera. Hi ha un Déu que vetlla per les persones, però nosaltres som els seus ulls i, sobretot, les seves mans. El que millor hem fet ha estat desterrar la femta, el greix de vibra, els cucs. Les ferides ja no s'infecten i per tant no supuren...

—Ben cert —va intervenir en Mateu—. Tinc la sensació que sense infeccions és més freqüent que els malalts es recuperin, però en altres casos no és així i acaben morint igualment amb la sang enverinada.

—Això és perquè la natura no ha tingut prou força o perquè no hem sabut dirigir-la. També perquè no som capaços de veure tot el que passa dins el nostre cos. Necessitem esbrinar quins són els senyals d'alarma que ens transmet —va dir en Surroca, lamentant-se.

La Beatriu, però, encara pensava en aquell raonament sobre Déu i la manera com podia ajudar a tenir cura de les persones que ell mateix havia creat. La seva curta experiència li deia que la ignorància era l'enemic més mortal i, sempre que ho comentava amb el seu mestre, ell il·lustrava les seves reflexions amb exemples i històries.

En Magí Surroca dispensava una aversió especial als escrits d'un naturalista, en Plini, qui havia agafat fama molt abans de Crist i encara perdurava. Era aquell que parlava de la *mumia*. A més d'això, una de les seves grans idees, que les dones en període de menstruació podien transmetre malalties i tenir efectes nocius sobre tot el que les envoltava, treia de polleguera la Beatriu. La ignorància feia que hi hagués metges i estudiosos que el seguien al peu de la lletra i, el que encara era més colpidor, deien haver vist les mateixes curacions fabuloses que l'escriptor romà. Tant els feia que els textos fossin mil·lenaris o que haguessin passat per nombroses mans abans d'arribar a les seves.

—La mare ens deia que Déu és dins de cadascú de nosaltres. Estava segura que ens parlava a través del nostre cos, per això era tan important aprendre a escoltar-lo —va recordar en veu alta la Beatriu.

Després de la seva intervenció, va buscar l'espatlla d'en Mateu, que sempre era molt a la vora per si el necessitava, i s'hi va recolzar. El cel ple d'estrelles cridava a la malenconia i el Bruixot se'l mirava com si estudiés les seves possibilitats. Més d'una vegada havia expressat en veu alta com d'adequat resultaria fer-ne alguna recerca alquímica seguint la posició que dibuixaven els astres al firmament.

—Avui serà una nit terrible per als bojos, però molt adient per barrejar elements i destil·lar essències —va dir en Surroca, a qui cada cop li costava més conjugar aquestes idees amb la creença que els homes eren lliures per construir el seu propi destí...

—Encara no us he donat les gràcies per la cura que heu tingut amb l'Arnau. La malaltia persisteix, però els seus efectes no són devastadors. Ara riu més que plora —va dir la Beatriu, allargant la mà fins a tocar el braç d'en Surroca.

—Ets un petit molt valent i et mereixes ser feliç —va dir mentre acaronava la galta del menut i aquest li responia amb un somriure.

En Pau Vinyes es va aixecar de sobte de la bancada i es va posar dret davant de tothom. Sabien que era una mica cerimoniós i, quan es donava el cas, callaven, disposats a escoltar-lo. De vegades només volia explicar un acudit o alguna història que els fes oblidar la duresa del dia, però d'altres els havia obsequiat amb reflexions importants.

—És clar que hem de donar les gràcies a en Magí, per tot el que ha fet, però també us he d'incloure a vosaltres, Beatriu, Mateu, que heu portat esperança als ferits i, de retruc, a tota la gent de Llívia. Trobo que ha estat admirable la vostra actitud perquè, per dir-ho clarament, fins fa molt poc ni tan sols teníeu coneixement que existís aquesta vila.

—Jo diria que d'això se'n diu vocació... —va interrompre en Surroca; se'l veia satisfet, malgrat les ulleres profundes i la postura deixada que mantenia sobre la pedra.

—No sé quines són les vostres intencions —va continuar en Vinyes—, però ens agradaria molt que, si sobrevivim, quan acabi tot això, us quedéssiu a la vila. I crec que parlo també en nom d'en Magí. Sé que esteu avesats a un altre tipus de vida, que potser trobareu a faltar Barcelona i el seu ritme de sorpreses constants, però us he observat tots tres durant aquest temps i em fa l'efecte que seríeu feliços junts, amb en Guillem feu un gran equip!

—Bé. Tot ha estat molt precipitat. Jo... —va dubtar la Beatriu—. He passat molts anys de la meva vida negant la mare, negant una part important de mi. Encara no em puc creure que...

Els ulls de la jove es van omplir de llàgrimes i en Mateu la va abraçar amb dolcesa. En Magí Surroca se'ls va mirar complagut. S'havia imaginat aquella situació. Ell i en Mateu experimentant amb els metalls, ajudats per les idees esbojarrades però enriquidores d'en Vinyes, i la Beatriu ben a la vora, fent barreges, ungüents, decoccions, aprofundint en les propietats de les plantes sota el seu guiatge. En Guillem era el futur, aprenia dels uns i dels altres mentre forjava la seva pròpia manera de fer.

També ho veia com un somni egoista, perquè no li pertocava controlar el destí dels seus nous amics. El que era cert, i paradoxal alhora, era que havia d'anar molt enrere en el temps per trobar un moment en què se sentís tan satisfet amb ell mateix.

—Crec que aniré a comprovar si l'Arsenda necessita alguna cosa —va dir en Vinyes; estava content d'haver deixat anar els seus pensaments i també d'haver sembrat una llavor, poc més podia fer sinó esperar que donés els seus fruits.

De camí cap a casa seva, en Pau Vinyes va observar com en Valentí i els seus companys xerraven animadament molt a prop. Aquell jove d'ulls foscos i els seus inseparables s'havien pres molt seriosament la seguretat d'en Surroca i sempre estaven disposats a ajudar-lo en tot allò que li fos necessari.

Les hostilitats feia temps que estaven aturades. Tres dies després, en una nit xafogosa, en Mateu va reprendre la conversa que les llàgrimes de la Beatriu havien interromput.

—Jo també he après moltes coses des que som aquí. Ara sé que la vida pot ser massa curta per no buscar amb totes les teves forces el que vols veritablement. Vull estar al teu costat, Beatriu. On tu decideixis, amor meu.

La Beatriu es va girar a la màrfega que compartien

i li va posar la mà a la galta perquè en Mateu la mirés directament als ulls humits. Després els dos cossos es van apropar tant que ningú no hauria pogut descobrir quina part de la pell exposada pertanyia a l'altre.

53

—Començo a tenir-ne el pap ben ple amb tanta cerimònia. Estic fart de fingir, fart!

—Fes el favor de no aixecar la veu!

—Que no aixequi la veu, dius? No faig altra cosa que dir... Sí, senyor! No, senyor! Ens hem ficat en una guerra que no és la nostra, Valentí! No sé si em fa més por d'acabar esclafat sota una bola de canó o de continuar esperant no se sap ben bé què.

—Aquesta fortalesa és inexpugnable. Els francesos canviaran de tàctica però no es retiraran. Potser esperen vèncer per esgotament. Que se'ns acabi el menjar o l'aigua, que ens congelem o ens rostim, tant hi fa.

—Vaja, vaja! Si sembles un d'ells! Si seguim gaire més temps aquí, oblidarem què hi hem vingut a fer! Em pensava que t'havien curat el braç, no pas que t'haguessin fet un rentat de cervell.

—El braç... Si fos per tu, l'hauria perdut!

—Valentí! Ja pares atenció al que diu en Senyecs? Gràcies a mi que el pla no se'n va anar en orris!

—I calia que t'hi acarnissessis tant? Vam dir que fos un tall, no una carnisseria!

—Havíem d'espantar el noi... Potser sí que se me'n va anar la mà. Però va funcionar, oi?

—Quantes vegades hem de tenir aquesta conversa? —va demanar en Valentí, preocupat per les conseqüències que se'n podien derivar.

—Fotem el camp!

—T'has tornat boig?

—Encara no, no del tot. És que no entenc per què no podem agafar el vell i enllestir d'una vegada. Ningú no sospita de nosaltres i gaudim de la seva confiança, coneixem el passadís i fa dies que els francesos no diuen ni piu.

—És massa arriscat. T'he dit que no és el moment. Fes el favor de tranquil·litzar-te.

—No hi estic d'acord. Tu què en dius, Senyecs?

—Ell no té res a dir-ne i tu tampoc! No penso consentir una revolta! En Tano em va posar al davant de la missió i no oblidem que al seu darrere hi ha les ordres d'en Francesc Borrell! La sort de les nostres famílies està en joc, per tant es farà tal com jo digui. No vull sentir ni una paraula més. Si goseu anar pel vostre compte us esbudellaré, com fan amb els porcs.

Tard o d'hora havia d'arribar! Això va pensar en Ramonet quan, amagat rere unes caixes apilades molt a prop, va escoltar la conversa. Hi havia esmerçat moltes nits al ras, dreçant les orelles fins que li feia mal el coll.

Temps enrere havia confiat les seves sospites a en Guillem, però el tal Valentí se l'havia guanyat des dels inicis. I en Robert tampoc s'ho havia pres seriosament, fins al punt que li va aconsellar de no buscar-se més problemes i va acabar deixant la vigilància.

Ara en tenia l'evidència! Va fer-se enrere amb molta cura per no fer soroll. Quan es va sentir fora de perill de ser descobert, va saltar d'alegria.

—Teníem raó, Sutge! Teníem raó! Un home que parla amb tant de menyspreu d'un animal, i que es riu del patiment dels altres, ha de ser per força una mala persona!

El gos acompanyava els moviments del seu amo i lladrava enjogassat.

Nerviós i eufòric a parts iguals, va tornar a casa d'en Pau Vinyes, on tenia el seu propi jaç des del dia de la pujada al castell. No podia esperar l'albada per comunicar-los-ho. I si aquell home barbut perdia el control?

El primer a assabentar-se'n va ser en Robert i va informar el seu pare de seguida. Aquest, després de fer-l'hi repetir mitja dotzena de vegades, va insistir perquè tornessin al llit i mantinguessin la boca tancada.

—Escolteu-me bé, res de jugar a ser herois ni d'actuar pel vostre compte. És molt important no desvelar-los que estem al corrent del seu secret. Per això us demano que no aixequeu sospites, ni la més petita sospita. Entesos? Això ha de quedar aquí. No ho digueu a ningú!

—Però...

—No, Ramonet. A en Guillem, tampoc! Com menys gent ho sàpiga, millor. I a la teva mare ni una paraula, Robert! Ara aneu-vos-en al llit i deixeu-ho tot a les meves mans.

En Vinyes va sortir a l'exterior, li calia pensar amb claredat. De sobte, les pors del passat havien tornat per turmentar-lo. L'home de confiança d'en Borrell era al darrere d'aquells tres pinxos i, com no podia ser d'una altra manera, el notari movia de nou els fils en la distància.

—Podrit! Ni a l'infern t'hi volen! —va exclamar en Vinyes, escopint a terra.

Malgrat que va tornar al llit amb la seva dona, no va ser capaç d'atrapar la son. D'una cosa se'n va anar a una altra. Va témer per la Morlana, que, sense en Pere Bracons, estava més desprotegida. Si, tal com semblava, en Borrell havia sobreviscut i no renunciava a la fórmula, la seva amiga podria servir com a moneda de canvi. Un calfred li va pujar per l'espinada i es va posar dret d'un salt. Va anar fins a la lleixa de la cuina i es va servir un got de vi. Com podia ser que li hagués passat per alt, allò que una criatura havia estat capaç de veure! Ell, que sempre tenia a la boca la paraula «observació», ara es confessava cec. De bon grat s'hauria omplert de nou el got, per enterbolir aquella realitat incòmoda que l'acusava d'inepte, però li calia conservar el cap clar.

Es va asseure en un marge de pedra seca a esperar el dia. Núvols baixos pentinaven la vall fent presoneres les primeres llums de l'alba. Un ventijol suau transportava l'olor de la pluja que no trigaria a arribar. En Vinyes va respirar profundament i, amb els ulls tancats, va retenir l'aire abans de deixar-lo sortir. Va repetir l'operació dues o tres vegades amb el propòsit de tranquil·litzar-se.

Lentament es van anar dibuixant de gris perfils només insinuats. Les figures dels soldats fent guàrdia, un tendal de roba estesa, els tancats dels animals i, allà baix, al seu estimat poble, algunes fumeroles. Tot, però, de manera inquietant, continuava silent. Era el moment d'anar a parlar amb el castlà.

—A banda dels dos nens, ho sap algú més? —va inquirir en Damià Descatllar visiblement preocupat mentre es passava la mà pels cabells.

—No, senyor.

—És important que sigui així.

—Ho sé, senyor.

—Jo me n'encarrego.

—Els detindreu?

—De moment els posaré sota vigilància. No sabem si hi pot haver algú més implicat i hauríem de respondre massa preguntes, s'han fet un lloc en poc temps, sempre estan disposats a ajudar.

—Si ens desfem d'aquests homes, en Borrell n'enviarà més. Res ni ningú no és capaç d'aturar-lo.

—No us ofengueu, però tinc els meus propis problemes. Ja us he dit que, mentre estigui sota la meva protecció, res de dolent no ha de passar a en Magí Surroca. Ara, si m'ho permeteu, ens espera un dia dur.

En Vinyes va abandonar el lloc amb una certa sensació de desencís.

Què n'esperava, de fet?

54

Catorze mesos més tard, els ciutadans de Llívia es preparaven per iniciar el descens fins a la vall. En contra del que haurien predit sense por a equivocar-se, molts abandonaven el puig amb lentitud i al cor de la majoria hi niava un sentiment contradictori. Després de lluitar fins a l'extenuació, de resistir l'infern de les explosions, el foc i la incertesa, de suportar la neu i les gelades, de passar gana i sofrir la calor de dos estius inclements, se sentien debilitats i forts alhora. Havien suportat aquell setge tan llarg, però era una victòria en gran part inútil que portava emparellada un sentiment d'humiliació. El senyor que els havia de protegir era qui els havia traït i aquest fet pesava en el seu ànim com una llosa, tant com l'enyorança dels éssers estimats a qui mai més no tornarien a veure.

Reunits davant el castell, i amb llàgrimes als ulls, van honorar els seus morts en una missa oficiada a l'alba per mossèn Tort. En acabar es va sentir la queixa del vent entre l'arbreda i una pluja fina de fulles seques va servir de pròleg a tot el que vindria després. Van anar dipositant les flors sobre les tombes i l'Arsenda va demanar que la deixessin sola encara una estona més. S'ajupia als peus del petit monticle on reposava la Maria, convertit en un bonic jardí on voleiaven les papallones a la primavera; al bo de l'hivern rebia la visita de les petites grives. La dona li va demanar perdó de nou per no haver sabut protegir-la. Després, amb el cap cot i les parpelles inflades, es va afegir al grup que tenia cura de l'Arnau i l'esperava unes passes més enllà. Com tantes vegades des que havia après a caminar, corria rere en Ramonet, a qui adorava.

Els grans absents a la cerimònia van ser en Valentí i els dos pinxos que l'acompanyaven. Alguns comentaven que els havien vist marxar amb els homes del castlà, d'altres que havien fugit per cames només saber que s'havien reobert els camins. Fos com fos, en Pau Vinyes ho va rebre amb neguit. Li hauria agradat pensar que s'havien alliberat d'aquella amenaça constant, però el sentit comú i la coneixença de com se les gastava en Borrell no l'hi permetien.

No podia fer una altra cosa que anar a parlar amb en Mateu i fer-lo partícip d'aquell secret i de la vulnerabilitat a què estava exposat en Surroca. Només li calia trobar el moment i obrir força els ulls.

Aprofitant el despertar del dia, la Beatriu i en Mateu van ajudar a omplir els carros. El primer transportaria mitja dotzena d'homes que no podien fer el trajecte a peu i una anciana que havia perdut el senderi. Mentrestant, la dona del ferrer, prenyada, amb els peus deformats i les cames com bidons, es retorçava dins el segon. Al seu costat hi viatjava l'Arnau amb una criatura de bolquers; compartien l'espai que havia quedat lliure després d'encabir els estris de l'hospital de campanya. Els medicaments que havien anat elaborant entre tots es concentraven al carro de la Beatriu i en Mateu; ella se sentia orgullosa del que anomenava la seva petita farmàcia. La dringadissa dels pots de terrissa amb resina de pi per curar cops, oli de ginebre, de serp o de llangardaix i dotzenes de beuratges i ungüents va anunciar que s'iniciava la marxa.

A la parella se la veia feliç malgrat tantes vicissituds. L'espai que deixaven enrere, temple de la vida i de la mort, havia estat testimoni de paraules i fets que no sempre feien de bon recordar. Havien assistit, també, a processos de curació i aprenentatge, eren éssers diferents dels que, poc més d'un any enrere, havien arribat al castell. Al marge del patiment, o potser per poder-lo transitar sense sucumbir-hi, els seus cossos joves i forts s'havien incendiat en el joc de l'amor. Mentre les olors de sofre, sang o farigola, impregnaven l'aire, s'havien respirat amb vivesa, conscients que podria ser la darrera vegada. Se sabien barrejats i els agradava. Sovint reien sense solta ni volta després de descobrir-se un nou gest que fins aleshores només li era propi a la persona estimada. La Beatriu i en Mateu s'havien convençut que la mixtura resultant de la seva estima era millor que els elements aïllats que la conformaven.

El mateix succeïa amb les fórmules preparades sota la direcció d'en Magí Surroca. El savi, el bruixot, l'amic incondicional, duia la barba més llarga i més blanca, els ulls d'un blau més gris, però el seu semblant serè seguia immutable. A poques passes de la parella, també es preparava per deixar enrere aquell lloc. Ho feia acompanyat d'en Guillem, que ja no tenia mans de criatura; els penellons a l'hivern i les clivelles a l'estiu li havien endurit la pell. La mirada, però, seguia igual de viva; menys innocent, potser.

En Robert, el fill gran d'en Pau Vinyes, s'havia convertit en adult des del mateix moment de la mort de la seva germana. El seu pare se'l va mirar amb admiració mentre ajudava a recollir la mel de les últimes arnes i desmuntava els tendals que, a la vall, aprofitarien per protegir els animals. No sabien en quin estat trobarien els estables; ni els estables ni gairebé res. Però en aquell moment el més important era vetllar per la seguretat del vell Surroca i, de retruc, impedir que aquella fórmula caigués en mans d'un home sense escrúpols.

La situació era extremament difícil de pair. Resultava inquietant creuar-se amb els soldats invasors i no posar-se a la defensiva, però els francesos tampoc no ho feien. Els pactes fixaven que l'exèrcit del rei Lluís gaudia de pas franc i el neguit s'havia estès entre els vilatans. Que en Damià Descatllar hagués venut el castell per set mil escuts d'or els havia convertit en forasters en terra pròpia.

En Pau Vinyes no es va cansar d'advertir que s'abstinguessin de caure en provocacions. Tenia sota el seu control els possibles esvalotadors, a més de les persones que, havent tractat tan a prop amb el dolor, ja no tenien res a perdre. Feia temps que els coneixia i li era fàcil preveure com respondrien en cas d'una situació límit.

Si les coses haguessin estat diferents, hauria pogut gaudir en companyia d'en Magí Surroca d'una darrera observació de la vall des del puig. Del verd de les fulles de roure mudant a marró i de com, a poc a poc, es dipositaven sobre el terra, encatifant senderes i esborrant camins. S'hauria sentit captivat pel vermell de les blades o dels alts pollancres vora el riu. No en va tenir ocasió, però. La por a un desenllaç inesperat el tenia permanentment a l'aguait.

El cel, com si acompanyés les seves temences, es va anar encapotant fins a cobrir-se en la seva totalitat. Les primeres gotes van aixecar la pols del terra després de colpejar-lo amb força. Aviat, la ruixada imprevista va esdevenir una tempesta i ho va fer tot encara més difícil.

—No us quedeu a recer dels arbres! —va advertir en Pau Vinyes, animant la seva gent a continuar i a protegir-se dels llamps que estripaven el cel.

Els trons els van acompanyar durant el trajecte. Cada esclat els tornava a la memòria l'estrèpit d'aquell maleït canó que els havia assetjat durant mesos. La intensitat amb què retrunyia feia tremolar el terra sota els seus peus, semblava capaç d'enderrocar les muralles que, fins aleshores, havien suportat tots els embats. Les dones protegien els més petits mentre aquests es tapaven les orelles amb les mans.

Els animals també es mostraven inquiets; les ovelles i les cabres es dispersaven sense rumb i les mules portaven els carros amb moviments bruscos, com si volguessin desfer-se'n i anar a l'encalç d'un lloc a recer. Sota l'efecte d'aquest neguit van accelerar la marxa i els homes i les dones que viatjaven sota les lones xopes van cridar demanant auxili. Alguns van córrer al darrere amb la intenció de prendre el control, però el recorregut va ser molt breu. Tot just al primer revolt, les bèsties van continuar recte i les rodes es van enfonsar en el fang fins a quedar atrapades. Per tornar-lo al camí s'havia d'alleugerir la càrrega, i van baixar els malalts amb moltes dificultats.

—No s'acabarà mai, la nostra desgràcia? Em cago en el rei dels francesos, en el castlà que ens ha venut i en la nostra sort! —va exclamar un dels tolits, mentre un home corpulent se'l carregava al coll—. Mireu-nos! Som una desfeta humana! Tant de bo una espasa hagués posat fi a la meva vida, tant de bo...

—Calleu i tranquil·litzeu-vos, per l'amor de Déu. No veieu que espanteu la canalla? —va intervenir un dels seus companys; la roba mullada se li arrapava al cos i se li podien comptar totes les costelles.

—Millor! Que vagin prenent nota del que els ve a sobre! I tu, dona, què mires? Què et penses que t'espera a la vall? Els soldats tenen fam de femelles i tant els fotrà que els pits els arribin als genolls!

—Ja n'hi ha prou! —va exclamar en Surroca, que fins aleshores se n'havia mantingut al marge.

L'home va emmudir davant l'autoritat que el savi exercia. Aquest va mirar la gent que l'envoltava i va tornar a aixecar la veu...

—Porteu aixades i pales! Primer cal treure el fang. Després ens cal bastir un terra més ferm. Vosaltres aneu a buscar branques per posar-les sota les rodes... I un sac, potser! Un sac també ens farà servei. Aconseguiu alguna cosa per fer palanca! No perdem més temps. Que ningú no obri la boca si no és per donar una solució.

Una estona més tard, el carro va sortir amb un gran sotrac. Tot ell va cruixir i es va balancejar, però tornava a estar en el camí. Els malalts van recuperar el seu refugi sense atrevir-se a aixecar la vista. Tremolaven sota la tela basta que els cobria, xops.

Van extremar les precaucions en aquell terreny relliscós que feia baixada. Es feia sentir el cansament de les darreres jornades; sovintejaven les caigudes i els plors de les criatures. La barrumbada no tenia pressa per abandonar l'indret i la comitiva avançava amb lentitud a través del fang, la pluja i els trons. La visió es va fer cada cop més difícil i ja no podien comprovar si es reduïa la distància que els separava del seu objectiu. La vila, als seus peus, era poc més que un vel blanc.

—Prou! Ja n'hi ha prou! Quina ha estat la nostra ofensa perquè ens castiguis tan severament? Què n'has fet, de les nostres oracions, Déu de la Misericòrdia?

La Beatriu va abandonar la partera que ajudava i va baixar de la carreta del ferrer. Després va fer servir totes les seves forces per incorporar la dona que desafiava el cel enlairant els braços. Mentrestant, mirava de reüll per si podia distingir el carro de la farmàcia, conduït per en Mateu.

—Deixa'm estar! Aparta't!

—Ja gairebé arribem! No abandoneu, ara! Recolzeu-vos en mi. Buscaré una branca que us serveixi de bastó. Si us plau, no defalliu. Som a prop, molt a prop!

—No ho entens, criatura? Arribar, dius? On et penses que arribem?

—A casa! Tornareu a casa vostra, per fi.

—Casa meva, dius? Serà un lloc profanat per estranys! Una casa on no hi haurà el meu Andreu... —va afegir amb veu planyívola—. Què en faré, de tanta solitud?

La dona va arrencar a plorar i res del que li deia la Beatriu semblava consolar-la. El dubte, la incertesa i la por la van visitar amb més força que mai, tal vegada perquè la pluja havia estovat la crosta que la protegia.

Van arribar sense forces a unes barraques de pastor. D'allí estant, esperarien que la tempesta es debilités, però abans calia posar a recer els més febles. El mossèn invocava la protecció de Santa Bàrbara i lamentava no tenir més a prop la capella castral de la fortalesa, que li estava dedicada, perquè resultés més efectiu. Algunes dones pietoses es van afegir a la seva pregària.

Era mitja tarda quan va obrir el dia. En aquell campament improvisat, havien fet una foguera per eixugar la roba molla i menjar alguna cosa. El poble era a tocar i un grup de soldats francesos s'hi movien lliurement. En Robert i en Guillem es van avançar per obtenir notícies més precises. En Pau Vinyes va ser el primer a rebre-les...

—N'hi ha un grup al nostre mas, pare. També n'he vist un altre sortint de la casa on celebreu el Consell Municipal i un tercer semblava dirigir-se a l'església.

El noi parlava en veu baixa, mirant de no fer-ne partícip la seva mare.

—Has pogut comptar quants són?

En Robert es va arronsar d'espatlles i, si s'havia de jutjar per l'expressió d'ensurt que es reflectia en el rostre d'en Guillem, ell tampoc no era capaç de respondre la pregunta.

—Més o menys... —va insistir en Pau.

—Es mouen en grups de vuit o deu. No ho sé del cert. Però a la plaça tenen un campament.

Davant el silenci d'en Pau, en Guillem va obrir els ulls tant com era capaç i va demanar...

—Què farem, ara?

—Haurem de parlar amb ells, per saber quines són les seves intencions.

En Vinyes es va quedar pensatiu. Potser no era una bona idea. Calia nomenar un home que fes d'enllaç amb els francesos, i era important que dominés la seva llengua i representés la majoria. Algú a qui tots respectessin...

Les veus que van assenyalar en Magí Surroca com la persona indicada no es van fer esperar. Van proposar explícitament que no hi anés sol, i en Pau es va oferir a acompanyar-lo. Abans, però, urgia que en Mateu estigués al corrent de la situació.

—M'estàs dient que tot aquest temps hem donat aixopluc a uns assassins?

—No sabem si...

—Per l'amor de Déu, com has pogut mantenir-me'n al marge? Vull pensar que la Beatriu tampoc no en sap res.

—No, és clar que no. I hauria de seguir sense saber-ho. Si fem moviments en fals, podem...

—Podem, què? On són ara aquesta panda de desgraciats? Potser han anat a buscar reforços i nosaltres... Mira'ns! Et sembla que estem en condicions de plantar-los cara?

En Vinyes va abaixar la mirada en direcció a les mans, que entortolligava amb gest nerviós. La conversa no es va poder prolongar gaire temps, el poble de Llívia esperava.

Si haguessin pogut sentir els batecs dels homes i dones que tornaven a casa seva pel camí de Sant Jaume, els francesos s'haurien posat a la defensiva. Però aquell palpitar era producte de la seva por i només ressonava a les temples dels vilatans.

En Surroca i en Vinyes anaven unes passes endavant. En Mateu i la Beatriu els seguien de molt a prop, acompanyats del mossèn i els homes més importants de la vila. S'esforçaven per no arrossegar els peus, gens lleugers, fins i tot després d'alliberar-se del fang adherit a les sandàlies. L'olor de la terra molla era intensa, però el perfum de l'angoixa se'ls arrapava als narius i no els permetia flairar-la. La vall intentava seduir-los després d'un descens tan dur, les branques dels arbres regalimaven gotes que s'encenien amb el color del capvespre, mentre als cors dels habitants de Llívia només hi niava la incertesa.

55

—Què fas? Deixa la pedra!

En Ramonet es va mirar en Guillem i li va mostrar una ganyota de disgust per la seva reprimenda.

—Et dic que la deixis!

—Tu no ets ningú per donar-me ordres! Et penses que soc un brètol? Bé que ens haurem de defensar si els francesos...

—El castlà va signar un pacte, ja ho saps. No tenia més opcions i nosaltres tampoc... Llença la pedra ara mateix!

—Ah, sí? I tu com ho saps? A mi tot això em sembla molt estrany. A més, els pactes també es poden trencar!

—Si no et desfàs de la pedra...

—Què? Què faràs? —va dir, aixecant la barbeta i estirant el coll.

Una dona que caminava al seu costat els va fer callar mentre mirava en Ramonet amb desaprovació. El nen, sentint que potser havia arribat massa lluny, la va llençar dins un bassal i va seguir endavant amb posat murri.

La conversa que van mantenir els representants de la vila de Llívia amb qui semblava comandar el grup dels francesos va ser més curta del que esperaven. En Surroca i en Vinyes van anar a l'encontre dels seus sense gaires alegries a comunicar...

—Haurem de tenir una mica de paciència —es va avançar en Vinyes.

—Què vols dir amb això? Potser no n'hem tinguda prou! Si aquests merdes no foten el camp de casa meva, els xafaré el cap amb un roc! —va cridar un vell desdentat entre la multitud.

En Ramonet va somriure per sota el nas, aquell home era dels seus.

—El setge ha acabat, entesos? —va exigir en Magí—. Els qui teniu davant són homes com nosaltres, també tenen família i frisen per tornar a casa, però estan sota les ordres del seu rei. És a ell a qui deuen lleialtat. Esperarem! Hi ha cases buides a l'entrada del poble; ens hi podem acomodar mentrestant...

—Són ruïnes! És un rei que s'aprofita de les desgràcies dels altres per intentar prendre el control de les nostres terres, les dels nostres avantpassats! Ja ha guanyat Perpinyà per les armes i vol estendre el seu poder, al preu que sigui. I ara no ens permet tornar a casa! És que no ho enteneu? —va proclamar un jove, visiblement enfurismat.

—No ens toca fer d'àrbitres. Hem de conservar la calma i no donar-los cap motiu per iniciar una altra contesa —va remarcar en Surroca—. Ara depèn de nosaltres que la pau no es posi en qüestió. Us asseguro que només seran uns dies. Després m'imagino que ocuparan el castell i ens deixaran tranquils.

—Però, què se suposa que hi fan? Ja tenen el castell

que volien i controlaran el territori, per què no deixen la gent de la vila en pau?

—No ens han revelat les seves intencions, però sembla que tenen una darrera missió —va reblar en Surroca no gaire convençut; ell tampoc no acabava d'entendre per què no deixaven tornar la població a casa seva.

—I aquests soldats que han vingut amb vosaltres, què esperen aquí plantats?

—Ens esperen, Ramonet. En Pau i jo hem de marxar de nou. Hi ha ferits al poble i ens han demanat ajuda.

—Ferits, dieu? Càsum Déu! Tots morts, així haurien d'estar! —va exclamar el mateix vell desdentat que havia intervingut abans.

—No t'esgargamellis i guarda la força, que ens farà molta falta. Per a un metge, els ferits no tenen bàndols.

—Jo també vinc —va avançar-se en Mateu.

Després va tenir lloc un estira-i-arronsa que implicava la Beatriu i en Guillem. Tant l'un com l'altra volien acompanyar-los argumentant que podien ajudar, però per alguna raó topaven amb la resistència dels homes.

—Mateu, Pau, deixeu-los venir. Com més mans serem, millor! —va acabar sentenciant en Surroca.

Abans de tornar a enfilar el camí que menava cap al poble, en Robert va anar a l'encontre del seu pare. Va ser una conversa breu seguida d'una abraçada llarga que en Ramonet va observar amb estranyesa.

—Passa alguna cosa? —va demanar en veure el trasbals del seu amic.

En Robert va negar amb el cap, però l'expressió greu del seu rostre el contradeia. Els dos nois es van quedar en silenci mirant com la petita comitiva s'allunyava de nou. En Surroca duia un únic fardell, la resta amb atuells i medecines se'ls havien repartit en Pau Vinyes i en Mateu Soler, que custodiaven, amatents, el seu mestre.

Seguint les indicacions dels soldats, el grup va travessar tot el camí ral fins a anar a raure a una casa, a l'altra punta del poble. Els van dir que els invasors hi havien muntat la infermeria. Durant el recorregut, la Beatriu va ser objecte de gestos i paraules grolleres que els soldats van silenciar amb fermesa.

Malgrat que era ple dia, aquell espai resultava llòbrec i desprenia fetor de podridura. Només hi va posar els peus, en Surroca va demanar que retiressin les teles que cobrien les finestres per ventilar l'espai i tenir més llum. A continuació, i mentre feia lloc per col·locar tot el que duien als fardells, va donar un parell d'ordres més. Ningú no va moure un sol dit, però.

—Molt bé! Això era l'acordat. Ja estem en pau. Ara marxeu i ni una paraula a ningú.

Aquestes paraules i la dringadissa d'unes monedes van ser el preludi del soroll metàl·lic de dues baldes i un forrellat anunciant la sortida dels tres soldats que els havien acompanyat fins a la casa.

En Vinyes i en Soler es van mirar amb neguit, la trampa era perfecta. La Beatriu i en Guillem seguien sense entendre a què obeïa aquella manera de fer. Un instant després, un dels presumptes ferits es va aixecar de la llitera amb un somriure d'orella a orella.

—Vaja, vaja! A qui tenim aquí... D'això en dic jo anar a caçar llebres i endur-se'n, com a premi, tres cérvols i una bonica gasela!

Aquella veu va congelar la sang de gran part dels convocats. Quan, per fi, van distingir el seu rostre, la Beatriu va quedar lívida.

—Francesc Borrell! —va exclamar en veu alta.

—Bon dia tingueu! Ja tornem a estar tots reunits!

La salutació la feia en Valentí, que, acompanyat dels seus pinxos i d'en Tano, abandonaven el seu amagatall, rere una paret de fusta.

—Anem a pams —va intervenir el notari—. Fa molt de temps que espero aquest moment; me l'imaginava sempre a les nits, i només això em permetia descansar i agafar el son. Ara veig que encara serà molt més plaent del que pensava.

La Beatriu va fer el gest d'abraonar-se-li a sobre, però no va aconseguir moure's del lloc. De seguida, dos homes la van retenir pels braços.

—Maleït siguis! Ets un assassí i pagaràs car la mort de la Guisla!

—M'agraden les dones amb caràcter, però ja m'ensenyaràs les urpes més tard. Anem per feina abans que m'escalfeu massa els pebrots. He vingut a buscar la maleïda fórmula. I ja saps que si haguessis estat fidel a la teva paraula ens hauríem estalviat molts disgustos. Oi, Pau?

En Magí Surroca es va mirar el seu amic i aquest va acotxar el cap.

—Això sí que em sap greu! He desvelat algun secret, potser? Pel que sembla, el vell no en sabia res. Quina decepció!

Durant uns instants les riallades i les provocacions van ajudar a enrarir més l'ambient. El notari coixejava de manera ostensible.

—Encara que ho volgués, que no és el cas, em resultaria impossible oblidar-me de tu, Pau Vinyes. Cada cop que intento caminar, el teu record em surt a l'encontre. Tinc molts motius per malfiar-me de vosaltres. Però això s'ha acabat! No jugarem més a fet i amagar. M'enduc en Magí Surroca, l'artífex de la fórmula. D'ara endavant, treballarà per a mi. No patiu, no li ha de faltar de res —va afegir amb un somriure irònic.

—Això no és necessari!

—Ah, no? Que potser seràs tu qui m'ho impedirà? —El notari va agafar en Vinyes per la roba i el va reptar a un pam de la cara—. Doncs et diré més, et faig directament responsable de tot el que li passi! La meva intenció era posar fi a la teva vida d'una vegada, però m'ho he pensat millor. Ets massa insignificant i, d'altra banda, un bon esquer.

—No feu cap tonteria. Si no tornem d'aquí a unes hores ens vindran a buscar i...

—Qui és aquest noiet tan eixerit? Si em pensava que no tenies llengua! I què? No siguis tòtil i escolta'm quan parlo. He dit que he tingut molt de temps per pensar cada pas i, creu-me, no pot anar malament res. Us quedareu aquí. Quan us vinguin a buscar ja serà molt tard. Enviaré un parell de soldats francesos perquè avisin la gent de la vila; serà fàcil convèncer-los que els ferits estan en molt males condicions i que hi passareu tota la nit. Quan s'adonin de l'engany, ja serem lluny i tindrem amb nosaltres la gallina dels ous d'or. Si fos al vostre lloc, no faria cap pas en fals.

El notari va donar una volta sencera a la taula on en Surroca havia deixat les coses i va afegir...

—Tot això també ens ho emportarem.

Després es va mirar en Mateu Soler, que, amb poca traça, tractava de protegir la seva estimada.

—Quina escena més tendra! Em sap greu, però em temo que n'hauràs de prescindir.

—No la toqueu! Preneu-me a mi, us faré més servei. Soc metge...

—Vaig servit de metges i estic cansat de pelar-me-la sol. Lligueu-lo a la cadira i feu que calli.

—Abans de complaure-us, em mato!

—Ja ho discutirem en la intimitat, això, Beatriu. Ella també ens acompanyarà, nois! Poseu-li un morrió i aneu amb compte que aquesta bestiola mossega. I pel que fa a vosaltres —va dir, repartint la mirada entre els tres homes que quedaven—. Us ben asseguro que si em feu seguir o veig algun moviment sospitós rebreu el cap d'en Surroca dins un sac, com el d'en Ramon Gras. Te'l devia explicar la teva estimada amiga Guisla, el final del seu marit, o en vols més detalls?

La Beatriu es va regirar, impotent. Tenia els ulls vermells, injectats de sang i ràbia. Van lligar davant seu, esquena contra esquena, en Vinyes, en Guillem i el seu estimat. Després els van introduir un drap xop a la boca.

—Doneu un altre tomb a la corda! Peus i mans! I els traieu les sabates, no les faran servir. Escolteu-me bé —va dir, adreçant-se als presoners—. No és la compassió la que em mou a perdonar-vos la vida. És tan sols una garantia d'eficiència, a més de la satisfacció de saber que sempre haureu de mirar darrere vostre per si he canviat d'opinió. Us mantindré vigilats, i espero que el vell col·labori... Si no és així, anireu caient l'un rere l'altre. Ara que tothom coneix les regles del joc, som-hi!

Acompanyant el seu cap, un grup de nou homes forts i armats fins a les dents va envoltar els dos segrestats.

—Escolta'm bé, Beatriu. Ara et destaparé la boca, però si fas l'intent de cridar o qualsevol gest que jo interpreti com un senyal que em posaràs les coses difícils, t'obriré de dalt a baix —va dir mentre amb una daga afilada li recorria la roba des del pubis fins al coll.

En sortir de la casa, la claror els va fer aclucar els ulls. El fred era intens i un vent procedent del sud va esvalotar els cabells blancs d'en Magí Surroca, que continuava en silenci. Van emprendre plegats el camí que menava al petit llogarret d'Urr, on en Borrell i els seus homes s'havien instal·lat feia un parell de dies; al primer revolt els esperaven els cavalls. El bram de les aigües del riu es va escoltar amb claredat just abans que la Beatriu veiés el mocador d'en Ramonet. Després els batecs del cor a les temples van ser eixordadors. Aquell tros de drap, que el vailet sempre duia lligat al coll, penjava de la branca baixa d'un arbre.

La jove va guaitar a banda i banda i, tot seguit, va elevar la mirada sense cridar l'atenció. Llavors va entendre que disposaven d'una darrera oportunitat. Per la posició que ocupava el vailet, va intuir que en passar per sota els cauria a sobre. Volia creure que no estava sol, que aquella era una operació ben orquestrada i no pas el fruit d'una trapelleria. Fos com fos, l'únic que podia fer ella era empènyer en Surroca cap als marges del camí, posar-lo sota protecció i esperar.

Quan el nen va saltar cridant sobre en Valentí, es van escoltar desenes de rèpliques. L'emboscada no presentava cap fissura. Tots els homes de Llívia que estaven en disposició de sostenir un garrot es van llençar contra els esbirros d'en Borrell. Uns s'havien amagat rere els arbres, els altres semblaven emergir del no-res en desfer-se del brancam i el fullatge que els cobria. Un grup avançava fitant-los de cara, l'altre els tallava la sortida dalt de sis cavalls i tres eugues. Mentre en Tano i els seus acompanyants intentaven fugir, en Borrell va anar a buscar en Surroca. Si podia agafar-lo com a ostatge, seria la seva salvació. Temps enrere potser ho hauria aconseguit, però la greu ferida que havia patit a la plaça de Sant Jaume quinze mesos enrere el feia lent i maldestre. Ningú no es va girar per ajudar-lo, la lleialtat no es pagava amb plata.

Quan li semblava que se sortiria amb la seva, el Sutge se li va llençar a sobre i li va clavar les dents al braç. L'arma li va caure de les mans i la Beatriu va aprofitar el moment.

—Covard! —va dir, en clavar-li la daga al coll sense apartar la mirada d'aquells ulls esbatanats i de la seva boca estrafeta; el cos del notari va quedar estès a terra.

Una tremolor incontrolada es va apoderar del cos de la dona, que respirava sorollosament. La imatge de la Guisla després del part, estremint-se i espetegant de dents, li va sortir a l'encontre. En Magí, que va presenciar l'escena de ben a prop, va córrer al seu costat. Es van asseure a terra, a la vora del camí, enmig d'aquell guirigall, però aliens a tot el que no fos aquella terrible sensació de buit, immersos en un silenci estrident. Alguna cosa s'havia esberlat al cor de la dona, potser sí que era un nou inici, però era incapaç d'assaborir-ne aquell regust tan ansiejat. Presència i absència, calia conjugar-les de nou. Amb els braços aferrats al coll d'en Mateu, com branques que busquen la llum, va apaivagar el seu plor.

Amb la situació controlada i davant un grup de soldats francesos que havien acudit atrets per la cridòria, en Robert va demanar pel seu pare, per en Guillem i en Mateu.

—Tranquil·litza't. Tots estan bé, són a la casa on ens han sorprès —va afanyar-se a respondre la Beatriu, encara mirant-se la seva mà ensangonada—. Però com heu pogut...? Què us ha posat en alerta? Si tot just fa un parell d'hores que hem marxat!

—Ha estat ell —va respondre en Robert, assenyalant en Ramonet—. Jo m'havia quedat trasbalsat, no sabia què pensar després que el meu pare m'abracés dient-me que estava orgullós de mi. Semblava talment un comiat. L'hi he explicat a en Ramonet i ell ha ensumat el perill des del primer moment. La resta ha estat fàcil. Quan hem trobat els animals que pensaven utilitzar per a la fugida, hem anat corrents a avisar la gent de la vila. Els mesos de setge ens han ajudat molt a pensar l'estratègia. Tothom ha volgut participar-hi.

No es va lamentar cap baixa, tret de la d'en Francesc Borrell. Una dotzena de ferits, que incloïen en Valentí i cinc habitants de Llívia, era un balanç prou satisfactori. Cap d'ells semblava prou greu perquè calgués témer per la seva vida.

La petita victòria es va celebrar amb llàgrimes i abraçades. Només el rostre d'en Vinyes seguia enfosquit per l'ombra de la vergonya i el penediment. Més tard, mentre miraven les estrelles en aquell campament improvisat, es va col·locar al costat d'en Surroca.

—Em sap molt de greu. Tot això ha estat culpa meva i et dec una explicació.

—No, amic. A mi no em deus res. Hauràs d'aprendre a perdonar-te. Per la meva part, no em sento dipositari de cap ofensa, hem estat tots dos, els qui hem treballat durant molt de temps en la nova triaca. També és teva, doncs, i no tinc motius per desconfiar del teu criteri.

—Ets molt generós...

—No, tan sols penso que res no pot ser tan important per posar en perill una sola vida.

En Pau Vinyes va rebre aquestes paraules com un alliberament, però també sabia que eren el seu càstig, que hi hauria de reflexionar i que, d'alguna manera, les conclusions el perseguirien durant molt de temps. Més tard va mirar al lluny, com si l'aventura del viatge el cridés de nou. Quedava per acomplir aquella promesa ja antiga d'anar a Vallbona per arreplegar les vibres; potser podria aprofitar per portar la Beatriu a visitar la seva germana. D'altra banda, hi havia nits que se somiava tornant a Barcelona. Farien un gran equip amb la Morlana; amb ella com a protectora, la triaca estaria en bones mans.

Ara, però, era el temps de la reconstrucció. Qui sap si més endavant. Les circumstàncies mudaven, ho sabia del cert, i el futur no estava escrit enlloc.

56

Els dies anunciats van passar l'un rere l'altre amb una lentitud extrema. Els habitants de Llívia van ocupar les cases que els francesos havien desestimat. En Magí Surroca va preferir quedar-se a la vila per tractar de prop els ferits en la contesa. Ja tindria temps per tornar al seu refugi del camí de Cereja. La vida i la mort seguien el seu curs, inalterable a les circumstàncies. La dona que havia fet el viatge dalt del carro va parir una criatura amb els cabells com fils d'or. Per contra, un nen de només quatre anys va morir tossint i expulsant una flegma purulenta, sense que ningú no pogués salvar-lo.

Aquell va ser el primer enterrament, després de tants que havien tingut lloc al puig. Es va vetllar el nen tota la nit i, a l'alba, els vilatans es van dirigir a l'església en processó. Cap home del rei Lluís no els va molestar i molts es van descobrir davant la caixa de fusta de petites dimensions que encapçalava la comitiva.

Els dies següents, però, aliens al dolor d'aquella mare, els soldats feien viatges continus al castell i havien confiscat alguns carros de la vila. La vall s'omplia de rumors i aviat va córrer la notícia que la pólvora era un dels objectes principals d'aquell transport, grans quantitats de pólvora.

—Fan excavacions sota els murs i tot seguit l'hi introdueixen. També l'han posat dins el fossat i a la cisterna...

—Això que dieu no té cap sentit! On s'ha vist que s'esbombi una propietat que t'ha costat tant de temps, esforços i diners de conquerir? Potser volen amagar la pólvora... —va opinar en Mateu, que no trobava motius per aquell comportament tan inusual.

Alguns asseguraven que només era una maniobra per despistar la seva atenció i que qualsevol nit farien volar la vila sense cap advertiment previ. Les veus més assenyades, però, eren del parer que el rei Lluís volia enderrocar la fortalesa per evitar que pogués servir de base a una nova insurrecció. No era, ni de ben lluny, el primer cop que succeïa alguna cosa semblant.

Una setmana més tard ningú no posava en dubte la voladura del castell. Els veïns eren conscients que se'ls acabarien els privilegis atorgats un dia llunyà del 1304 pel rei Jaume II de Mallorca a la vila de Llívia per tal de construir albergs o cellers que contribuïssin al seu manteniment, vigilància i defensa. Sense la fortalesa, perdrien el seu referent, el principal motiu de la seva existència com a comunitat. Passarien a ser una simple vila reial i Puigcerdà guanyaria la partida que havien començat a jugar segles enrere.

Fins aleshores, mai no s'havien esforçat tant els vilatans per retenir la seva estimada silueta en la memòria. La buscaven sobre el puig amb les primeres llums del dia i la contemplaven esvaint-se amb el darrer sol. La canalla dibuixava el seu perfil al terra o amb carbons sobre bocins d'escorça.

La del gegant de pedra, però, no va ser una mort ràpida. La primera explosió va reunir-los a tots al peu de la muntanya. Una enorme columna de fum, pedres i pols amagava la destrucció de la torre rodona del nord-est; la seva bessona també estava greument ferida. Els plors per la pèrdua d'aquell emblema només havien començat. Quan les càrregues dipositades no eren suficients o no acomplien les seves expectatives, empraven el canó de la fortalesa. Pocs van tenir el valor de veure com aquell artefacte que havien utilitzat contra l'enemic servia per automutilar-se.

Al cap d'un parell de dies la torre de l'homenatge es va mostrar completament desprotegida i la seva destrucció va posar un primer punt final a la desfeta. L'Arsenda no va voler aixecar la vista en cap moment. Amb prou feines parlava des que havia començat l'enderroc. La seva filleta descansava prop dels murs, però els francesos no havien donat permís per retirar el seu cos i aviat es va adonar que aleshores tampoc no podria protegir-la de l'horror. L'Agnès es va esforçar de debò a procurar-li distraccions i la va fer partícip en la cura de l'Arnau, però ella es mostrava absent. El seu rostre va mutar en un rictus amarg que li feia tòrcer els llavis, com si assagés un somriure estrany marcat per la follia.

Els darrers dies abans que el gruix dels soldats francesos abandonessin Llívia definitivament, el bram de les explosions va ser substituït per l'embat constant dels pics sobre la pedra. Aquells homes semblaven decidits a no deixar rastre del castell i furgaven fins als fonaments. En Surroca contemplava l'escena de lluny i li venia la imatge de com l'enemic rematava els seus oponents al camp de batalla després d'obtenir la victòria. Crueltat o compassió per no allargar l'agonia?

Després, silenci. Un silenci sord de mirades tèrboles. Amb pesantor d'ànim, els habitants de la vila van anar ocupant el poble. Aviat les primeres neus cobririen de blanc les cicatrius del paisatge, colgant les restes de murs escadussers i arrasats.

En Mateu i la Beatriu ajudaven a posar de nou en marxa la vida a la vila, però el lament general feia forat als seus esperits. Les campanes de l'església tocant a ofici marcaven les hores del dia, tot provocant una estranya placidesa en l'ànim de la jove. A cada toc la Joana es feia més present que mai. Es va fer la promesa de visitar-la així que pogués, com l'enyorava! En Surroca havia tornat a la seva caseta i a en Pau Vinyes se'l veia com perdut, el seu cor ja suportava massa comiats aquells darrers temps... De vegades, el record de la Morlana li semblava tan llunyà i irreal com si s'hagués forjat en un somni.

Va ser de manera imprevista que els nens es van plantar davant l'hort abandonat que hi havia a redós de l'església. Portaven un carretó ple de pedres que havien transportat plegats; fins i tot se n'havien omplert les butxaques. Feia un parell de dies que un nodrit grup de veïns intentava recuperar-lo traient les males herbes i els esbarzers. El Sutge els acompanyava i unes passes enrere la figura d'en Magí Surroca tancava la petita comitiva.

—Ja podem començar —va dir en Guillem als presents; duia el front perlejat de suor malgrat que el fred ja es deixava sentir de valent.

La Beatriu se'ls va mirar amb curiositat. En Ramonet i en Robert semblaven igualment satisfets. Alguns dels homes que estovaven la terra van redreçar l'espinada i van parar l'orella.

—Teniu intenció de fer-vos una cabana, potser? —va preguntar en Mateu.

Els tres nois es van mirar còmplices i van decidir que aquella no era la millor definició per al seu projecte.

—No exactament, ja no som criatures —va respondre en Robert.

—I doncs? —va demanar la Beatriu amb els braços en nansa.

—Són les primeres pedres de la farmàcia, de la farmàcia de Llívia —va pronosticar en Guillem.

—Són pedres del castell —va afegir en Ramonet.

—És un gest molt bonic de part vostra —va intervenir en Mateu—, però potser no cal anar tan lluny. Quan arribi el moment, tenim una pedrera més a prop i força cases en mal estat que es poden aprofitar. No us hi escarrasseu.

—No ho heu entès.

En Guillem va interrompre la intervenció benintencionada d'en Mateu. Els tres nois havien adoptat una postura més seriosa. Després de pensar-hi durant uns instants, com si anés a la recerca de les paraules més adequades, va girar el cap fins a tenir la seguretat que en Magí Surroca era a prop.

—Es tracta de l'esperança.

—Què dius? —va demanar la Beatriu.

—El castell representava la nostra esperança. El miràvem i ens sentíem a recer però, en el fons, era fals...

—Fals?

En Miquel, el seu germà gran que només entenia de treballar i totes aquelles dissertacions li semblaven una pèrdua de temps, va afegir...

—Per què et penses que parlen de donar els nostres privilegis a Puigcerdà? Sense el castell estem perduts. Digue-li, pare!

—Deixa'l que s'expliqui —va concedir l'home, sabent molt bé que el Bruixot, o el savi, segons es mirés, no era aliè al que estava passant.

—El castell, en realitat, es tractava d'una falsa esperança; tots els habitants de Llívia estàvem a mercè del senyor. Res no depenia de nosaltres —va continuar en Guillem.

—Ens cuidava, vetllava pel nostre benestar —li va replicar el germà sense gaire convicció.

—A partir d'ara, aquesta tasca correspon als habitants de la vila! —va exclamar en Ramonet; mirava de cua d'ull en Magí, com si el convidés a intervenir. Quan el savi va prendre la paraula tots es van posar en rotllana. Intuïen que era el principi d'una història...

—Ara ve al cas parlar d'en Demòstenes, que era un gran orador llatí. Ell va dir que si no fas un esforç per ajudar-te a tu mateix, no tens dret a sol·licitar l'ajuda dels altres. Hem perdut el favor del nostre castlà, sí. I tampoc no sabem quins són els plans que el rei francès té per a Llívia. Això implica replantejar-nos-ho tot, hem de guanyar en confiança i tornar a creure en els somnis. Prenguem consciència dels desigs que hostatgem als nostres cors, perquè només així podrem continuar —va dir, mirant als ulls d'en Mateu i la Beatriu que, unes passes més enllà, l'escoltaven amb un nus a la gola.

Després, es va adreçar a la resta de vilatans...

—Aquest serà el nostre símbol i la nostra fortalesa, si us aveniu que sigui així. Aixequem, plegats, les parets de la farmàcia. Construïm-la amb els rocs que van suportar els embats de l'enemic perquè, en moments de feblesa, ens recordin de què som capaços. Erigim aquest temple del saber que ens mantindrà a recer de la ignorància. Aprenguem a guarir i a guarir-nos, a escoltar la natura i cada una de les constel·lacions que ens configuren com allò que som i ens diferencien de la resta.

En silenci, però amb les mirades plenes d'esperança, tots els presents van començar el trasllat de les pedres des del carretó fins al terreny més net de l'hort. L'endemà, els homes i les dones de Llívia van fer una llarga cadena de carros que anava des de la vila fins a les restes més properes del castell. També l'Arsenda s'hi va voler afegir i la Beatriu i en Mateu li van fer lloc al pescant. Les pedres de la fortalesa caiguda servirien per posar els fonaments de la farmàcia, i farien que fos la suma de totes les fortaleses individuals.

Els carruatges semblaven imitar amb la seva formació l'estol de tudons que creuava el cel de banda a banda.

Epíleg

Llívia, primavera del 1510

A vista d'ocell, la casa obrador de la Beatriu Montells, vídua d'en Mateu Soler, només semblava un rectangle de parets d'adob i pedra, adossat a un altre més gran amb sostre de palla que es feia servir d'estable. No destacava gaire entre la corrua d'edificacions que s'aixecaven als marges del camí ral. Quan va iniciar-se la seva construcció, però, tan sols era un hort buit al costat de la baixada de l'Església.

Cap al final del dia el sol tombant desfermava el centelleig dels camps de blat i civada pintant de rosa els bassals que la pluja recent havia deixat arreu. En aquella hora dolça, l'olor de terra mullada i del bestiar protegit de la gelor nocturna quedava suspesa en l'aire i es barrejava amb l'acció de múltiples fumeres. Mentrestant, alguna llum trèmula posava un punt de claror en la intimitat de les cases.

A mesura que desapareixia el rebombori dels carrers, si paraves l'orella, es podia sentir la fressa de les aigües del Segre, que, enguany, baixaven a l'ample. Més discret, es feia present el mugir de les vaques i el belar repetit de les ovelles, que feia ben poc espurnejaven de blanc el verd tendre acabat d'estrenar. Molt a prop del poble, les rodes d'un carro portat per dues mules velles gemegaven sota el pes de la càrrega.

La Beatriu, però, restava aliena a tot el que no fos l'estudi d'una fórmula per alleugerir els símptomes de la diftèria. Volia perfeccionar un ungüent per tractar les nafres d'aquella terrible malaltia que, massa sovint, assolava la població i delmava les famílies.

Tenia cinquanta-quatre anys i l'esquena una mica encorbada per tant de temps que s'havia passat treballant a l'obrador. Però ni tan sols la lleu deformitat aconseguia debilitar la seva aparença. Tot, en la manera de ser i de mostrar-se, parlava de la convicció de qui sap què vol i res no tem.

Aquella estança era el seu temple particular. Les pedres dels fonaments tenien la mateixa procedència que les que, durant els anys, s'havien emprat per engrandir-lo; el castell ferit de mort trenta-dos anys enrere. A la Beatriu li agradava pensar que refermaven la força tel·lúrica del seu espai sagrat.

La sala es podia recórrer amb poc més de nou passes i era curulla de pots i d'ampolles de totes formes i mides; capses de llautó i fusta, alambins, morters i balances. En un lloc ben visible, sobre la lleixa que creuava la paret de punta a punta, hi descansaven els atuells més delicats: de terrissa, de banya, fins i tot un de jaspi vermell que li havien portat de terres llunyanes.

La dona, quan la feina l'hi permetia i es lliurava a la nostàlgia, els repassava amb la mirada serena. El temps, malgrat que transcorria a la velocitat dels núvols amb vent de llevant, s'encarregava d'atorgar-los nous significats, sovint amarats de tendresa.

Al terra, al costat de l'escala de fusta repenjada a la paret del fons, s'arrengleraven senalles i cistells plens d'herbes i fulles, tupins amb resines i ceres, garrafes i olles de coure de totes les mides i per a diferents usos. Concavitats que, com l'úter d'una dona, preservaven elements per obrar el miracle. De vegades, la tan desitjada curació; d'altres, l'alleugeriment dels mals del cos o, potser, de l'ànima.

Hi havia moments en què la Beatriu Montells es deia que aquella barreja d'olors i ferums l'ancorava definitivament al seu obrador.

Amb moltes batalles lliurades, havia après a modelar l'estratègia per enfrontar-se a les complexitats de les fórmules. Les olors ja no li entraven a raig com en temps passats, embafant-la i confonent-la. Ara era capaç d'aïllar-les i jugava a endevinar quin seria el resultat de la barreja, molt abans que es produís.

Es va apropar les mans als narius amb certa cerimònia i les va ensumar llargament. La Beatriu Montells, a mesura que es feia gran, recuperava el rastre de l'olor de la seva mare, la guaridora més valenta que havia conegut mai. Una olor que l'acompanyava des dels seus primers records i que sovint, moguda per la ràbia i el despit, s'havia entestat a fer desaparèixer. Si bé s'havia estimat aquella flaire, també l'havia menystingut amb una intensitat semblant.

Feia molt de temps, però. Tant que, de vegades, era com si pertanyés a una altra vida; a un somni, potser. Quan hi pensava es resseguia amb gest trèmul la cicatriu de la boca, la que li corria en paral·lel al llavi inferior. Tot seguit, engolia la saliva.

Un fregadís d'esclops i el bordar juganer del Trasto, net de la darrera camada del Sutge, la van rescatar del seu moment de fragilitat. Instants més tard, l'Agneta i el seu gos irrompien a la cambra.

—Àvia, he trobat dues fileres de processionària llarguíssimes! Gairebé creuen la plaça! Fixa't que de lluny m'han semblat serps! Mai no havia vist tantes erugues l'una darrere l'altra! El Trasto les volia ensumar i he tingut una feinada per fer-lo fora. Aquests cucs són molt perillosos i no es poden tocar. Si algun gos se'ls posa a la boca li pot caure la llengua a bocins!

—Oh, i tant! I tu, com ho saps, això?

—M'ho va explicar l'oncle Arnau quan era petita.

La Beatriu va fer esforços per no riure. Aquella noieta era un belluguí encantador. Si hagués estat a les seves mans, mai no hauria passat dels nou anys que estava a punt de complir.

—Àvia, si us plau, puc deixar-lo amb tu? Només serà una estona i no et farà malbé res —va dir la nena, mirant-se el gos i fent aquella cara d'angelot que no ha trencat mai un plat.

—Espera, espera! —va dir de manera apressada, veient que l'Agneta desapareixeria de seguida sense donar-li temps a cap rèplica—. Puc saber quina en dus de cap?

La Beatriu es va apartar un ble de cabells grisos que li queia sobre els ulls, va abandonar el decantador que tenia a les mans i, amb gest ferm, li va barrar el pas.

—No m'has respost. Quina una en penses, Agneta?

—Les hem de cremar! Tots estem en perill mentre elles...

—Agneta, això que dius és una ximpleria!

—Però, l'oncle Arnau em va fer prometre que...

—Que les cremessis, potser? —va interrompre l'àvia.

—No permetré que el Trasto es quedi sense llengua —va afegir planyívola—. Com s'ho farà per bordar... I per beure aigua? T'ho imagines?

—No. No m'ho vull imaginar. La teva feina és vigilar que no s'apropi a les erugues. Mantenir-lo allunyat uns dies, únicament el temps que elles necessiten per fer el viatge.

—Quin viatge? —va demanar la nena, arronsant les celles i fent un pas endavant.

La Beatriu sabia del cert que si sucumbia a la curiositat de la seva neta ja havia begut oli. No hi hauria manera possible de tornar a l'obrador. Va passar la vista per sobre la taula i, tot seguit, va abandonar aquell camp de proves per accedir a les peticions de la nena.

Deixant anar un sospir que declarava la seva rendició i feia palesa la victòria al rostre de l'Agneta, la va convidar a seure prop seu. El gos, que ensumava un racó mig a les fosques, les va imitar descansant sobre els peus de la seva mestressa.

Ja sense presses, la Beatriu li va explicar, amb suavitat però de manera contundent, el dur periple que havien fet aquelles erugues peludes, que tant menyspreava, per sobreviure a l'hivern. Li va relatar la manera com ho aconseguien gràcies a un treball conjunt, la construcció de la bossa de seda, estratègicament col·locada a l'extrem d'una branca de pi o d'avet, aprofitant millor el sol. La seva activitat nocturna per no acabar dins la panxa d'un ocell.

—No entenc com poden sortir a menjar si són dins les bosses? —va demanar la menuda, que escoltava perplexa.

—Cada eruga empeny totes i cadascuna de les capes de seda; no hi ha forats, podria resultar perillós. Un cop aconsegueix col·locar-se sobre la branca deixa un rastre que després l'ajudarà a tornar, sempre abans que trenqui l'alba.

—Però, això és molt cansat!

—Sí que ho és. Passat l'hivern, aquelles que han aconseguit sobreviure es desplacen en filera. Són les que has vist a la plaça i vols cremar.

—Jo... No ho sabia.

L'Agneta va abaixar el cap penedida, però sense deixar de donar-hi voltes. Un instant després va tornar a l'interrogatori...

—I tu penses que van en filera per no perdre's?

—No. Ho fan per protegir-se el cap les unes a les altres, Agneta. El seu cap és molt desitjat com a aliment pels ocells. I si caminen d'aquesta manera se senten més fortes.

—Com nosaltres, àvia!

—Sí, com nosaltres! Apa, ja n'hi ha prou per avui. Encara he d'enllestir un ungüent, i...

—Però, si no m'has explicat on van de viatge!

—N'hi ha una que marxa al davant, i sempre és una femella. Les altres hi confien a ulls clucs. Així, en grup, s'arrosseguen fins a trobar un terra tou i allí s'enterren.

L'Agneta va obrir molt els ulls i la boca i tot seguit va arrufar el front. Uns instants més tard va preguntar en veu baixa, com si temés una resposta afirmativa...

—S'enterren per morir?

—No, bonica. S'enterren per viure.

La menuda va negar amb el cap mentre la Beatriu li agafava les mans i les cobria amb les seves. Aleshores, li va explicar la transformació dels cucs en crisàlide i la vida fugaç que els esperava com a papallones. Li va prometre que una nit d'estiu anirien a trobar-les, si aconseguia mantenir-les amb vida. Li hauria agradat afegir que d'alguna manera tots passem per l'estat de larva, que no sempre et pots estalviar el dolor. Anys enrere, ella mateixa s'havia colgat sota terra esperant un temps més favorable. Havia hivernat per desprendre's de la por que li encrostava la pell i feia impossible el vol.

—Àvia, t'has posat trista? —va dir l'Agneta, escrutant amb els seus enormes ulls de color avellana el rostre de la dona.

—No, petita.

A la seva resposta s'hi va afegir una carícia; els dits llargs i prims de la Beatriu es van enredar en els rínxols foscos de la seva neta. Ella la va mirar picardiosa i, tot seguit, es va dirigir amb passes curtes fins a un armari baix on les dues compartien secrets i tresors. Abans que la nena obrís la porteta, la Beatriu va endevinar el motiu de la recerca.

La dona es va rendir a l'evidència que hauria d'ajornar el preparat que l'esperava sobre la taula. Va aspirar la suau aroma del vi que, dins un recipient de terrissa, macerava vuit unces de fulles de llorer, tamariu, arrel de malví, ortigues, flor de sàlvia i llavor d'alfàbrega. Després va fer lloc a la taula, desplaçant la cera blanca i l'oli de nard i, amb complicitat, va seguir el joc a la menuda.

L'Agneta, amb posat triomfal, va obrir les portes de l'armari i en va retirar un parell de capsetes i un llibre d'hores amb cobertes de cuir curat amb què la seva àvia li havia ensenyat a llegir les primeres paraules. Al fons l'esperava un pot que va prendre amb les dues mans. Seguint una cerimònia semblant a la que el capellà porta a terme durant la consagració, mentre eleva per sobre els caps dels fidels el pa a punt de ser beneït, la petita va acostar aquell objecte a recer de la seva àvia.

A poc a poc, amb un gest sabut de tan repetit, va abocar sobre la taula tot el que hi havia a dins. Tres pedres blanques van treure el cap entre moltes altres de negres.

Totes dues sabien que el resultat era inalterable, però l'espera encara es feia tensa, per tant que un gest semblant havia suposat en la vida de la Beatriu.

—Àvia, si us plau, parla'm de la tieta Joana i torna'm a explicar la història de quan eres jove i vas fer cap al convent...

Nota de l'autora

En posar punt i final a una novel·la, tanco els ulls, em separo del teclat i deixo anar l'aire a poc a poquet. Ho faig en el silenci del meu estudi, l'escenari on majorment he dut a terme el projecte.

La gestació és una altra cosa. Sovint ocupa un temps impossible de quantificar perquè t'ha acompanyat en el teu fer i desfer diari, en les contemplacions, lectures, converses, estades... I també en moltes de les nits. Somnis i vigílies.

Ara, un parell de voltes al sol després de l'inici, saps que transites la darrera estació del viatge. Una pau dolça t'acompanya. La sensació de plenitud i cansament d'haver viscut molt endins de la història.

No. Res no ha estat com esperaves. Ja ho diuen: «La vida és el que et passa mentre fas plans per tenir-ho tot lligat». Però creu-me si et dic, lector, lectora desconeguts, que viure-ho ha pagat la pena!

T'he de confessar que en un moment donat del procés vaig tenir la temptació d'engegar-ho tot a rodar. Realitat i ficció es donaven la mà contra tot pronòstic. La pandèmia ens posava contra les cordes i ens atemoria de valent. La vella dama de la daga s'enduia els més vulnerables i ens reduïa a habitacles asèptics. Prohibits petons i abraçades, distàncies curtes, trobades. I la medicina va tornar a prendre protagonisme. Tots esperàvem la vacuna, confiàvem en la ciència, en els homes i dones de ciència. I jo parlant de la triaca! Del pas de les apotecaries a la farmàcia, de fórmules, de persones íntegres i d'altres que prioritzen valors econòmics i de poder.

Vaig donar-li la volta i dels obstacles en vaig fer oportunitats. Vaig reprendre l'escriptura amb més força, si cal. Seria, és, un homenatge a les persones de tots els temps i d'ara que han apostat per la humanitat i han tingut cura, d'una manera o d'una altra, del nostre benestar.

Gràcies a tots els que m'heu acompanyat durant l'etapa de documentació. A la Mercè, bibliotecària del Centre de Lectura de Reus, per l'amabilitat i l'eficiència. A l'Elias Nova, alcalde de Llívia, al Gerard Cunill Costa, director del Museu Municipal de Llívia, i també al Jaume Ribot per l'interès i l'amabilitat.

Voldria agrair a la Rosa B. una lectura molt atenta de la novel·la: gràcies per cada aportació i estona de complicitat. A la Lîla per tenir cura de les nafres del meu cos i, també, de l'ànima; per l'amistat. A tot l'equip editorial que ha fet possible que *L'alquímia de la vida* hagi arribat a les teves mans, al Juan Carlos Gentile Vitale per una traducció preciosa i per permetre'm participar-hi de tan a prop.

Al Xulio R. Trigo pel seu mestratge, generositat i suport incondicional.

Bibliografia

AMADES, Joan. *Folklore de Catalunya: cançoner, cançons, refranys, endevinalles*. Barcelona: Selecta, 1951.

ASSIN Y PALACIO DE ONGOZ, José. *Examen de la verdad en el tribunal de la razón: defensa de la tryaca moderna*. Saragossa: Herederos de Diego de Larumbe, 1724.

BELTRÁN, José Luis. *La peste en la Barcelona de los Austrias*. Lleida: Milenio, 1996.

CARMONA I CORNET, Anna Maria. *De l'apotecari al farmacèutic: els farmacèutics catalans*. Barcelona: Publicacions de la Universitat de Barcelona, 1984.

CASTEJÓN DOMÈNECH, Nativitat. *Aproximació a l'estudi de l'Hospital de la Santa Creu de Barcelona. Repertori documental del segle XV*. Lleida: Fundació Noguera - Pagès editors, 2007.

CONEJO DA PENA, Antoni. *«Domus seu hospitale»: Espais d'assistència i de salut a l'Edat Mitjana*. Barcelona: Publicacions de la Universitat de Barcelona, 2013.

Conflent, Vallespir et montagnes catalanes: actes du IIe congrès de la Fédération historique du Languedoc méditerranéen et du Roussillon, organisé à Prades et Villefranche-de-Conflent, les 10 et 11 juin 1978. Montpeller: Fédération historique du Languedoc méditerranéen et du Roussillon, 1980.

CURET, Francisco. *La vida humanitària. Visions barcelonines, 1760-1860*. Barcelona: Dalmau i Jover, 1953.

DANÓN BRETOS, José. *El Hospital General de la Santa Cruz de Barcelona*. Tesi doctoral.

DELGADO, Honorio. *Paracelso*. Buenos Aires: Editorial Losada, 1947.

DURAN I SANPERE, Agustí. *Barcelona i la seva història*. Volums 1, 2 i 3 de «Documents de cultura». Barcelona: Curial, 1972.

FONT I RIUS, Josep Maria. *Estudis sobre els drets i institucions locals en la Catalunya medieval: col·lectanea de treballs del professor Dr. Josep Ma. Font i Rius amb motiu de la seva jubilació acadèmica*. Barcelona: Edicions de la Universitat de Barcelona, 1985.

GONZÁLEZ SUGRAÑES, Miguel. *Contribució a la historia dels antichs gremis dels arts y oficis de la ciutat de Barcelona: Llibreters. Estampers*. Barcelona: Estampa d'Henrich, 1918.

GONZÁLEZ SUGRAÑES, Miguel. *Contribució a la historia dels antichs gremis dels arts y oficis de la ciutat de Barcelona: Agullers. Apotecaris. Argenters*. Barcelona: Estampa d'Henrich, 1918.

GUILLÉN, Domingo. Triaca magna de los antigvos aprobada de los modernos y en justicia y conciencia defendida con authoridad, experiencia y razon (1724). Editorial: Saraswati Press.

LUJÁN, Néstor. «Las impresionantes ceremonias de la triaca en Barcelona». *Jano: Medicina y Humanidades*, núm. 65, 1973.

MARTÍN CALDERÓN, José Luis. «La Triaca: un remedio de la antigüedad». *Salux: revista de ciencias y humanidades*, vol. 2, núm. 3, 2016.

MORRAL, Eulàlia, CANAL Josep M. i ARIAS I DOMÉNECH. «La cuirassa del castell de Llívia». *Empúries*, núm. 48-50, 1986-1989.

NOVELLAS ROIG, Antonio. *La tríaca de Andrómaco: monografía histórica y farmacològica*. Barcelona: Publicaciones del Muy Ilustre Colegio Oficial de Farmacéuticos de la Provincia de Barcelona, 1944.

PIQUER I JOVER, Josep Joan. *Abaciologi de Vallbona (1153-1977)*. Santes Creus: Fundació Roger de Belfort, 1978.

PUERTO SARMIENTO, Francisco Javier. *La triaca magna*. Madrid: Instituto de España, Real Academia Nacional de Farmacia, 2009.

PUERTO SARMIENTO, Francisco Javier, ESTEVA DE SAGRERA, Juan i ALEGRE PÉREZ, María Esther. *Prodigios y naufragios: estudios sobre terapéutica farmacológica en España y América, durante el Siglo de Oro*. Aranjuez: Doce Calles, 2006.

Revista de la Reial Acadèmia de Medicina de Catalunya.

SOLDEVILA, Ferran. *Història dels catalans*. Volum 3. Barcelona: Ariel, 1968.

URDALLETA, Antonio de. *Manifiesto de la verdad y justa defensa de la tryaca antigua: ofrecela al prudente lector*. Pamplona: Francisco Picart, 1724 [pdf].

VELA I AULESA, Carles. *Especiers i candelers a Barcelona a la Baixa Edat Mitjana: testaments, família i sociabilitat*. Lleida: Pagès editors, 2008.

VELA I AULESA, Carles. *L'obrador d'un apotecari medieval: segons el llibre de comptes de Francesc Ses Canes (Barcelona, 1348 -1381)*. Barcelona: Consejo Superior de Investigaciones Científicas, 2003.

VILUMARA, Josep Maria i LÓPEZ PÉREZ, Fàtima. *El Quarter de Sant Pere: història d'un barri amagat de Ciutat Vella*. Barcelona: Viena, 2014.

VINYOLES VIDAL, Teresa. «L'esperança de vida dels infants de l'Hospital de la Santa Creu de Barcelona». *Anuario de Estudios Medievales*, 43/1, gener-juny de 2013.

VINYOLES VIDAL, Teresa. *Usos amorosos de las mujeres en la época medieval*. Madrid: Los Libros de la Catarata, 2020.

YLLA-CATALÀ I GENÍS, Miquel. *La farmàcia del monestir de Santa Maria de Vallbona de les Monges*. Lleida: Reial Acadèmia de Farmàcia de Catalunya, 2018.